AF888410

Nationale Handlungsspielräume beim Anbau von gentechnisch veränderten Organismen (GVO)

SCHRIFTEN
zum internationalen und zum öffentlichen
RECHT
Herausgegeben von Gilbert Gornig

Band 104

PETER LANG
Frankfurt am Main · Berlin · Bern · Bruxelles · New York · Oxford · Wien

Jennifer Satish

Nationale Handlungsspielräume beim Anbau von gentechnisch veränderten Organismen (GVO)

Europa- und welthandelsrechtliche Implikationen

PETER LANG
Internationaler Verlag der Wissenschaften

Bibliografische Information der Deutschen Nationalbibliothek
Die Deutsche Nationalbibliothek verzeichnet diese Publikation in der Deutschen Nationalbibliografie; detaillierte bibliografische Daten sind im Internet über http://dnb.d-nb.de abrufbar.

Zugl.: Bremen, Univ., Diss., 2012

Gedruckt auf alterungsbeständigem,
säurefreiem Papier.

D 46
ISSN 0943-173X
ISBN 978-3-631-63752-4

© Peter Lang GmbH
Internationaler Verlag der Wissenschaften
Frankfurt am Main 2012
Alle Rechte vorbehalten.

Das Werk einschließlich aller seiner Teile ist urheberrechtlich geschützt. Jede Verwertung außerhalb der engen Grenzen des Urheberrechtsgesetzes ist ohne Zustimmung des Verlages unzulässig und strafbar. Das gilt insbesondere für Vervielfältigungen, Übersetzungen, Mikroverfilmungen und die Einspeicherung und Verarbeitung in elektronischen Systemen.

www.peterlang.de

Meiner lieben Großmutter gewidmet

Vorwort

Die vorliegende Arbeit beruht auf dem Konzept, wegweisende rechtliche Entwicklungen zum Thema bis Ende 2011/Anfang 2012 parallel zu ihrem Entstehen zu dokumentieren und diese in die Analyse spezifischer Probleme rund um die Anbauzulassung von GV-Pflanzen einzuflechten. Den ersten Dissertationsentwurf habe ich im Mai 2011 vorgelegt. Die beiden EuGH-Urteile vom 6. und vom 8. September 2011 (sog. „Honig-Urteil" und „Monsanto-Urteil") habe ich auf der Basis meiner früheren Bearbeitungen der Schlussanträge der Generalanwälte vom Februar/März 2011 eingearbeitet. Die Dissertation wurde entsprechend Anfang Oktober 2011 beim zuständigen Prüfungsamt eingereicht. Ich habe die Dissertation an den Stand April 2012 angepasst und dabei Hinweise des Betreuers meiner Dissertation auf Ergänzungen berücksichtigt. Anmerkungen von anderen Autoren zu den beiden oben genannten Urteilen des EuGH, die mir für die von mir in der vorliegenden Arbeit vertretenen Standpunkte interessant erschienen, habe ich eingearbeitet. Der in der Novemberausgabe der ZUR (Jahrgang 2011, S. 526-530) erschienene Aufsatz „Sieg und Niederlage für die grüne Gentechnik" enthält thematische Überschneidungen schon mit meinen sehr frühen Bearbeitungen, die ich im Mai 2011 eingereicht hatte, und konträre Sichtweisen. Diese Ausführungen habe ich erstmalig in der im November 2011 erschienenen Zeitschrift für Umweltrecht und damit auch nach der offiziellen Einreichung meiner Dissertation zur Kenntnis genommen. Der Aufsatz ist nicht in meine Bearbeitungen eingeflossen. Die Arbeit enthält Verweise auf zwei von der Europäischen Kommission in Auftrag gegebene Evaluationsberichte zum einschlägigen europäischen Rechtsrahmen: Der Interim Report der EPEC erschien im Frühjahr 2011. Im Dezember 2011 ist der diesen *ergänzende* Final Report der EPEC erschienen.

Ich danke Prof. Dr. Josef Falke für die Übernahme der Betreuung meiner Dissertation zum höchst umstrittenen und gleichermaßen interessanten Thema der Agro-Gentechnik. Prof. Dr. Dr. h.c. Christian Joerges möchte ich meinen Dank aussprechen für die hilfreichen Hinweise auf spezifische juristische Fachliteratur aus dem englischen Sprachraum und für das zügige Erstellen des Zweitgutachtens. Ebenso danke ich Prof. Dr. Dr. h.c. mult. Gilbert Gornig für die Aufnahme meiner Arbeit in die vorliegende Reihe.

Mein herzlicher Dank gilt auch meiner Großmutter, meinen Eltern, Oliver, Bianca und all meinen übrigen Freunden und Familienmitgliedern, die mir in der Promotionsphase ihre wertvolle mentale Unterstützung haben zukommen lassen.

Inhaltsverzeichnis

Abkürzungsverzeichnis

AB	Appellate Body
ABl	Amtsblatt der Europäischen Union
Abs	Absatz
AEUV	Vertrag über die Arbeitsweise der Europäischen Union
aF	alte Fassung
AöR	Archiv des öffentlichen Rechts
Art, Artt	Artikel
AStV	Ausschuss der Ständigen Vertreter der Mitgliedstaaten
BasisVO	Basisverordnung
BfN	Bundesamt für Naturschutz
BGBl.	Bundesgesetzblatt
BM	Bundesministerium
BMVEL	Bundesministerium für Verbraucherschutz, Ernährung und Landwirtschaft
BP	Biosafety Protocol
BVL	Bundesamt für Verbraucherschutz und Lebensmittelsicherheit
bzw.	beziehungsweise
CAK	Codex Alimentarius Kommission
CBD	Convention on Biological Diversity
cop	conference of the parties
dh	das heißt
DNA	Desoxyribonukleinsäure
DSB	Dispute Settlement Body
DSU	Dispute Settlement Understanding
EC	European Community
ECHA	European Chemicals Agency
Eed	Evangelischer Entwicklungsdienst
EFSA	European Food and Feed Safety Authority
EG	Europäische Gemeinschaft
EGV	Vertrag zur Gründung der Europäischen Gemeinschaft
EMEA	European Medicines Agency
endg.	endgültig
EPEC	European Policy Evaluation Consortium
EU	Europäische Union
EuG	Europäisches Gericht
EuGH	Europäischer Gerichtshof
EuR	Europarecht (Zeitschrift)
EUV	Vertrag zur Gründung der Europäischen Union
EuZW	Europäische Zeitschrift für Wirtschaftsrecht

EWG	Europäische Wirtschaftsgemeinschaft
EWR	Europäischer Wirtschaftsraum
EWSA	Europäischer Wirtschafts- und Sozialausschuss
f, ff	folgende
FAO	Food and Agriculture Organization of the United Nation
Fn	Fußnote
GATS	General Agreement on Trade in Services
GATT	General Agreement on Tariffs and Trade
GentG	Gentechnikgesetz
GMO	genetically modified organism(s)
GP	Gesetzgebungsperiode
GTG	Gentechnikgesetz (Österreich)
GV	gentechnisch verändert
GVO	Gentechnisch veränderte/r Organismen/Organismus
HCB	Haute Conseil des Biotechnologies
ILSI	International Life Science Institute
ISAAA	International Service for the Acquisition of Agri-biotech Applications
KOM	Kommission
lit	litera
LMO(-FFP)	living modified organism (-Food, Feed, Processing)
MDR	Mitteldeutscher Rundfunk
MEA	Multilateral Environmental Agreement
MEMO	memorandum
mwN	mit weiteren Nachweisen
NFVO	Novel Food Verordnung
NGO	Non-gouvernmental Organization
NGTA	Gene Technology Act (Norway)
No	Numero
NPR-PPM	Non Product Related-Process and Productions Method
Nr	Nummer
NuR	Natur und Recht
NVwZ	Neue Zeitschrift für Verwaltungsrecht
OECD	Organization for Economic Cooperation and Development
OLF	other legitimate factor
Oö	Oberösterreich
PMEM	Post Market Environmental Monitoring
PMM	Post Market Monitoring
Ratsdok.	Ratsdokument
REACH	Regulation for Registration, Evaluation, Authorisation and Restriction of Chemicals

RECIEL	Review of European Community and International Environmental Law
Ref	Referenz
Rn	Randnummer
S	Seite
SATAP	So As To Afford Protection
SEC	Secretary General (Generalsekretariat)
Slg	Sammlung
SPSÜ	Agreement on Sanitary and Phytosanitary Measures
SW	Sammelwerk
TBTÜ	Agreement on Technical Barriers to Trade.
TRIPS	Trade-related Aspects of Intellectual Property Rights
ua	unter anderem
UNEP	United Nations Environment Programme
URP|DEP	Umweltrecht in der Praxis|Droit de l'environnement dans la pratique
USA	United States of America
UVP	Umweltverträglichkeitsprüfung
VerwArch	Verwaltungsarchiv
v	vom
Vgl	vergleiche
VO	Verordnung
VSP	Vorsorgeprinzip
WHO	World Health Organization
WT/DS	World Trade/Dispute Settlement
WTO	World Trade Organization
zB	zum Beispiel
ZEuS	Zeitschrift für Europäische Studien
ZLR	Zeitschrift für Lebensmittelrecht
ZUR	Zeitschrift für Umweltrecht

I. Einleitung

Am 13. Juli 2010 hat der EU-Kommissar für Gesundheit und Verbraucherschutz, John Dalli, ein Paket[1] der Europäischen Kommission über den Anbau gentechnisch veränderter Organismen (GVO) vorgestellt. Es enthält eine Mitteilung an das Europäische Parlament, den Rat, den Wirtschafts- und Sozialausschuss und den Ausschuss der Regionen zur Freiheit der Mitgliedstaaten, über den Anbau von genetisch veränderten Kulturen zu entscheiden,[2] sowie einen Vorschlag für eine Verordnung des Europäischen Parlaments und des Rates zur Änderung der Richtlinie 2001/18/EG[3] betreffend die den Mitgliedstaaten eingeräumte Möglichkeit, den Anbau von GVO auf ihrem Hoheitsgebiet zu beschränken oder zu untersagen,[4] und eine Empfehlung der Kommission mit Leitlinien für die Entwicklung nationaler Koexistenz-Maßnahmen zur Vermeidung des unbeabsichtigten Vorhandenseins von GVO in konventionellen und ökologischen Kulturpflanzen.[5]

Diese zuletzt genannten, unverbindlichen Koexistenzleitlinien traten mit sofortiger Wirkung in Kraft und sollen den bis dato gewonnenen Erkenntnissen zur Notwendigkeit eines Ausbaus der gebotenen mitgliedstaatlichen Flexibilität bei der Schaffung der Voraussetzungen für die Koexistenz von gentechnisch veränderten und nicht gentechnisch veränderten Organismen Rechnung tragen. Sie dienen der Konkretisierung von Art. 26a der Richtlinie 2001/18/EG und lösen die Empfehlung der Kommission mit Leitlinien für die Entwicklung nationaler Koexistenz-Maßnahmen vom 23. Juli 2003[6] ab. Die neue Empfehlung der Kommission mit Koexistenzleitlinien erweitert die bisherige Flexibilität der Mitgliedstaaten beim Erlass von Maßnahmen, die ein Nebeneinander von gentechnisch veränderten und naturbelassenen und mithin konventionellen und ökologischen Pflanzen gewährleisten sollen. Lokale, regionale und nationale Gege-

---

1 Nachfolgend: „Paket". Siehe MEMO/10/325.

2 KOM (2010) 380 endg. v. 13.7.2010.

3 Richtlinie 2001/18/EG des Europäischen Parlaments und des Rates vom 12. März 2001 über die absichtliche Freisetzung genetisch veränderter Organismen in die Umwelt und zur Aufhebung der Richtlinie 90/220/EWG des Rates, ABl. L 106 v. 17.4.2001, 1-38.

4 KOM (2010) 375 endg. v. 13.7.2010.

5 Empfehlung der Kommission vom 13. Juli 2010 mit Leitlinien für die Entwicklung nationaler Koexistenz-Maßnahmen zur Vermeidung des unbeabsichtigten Vorhandenseins von GVO in konventionellen und ökologischen Kulturpflanzen, ABl. C 200 v. 22.7.2010, 1-5.

6 Empfehlung 2003/556/EG der Kommission vom 23. Juli 2003 mit Leitlinien für die Erarbeitung einzelstaatlicher Strategien und geeigneter Verfahren für die Koexistenz gentechnisch veränderter, konventioneller und ökologischer Kulturen, ABl. L 189 v. 29.7.2003, 36-47.

benheiten können demnach, im Unterschied zu den früheren Koexistenzleitlinien der Kommission, mitgliedstaatliche Maßnahmen rechtfertigen, die das unbeabsichtigte Vorhandensein von GVO in konventionellen und ökologischen Kulturen in Mengen unter dem Schwellenwert von 0,9 % für die Kennzeichnungspflicht verhindern sollen.[7] In ihrem zweiten Bericht über nationale Strategien für die Koexistenz hat die Kommission aufgezeigt, dass bis zum Jahr 2009 in fünfzehn Mitgliedstaaten Koexistenz-Maßnahmen gem. Art. 26a der Richtlinie 2001/18/EG erlassen und weitere Vorschläge für Koexistenz-Maßnahmen gemacht worden sind.[8]

Daneben schlägt die Kommission in ihrem Paket eine Ergänzung der Freisetzungsrichtlinie 2001/18/EG um einen Art. 26b vor, der den Mitgliedstaaten mit einer sog. *Opt-out*-Klausel ausdrücklich das Recht einräumt, den GVO-Anbau in ihrem Hoheitsgebiet oder in Teilen ihres Hoheitsgebietes zu beschränken oder zu verbieten, soweit die Gründe für das Anbauverbot nicht schon Gegenstand der Risikobewertung sind. Die Anforderungen an die Zulassungsverfahren für den Anbau von GVO nach der Freisetzungsrichtlinie bzw. nach der Verordnung (EG) Nr. 1829/2003 sollen mit diesem Vorschlag ausdrücklich nicht angetastet werden.[9]

Die Kommission begründet diesen Entwurf einer *Opt-out*-Klausel u.a. mit Verzögerungen in den Verfahren über die GVO-Zulassung von GVO und mehrheitlichen Ablehnungen ihrer Vorschläge zur Aufhebung der Anbauverbote von Österreich und Ungarn zum GVO-Anbau durch den Rat bei vier verschiedenen Anlässen im Zeitraum von 2005 und 2009 und stellt fest, dass die

> *"EU in allen diesen Fällen in ihren wissenschaftlichen Bewertungen zu dem Schluss gekommen war, dass diese Maßnahmen verglichen mit dem Zeitpunkt der Zulassungen nicht auf neuen oder zusätzlichen wissenschaftlichen Informationen beruhen und somit rechtlich nicht gerechtfertigt waren."*[10]

Die Kommission bezieht sich damit auf die im Juni 2005, im Dezember 2006, im Februar 2007 und zuletzt im März 2009 vom Rat mit qualifizierter Mehrheit zurückgewiesenen Vorschläge der Kommission zur Aufhebung der mitglied-

---

7 Empfehlung der Kommission vom 13. Juli 2010 mit Leitlinien für die Entwicklung nationaler Koexistenz-Maßnahmen, Erwägungsgründe 1-8, Anhang, Punkt 1.1.

8 Vgl. Fragen und Antworten zu den GVO-Bestimmungen in der Europäischen Union, Meldung vom 13. Juli 2010, MEMO/10/325, http://europa.eu/rapid/pressReleasesAction.do?reference=MEMO/10/325&format=HTM&aged=0&language=DE&guiLanguage=en.

9 KOM (2010) 375 endg., S. 8, Punkt 3.1, 1.

10 KOM (2010) 380 endg., S. 3, Punkt 1.

staatlichen Schutzmaßnahmen von Österreich und Ungarn gegen den GVO-Anbau nach den einschlägigen Schutzklauseln.[11]

Seit 2005[12] sind bisher 18 Anträge auf Zulassung von GVO zum Anbau gestellt worden. Teilweise haben Mitgliedstaaten in den jeweiligen Zulassungsverfahren Bedenken wegen möglicher Auswirkungen auf die Gesundheit und auf die Umwelt erhoben. Risikobewertungen der Europäischen Risikobewertungsbehörde etwa für den GVO-Mais DAS1507 und Bt11, für NK603 und MON810 und für die *Amflora*-Kartoffel fielen zwar zugunsten der Antragsteller aus. Gleichwohl ist bisher seit 1998 nur eine abschließende Anbauentscheidung über die *Amflora*-Kartoffel[13] von BASF ergangen, da im Regelungsausschuss und im Rat die erforderliche qualifizierte Mehrheit für oder gegen den GVO-Anbau bisher regelmäßig nicht zustande gekommen ist,[14] zum anderen, da die Kommission in diesen Fällen in der Regel keinen Gebrauch von der dann auf sie zurückfallenden Entscheidungskompetenz macht.[15]

---

11 Betroffen waren MON810 und T25, s. Council of the European Union, Press Release, 2928th Council meeting Environment, Brussels 2. March 2009, Ratsdok. 7042/1/09 REV 1, S. 8.

12 Vgl. EPEC, Evaluation of the EU Legislative Framework in the Field of Cultivation of GMOs under Directive 2001/18/EC and Regulation (EC) No 1829/2003, S. 23, Punkt 4.2 (im Folgenden: EPEC, Interim Report); Anmerkung: Die EPEC ist Teil des Konsortiums GHK, das fachspezifische und unabhängige Beratungstätigkeiten anbietet, und wurde im Jahr 2008 von der Generaldirektion „Umwelt" der Europäischen Kommission mit der Evaluation des Rechtsrahmens der EU zum Anbau von GVO beauftragt, http://www.epec.info/consortium.htm und http://www.ghkint.com.

13 Beschluss 2010/135/EU der Kommission vom 2. März 2010 über das Inverkehrbringen eines genetisch veränderten Kartoffelerzeugnisses (Solanum tuberosum L. Linie EH92-527-1) mit erhöhtem Amylopectingehalt in der Stärke gemäß der Richtlinie 2001/18/EG des Europäischen Parlaments und des Rates, ABl. L 53 v. 4.3.2010, 11-14; neben dieser Anbauentscheidung sind zudem die Verwendung der „Pülpe" als Futtermittel sowie zufällige und technisch unvermeidbare Einträge in Lebens- und Futtermittel zugelassen worden, siehe den Beschluss 2010/136/EU der Kommission vom 2. März 2010 über die Zulassung des Inverkehrbringens von Futtermitteln, die aus der genetisch veränderten Kartoffelsorte EH92-527-1 (BPS-25271-9) gewonnen werden, und des zufälligen oder technisch nicht zu vermeidenden Vorhandenseins dieser Kartoffelsorte in Lebensmitteln und Futtermitteln gemäß der Verordnung (EG) Nr. 1829/2003 des Europäischen Parlaments und des Rates, ABl. L 53 v. 4.3.2010, 15-18.

14 Vgl. EPEC, Interim Report, S. 73, Punkt 6.2 und EPEC, Evaluation of the EU legislative Framework in the Field of Cultivation of GMOs under Directive 2001/18/EC and Regulation (EC) No 1829/2003 and the Placing on the Market of GMOs as or in Products under Directive 2001/18/EC, Final Report, S. 89, Punkt B 1.2.

15 Vgl. ebenda, S. 23 f., Punkt 4.2, 4.3 und Final Report, S. 89, Punkt B1.2. Die Beschlussfassungen über die Zulassung der *Amflora*-Kartoffel erfolgten durch die Europäische Kommission, nachdem auch insoweit weder im Rat noch im Regelungsausschuss die erforderliche qualifizierte Mehrheit für oder gegen die Zulassung erreicht worden war.

Der gezielte Eingriff in das Erbgut von Pflanzen beispielsweise durch Isolierung und Veränderung genetischen Materials und die „Übertragung auf andere Organismen" wird als „Agro-Gentechnik" oder auch als „Grüne Gentechnik"[16] bezeichnet und beispielsweise zur Steigerung der Herbizidtoleranz, der Resistenz gegen Insekten und Viren sowie gegen Fraßschädlinge und zur Nährwertsteigerung bestimmter Pflanzen, wie Mais und Raps, durchgeführt. Gerade der Anbau von GVO stößt aber, insbesondere wegen noch bestehender wissenschaftlicher Unsicherheiten über die tatsächlichen Auswirkungen von GVO auf die Umwelt und auf die Gesundheit, aber auch wegen einer unzureichenden Berücksichtigung spezifischer, beispielsweise ökologischer Gegebenheiten der Mitgliedstaaten, auf erhebliche Widerstände, besonders von bestimmten EU-Mitgliedstaaten, Verbrauchern und NGOs.[17] Deshalb mehren sich in einzelnen Mitgliedstaaten Anbauverbote. Seit der Annahme des derzeit geltenden GVO-Rechtsrahmens im April 2004 haben Österreich, Ungarn, Luxemburg, Frankreich, Griechenland, Deutschland und Bulgarien für MON810 Maßnahmen aufgrund der Schutz- und Notfallklauseln verhängt. Österreich, Ungarn und Luxemburg haben zudem Anbauverbote für die zugelassene *Amflora*-Kartoffel der BASF verhängt. Im Mai 2010 hat Ungarn Nichtigkeitsklage beim EuGH gegen die beiden[18] Zulassungsbeschlüsse der *Amflora*-Kartoffel erhoben.[19]

Auch zeigen sich Verzögerungen im Zulassungsverfahren. Im Jahr 1998 waren bereits die ersten Ernten des gentechnisch veränderten Mais MON810 in Spanien, Frankreich und in Deutschland erfolgt.[20] Unzulänglichkeiten des damals geltenden Rechtsrahmens hatten jedoch im Oktober 1998 ein "De-facto-Moratorium" ausgelöst.[21] Bis Mai 2004 kam in Folge dessen die für die Zulassung von GVO erforderliche qualifizierte Mehrheit im Komitologieausschuss und im Rat nicht zustande.[22] Bis heute ist in der EU seit 1998[23] nur ein einziger GVO zum Anbau zugelassen worden, nämlich die erwähnte BASF-„*Amflora*-

---

16 Vgl. *Heine/Heyer/Pickardt*, Basisreader der Moderation zum Diskurs Grüne Gentechnik des Bundesministerium für Verbraucherschutz, Ernährung und Landwirtschaft – BMVEL, S. 2, 6,
erhältlich unter http://www.transgen.de/pdf/diskurs/reader.pdf.

17 Vgl. etwa Sachstandsbericht des Rates vom 10. Juni 2011, Ratsdok. 11326/11, S. 1.

18 Siehe Fußnote 13.

19 Klage, eingereicht am 27. Mai 2010 – Ungarn/Kommission, Rechtssache T-240/10, ABl. C 209 v. 31.7.2010, 46-47; vgl. *Keich*, NuR 2011, 183, 189.

20 Vgl. FACTS_GENTECHNIK, 10 Jahre Widerstand, Eine Chronologie: Gentechnik in Europa, S. 2.

21 Vgl. *Sander/Sasdi*, EuZW 2006, 140 f.; *Ittershagen/Runge*, NVwZ 2003, 549 f.; *Krell Zbinden*, ZLR 2007, 125, 126 f.; *Cremer*, ZEuS 2004, 579 ff.; *Dederer,* ZLR 2005, 307; eigene Anmerkung: Die Europäische Kommission begründete diesen Zustand stattdessen mit Verzögerungen und bestritt mithin das Bestehen eines "Moratoriums".

22 Vgl. Pressemitteilung vom 25.6.1999,
http://www.netlink.de/gen/Zeitung/1999/990625c.htm.

23 Vgl. EPEC, Interim Report, S. 23 f., Punkt 4.2.

Kartoffel". Für den 1998 zugelassenen GVO-Mais MON810 ist derzeit ein Neuzulassungsverfahren anhängig. Für ihn besteht derzeit allerdings nur Bestandsschutz. Eine Zulassungsentscheidung ist bisher[24] noch nicht ergangen, wobei die Risikobewertung der EFSA[25] zugunsten des Antragstellers Monsanto ausgefallen ist.

Einschließlich dieser seit 1998 derzeit[26] einzigen beiden in der Europäischen Union zum Anbau zugelassenen bzw. bestandsgeschützten GVO-Pflanzen waren bis Oktober 2010 der Import und die Verarbeitung von insgesamt 30 GVO-Produkten von der Europäischen Kommission zugelassen worden.[27]

Nachdem schon in den Schlussfolgerungen des Rates vom 4. Dezember 2008 im Zusammenhang mit der Risikobewertung und in Bezug auf sozioökonomische Auswirkungen ausführlich regionale Aspekte des Anbaus und die stärkere Einbindung der Mitgliedstaaten in den Risikobewertungsprozess erörtert worden waren,[28] hatten die Niederlande mit Erklärung vom 23. März 2009 und dann eine Reihe weiterer Mitgliedstaaten auf dem Umweltgipfel vom 25. Juni

---

24 Stand: August 2011.

25 Siehe Scientific Opinion, Applications (EFSA-GMO-RX-MON810) for renewal of authorisation for the continued marketing of (1) existing food and food ingredients produced from genetically modified insect resistant maize MON810; (2) feed consisting of and/or containing maize MON810, including the use of seed for cultivation; and of (3) food and feed additives, and feed materials produced from maize MON810, all under Regulation (EC) No 1829/2003 from Monsanto, The EFSA Journal (2009) 1149, 1-85.

26 Stand: Mai 2011.

27 Siehe die Liste zugelassener Produkte unter http//:ec.europa.eu/food/dyna/gm_register/index_en.cfm; vgl. *Falke*, ZUR 2010, 441, 442.

28 Siehe die Schlussfolgerungen des Rates vom 4. Dezember 2008 „... *7. WEIST DARAUF HIN, dass die Verordnung 1829/2003 unter bestimmten Bedingungen zulässt, dass im Zuge einer Einzelfallprüfung weiteren speziell bei den zu prüfenden GVO berücksichtigenswerten Faktoren im Verlaufe des Risikomanagements, das sich an die Risikobewertung anschließt, Rechnung getragen wird. Die Risikobewertung trägt der Umwelt sowie der Gesundheit von Mensch und Tier Rechnung; HEBT HERVOR, dass die Kommission gemäß der Richtlinie 2001/18/EG einen eigenen Bericht über die Durchführung der Richtlinie vorzulegen hat, der unter anderem eine Bewertung der sozioökonomischen Auswirkungen der absichtlichen Freisetzung und des Inverkehrbringens von GVO umfasst...9. UNTERSTREICHT, dass den Mitgliedstaaten im Bewertungsprozess, insbesondere bei der Bewertung von für den Anbau vorgesehenen GVO, eine entscheidende Rolle zukommt, und ERSUCHT sämtliche Mitgliedstaaten, sich aktiv an diesem Bewertungsprozess zu beteiligen; BEGRÜSST den Vorschlag der EFSA, neben dem Mitgliedstaat, dem die Umweltverträglichkeitsprüfung übertragen wurde, auch andere Mitgliedstaaten unmittelbar in die Risikobewertung einzubinden; UNTERSTREICHT, dass dieser Vorschlag eine stärkere Einbindung der Mitgliedstaaten und eine bessere Berücksichtigung der nationalen oder regionalen Besonderheiten bewirken wird...*", siehe das Ratsdok. 7581/09; vgl. auch KOM (2010) 380 endg., S. 4.

2009 eben diese Punkte aufgegriffen. Kommissionspräsident Barroso legte dementsprechend in seinen politischen Leitlinien im September 2009 dar, dass es mit Blick auf den *Subsidiaritätsgrundsatz*[29] möglich sein müsse,

> *"ein auf wissenschaftlicher Grundlage beruhendes EU-weites Zulassungssystem für GVO mit der Freiheit der Mitgliedstaaten in Einklang zu bringen, selbst darüber zu entscheiden, ob sie genetisch veränderte Kulturen auf ihrem Hoheitsgebiet anbauen möchten."*[30]

In ihrer erwähnten Erklärung vom 23. März 2009 hatten die Niederlande den Rat zur Beseitigung der Hemmnisse im Zulassungsverfahren über den Anbau[31] von GVO, unter Berücksichtigung der sozioökonomischen Dimension, aufgefordert. Österreich hatte dem Rat auf dem Umweltgipfel kurz darauf, am 25. Juni 2009, mit Unterstützung weiterer Mitgliedstaaten ein Arbeitspapier unterbreitet, das konkrete Vorschläge zur Problemlösung enthielt.[32] Frankreich und weitere Mitgliedstaaten hatten zuvor die Ablehnungen der Kommissionsvorschläge zur Aufhebung der nationalen Anbauverbote im Rat zum Anlass für die Forderung nach mehr Beteiligung der Mitgliedstaaten an der Risikobewertung[33] durch das GVO-Gremium der EFSA sowie für eine mitgliedstaatliche Kompetenz zur Einrichtung gentechnikfreier Zonen genommen.[34] Auch regten einzelne Mitgliedstaaten eine Diskussion zum Schwellenwert für die Kennzeichnungspflicht und zum Schutz ökologisch wertvoller Gebiete sowie zur Überarbeitung der Umweltverträglichkeitsprüfung an.

Auch die Schlussfolgerungen des Rates der Europäischen Union vom 4. Dezember 2008[35] zum bestehenden GVO-Regelungssystem und zu seiner Umsetzung werden in der Begründung der Kommission aufgegriffen, wonach das bestehende EU-Zulassungssystem für den GVO-Anbau zwar umfassend sei, aber seine Umsetzung verbessert werden müsse.[36] Sie erarbeitet gemeinsam mit den

---

29 *Barroso*, Politische Leitlinien für die nächste Kommission vom 3.9.2009, S. 47.

30 KOM (2010) 375 endg., S. 2 f. Punkt 1.

31 Vgl. KOM (2010) 380 endg., S. 7 (Fn. 10); vgl. auch EPEC, Interim Report, S. 79, Punkt 6.2.3; S. 86, Punkt 6.2.5.

32 Siehe das Ratsdok. 11226/2/09, Genetically Modified Organisms – A Way Forward, in dem der Subsidiaritätsgedanke hervorgehoben und vorgeschlagen wurde, in Bezug auf den Anbau eine *Opt-out*-Klausel in den Rechtsrahmen aufzunehmen.

33 Vgl. Schlussfolgerungen des Rates vom 4. Dezember 2008, Ratsdok. 16882/08, S. 6, Punkt 9.

34 Vgl. EPEC, Interim Report, S. 79, Punkt 6.2.3.

35 Vermerk des Generalsekretariats vom 5. Dezember 2008, Genetisch veränderte Organismen (GVO), Schlussfolgerungen des Rates vom 4. Dezember 2008, Ratsdok. 16882/08.

36 In ihrer Roadmap bezog sich die Europäische Kommission auf den Widerstand seitens bestimmter Mitgliedstaaten sowie weiter Teile der EU-Bevölkerung,
siehe die Roadmap – New policy for genetically modified organisms (GMO) cultivation,

Mitgliedstaaten ein Konzept für eine bessere Umsetzung des vorhandenen Rechtsrahmens. Zudem prüft die Kommission Möglichkeiten, die Umweltüberwachung nach dem Inverkehrbringen zu intensivieren.[37]

Auch die EFSA-Leitlinien zur Umweltverträglichkeitsprüfung, ein Leitfaden für Antragsteller und Rechtsanwender, wurden Ende 2010 noch einer Korrektur entsprechend den Schlussfolgerungen des Rates unterzogen und mit den Mitgliedstaaten erörtert.

Weiter hatte die Kommission die Weiterleitung eines vom Rat im Dezember 2008 angeforderten Berichts über sozioökonomische Auswirkungen von GVO,[38] auf der Basis von Informationen, die die Mitgliedstaaten zusammengetragen haben, zur weiteren Erörterung an das Europäische Parlament und den Rat, angekündigt. Diesen veröffentlichte sie am 15. April 2011.[39]

Ebenfalls im Frühjahr 2011 veröffentlichte die Kommission, wie in ihrer Mitteilung angekündigt,[40] den schon erwähnten Zwischenbericht[41] einer von zwei[42] im Rahmen der regelmäßigen Überprüfung in Auftrag gegebenen Bewertungen der EU-Rechtsvorschriften zum Inverkehrbringen von GVO als Lebens- bzw. Futtermittel und zum GVO-Anbau. Im Herbst 2011 hat die Europäische Kommission den, schon erwähnten, endgültigen Bericht veröffentlicht.[43] Daraus

---

http://ec.europa.eu/governance/impact/planned_ia/docs/147_sanco_gmo_cultivation_en.pdf, S. 1.

37 Die hohe Relevanz der anbaubegleitenden Überwachung und den diesbezüglichen Korrekturbedarf bei der Umsetzung hatte schon der Rat in seinen Schlussfolgerungen vom Dezember 2008 hervorgehoben; siehe die Schlussfolgerungen des Rates vom 4. Dezember 2008, Ratsdok. 16882/08, S. 4, Punkt 6.

38 Ebenda, S. 5, Punkt 7.

39 Bericht der Kommission an das Europäische Parlament und an den Rat über die sozioökonomischen Auswirkungen des Anbaus von GVO auf der Grundlage der Beiträge der Mitgliedstaaten gemäß den Schlussfolgerungen des Rates „Umwelt" vom Dezember 2008, KOM (2011) 214 endg.; vgl. Pressemitteilung der EU vom 15. April 2011, GVO: Kommission veröffentlicht Bericht über die sozioökonomischen Auswirkungen des GVO-Anbaus in Europa, http://europa.eu/rapid/pressReleasesAction.do?reference=IP/11/477&format=HTML&aged=0&language=DE&guiLanguage=en.

40 KOM (2010) 380 endg., S. 3 f., Punkt 1.

41 Gemeint ist der Interim Report der EPEC.

42 Die andere Evaluation bezieht sich auf die VO (EG) Nr. 1829/2003, also auf das Inverkehrbringen von gentechnisch veränderten Lebens- und Futtermitteln.

43 EPEC, Evaluation of the EU legislative Framework in the Field of Cultivation of GMOs under Directive 2001/18/EC and Regulation (EC) No 1829/2003 and the Placing on the Market of GMOs as or in Products under Directive 2001/18/EC), Final Report, http://ec.europa.eu/food/food/biotechnology/evaluation/docs/gmo_cultivation_report_en.pdf. Der Final Report wurde am 28.10.2011 veröffentlicht. In diesem endgültigen Bericht wird zur detaillierten Begründung der Bewertungsergebnisse ergänzend auf den Interim Report verwiesen, siehe EPEC, Final Report, S. 7.

können sich demnach weitere mögliche Änderungen des einschlägigen Regelwerkes ergeben.

In dieser Arbeit sollen, u.a. am Beispiel des umstrittenen GVO-Mais MON810, die Zulassungskriterien, *Probleme* der Zulassungsverfahren nach der VO (EG) Nr. 1829/2003 und nach der Richtlinie 2001/18/EG sowie *Verbesserungsvorschläge* beschrieben werden (Abschnitte III. und IV.). Der Fokus richtet sich dabei auf solche Probleme, die zum einen ursächlich sind für die von der Kommission im Paket aufgegriffenen Verzögerungen im Zulassungsverfahren und damit zusammenhängende Blockierungen im Rat, im Regelungsausschuss und letztlich auch aufseiten der Kommission. Zum anderen richtet sich der Fokus auf Probleme des bestehenden GVO-Rechtsrahmens, die ursächlich sind für das vermehrte Verhängen von Anbauverboten. Auch vom Rat in seinen Schlussfolgerungen und von der Kommission in ihrem Paket angesprochene Aspekte sollen dabei berücksichtigt werden.

Zudem werden nach dem derzeitigen Rechtsrahmen bestehende Möglichkeiten der Mitgliedstaaten, spezifische nationale Anbaubelange im Zulassungsverfahren und im Rahmen von Schutzmaßnahmen geltend zu machen, dargestellt (Abschnitt V.). Im Anschluss werden Implikationen des WTO-Panel-Berichts im Verfahren *EC – Biotech*[44] für die WTO-Rechtmäßigkeit bzw. WTO-Rechtswidrigkeit solcher Verzögerungen sowie mitgliedstaatlicher Anbauverbote herausgearbeitet (Abschnitte VI. und VII.). Sodann werden das Paket der Kommission und aktuelle[45] Entwicklungen im Verfahren zur Schaffung einer risikounabhängigen *Opt-out*-Klausel gem. Art. 26b der Richtlinie 2001/18/EG dargestellt. Anschließend wird der im ursprünglichen Kommissionsvorschlag enthaltene Vorschlag einer *Opt-out*-Klausel u.a. am Beispiel MON810 und vor dem Hintergrund der im Auftrag der Europäischen Kommission durchgeführten Evaluation der *EPEC*[46] auf seine *europa- sowie welthandelsrechtliche* Tragfähigkeit hin untersucht (Abschnitt VIII.). Abschließend folgt eine Schlussbetrachtung, in der die Frage nach einem möglichen Nutzen der von der Kommission ursprünglich vorgeschlagenen *Opt-out*-Klausel im Licht der herausgearbeiteten Probleme und möglicher Alternativen thematisiert wird (Abschnitt IX.). Bevor der bestehende GVO-Rechtsrahmen der EU und diesbezügliche Probleme beschrieben werden, soll nachfolgend ein historischer Überblick zur Grünen Gentechnik in der EU gegeben werden. Dabei werden Probleme schon des ursprünglichen GVO-Rechtsrahmens der EU skizziert, denen im Zuge heftiger Kritik am alten

---

44 WTO-Panel-Report vom 29. September 2006, European Communities – Measures affecting the Approval and Marketing of Biotech Products, WT/DS291/R, WT/DS92/R WT/DS293/R *(„EC – Biotech“)*.

45 Stand: 29. September 2011.

46 EPEC, Final Report und Interim Report (Evaluation of the EU legislative Framework in the Field of Cultivation of GMOs under Directive 2001/18/EC and Regulation (EC) No 1829/2003).

Rechtrahmen mit Teilen des aktuell bestehenden Regelungssystems als Lösungsansätzen, die im Folgenden beschrieben werden, begegnet wurde.

II. Die Entwicklung des bestehenden Regelungssystems und der historische Hintergrund des Kommissionspakets

Nachdem in den USA im Jahr 1994 offiziell erstmals ein GVO-Erzeugnis, die „Antimatschtomate“ *Flavr Savr*, zur kommerziellen Nutzung in den Verkehr gebracht worden war, wurde in der EU im Jahr 1996 das erste GVO-Produkt, Roundup Ready Soja des Herstellers Monsanto, zugelassen.[47] Am 14. Februar 1997 erließ Österreich das erste GVO-Importverbot und notifizierte es bei der Europäischen Kommission.[48]

Unterdessen hatte die Europäische Kommission in ihrem *Weißbuch zur Lebensmittelsicherheit*[49] von 1999 im Zuge einer Reihe von Lebensmittelkrisen, v.a. der BSE- und der Dioxinskandale, zum Zweck der Wiederherstellung des erschütterten Verbrauchervertrauens und zum Schutz der Gesundheit einen neuen europarechtlichen Rahmen, der allgemeine Grundsätze und Anforderungen im Bereich der Lebensmittelsicherheit festlegte, entwickelt. Die darin enthaltene Konzeption findet ihren Niederschlag insbesondere in der Verordnung (EG) Nr. 178/2002 des Europäischen Parlaments und des Rates zur Festlegung der allgemeinen Grundsätze und Anforderungen des Lebensmittelrechts und zur Errichtung der Europäischen Behörde für Lebensmittelsicherheit *(nachfolgend: BasisVO)*[50]. Ein Leitprinzip dieses Rechtsrahmens ist der Grundsatz *Vom Erzeuger zum Verbraucher*, der sämtliche Glieder der Lebensmittelkette und alle Sektoren der Ernährungswirtschaft erfasst.[51] Als Fundament für eine wirksame Politik der Lebensmittelsicherheit hebt die Kommission in ihrem Weißbuch zur Lebensmittelsicherheit die Methode der *Risikoanalyse* hervor,[52] wobei die Kommission mit der Einrichtung einer unabhängigen Europäischen Lebensmittelbehörde, der *European Food and Feed Safety Authority* (nachfolgend: *EFSA),* das "wirksamste Instrument zur Herbeiführung der zum Schutz der öffentlichen Gesundheit und zur Wiederherstellung des Vertrauens notwendigen Veränderungen“ schaffen möchte.[53] Zudem findet das im Rahmen des Risikomanagements zu berücksichtigende *Vorsorgeprinzip* im Weißbuch besondere Betonung.[54]

---

47 Vgl. FACTS_GENTECHNIK, 10 Jahre Widerstand. Eine Chronologie: Gentechnik in Europa, S. 1, http://www.greenpeace.at/uploads/media/FS_Chronologie_10_Jahre.pdf.
48 Vgl. ebenda.
49 KOM (1999) 719 endg.
50 ABl. L 31 v. 1.2.2002, 1-24.
51 KOM (1999) 719 endg., S. 9, Rn. 9.
52 KOM (1999) 719 endg., S. 10, Rn. 12; Artt. 6, 3 Nr. 10 ff. und Erwägungsgründe 16 f. BasisVO.
53 KOM (1999) 719 endg., S. 17, Rn. 29.
54 KOM (1999) 719 endg., S. 10, Rn. 14; Erwägungsgründe 20 f., Art. 7 BasisVO.

Grundlagen für eine korrekte und genaue Verbraucherinformation seien zudem die *Rückverfolgbarkeit*[55] und die *Kennzeichnung*[56].

Neben diesen und weiteren Grundsätzen und Anforderungen wurden die Reduzierung der Anzahl und die Rationalisierung der Arbeit der von der Kommission im Rahmen ihrer Durchführungsbefugnisse befassten Ausschüsse vorgeschlagen. Mit Art. 58 BasisVO wurden daher die bisher zuständigen Regelungsausschüsse, mithin der Ständige Ausschuss "Lebensmittel", der Ständige Ausschuss "Futtermittel" und der Ständige Veterinärausschuss durch den *Ständigen Ausschuss für die Lebensmittelkette und Tiergesundheit*[57] ersetzt. Für den Sektor des Gentechnikrechts hatte die Kommission schon im Weißbuch über die Lebensmittelsicherheit von 1999 angekündigt, dass sie Vorschläge zur Verbesserung der seit 1997 bestehenden Novel-Food-Verordnung (EG) 258/97[58] im Einklang mit dem Rechtsrahmen für die absichtliche Freisetzung von gentechnisch veränderten Organismen gemäß der Richtlinie 90/220/EWG[59] sowie zur Ergänzung und Harmonisierung der Kennzeichnung[60] vorlegen werde. Zudem hatte sie im Weißbuch einen Vorschlag für Rechtsvorschriften über die Evaluation, die Zulassung und die Kennzeichnung von neuartigen *Futter*mitteln angekündigt,[61] da es für deren Zulassung keine speziellen Vorschriften gab.

Ein Kritikpunkt am ursprünglichen Ansatz, v.a. an der ursprünglichen Fassung der Novel-Food-Verordnung, war, dass Lebensmittel und Lebensmittelzutaten, die aus GVO hergestellt wurden, keiner Risikobewertung unterzogen werden mussten und auch keiner Kennzeichnung bedurften, wenn sie ihrem konventionellen Gegenstück gleichwertig ("substantial equivalent") waren, wobei sich die – ungenauen – Kriterien für die Beurteilung als gleichwertig für die Frage der Risikobewertung und für die Frage der Kennzeichnung jeweils unterschieden.[62]

Auch die Richtlinie 90/220/EWG war erheblicher Kritik ausgesetzt. In deren Mittelpunkt standen vor allem Unzulänglichkeiten der darin enthaltenen Vor-

---

55 KOM (1999) 719 endg., S. 9, Rn. 10; Erwägungsgründe 28 f.; Art. 18 BasisVO.

56 KOM (1999) 719 endg., S. 39 ff., Rn. 98 ff.

57 Siehe etwa Zusammenfassungen der Gesetzgebung, Ständiger Ausschuss für die Lebensmittelkette und Tiergesundheit, http://europa.eu/legislation_summaries/food_safety/genera_provisions/f80502_de.htm.

58 Verordnung (EG) Nr. 258/97 des Europäischen Parlaments und des Rates vom 27. Januar 1997 über neuartige Lebensmittel und neuartige Lebensmittelzutaten, ABl. L 43 v. 14.2.1997, 1-6.

59 Richtlinie 90/220/EWG des Rates vom 23. April 1990 über die absichtliche Freisetzung genetisch veränderter Organismen in die Umwelt, ABl. L 117 v. 8.5.1990, 15-27.

60 KOM (1999) 719 endg., S. 32 f.

61 Ebenda, S. 29.

62 Vgl. Artt. 3 IV i.V.m. 1 II lit. b), lit. d), lit. e) NFVO; vgl. dazu etwa *Ittershagen/Runge*, NVwZ 2003, 549, 550, 552, 553.

schriften zur Risikoanalyse, insbesondere, weil die Richtlinie keine einheitlichen Risikobewertungskriterien für die Umweltverträglichkeitsprüfung enthielt.[63]

Aber auch Unzulänglichkeiten der Kennzeichnungsvorschriften[64] sowie das Fehlen von Produktbeobachtungs- und Rückverfolgbarkeitsvorschriften[65] waren Gegenstand erheblicher Kritik am damals geltenden Regelungssystem im Bereich der "Grünen Gentechnik“[66].

Zudem wies auch das Zulassungsverfahren nach Art. 21 der Richtlinie 90/220/EWG Schwächen auf, da Zulassungsanträge im Komitologieverfahren im zuständigen Komitologieausschuss und im Rat jeweils zwar mit qualifizierter Mehrheit angenommen, aber nur einstimmig abgelehnt bzw. modifiziert werden konnten.[67] Das Zustimmungsverfahren war nach dem damaligen Rechtsrahmen gerade nur dann auf die EU-Ebene hochgezogen worden, wenn die mitgliedstaatliche Ausgangsbehörde dem Zulassungsantrag stattgeben wollte, so dass eine Ablehnung an der mangelnden Einstimmigkeit scheiterte, da der Mitgliedstaat, in dem die Ausgangsbehörde ansässig war, für die Zulassung votierte.[68]

Auch die Schutzklausel gem. ex-Art. 16 der Richtlinie 90/220/EWG war als zu weit gefasst kritisiert worden.[69]

Auf der Basis dieses alten Regelungssystems (insbesondere von Teil C der Freisetzungsrichtlinie 90/220/EWG) wurde auf Antrag der Firma Monsanto aus dem Jahr 1995 mit Entscheidung 98/294/EWG der Kommission vom 22. April 1998 die Zulassung des Inverkehrbringens der gentechnisch veränderten Maissorte MON810 zum Anbau erteilt.[70]

Im Zeitraum von Juni 1999 bis 2001 hatten sieben Mitgliedstaaten, zunächst Dänemark, Frankreich, Griechenland, Italien und Luxemburg und später auch Österreich und Belgien erklärt, dass sie künftige Abstimmungen im Rat blockieren würden.[71] Sie hatten die Aufgabe ihrer Blockadehaltung an die Bedingung

63 Vgl. *Ittershagen/Runge*, NVwZ 2003, 549, 550.

64 Vgl. *Sander/Sasdi*, EuZW 2006, 140.

65 Vgl. Pressemitteilung vom 25.6.1999, http://www.netlink.de/gen/Zeitung/1999/990625c.htm.

66 Vgl. zum Begriff schon oben und *Ittershagen/Runge*, NVwZ 2003, 549.

67 Vgl. *Gross*, Das gemeinschaftsrechtliche Genehmigungsverfahren bei der Freisetzung und dem Inverkehrbringen gentechnisch veränderter Organismen, S. 166 f.

68 Vgl. ebenda.

69 Vgl. *Ittershagen/Runge*, NVwZ 2003, 549, 550.

70 Entscheidung 98/294/EG der Kommission vom 22. April 1998 über das Inverkehrbringen von genetisch verändertem Mais (Zea mays L., Linie MON 810) gemäß der Richtlinie 90/220/EWG des Rates, ABl. L 131 v. 5.5.1998, 32-33.

71 Vgl. *Seifert*, Oberösterreichs Gentechnikverbot: Absehbares Scheitern, ungewöhnliche Allianzen, SWS-Rundschau (46. Jg.) Heft 4 / 2006, S. 409, 411 (Fn. 2); *Hundsdorfer*, Die Umsetzung des Vorsorgeprinzips in der Politik der Europäischen Union zum Umgang mit gentechnisch veränderten Organismen vor dem Hintergrund des Gentechnikstreitfalls in der WTO, S. 1.

geknüpft, dass der damals geltende GVO-Rechtsrahmen überarbeitet werde, insbesondere im Hinblick auf die Transparenz der Verfahren, eine optimierte Umweltverträglichkeitsprüfung und die verbesserte Beobachtung, Rückverfolgbarkeit und Kennzeichnung. Zusätzlich hatten im Zeitraum von 1997 bis 2000 Österreich, Luxemburg, Frankreich, Griechenland, Großbritannien und Deutschland Vermarktungs- bzw. Importverbote für in der EU bereits zugelassene GVO-Produkte verhängt. Polen und Bulgarien erließen, nach ihrem EU-Beitritt, im Januar und im März 2005 ebenfalls entsprechende Verbote.[72]

Begründet wurden diese Verbote damit, dass Risiken der GVO für die menschliche Gesundheit und für die Umwelt aufgrund neuer Erkenntnisse nicht auszuschließen seien – eine Zulassung dieser GVO laufe mithin dem u.a. im europäischen Primär- und Sekundärrecht festgeschriebenen und in einer Mitteilung der Kommission von 2000 konkretisierten Vorsorgeprinzip[73] zuwider.

Bis 1998 waren in der EU insgesamt 18 GVO-Produkte zugelassen.[74] Diese und mithin auch die oben erwähnte Anbauzulassung für den GVO-Mais MON810 von 1998 blieben daher von dem ab Oktober 1998 bestehenden faktischen Moratorium unberührt.

Drei Rechtsakte des sekundären Gemeinschaftsrechts führten mit der Zulassung[75] der GVO-Mais-Sorte Bt-11 vom 19.5.2004 durch die Kommission zum Ende des GVO-Moratoriums.[76] Bemerkenswerterweise waren hierfür im Zulassungsverfahren weder im Regelungsausschuss noch im Rat qualifizierte Mehrheiten für oder gegen die Zulassung zustande gekommen.[77] Dass mit dem neuen Rechtsrahmen allgemeine Grundsätze zugunsten des Umwelt- und Verbraucherschutzes, wie Aspekte der Rückverfolgbarkeit und der Kennzeichnungspflicht, gestärkt wurden, dürfte die Zulassungsentscheidung durch die Kommission begünstigt haben. Zunächst war die Richtlinie 2001/18/EG[78] verabschiedet wor-

---

72 Vgl. Pressemitteilung vom 25.6.1999, http://www.netlink.de/gen/Zeitung/1999/990625c.htm; *Krell Zbinden*, ZLR 2007, 125, 126; *Seifert*, Oberösterreichs Gentechnikverbot: Absehbares Scheitern, ungewöhnliche Allianzen, S. 411(Fn. 2.).

73 Mitteilung der Kommission, Die Anwendbarkeit des Vorsorgeprinzips, KOM (2000) 1 endg.

74 Vgl. *Ittershagen/Runge*, NVwZ 2003, 549, 550.

75 Entscheidung 2004/657/EG der Kommission vom 19. Mai 2004 über die Genehmigung des Inverkehrbringens von Süßmais aus der genetisch veränderten Maissorte Bt-11 als neuartiges Lebensmittel oder neuartige Lebensmittelzutat gemäß der Verordnung (EG) Nr. 258/97 des Europäischen Parlaments und des Rates, ABl. L 300 v. 25.9.2004, 48-51.

76 Vgl. *Dederer*, ZLR 2005, 307, 314; *Sander/Sasdi*, EuZW 2006, 140, 141 zur Beendigung des Moratoriums; *Krell Zbinden*, ZLR 2007, 125, 127.

77 Vgl. *Shaffer/Pollack*, in: Everson/Vos, Uncertain Risks Regulated, S. 284.

78 Richtlinie 2001/18/EG des Europäischen Parlaments und des Rates vom 12. März 2001 über die absichtliche Freisetzung gentechnisch veränderter Organismen in die

den. Auf der Basis des Vorschlags der Kommission für eine Verordnung des Europäischen Parlaments und des Rates über genetisch veränderte Lebens- und Futtermittel[79] waren die Verordnung (EG) Nr. 1829/2003[80] und, auf der Basis des Kommissionsvorschlags für einheitliche Regeln zur Kennzeichnung und Rückverfolgbarkeit genetisch veränderter Produkte,[81] gleichzeitig die Verordnung (EG) Nr. 1830/2003[82] erlassen worden.

Dieser neue Rechtsrahmen trägt gem. Art. 1 lit. a) VO (EG) Nr. 1829/2003 neben dem Schutz vor Risiken für Umwelt und Gesundheit als Gegengewicht zum Funktionieren des Binnenmarktes auch den Verbraucherinteressen Rechnung.[83] Insbesondere das Ziel der Stärkung der Wahlfreiheit der Verbraucher und mithin die Gewährleistung einer Koexistenz von konventionellen, ökologischen und gentechnisch veränderten Produkten sollte mit dem neuen Rechtsrahmen eingeführt werden.[84] Neu ist auch das einheitliche Genehmigungserfordernis für die Vermarktung und den Anbau von GVO und mithin die Abkehr vom sonst im Lebensmittelrecht geltenden *Missbrauchsprinzip*. Dieses im Lebensmittelrecht sonst grundsätzlich vorherrschende *Missbrauchsprinzip* trägt dem freien Warenverkehr Rechnung und erlaubt insoweit, aus Gründen des Allgemeinwohls, ausnahmsweise Einschränkungen. Dem für GVO geltenden *Verbotsprinzip* zufolge sind demgegenüber die Zulassung und der Nachweis des Fehlens von Gefahren durch den Antragsteller im Einzelfall erforderlich. Letzteres trägt dem grundsätzlich mit GVO verbundenen Gefahrenpotential Rechnung.[85]Auch der Nachweis von GVO-Spuren ist nicht mehr maßgeblich für eine Genehmigungspflicht.[86] Die Zentralisierung der Zulassungsverfahren auf der Ebene der EU,

---

Umwelt und zur Aufhebung der Richtlinie 90/220/EWG, ABl. L 106 v. 17.4.2001, 1-38; in Kraft seit 17. April 2001.

79 Vorschlag der Kommission vom 25.7.2001 für eine Verordnung des Europäischen Parlaments und des Rates über genetisch veränderte Lebens- und Futtermittel, KOM (2001) 425 endg. v. 13.9.2005, http://ec.europa.eu/food/fs/biotech/biotech08_de.pdf.

80 Verordnung (EG) Nr. 1829/2003 des Europäischen Parlaments und des Rates vom 22. September 2003 über genetisch veränderte Lebens- und Futtermittel, ABl. L 268 v. 18.10.2003, 1-23; in Kraft seit dem 7. November 2003.

81 Vorschlag der Kommission vom 25.7.2001 für eine Verordnung des Europäischen Parlaments und des Rates über die Rückverfolgbarkeit von aus genetisch veränderten Organismen hergestellten Lebensmitteln und Futtermitteln sowie zur Änderung der Richtlinie 2001/18/EG, KOM (2001) 182 endg., ABl. C 304E vom 30.10.2001, 327-330.

82 Verordnung (EG) Nr. 1830/2003 des Europäischen Parlaments und des Rates vom 22. September 2003 über die Rückverfolgbarkeit von aus genetisch veränderten Organismen hergestellten Lebensmitteln und Futtermitteln sowie zur Änderung der Richtlinie 2001/18/EG, ABl. L 268 v. 18.10.2003, 24-28; in Kraft seit dem 7. November 2003.

83 Vgl. *Dederer*, ZLR 2005, 307, 309.

84 Vgl. VO (EG) Nr. 1829/2003, Erwägungsgründe 17, 20, 21.

85 Vgl. zum Begriff des „Missbrauchsprinzips“ etwa *Schlacke*, ZLR 2004, 161, 164.

86 Vgl. *Dederer*, ZLR 2005, 307, 309.

Kennzeichnungs- und Rückverfolgbarkeitsregeln und einheitliche Kriterien für eine Risikobewertung nach höchsten Standards und ein einheitliches Regelungssystem für GVO-Lebens- und Futtermittel sollten diesen neuen Rechtsrahmen maßgeblich vom früheren Rechtsrahmen unterscheiden.[87] So wurden etwa Schwellenwerte für die Kennzeichnungspflicht bei zufälligen, unvermeidbaren GVO-Einträgen in naturbelassene Erzeugnisse etabliert, wobei der ursprüngliche Vorschlag der Kommission von 1 % wegen erheblicher Widerstände des Europäischen Parlaments, einzelner Mitgliedstaaten und von Umwelt- und Verbraucherverbänden auf 0,9 % bzw. 0,4 % herabgesetzt wurde.[88] Auch hatten der Rat und das Europäische Parlament, entgegen dem ursprünglichen Vorschlag der Kommission, wonach keine Schutzklauseln vorgesehen waren, die Einbeziehung einer Schutzklausel und einer Notfallklausel in den neuen Rechtsrahmen[89] durchgesetzt.[90] Die Richtlinie 2001/18/EG hebt zudem hervor, dass „in einem Mitgliedstaat anerkannte ethische Grundsätze beachtet werden." Auch „können" die Mitgliedstaaten demnach „ethische Aspekte berücksichtigen, wenn GVO absichtlich freigesetzt oder als Produkte oder in Produkten in den Verkehr gebracht werden."[91] Die VO (EG) Nr. 1829/2003/EG erlaubt die Berücksichtigung anderer legitimer Faktoren.[92] Auch die dieser zugrunde liegende BasisVO räumt in Artt. 6 III und 7 und in den Erwägungsgründen 19-22 die Möglichkeit ein, andere legitime Faktoren und das *Vorsorgeprinzip* im Rahmen des Risikomanagements zu berücksichtigen.

An den im Mai 2003[93] eingeleiteten WTO-Streitschlichtungsverfahren, denen Verfahren aufgrund des alten Rechtsrahmens zugrundelagen, hatten die USA sowie Kanada und Argentinien, trotz der im Jahr 2004 erfolgten Aufhebung des streitgegenständlichen Zulassungsstopps, festgehalten.[94] Die Beschwerdeführer hatten nicht nur das faktische Moratorium, sondern auch 27 „produktspezifische

87 Vgl. European Commission, Evaluation of the EU legislative framework in the field of GM food and feed, S. 2, 3, http://ec.europa.eu/food/food/biotechnology/evaluation/docs/terms_reference_en.pdf.

88 Vgl. *Shaffer/Pollack*, in: Everson/Vos, Uncertain Risks Regulated, S. 281 ff.

89 Siehe Artt. 23 Richtlinie 2001/18/EG und 34 VO (EG) Nr. 1829/2003.

90 Vgl. *Shaffer/Pollack*, in: Everson/Vos, Uncertain Risks Regulated, S. 281 ff.

91 Richtlinie 2001/18/EG, Erwägungsgrund 9. Im verfügenden Teil der Freisetzungsrichtlinie findet sich zu *ethischen* Aspekten nur die Ermessensvorschrift zur Anhörung eines Ethikausschusses (Art. 29 der Richtlinie 2001/18/EG), siehe dazu auch EPEC, Final Report, S. 99, Punkt B3.1.

92 VO (EG) Nr. 1829/2003, Erwägungsgrund 32, Art. 7 I.

93 Im Mai 2003 hatten die USA, Kanada und Argentinien bei der Welthandelsorganisation Konsultationen mit der EU beantragt, siehe dazu unten, Punkt VI. 2.

94 Vgl. *Sander/Sasdi*, EuZW 2006, 140, 141.

Maßnahmen“ und die oben schon erwähnten mitgliedstaatlichen Schutzmaßnahmen angegriffen.[95]

Das Panel entschied in seinem Bericht vom 29. September 2006[96], dass von Oktober 1998 bis zur Einrichtung des WTO-Panels am 29. August 2003[97] ein faktisches Moratorium bestand und dass dies das Zulassungsverfahren von GVO im Sinne des Art. 8 SPSÜ und dessen Annex C) (1) lit. a) "ungebührlich verzögert" habe, es aber, entgegen den von den Beschwerdeführern vorgetragenen Ausführungen, nicht gegen die Artt. 5.1, 5.5, 5.6, 2.2 oder 2.3 SPSÜ verstoßen habe.[98] Die Ansicht der Beschwerdeführer, dass die Blockadehaltungen der oben genannten Mitgliedstaaten[99] in den Zulassungsverfahren zu GVO-Anträgen nicht auf wissenschaftlichen Argumenten beruhten und das Moratorium aus diesem Grund WTO-rechtswidrig war, teilte das WTO-Panel damit ausdrücklich nicht.

Zu den streitbefangenen „produktbezogenen Maßnahmen“ stellte das WTO-Panel fest, dass von insgesamt 27 betroffenen GVO-Produkten 24 Zulassungsverfahren über GVO ebenfalls im Sinne des Art. 8 SPSÜ und Annex C) (1) lit. (a) „ungebührlich verzögert“ worden seien.[100] Zudem verstießen demnach sämtliche, von den Beschwerdeführern angegriffenen, mitgliedstaatlichen GVO-Verbote aufgrund von Schutzklauseln gegen Artt. 5.1 und 2.2 SPSÜ, da diese nicht auf einer wissenschaftlichen Risikobewertung im Sinne des SPSÜ basierten.

Das Panel klärte in seinem Bericht ausdrücklich nicht umstrittene Fragen der Vereinbarkeit des Vorsorgeprinzips,[101] der europarechtlichen Kennzeichnungsregelungen[102] und der Vorschriften zur Rückverfolgbarkeit[103] mit WTO-Recht.

---

95 Vgl. *Suppan*, Institute for Agriculture and Trade Policy, The WTO's EC – Biotech Products ruling and the Cartagena Protocol, S. 2.

96 WTO-Panel-Reports vom 29. September 2006 (European Communities – Measures affecting the Approval and Marketing of Biotech Products), WT/DS291/R, WT/DS292/R, WT/DS293/R *(„EC – Biotech“)*, S. 1067 ff., Punkt VIII.

97 Im Mai 2004 hob die Kommission das Moratorium durch die Zulassung des Inverkehrbringens der GVO-Maissorte Bt11 auf, siehe dazu die Entscheidung 2004/657/EG der Kommission vom 19. Mai 2004 über die Genehmigung des Inverkehrbringens von Süßmais aus der genetisch veränderten Maissorte Bt11 als neuartiges Lebensmittel oder neuartige Lebensmittelzutat gemäß der Verordnung (EG) Nr. 258/97 des Europäischen Parlaments und des Rates, ABl. L 300 v. 25.9.2004, 48-51.

98 Vgl. *Krell Zbinden*, ZLR 2007, 124, 132.

99 Frankreich, Italien, Dänemark, Griechenland und Luxemburg, Belgien, Deutschland und Österreich.

100 Vgl. *Suppan*, Institute for Agriculture and Trade Policy, The WTO's EC – Biotech Products ruling and the Cartagena Protocol, S. 2.

101 Siehe zum Vorsorgeprinzip etwa KOM (1999) 719 endg., S. 10; Erwägungsgründe 20 f. BasisVO und Art. 7 BasisVO; Erwägungsgrund 8 der Richtlinie 2001/18/EG; Art. 1 Richtlinie 90/220/EWG.

102 Siehe dazu Artt. 12 ff. der Verordnung (EG) Nr. 1829/2003.

Die EG verzichtete auf die Einlegung eines Rechtsmittels gegen diesen Bericht des WTO-Panels. Die Europäische Kommission begründete ihren Verzicht auf die Einlegung eines Rechtsmittels wohl damit, dass der neue, seit 2003 geltende, Rechtsrahmen hiervon nicht unmittelbar betroffen war.[104] Im Namen der Europäischen Union einigte sich die Kommission mit den drei beschwerdeführenden Ländern USA, Kanada und Argentinien darauf, die Vorgaben des Panels im *Biotech-Bericht* in die Implementierung des neuen Regelungssystems einfließen zu lassen.[105]

Nachfolgend werden die Anforderungen an das Verfahren über die Zulassung von GVO in der EU dargestellt. Zur Veranschaulichung wird das Verfahren zur Zulassung der im Jahr 1998 nach dem alten Rechtsrahmen zugelassenen Maissorte MON810 nachgezeichnet.

---

103 Siehe dazu VO (EG) Nr. 1830/2003, ABl. L 268 v. 18.10.2003, 24-28.

104 Vgl. WTO, Summary of the dispute to date, WT/DS91/R, WT/DS92/R, WT/DS93/R, http://www.wto.org/english/tratop_e/dispu_e/cases_e/ds291_e.htm.

105 Deshalb setzte die Kommission mit ihrem Vorschlag vom 12. April 2006 den Prozess zur Verbesserung der Umsetzung des bestehenden Rechtsrahmens in Gang, vgl. Commission Press Release IP/06/498 from 12 April 2005; Evaluation of the EU legislative framework in the field of GM food and feed, S. 5.

III. Das Verfahren zur Zulassung des Anbaus von GVO am Beispiel der Zulassung von MON810 nach der VO (EG) Nr. 1829/2003

1. Zum Sachverhalt MON810

Die Monsanto Company, vertreten durch die Monsanto Europe S.A., hatte im Jahr 1995 bei der zuständigen Behörde in Frankreich einen Antrag auf Zulassung des Inverkehrbringens der genetisch veränderten Maislinie *Zea Mays L.*, Linie MON810, zum Anbau und zur Verwendung als Futtermittel gestellt. Das Erbgut von diesem genetisch veränderten Mais der Linie MON810 enthält ein modifiziertes Gen des Bodenbakteriums *bacillus thuringensis*. Dieses bewirkt, dass in allen Teilen der GVO-Pflanze ein Bt-Toxin (Cry1A(b)) produziert wird, das gezielt Fraßinsekten, wie den Maiszünsler, tötet. Mit der Entscheidung 98/294/EG vom 22. April 1998[106] über das Inverkehrbringen von genetisch verändertem Mais (Zea Mays, L., Linie MON810) gemäß Teil C der Richtlinie 90/220/EWG hat die Kommission die Zulassung zum Anbau für die Verwendung als Futter- und als Lebensmittel und als Zusatzstoff erteilt.

Die Genehmigung zum Inverkehrbringen als Lebensmittel war auf dieser Grundlage nach der VO (EG) Nr. 258/97 von der französischen Behörde am 3. August 1998[107] erteilt worden, nachdem das *UK Advisory Committee on Novel Foods and Processes* und das UK *Ministry for Agriculture, Fishery and Food* im Rahmen der Risikobewertung die substantielle Äquivalenz von MON810 sowie von davon abstammenden Produkten einerseits und konventionellem Mais und entsprechenden Produkten andererseits am 17. Februar 1997 bestätigt hatten. Von der GVO-Maislinie MON810 abstammende Produkte, also Lebensmittel und Lebensmittelmittelzutaten aus Maismehl, Maiskleber, Maisgries, Maisstärke, Maisglukose und Maisöl durften mithin zunächst im gesamten räumlichen Geltungsbereich der Europäischen Union in den Verkehr gebracht werden.

Die Zulassung ist nach dem neuen Rechtsrahmen für gentechnisch veränderte Pflanzen bereits am 18. April 2007 ausgelaufen. Allerdings waren MON810 und die davon abstammenden Produkte am 18. April 2005 notifiziert worden.

106 Entscheidung 98/294/EG der Kommission vom 22. April 1998 über das Inverkehrbringen von genetisch verändertem Mais (Zea mays L., Linie MON 810) gemäß der Richtlinie 90/220/EWG des Rates, ABl. L 131 v. 5.5.1998, 32-33.

107 Die französische Genehmigung liegt hier nicht vor, vgl. GGSC, Rechtsgutachten, S. 6 (m.w.N., Fn. 1), http://www.keine-gentechnik.de/bibliothek/zulassungen/studien/gassner_ra_gutachten_zl_mon810_0500901.pdf.

Sie sind als gem. Art. 8 I lit. a) und I lit. b), 20 I lit. a) und lit. b) der VO (EG) Nr. 1829/2003 und nach der Richtlinie 90/220/EWG und gem. Art. 5 VO (EG) Nr. 258/97 rechtmäßig in den Verkehr gebrachte Produkte gemeldet worden. Für sie gilt mithin Bestandsschutz, der mit Ablauf der Frist nach dem neuen Rechtsrahmen bis heute fortgilt, nachdem Monsanto Europe am 11. April 2007, am 18. April 2007 und am 4. Mai 2007 entsprechende Erneuerungsanträge gestellt hatte.

Das zuständige GVO-Gremium der EFSA[108] hat im Jahr 2008 seine den Antrag befürwortende Risikobewertung für MON810 offiziell abgeschlossen.[109] Bisher[110] haben Österreich, Ungarn, Frankreich, Griechenland, Luxemburg, Deutschland und Bulgarien wegen nicht auszuschließender Risiken für die Umwelt auf der Basis von in der VO (EG) Nr. 1829/2003 und der Richtlinie 2001/18/EG Anbauverbote für MON810 erlassen.[111]

Im Folgenden wird der bestehende Rechtsrahmen dargestellt, wobei die Ausführungen mit der Beschreibung des Zulassungsverfahrens nach der VO (EG) Nr. 1829/2003 beginnen werden. Es sei an dieser Stelle insoweit vorweggenommen, dass die VO (EG) Nr. 1829/2003 nicht nur für Entscheidungen über die Zulassung von GVO-Erzeugnissen zur Verwendung als Lebens- bzw. Futtermittel gilt. Vielmehr gilt die VO (EG) Nr. 1829/2003 über das sog. *One door, one key-Prinzip*[112] auch für Entscheidungen über den Anbau von GVO-Pflanzen, die nach der Ernte als Lebens- bzw. als Futtermittel verwendet werden sollen. Tatsächlich haben die Hersteller seit Geltung des aktuellen Rechtsrahmens nach dem *One door, one key-Prinzip* Anträge zum Anbau von GVO bei beabsichtigter Verwendung der geernteten Erzeugnisse als Lebens- oder Futtermittel überwiegend[113] auf die VO (EG) Nr. 1829/2003 und nicht auf die Richtlinie 2001/18/EG gestützt, so auch den Erneuerungsantrag für MON810.[114]

---

108 Siehe zur EFSA im Einzelnen unten, Punkte III. 4.2.2 ff.

109 Scientific Opinion Applications (EFSA-GMO-RX-MON810) for renewal of authorisation for the continued marketing of (1) of existing food and food ingredients produced from genetically modified insect resistant maize MON810; (2) feed consisting of and/or containing maize MON810, including the use of seed for cultivation; and of (3) food and feed additives, and feed materials produced from maize MON810, all under Regulation (EC) No 1829/2003 from Monsanto, The EFSA Journal (2009) 1149, 1-85.

110 Stand: Mai 2011.

111 Siehe zu mitgliedstaatlichen Schutzmaßnahmen unten, Punkt V.

112 Vgl. *Palme/Schlee*, Gentechnikrecht, S.119.

113 Vgl. EPEC, Final Report, S. 75, Punkt 10.2.4. Die Anbau-Zulassung der *Amflora*-Kartoffel erfolgte nach der Richtlinie 2001/18/EG, da sie zur industriellen Verwendung und nicht zur Verwendung als Futter- bzw. Lebensmittel angebaut werden soll.

114 Vgl. EPEC, Interim Report, S. 86 f., Punkt 6.2.6.

2. Die Zulassungsvoraussetzungen nach dem neuen Rechtsrahmen VO (EG) Nr. 1829/2003 und Richtlinie 2001/18/EG

2.1. Überblick über das Zulassungsverfahren nach der VO (EG) Nr. 1829/2003 – Das Zulassungsverfahren für GVO-Lebensmittel gem. Artt. 3-7 VO (EG) Nr. 1829/2003

Anders als nach der bis zur Geltung der Verordnung für die Zulassung von GVO-Lebensmitteln einschlägigen Novel-Food-Verordnung sieht die VO (EG) Nr. 1829/2003 hierfür von Vornherein ein auf der Ebene der Europäischen Union angesiedeltes Zulassungsverfahren vor.

Während dem allgemeinen Lebensmittelrecht, wie oben erwähnt, das *Missbrauchsprinzip* zugrundeliegt, sieht die Verordnung (EG) Nr. 1829/2003 in Art. 4 II[115] für GVO-Zulassungen ein *präventives Verbot mit Erlaubnisvorbehalt*[116] vor. Allerdings enthalten die Artt. 8 und 20 der Verordnung für bereits existierende Erzeugnisse eine Ausnahme von diesem Grundsatz eines präventiven Verbots mit Erlaubnisvorbehalt. In diesen Fällen reicht eine rechtzeitige[117] Notifizierung aus.

Das Inverkehrbringen, Verwenden und Verarbeiten von GVO-Lebens- und Futtermitteln setzt demgemäß zwingend voraus, dass die einschlägige Zulassung zuvor erteilt wird, was wiederum davon abhängt, dass die in der Verordnung festgeschriebenen Voraussetzungen vorliegen.

Gem. Art. 4 I, III[118] der Verordnung muss der Antragsteller demgemäß nachweisen, dass GVO-Lebensmittel keine nachteiligen Auswirkungen auf die Gesundheit von Mensch und Tier oder die Umwelt haben (Artt. 4 I lit. a)),[119] sie den Verbraucher nicht irreführen (Artt. 4 I lit. b)),[120] Verbraucher im Fall von GVO-Futtermitteln nicht dadurch schädigen oder irreführen, dass die spezifischen Merkmale der tierischen Erzeugnisse beeinträchtigt werden (Art. 16 I lit. c))

115 Ebenso gem. Art. 16 II VO (EG) Nr. 1829/2003.

116 Siehe ebenda, 3. Erwägungsgrund.

117 Gem. Artt. 8 I, II und 20 I, II der Verordnung waren die nach dem alten Rechtsrahmen zugelassenen GVO mit den nach Art. 5 III, V bzw. Art. 17 III, V innerhalb von sechs Monaten nach Inkrafttreten der Verordnung am 18. Oktober 2003 zu notifizieren.

118 Ebenso gem. Art. 16 I, III der VO (EG) Nr. 1829/2003.

119 Für Futtermittel gilt dies gem. Art. 16 I lit. a) der Verordnung.

120 Im Hinblick auf Futtermittel gilt dies gem. Art. 16 I lit. b).

und, dass sie sich nicht so stark unterscheiden, dass ihr normaler Verzehr Ernährungsmängel für Mensch oder Tier mit sich brächte (Art. 4 I lit. c)).[121]
Die formellen Zulassungsvoraussetzungen sind in den Artt. 5-7 sowie in den Artt. 17-19 der Verordnung geregelt.

Gem. Artt. 5 I, II bzw. 17 I, II VO (EG) Nr. 1829/2003 ist ein Antrag auf Zulassung als GVO-Lebens- oder Futtermittel mit dem nach der Verordnung erforderlichen Inhalt an die zuständige Behörde eines Mitgliedstaates[122] zu richten. Die zuständige mitgliedstaatliche Behörde bestätigt dem Antragsteller den Erhalt schriftlich innerhalb von 14 Tagen nach Antragseingang[123] und unterrichtet unverzüglich die EFSA, welcher sie zugleich den Antrag und alle vom Antragsteller eingereichten sonstigen Informationen zur Verfügung stellt.[124]

Die EFSA unterrichtet unverzüglich die anderen Mitgliedstaaten und die Kommission, und sie stellt der Öffentlichkeit die vom Antragsteller erbrachte Zusammenfassung eines Dossiers[125] zur Verfügung.[126]

In Art. 5 III lit. a) - l), V, VI der Verordnung finden sich Vorgaben für die dem Antrag beizufügenden Unterlagen. Als Orientierungshilfe für die vollständige Erstellung des Antrags dienen zudem die von der EFSA[127] veröffentlichten Leitlinien. Gegebenenfalls ist dem Antrag ein Vorschlag für eine marktbegleitende Beobachtung der Verwendung als Lebensmittel beizufügen.[128] Gem. Art. 5 V der Verordnung sind dem Antrag bei GVO oder Lebensmitteln, die GVO enthalten oder aus solchen bestehen, neben den in den Absätzen I-IV aufgelisteten Unterlagen

a) die vollständigen technischen Unterlagen, aus denen die nach den Anhängen III und IV der Richtlinie 2001/18/EG erforderlichen Informationen hervorgehen und Angaben zur Risikobewertung gem. Anhang II (sog. „Umweltverträglichkeitsprüfung", UVP) Richtlinie 2001/18/EG,

---

121 Für Futtermittel gilt dies gem. Art. 16 I lit. d).

122 In Deutschland ist dies das Bundesamt für Verbraucherschutz und Lebensmittelsicherheit (BVL), vgl. *Dederer*, ZLR 2005, 307, 317 (Anm.: Aus Gründen der Übersichtlichkeit konzentrieren sich die Ausführungen zum Zulassungsverfahren im Folgenden auf GVO-Lebensmittel.).

123 Art. 5 II lit. a) i) VO (EG) Nr. 1829/2003.

124 Art. 5 II lit. a) ii) und iii) VO (EG) Nr. 1829/2003.

125 Art. 5 III lit. l) VO (EG) Nr. 1829/2003.

126 Art. 5 II lit. b) i) ii) VO (EG) Nr. 1829/2003.

127 Vgl. Art. 5 VIII VO (EG) Nr. 1829/2003 und Guidance document of the Scientific Panel on Genetically Modified Organisms for the risk assessment of genetically modified plants and derived food and feed, The EFSA Journal (2006) 99, 1-100. Diese von ihr selbst erstellten Leitlinien hat die EFSA am 24. September 2004 angenommen und 2008 zuletzt vollständig aktualisiert. Sie dienen dem Antragsteller als Orientierungshilfe bei der Zusammenstellung der erforderlichen Antragsunterlagen, und sie legen zudem die Kriterien der Risikobewertung durch die EFSA unverbindlich fest.

128 Art. 5 III lit. k) der Verordnung.

sofern nicht die Zulassung für das Inverkehrbringen schon nach Teil C der genannten Richtlinie erteilt worden ist, und

b) ein Plan zur Beobachtung der Umweltauswirkungen gem. Anhang VII Richtlinie 2001/18/EG (sog. „Post-Market Environmental Monitoring", PMEM) beizufügen.

Die oben als Orientierungshilfe für den Antragsteller bezeichneten Leitlinien der EFSA enthalten auch die im Rahmen der von der EFSA zu prüfenden Risikobewertungskriterien.[129]

Die EFSA fertigt ihre Stellungnahme innerhalb von sechs Monaten nach Erhalt eines gültigen Antrags.[130] Diese Frist kann sich um weitere zwei Monate verlängern, wenn die EFSA bzw. wenn die Ausgangsbehörde den Antragsteller über die EFSA um Ergänzung der Antragsunterlagen ersucht.[131]

Die EFSA überprüft[132] die Antragsunterlagen auf ihre Vollständigkeit,[133] und sie prüft auf der Basis der vom Antragsteller zur Verfügung gestellten Informationen, ob der betreffende GVO den materiellen Voraussetzungen gem. Art. 4 I der Verordnung entspricht. Die EFSA hat bei GVO oder Lebensmitteln, die GVO enthalten oder daraus bestehen, im Rahmen der Risikobewertung die in der Richtlinie 2001/18/EG vorgesehenen umweltbezogenen Sicherheitsanforderungen einzuhalten, da alle geeigneten Maßnahmen zum Schutz vor schädlichen Auswirkungen auf die menschliche und die Gesundheit von Tieren sowie auf die Umwelt, die sich aus der absichtlichen Freisetzung ergeben könnten, zu treffen sind.[134] Bei Anträgen auf das Inverkehrbringen von Erzeugnissen, die aus GVO bestehen oder diese enthalten, konsultiert die EFSA die nach der Richtlinie 2001/18/EG von den Mitgliedstaaten hierzu eingerichteten Behörden, die ihre Stellungnahme innerhalb von drei Monaten nach Erhalt des Ersuchens abgeben. Die EFSA übermittelt der Kommission, den Mitgliedstaaten und dem Antragsteller ihre Stellungnahme einschließlich des Berichts, in dem sie eine Bewertung des Lebensmittels vornimmt und, in dem ihre Stellungnahme begründet und, den sie mit den Informationen, auf die sie ihre Stellungnahme stützt, versieht.[135]Auch diese Stellungnahme wird der Öffentlichkeit zugänglich gemacht,[136] welche ihrerseits innerhalb von 30 Tagen ab Veröffentlichung Stellung nehmen kann.

---

129 The EFSA Journal (2006) 99, 1-100.
130 Art. 6 I VO (EG) Nr. 1829/2003.
131 Ebenda, Abs. II.
132 Ebenda, Abs. III, IV, V.
133 Art. 5 VO (EG) Nr. 1829/2003.
134 Art. 6 IV VO (EG) Nr. 1829/2003.
135 Art. 6 VI VO (EG) Nr. 1829/2003.
136 Art. 6 VII VO (EG) Nr. 1829/2003 i.V.m. Art. 38 I der Basisverordnung.

Die Kommission erstellt auf der Basis der EFSA-Bewertung und weiterer Faktoren[137] innerhalb von drei Monaten nach Eingang dieser EFSA-Stellungnahme einen Entscheidungsentwurf, den sie dem *Ständigen Ausschuss für die Lebensmittelkette und Tiergesundheit*[138] zuleitet.[139] Die endgültige Entscheidung ergeht mithin im „Komitologieverfahren".[140]

Die Information über die Entscheidung wird im Amtsblatt der Europäischen Union veröffentlicht, nachdem der Antragsteller unverzüglich von der Kommissionsentscheidung in Kenntnis gesetzt worden ist.

2.2. Der Anwendungsbereich gem. Artt. 3 I, 15 I VO (EG) Nr. 1829/2003

Soll ein GVO als Lebens- oder Futtermittel verwendet werden, so ist grundsätzlich der Anwendungsbereich der VO (EG) Nr. 1829/2003 eröffnet.
Gem. Artt. 3 I, 15 I der VO (EG) Nr. 1829/2003 gelten die Vorschriften über die Zulassung und Überwachung für

a) zur Verwendung als Lebens- oder Futtermittel oder als in Lebens- oder Futtermitteln bestimmte GVO,
b) Lebens- oder Futtermittel, die GVO enthalten oder aus solchen bestehen, und für
c) Lebensmittel, die aus GVO hergestellt werden oder die Zutaten enthalten, die aus GVO hergestellt werden, und für aus GVO hergestellte Futtermittel.

Die Verordnung knüpft teilweise unterschiedliche Voraussetzungen an die Zulassung als Lebensmittel (Artt. 3 ff.) und als Futtermittel (Artt. 15 ff.).

Kann ein Futtermittel auch als Lebensmittel verwendet werden, so müssen neben den Voraussetzungen für die Zulassung als Futtermittel auch die Zulassungsvoraussetzungen für Lebensmittel vorliegen.[141]

---

137 Siehe die Darstellung der dem Beschluss der Kommission gem. Art. 7 VO (EG) Nr. 1829/2003 zugrunde zu legenden Aspekte unten, Punkte III. 4.3.1 ff.

138 Art. 58 der Basisverordnung.

139 Art. 7 I VO (EG) Nr. 1829/2003.

140 Artt. 5, 7, 8 des Beschlusses 1999/468/EG.

141 Hintergrund dieser Regelung ist der sog. „StarLink"-Fall. Diese GVO-Maissorte war im Jahr 2000 in den USA nur als Futtermittel zugelassen. Tatsächlich gerieten aus ihr hergestellte Maisfladen in den Lebensmittelhandel, vgl. *Dederer*, ZLR 2005, 305, 313.

2.2.1 Ausschluss „mit“ bzw. „mit Hilfe“ von GVO hergestellter Produkte

Lebens- und Futtermittel, die nicht „aus“, sondern „mit“ bzw. „mit Hilfe“ von GVO hergestellt werden, sind nicht vom Anwendungsbereich der Verordnung umfasst.[142] So sind Erzeugnisse aus bzw. von Tieren, die mit GVO gefüttert oder mit GVO-Arzneimitteln behandelt wurden, also beispielsweise das Fleisch und die Milch dieser Tiere, nicht vom Anwendungsbereich des Rechtsrahmens für GVO umfasst und somit weder genehmigungs- noch als GVO kennzeichnungspflichtig. Ebenso wenig sind Lebens- und Futtermittel, die durch Fermentation hergestellt werden, und bei deren Herstellung GVO-Mikroorganismen verwendet wurden, vom Anwendungsbereich der Verordnung umfasst, sofern das Endprodukt keine GVO-Spuren (beim Bier beispielsweise Spuren von GVO-Hefe) enthält.[143]

Diese Differenzierung zwischen *mit* bzw. *mit Hilfe* von GVO hergestellten Produkten einerseits und Produkten, die zwar aus GVO hergestellt werden, aber keine GVO-Spuren mehr aufweisen, andererseits wird teilweise als protektionistische Maßnahme kritisiert. Es sei nicht nachvollziehbar, dass gerade Erzeugnisse, die erfahrungsgemäß nicht importiert werden, wie die Milch von einer mit GVO-Futter gefütterten Kuh, demnach nicht als GVO-Produkt gelten, andererseits aber beispielsweise die aus GVO-Maisstärke nach einer komplexen Verarbeitungskette gewonnene Ascorbinsäure in den Anwendungsbereich des GVO-Rechtsrahmens falle.[144]

Die Differenzierung zwischen *aus* und *mit* bzw. *mit Hilfe* von GVO hergestellten Produkten und die damit verbundene Genehmigungs- und Kennzeichnungspflicht bzw. -freiheit ist auch nach hier vertretener Ansicht nicht plausibel. Allerdings sollte dieser Mangel an inhaltlicher Nachvollziehbarkeit der Abgrenzung, entgegen der vorstehend erwähnten Ansicht, nichts an der Genehmigungspflicht von Produkten aus GVO ändern, auch, wenn keine GVO-Spuren mehr nachweisbar sind. Denn letztlich folgt aus der mangelnden Nachweisbarkeit von GVO-Spuren im Enderzeugnis nicht, dass dort de facto keine GVO-Spuren vorhanden sind. Deshalb müssten Erzeugnisse, die *mit* bzw. *mit Hilfe* von GVO hergestellt wurden, folgerichtig auch der Genehmigungspflicht unterliegen. Dagegen spricht auch nicht, dass der Einsatz von GVO-Futtermitteln mittlerweile gang und gäbe ist und einer solchen umfassenden GVO-Genehmigungspflicht mithin eine unüberschaubare Vielzahl von Produkten der Genehmigungspflicht unterliegen würde. Mit Blick auf die im Weißbuch der Kommission zur Lebensmittelsicherheit als ein kardinales Ziel formulierte Wiedergewinnung des

142 VO (EG) Nr. 1829/2003, 16. Erwägungsgrund.

143 Vgl. *Dederer*, ZLR 2005, 305, 311.

144 Vgl. ebenda, 312.

Verbrauchervertrauens wäre die Einbeziehung auch von *mit* bzw. *mit Hilfe* von GVO hergestellten Produkten nur konsequent. In diesem Interesse müsste, wenn nicht die Zulassungs-, so doch zumindest die Kennzeichnungspflicht[145] für diese Erzeugnisse gelten.

2.2.2 Das *One door, one key-Prinzip*

Soll der GVO zum Zweck der Verwendung als Lebens- oder Futtermittel „freigesetzt" oder „in Verkehr gebracht" werden, so ist neben der VO (EG) Nr. 1829/2003 auch die Richtlinie 2001/18/EG einschlägig.[146] Gem. Art. 2 Nr. 3 dieser Richtlinie ist unter absichtlicher *Freisetzung* jede Art von absichtlichem Ausbringen eines GVO oder einer Kombination eines GVO in die Umwelt zu verstehen, bei dem keine spezifischen Einschließungsmaßnahmen angewandt werden, um ihren Kontakt mit der Bevölkerung und der Umwelt zu begrenzen und ein hohes Sicherheitsniveau für die Bevölkerung und die Umwelt zu erreichen. Der Anbau von GVO-Saatgut auf einem nicht eingeschlossenen Acker ist mithin ein Freisetzen in diesem Sinn. Gem. Art. 2 Nr. 4 der Richtlinie ist unter *Inverkehrbringen* die entgeltliche oder unentgeltliche Bereitstellung für Dritte zu verstehen.

Das *One door, one key-Prinzip* ermöglicht dem Antragsteller in solchen Fällen, in denen GVO-Saatgut zur Verwendung als Futter- oder Lebensmittel angebaut bzw. für Dritte bereitgestellt wird, mit nur *einem* Antrag, sowohl die Zulassung für das Inverkehrbringen von GVO-Saatgut nach der Freisetzungsrichtlinie als auch für seine Verwendung als Lebens- und/oder Futtermittel zu erhalten.

Rechtliche Grundlagen für das *One door, one key-Prinzip* sind Artt. 3 I und 2 Nr. 8, 9 der Verordnung (EG) Nr. 1829/2003, wonach ein GVO dann zur Verwendung als Lebens- oder Futtermittel bestimmt ist, wenn er als Lebens- oder Futtermittel oder als *Ausgangsmaterial* für die Herstellung von Lebens- oder Futtermitteln verwendet wird.

Demnach kann bereits für ein bestimmtes GVO-Saatgut, also das Ausgangsmaterial für die spätere Verwendung als Lebens- oder Futtermittel, eine Zulassung als Futter- oder Lebensmittel erteilt werden. Da aber frühestens mit der Ernte überhaupt erst eine wissenschaftlich fundierte Risikobewertung für ein Lebens- oder Futtermittel erfolgen kann, ist das *One door, one key-Prinzip* abzu-

145 Der bestehende Rechtsrahmen schließt solche Erzeugnisse per se aus seinem Anwendungsbereich aus. Somit sind „mit" bzw. „mit Hilfe" von GVO hergestellte Erzeugnisse nicht nur vom Zulassungs-, sondern auch vom Kennzeichnungserfordernis ausgenommen, vgl. dazu etwa Stellungnahme des Ausschusses der Regionen vom 27./28. Januar 2011, ABl. C 104 v. 2.4.2011, 62-66, Rn. 10 ff.

146 Da es sich in diesen Fällen um den Anbau von GVO-Saatgut handelt, ist daneben eine sortenschutzrechtliche Zulassung nach der Richtlinie 2002/53/EG erforderlich.

lehnen.[147] Hinzu kommt, dass das Zulassungsverfahren nach der VO (EG) Nr. 1829/2003, anders als das Verfahren nach der Richtlinie 2001/18/EG,[148] ein von Vornherein auf EU-Ebene zentralisiertes Verfahren darstellt, auf dessen Verlauf die Mitgliedstaaten somit weniger Einfluss haben als auf das Zulassungsverfahren nach der Freisetzungsrichtlinie. Gerade beim GVO-Anbau aber sind die spezifischen Gegebenheiten des jeweiligen Mitgliedstaates besonders relevant.[149] Tatsächlich wurden Anträge zum GVO-Anbau und der beabsichtigten Verwendung als Lebens- und Futtermittel in der EU seit Geltung des neuen Rechtsrahmens bisher nur auf das *One door, one key-Prinzip* und nicht auf die Freisetzungsrichtlinie gestützt.[150] Beide Regelwerke, also die Freisetzungsrichtlinie und die Verordnung, verfolgen jedoch unterschiedliche Schutzzwecke. Die Verordnung dient in erster Linie dem Schutz der menschlichen Gesundheit und der Förderung des Binnenmarktes.[151] Die Richtlinie dient demgegenüber insbesondere dem Schutz der Umwelt, wobei bei ihrer Umsetzung besonderes Augenmerk auf das Vorsorgeprinzip zu legen ist.[152]

Das *One door, one key-Prinzip* erlaubt allerdings die Zulassung von GVO zum Anbau und zur späteren Verwendung als Lebens- und Futtermittel aufgrund der VO (EG) Nr. 1829/2003, so dass dem mit der Richtlinie verfolgten Umweltschutz und dem diesem dienenden Vorsorgeprinzip eine weniger entscheidende Rolle zukommt als bei Entscheidungen nach der Freisetzungsrichtlinie. Darin wird von Kritikern ein weiteres Manko des *One door, one key-Prinzips* und mithin des gegenwärtigen GVO-Rechtsrahmens.[153] Auch stimmen, je nach dem, nach welchem der beiden Regelwerke sich die Zulassung richtet, unterschiedliche Ratsformationen ab. Im Fall der Zulassung allein nach der Freisetzungsrichtlinie votieren die Umweltminister. Im Fall des Zulassungsverfahrens nach der Verordnung entscheiden die Landwirtschaftsminister. Diesen Unterschied erwähnt die *EPEC* in ihrer von der Kommission in Auftrag gegebenen Evaluation als zumindest theoretisch mögliche Weichenstellung für unterschiedliche Abstimmungen.[154] Zwar hat es im Hinblick auf Anbauentscheidungen bisher in keiner der beiden Ratsformationen eine qualifizierte Mehrheit gegeben,[155] aller-

147 So wohl auch *Palme/Schlee*, Gentechnikrecht, S.119; *Winter*, NuR 2007, 571, 580; *Roller*, ZUR 2005, 113, 117 f.

148 Siehe zum Verfahren nach der Richtlinie 2001/18/EG unten, Punkt IV.

149 Vgl. etwa *Palme/Schlee*, Gentechnikrecht, S. 41.

150 Vgl. EPEC, Interim Report, S. 22, Punkt 4.1.

151 Vgl. Art. 1 lit. a) VO (EG) Nr. 1829/2003.

152 Vgl. Art. 1 der Richtlinie 2001/18/EG.

153 Vgl. EPEC, Interim Report, S. 2, Punkt II und zu weiteren Unterschieden auch EPEC, Final Report, S. 112, Annex 1, Punkt c.

154 Vgl. ebenda, S. 87, Punkt 6.2.6.

155 Vgl. ebenda. Anders aber bei Verfahren zu bestimmten mitgliedstaatlichen Schutzmaßnahmen. Hier haben die Umweltminister in vier Fällen mit qualifizierter Mehrheit

dings wurden GVO-Anbauanträge bisher[156], wie erwähnt, überwiegend auf die Verordnung gestützt. Schließlich hat die Wahl der jeweiligen Rechtsgrundlage auch Einfluss auf die jeweils anwendbare mitgliedstaatliche Schutzvorschrift für etwaige Anbauverbote.[157]

Macht der Antragsteller also Gebrauch vom *One door, one key-Prinzip*, so richtet sich das Verfahren zur Zulassung des Anbaus zur Verwendung als Lebens- oder Futtermittel in erster Linie nach der VO (EG) Nr. 1829/2003. Vorschriften der Freisetzungsrichtlinie, insbesondere zur Umweltverträglichkeitsprüfung und zum Monitoring sind aber ergänzend anwendbar.[158] Vorschriften der *vertikalen*[159] (verwendungszweckabhängigen) VO (EG) Nr. 1829/2003 können durch Regelungen der *horizontalen* (verwendundungszweck*un*abhängigen) Freisetzungsrichtlinie, wie beispielsweise durch Art. 26b[160] der Freisetzungsrichtlinie, ergänzt werden.[161]

Es ist dem Antragsteller letztlich freigestellt, ungeachtet des *One door, one key-Prinzips*, zwei Anträge nach den jeweils einschlägigen Vorschriften zu stellen.

3. Der einschlägige Rechtsrahmen im Fall MON810

Das Erbgut vom GVO-Mais der Linie MON810 enthält ein modifiziertes Gen des Bodenbakteriums *bacillus thuringensis*, welches bewirkt, dass in allen Teilen der GVO-Pflanze das Bt-toxin *Cry1A(b)* produziert wird, so dass Insekten, wie der Maiszünsler, gezielt abgetötet werden. Sein Verwendungszweck ist,

---

gegen Vorschläge der Kommission zur Aufhebung von Schutzmaßnahmen der Mitgliedstaaten Österreich und Ungarn gestimmt.

156 Im Interim-Report der EPEC werden fünfzehn Anbauanträge, die auf die Verordnung und drei Anbau-Altanträge (die *Amflora*-Kartoffel, Bt11, DAS1507), die auf die Richtlinie gestützt wurden, genannt, vgl. EPEC, Interim-Report, S. 23 f., Punkt 4.2.

157 Art. 23 der Richtlinie 2001/18/EG oder Art. 34 der VO (EG) Nr. 1829/2003, siehe zu den Unterschieden unten, Punkte V. Siehe dazu im Einzelnen auch etwa EPEC, Final Report, S. 42 f.

158 Vgl. *Palme/Schlee*, Gentechnikrecht, S. 39, Punkt 1.1.2.1.

159 Vgl. zu den Begriffen des horizontalen/vertikalen Ansatzes auch etwa *Gross*, Das Gemeinschaftsrechtliche Genehmigungsverfahren bei der Freisetzung und dem Inverkehrbringen gentechnisch veränderter Organismen, S. 37.

160 Dasselbe gilt für den im Paket der Kommission vom 13. Juli 2010 vorgeschlagenen Art. 26b. Im Entwurf wird ausdrücklich Bezug auf die VO (EG) Nr. 1829/2003 genommen *(„...die gemäß Teil C der genannten Richtlinie oder der Verordnung (EG) Nr. 1829/2003 zugelassen wurden ...")*, vgl. KOM (2010) 375 endg., S. 15.

161 Vgl. *Palme/Schlee*, Gentechnikrecht, S. 39, Punkt 1.1.2.1; dort wird die Verordnung anschaulich als „Tochtervorschrift" der Freisetzungsrichtlinie beschrieben.

wie sinngemäß im früheren Antrag aus dem Jahr 1995 formuliert, der Anbau zur Verwendung als Lebensmittel und als Lebensmittelzusatzstoff sowie als Futtermittel und als Futtermittelzusatz.[162] Da der GVO-Mais als Lebens- und als Futtermittel verwendet werden soll, sind die Anwendungsbereiche von Artt. 8 I lit. a) und b); 20 I lit. a) und b) der VO (EG) Nr. 1829/2003 eröffnet.

Der vorherige Anbau ist ein absichtliches Ausbringen eines GVO, also eines Organismus, dessen genetisches Material so verändert worden ist, wie es auf natürliche Weise durch Kreuzen und/oder natürliche Rekombination nicht möglich ist,[163] in die Umwelt und somit ein Freisetzen gem. Art. 2 Nr. 3 der Freisetzungsrichtlinie.

Somit ist neben der VO (EG) Nr. 1829/2003 auch die Richtlinie 2001/18/EG anwendbar.

Nach dem aus Art. 2 Nr. 8 und 9 der Verordnung hergeleiteten *One door, one key-Prinzip* konnte die Antragstellerin, die Monsanto Company, vertreten durch die Monsanto Europe S.A., bereits zu diesem Zeitpunkt einen Antrag auf Zulassung zum Anbau und zur späteren Verwendung als Futter- und Lebensmittel nach der VO (EG) Nr.1829/2003 stellen.

Kurz bevor die Zulassung nach dem alten Rechtsrahmen am 18. April 2007 auslief, hat Monsanto am 11. April 2007 und am 17. April 2007 und kurz danach, nämlich mit Antrag vom 4. Mai 2007, die Neuzulassung von MON810 und von davon abstammenden Produkten beantragt. Diese Erzeugnisse waren im April 2005 nach dem neuen Rechtsrahmen als existierendes Produkt notifiziert worden und sind mithin als gem. Artt. 8 I lit. a) und I b), 20 I lit. a) und b) der VO 1829/2003 und nach der Richtlinie 90/220/EWG und gem. Art. 5 VO (EG) Nr. 258/97 rechtmäßig in den Verkehr gebrachte Produkte gemeldet worden. Für sie gilt mithin Bestandsschutz, der mit Ablauf der Frist nach dem neuen Rechtsrahmen bis heute fortgilt, nachdem Monsanto Europe am 11. April 2007, am 18.

---

162 Vgl. Summary of Application for renewal of the authorisation for continued marketing of existing food and food ingredients produced from MON 810 maize that were notified persuant to Article 5 of Regulation (EC) No 258/97 and subsequently notified according to Article 8 (1) (a) of Regulation (EC) No. 1829/2003 on genetically modified food and feed, Stand: April 2007 (Punkt A. 2. c.); Summary of Application for renewal of the authorisation for continued marketing of existing food additives produced from MON 810 maize that were notified according to Articles 8 (1) (b) and 20 (1) (b) of Regulation (EC) No 1829/2003 on genetically modified food and feed, Stand: April 2007 (Punkt: A. 2. c.); Summary of Application for renewal of the authorisation for continued marketing of existing MON 810 maize products that were authorised under Directive 90/294/EC (Decision 98/294/EC) and subsequently notified in accordance to Art. 20 (1) (a) of Regulation (EC) No. 1829/2003 on genetically modified food and feed, Stand: Mai 2007 (Punkt A. 2. c.).

163 So lautet die Legaldefinition des GVO gem. Art. 2 Nr. 2 der Richtlinie 2001/18/EG.

April 2007 und am 4. Mai 2007 entsprechende Erneuerungsanträge gestellt hatte.[164]

Monsanto bezieht auch den neuen Antrag auf den Anbau, den Vertrieb und auf den Gebrauch. Da sie zusammen mit der Zulassung des Anbaus von MON810 auch die Zulassung der Verwendung als Futter- und Lebensmittel beantragt, macht sie Gebrauch vom *One door, one key-Prinzip*.

Im Folgenden werden einzelne Probleme des beschriebenen Zulassungsverfahrens nach der VO (EG) Nr. 1829/2003 dargestellt. Nur vor dem Hintergrund dieser Probleme wird nachvollziehbar, inwieweit eine *Opt-out*-Klausel im Sinn des vorgeschlagenen Art. 26b der Freisetzungsrichtlinie zur Erreichung der von der Kommission mit ihrem Paket verfolgten Ziele, wie etwa der Vereinfachung der Entscheidungsfindung im Zulassungsverfahren,[165] der Berücksichtigung aller maßgeblichen Faktoren[166] und der Erweiterung der Entscheidungsfreiheit der Mitgliedstaaten[167] bei Anbauentscheidungen sowie der Stärkung der Koexistenz[168] von GVO und Nicht-GVO, beitragen kann.

---

164 In der Zusammenfassung zum Erneuerungsantrag von Mai 2007 heißt es wörtlich: *"MON 810 maize will continue to be planted, traded and used in the European Union in the same manner as it was done prior to the submission of this renewal application, as current commercial maize and by the same operators currently involved in the trade and use of maize."* Und weiter: *"On 22 April 1998 the import and cultivation of MON810 in the E.U. was granted by the European Commission under Directive 90/220/EEC. Based on the opinion of the UK Competent Authority, in 1997 Monsanto notified foods and food ingredients derived from the progeny of maizeline MON 810 to the European Commission, according to Article 5 of Regulation (EC) No 258/97 on novel foods and novel food ingredients. In addition, applications for renewal of the authorization for continued marketing of existing products produced from MON 810 have been submitted in April 2007 (food additives, feed materials and feed additives produced from MON 810 notified according to Articles 8 (1) (b) and 20 (1) (b) of Regulation (EC) No 1829/2003 on genetically modified food and feed; food and food ingredients produced from MON 810 notified pursuant to Article 5 of Regulation (EC) No 258/97 and subsequently notified according to Article 8 (1) (a) of Regulation (EC) No 1829/2003 on genetically modified food and feed).*", siehe Application for renewal of the authorisation for continued marketing of existing MON 810 maize products that were authorized under Directive 90/220/EEC (Decision 98/294/EC) and subsequently notified in accordance to Article 20 (1) (a) of Regulation (EC) No 1829/2003 on genetically modified food and feed Part II, Summary, May 2007.

165 KOM (2010) 375 endg., S. 4, Punkt B.

166 Ebenda.

167 Ebenda, S. 3, Punkt A.

168 KOM (2010) 380 endg., S. 4 ff., Punkt 2., 2.1.

4. Problempunkte einzelner Voraussetzungen im Zulassungsverfahren nach der VO (EG) Nr. 1829/2003

4.1 Das *Nulltoleranzgebot*

Für die Zulassung von GVO-Lebens- und bisher auch von -Futtermitteln gilt das sog. *„Nulltoleranzgebot"*.[169] Danach existiert kein Schwellenwert für die Zulassungspflicht gem. Art. 4 II und Art. 16 II VO (EG) Nr. 1829/2003. Minimale Vermischungen von Lebens- und bisher auch von Futtermitteln mit GVO lösen bzw. lösten folglich die Zulassungspflicht aus, wenn der Anwendungsbereich der Verordnung eröffnet ist bzw. war.

Auf Drängen einer Reihe von GVO-Futtermittelexporteuren und zur Vermeidung angeblich drohender Futtermittelengpässe und von Wettbewerbsnachteilen hatte die Kommission einen Vorschlag für eine Aufweichung des *Nulltoleranzgebots* im Hinblick auf importierte Futtermittel initiiert.[170]

Eine umfassende Abkehr vom *Nulltoleranzgebot*, also auch im Hinblick auf (nicht importierte) *Lebens*mittel, wie sie von den USA, Kanada, Brasilien und Argentinien gefordert wird,[171] implizieren auch Argumentationen von Monsanto und vom Freistaat Bayern im Rechtsstreit gegen von unbeabsichtigten GVO-Einträgen betroffene Imker.[172]

---

169 Vgl. etwa EPEC, Interim Report, S. 120, Punkt 8.2.

170 Verordnung (EU) Nr. 619/2011 der Kommission vom 24. Juni 2011 zur Festlegung der Probenahme- und Analyseverfahren für die amtliche Untersuchung von Futtermitteln im Hinblick auf genetisch veränderte Ausgangserzeugnisse, für die ein Zulassungsverfahren anhängig ist oder deren Zulassung abläuft, ABl. L 166 v. 25.6.2011, 9-15; siehe auch Commission Regulation, laying down the methods of sampling and analysis for the official control of feed as regards the presence of genetically modified material for which an EU authorization procedure is pending or of obsolete products; vgl. *Palme*, NVwZ 2011, 1434, 1437; siehe auch unter http://www.transgen.de/aktuell/1231.doku.html; vgl. EPEC, Interim Report *("...The seed industry, notifiers and 12 Member State authorities agreed that the zero tolerance policy on unauthorised GMOs in seeds has a negative effect on trade and the EU seed sector, and will become more difficult to sustain over time...")*, S. 9, Punkt VIII ii.

171 Vgl. etwa unter http://www.keine-gentechnik.de/news-gentechnik/news/de/22788.html.

172 EuGH, Urteil vom 6.9.2011 in der Rechtssache C-442/09 (Bablok u.w. gegen Freistaat Bayern – noch nicht in der Amtlichen Sammlung veröffentlicht).

In dieser Entscheidung hat sich der EuGH sinngemäß u.a. mit der Vorlagefrage des Bayerischen Verwaltungsgerichtshofs dazu beschäftigt, ob die Qualifizierung von Produkten als „Lebensmittel, die… Zutaten enthalten, die aus GVO hergestellt werden" (vgl. Art. 3 I lit. c) VO (EG) Nr. 1829/2003), einen bewussten und zielgerichteten Produktionsprozess verlange.[173] Auch fragte der Bayerische Verwaltungsgerichtshof den EuGH sinngemäß, ob der für die Pflicht zur Kennzeichnung von GVO gem. Art. 12 II VO (EG) Nr. 1829/2003 geltende Schwellenwert von 0,9 % entsprechend auf die Zulassungspflicht gem. Artt. 3 I, 4 II VO (EG) Nr. 1829/2003 anwendbar sei.[174]

Im zugrundeliegenden Verfahren hatten mehrere Betreiber von Liebhaberimkereien gegen den Freistaat Bayern, der Eigentümer verschiedener Grundstücke ist, auf denen MON810 zu Forschungszwecken angebaut wurde, auf Feststellung geklagt, dass Imkereiprodukte durch unbeabsichtigte Einträge von Pollen des MON810-Mais „wesentlich beeinträchtigt"[175] und mithin nicht verkehrsfähig sind, nachdem der klägerische Imker Bablok im Jahr 2005 festgestellt hatte, dass von ihm geernteter Maispollen MON810-DNA und das Bt-Toxin *(Cry1A(b))* enthielt.[176]

Dem EuGH[177] zufolge ist Pollen des MON810 im Honig zwar, wie zuvor auch vom Generalanwalt Yves Bot festgestellt, selbst kein „GVO", da er nach Vermischung nicht mehr fortpflanzungsfähig ist.[178] Der EuGH bejaht jedoch die Eigenschaft von Honig und Nahrungsergänzungsmitteln, die einen Stoff, wie Pollen enthalten, der seinerseits eine genetisch veränderte DNA und genetisch veränderte Proteine enthält, als Lebensmittel mit Zutaten, die „aus GVO hergestellt" sind.[179] Er hält es zudem für die Anwendbarkeit der VO (EG) Nr. 1829/2003 auf ein Erzeugnis nicht für erforderlich, dass der GVO dem Lebensmittel *absichtlich* beigegeben wird, da gesundheitliche Gefahren unabhängig seien von einer Intention zur Vermischung.[180] Honig, der unbeabsichtigte Ein-

173 Vgl. ebenda, Rn. 68. Vorgetragen wurde etwa auch, dass unbeabsichtigte GVO-Einträge bei der Zulassung zum Anbau als Futter- und als Lebensmittel mitgenehmigt worden seien. Zudem bezog sich eine weitere Vorlagefrage auf eine Anwendbarkeit des Kennzeichnungsschwellenwerts von 0,9 % gem. Art. 12 II der Verordnung auf die Zulassungspflicht.

174 Vgl. ebenda, Rn. 53 (Ziffer 3), 93.

175 Im Sinne von § 36a GenTG und § 906 II BGB.

176 Vgl. EuGH, Urteil vom 6.9.2011 in der Rs. C-442/09 (noch nicht in der Amtlichen Sammlung veröffentlicht), Rn. 28 ff; Schlussanträge des Generalanwalts Yves Bot vom 9.2.2011 in der Rs. C-442/09 (Karl Heinz Bablok u.a. gegen Freistaat Bayern), Rn. 45 ff.

177 EuGH, Urteil vom 6.9.2011 in der Rs. C-442/09, Rn. 60.

178 Ebenda; Schlussanträge des Generalanwalts Yves Bot vom 9.2.2011 in der Rs. C-442/09, Rn. 45 ff.

179 EuGH, Urteil vom 6.9.2011, Rs. C-442/09, Rn. 92 (erster Spiegelstrich).

180 Ebenda, Rn. 89; so auch schon der Generalanwalt Yves Bot, siehe Schlussantrag des

träge von GVO enthalte, stelle demnach im Ergebnis ebenso wie ein entsprechendes Nahrungsergänzungsmittel ein Lebensmittel dar, das Zutaten enthalte, die aus GVO hergestellt seien.[181]

Monsanto und die polnische Regierung hatten dagegen vorgetragen, Artt. 3 I und 4 II VO (EG) Nr. 1829/2003 seien so auszulegen, dass bei Einträgen unterhalb des Kennzeichnungsschwellenwerts von 0,9 % keine Zulassungspflicht bestehe, da die ursprüngliche Zulassung von MON810 nach der alten Freisetzungsrichtlinie zufällige, geringe GVO-Einträge mit umfasse.[182] Da Lebensmittel mit geringen GVO-Einträgen demnach nicht zulassungspflichtig wären, steht diese Argumentation im Widerspruch zum *Nulltoleranzgebot*, wonach geringste GVO-Spuren in Lebensmitteln eine Zulassungspflicht auslösen.

Auch der Bayerische Verwaltungsgerichtshof hielt eine Zulassungsfreiheit bei minimalen, knapp über der Nachweisgrenze liegenden GVO-Einträgen, aus Verhältnismäßigkeitserwägungen heraus für nicht per se ausgeschlossen.[183] Er begründete seine Ansicht damit, dass der im Verfahren streitbefangene Mais MON810 bereits im Verfahren über die Inverkehrbringensgenehmigung in den 90er Jahren einer Risikobewertung unterzogen worden war und deshalb Gesundheitsaspekte einer Zulassung bei nur minimalen Einträgen nicht entgegen stehen würden,[184] zumal die Zulassung für Produkte, die aus MON810 hergestellt oder solche, die Zutaten enthielten, die aus MON810 hergestellt worden seien, wie beispielsweise Maisgries und Maismehl, erteilt worden sei.[185] Die Prozessvertreter der betroffenen Imker hatten einer derart weitgehenden Zulassung entgegengehalten, dass der GVO-Rechtsrahmen seit der Zulassung verschärft worden sei und für MON810 derzeit nur übergangsweise Bestandsschutz gelte – und dies auch nur für gemeldete Erzeugnisse. Der verunreinigte Honig sei aber nicht gemeldet worden.[186] Zudem stehe das Verhältnis der horizontalen,

---

Generalanwalts Yves Bot vom 9. Februar 2011 in der Rs. C-442/09, Rn. 98; vgl. Gerichtshof der Europäischen Union, Pressemitteilung Nr. 5/11 vom 9.2.2011, S. 2.

181 EuGH, Urteil vom 6.9.2011 in der Rs. C-442/09, Rn. 92 (erster Spiegelstrich).

182 Vgl. Vorlagebeschluss des Bayerischen Verwaltungsgerichtshofes vom 2. November 2009 (Az.: 22 BV 08.1968 Au 7 K07.276), Rn. 9; EuGH, Urteil vom 6.9.2011 in der Rs. C-442/09, Rn. 94.

183 Wobei das Gericht dieser Erwägung andererseits den klaren Wortlaut entgegenhält, vgl. ebenda, Rn. 62.

184 Dem VGH zufolge erschiene ein Bestehen auf der Zulassungspflicht bei minimalen Spuren und mithin die strikte Anwendung des *Nulltoleranzgebotes* als eine „rein formalistische, in der Sache unangemessene Forderung", vgl. ebenda, Rn. 61 f.

185 Vgl. Schlussantrag des Generalanwalts Yves Bot vom 9.2.2011 in der Rs. C-442/09, Rn. 129; vgl. Vorlagebeschluss des Bayerischen VGH vom 26. Oktober 2009, Az. 22BV 8.1968, Au 7 97.276, Rn. 61.

186 Vgl. *Willand*, GGSC, Rechtliche Hintergrundinformationen zu den juristischen Schritten der Imker gegen den MON810-Anbau, S. 1 f., Rn. 3-5, http://www.bienen-gentechnik.de/fix/docs/files/Hintergrundinformation%20Maisanbauer%20Imker.3.pdf.

also verwendungszweckunabhängigen, Freisetzungsrichtlinie, zur vertikalen, auf den Verwendungszweck als Lebens- und Futtermittel gerichteten VO (EG) Nr. 1829/2003 einer Mitregelung der Verwendung als Lebens- und Futtermittel durch die Freisetzungsrichtlinie entgegen.[187] Art. 4 II VO (EG) Nr. 1829/2003 stipuliere ein unmissverständliches Zulassungserfordernis für die in ihren Anwendungsbereich fallenden GVO.[188] Zudem beziehe sich der Kennzeichnungsschwellenwert von 0,9 % schon nach dem klaren Wortlaut von Art. 12 II der Verordnung ausdrücklich auf die Kennzeichnungs- und gerade nicht auf die Zulassungspflicht.[189]

Der EuGH stellt in seinem Urteil ausdrücklich klar, dass eine Zulassung nach der Freisetzungsrichtlinie auch nur zufällige, geringe GVO-Einträge in Lebensmitteln nicht mitumfasse[190] und dass der Kennzeichnungsschwellenwert von 0,9 % nicht (analog) auf die Zulassungspflicht anwendbar sei.[191] Zum einen sei der Schutzzweck der Verordnung auf die menschliche Gesundheit, dagegen jener der Freisetzungsrichtlinie auf die Umwelt gerichtet, so dass die Verordnung ein „zusätzliches Kontrollniveau“[192] enthalte. Zum anderen würde die Verordnung ins Leere laufen, wenn Zulassungen bzw. Risikobewertungen aufgrund der Freisetzungsrichtlinie alle potentiellen Risiken für die menschliche Gesundheit und für die Umwelt einschließen würden.[193]

Auch stellt der EuGH klar, dass der Kennzeichnungsschwellenwert gem. Art. 12 II der VO (EG) Nr. 1829/2003 nur für die Kennzeichnungspflicht und nicht für die Zulassungspflicht gelte. Anderenfalls nämlich wäre die Kennzeichnungsregelung sinnlos, da die Verordnung und somit auch die darin geregelte Ausnahme von der (dann ohnehin nicht bestehenden) Kennzeichnungspflicht bei GVO-Einträgen unterhalb des Schwellenwerts von 0,9 % dann nie anwendbar wären.[194] Zudem würde eine entsprechende Anwendung des Kennzeichnungsschwellenwerts auf die Zulassungspflicht dem in Art. 1 der Verordnung formulierten Ziel, „ein hohes Schutzniveau für Leben und Gesundheit des Menschen“ zu gewährleisten, zuwiderlaufen.[195]

Mithin gilt die Zulassungspflicht nach der VO (EG) Nr. 1829/2003 für Lebensmittel, die Zutaten enthalten, die aus GVO hergestellt sind, sowie entspre-

---

187 Vgl. Schlussantrag des Generalanwalts Yves Bot vom 9.2.2011 in der Rs. C-442/09, Rn. 137 ff.

188 Vgl. ebenda, Rn. 141.

189 Vgl. ebenda, Rn. 150.

190 EuGH, Urteil vom 6.9.2011 in der Rs. C-442/09 (noch nicht in der Amtlichen Sammlung veröffentlicht), Rn. 95 ff.

191 Ebenda, Rn. 105 ff.

192 Ebenda, Rn. 101.

193 Ebenda, Rn. 102.

194 Ebenda, Rn. 106.

195 Ebenda, Rn. 107.

chend für sonstige Lebensmittel, die in den Anwendungsbereich der VO (EG) Nr. 1829/2003 fallen, auch bei zufälligen geringen GVO-Einträgen.

Kritisiert werden an diesem Urteil, wie auch an den diesbezüglichen Ausführungen des Generalanwaltes Bot, u.a. die Einordnung von Pollen als „Zutat" und die Verneinung von mit Pollen vermischtem Honig als „mit" bzw. „mit Hilfe" von GVO hergestelltes Erzeugnis i.S.d. 16. Erwägungsgrundes der VO (EG) Nr. 1829/2003. Kritiker meinen, ebenso wie die Europäische Kommission, dass Pollen bereits deshalb keine „Zutat" gem. Art. 6 IV der Richtlinie 2000/13/EG sei, weil er dem Honig bei der Herstellung nicht bewusst beigegeben und mithin nicht bei seiner Herstellung „verwendet" worden sei.[196] Zu Recht begründet der EuGH die bewusste Beigabe mit dem vom Imker durchgeführten Vorgang des Zentrifugierens der Waben, bei dem sich der Honig mit dem Pollen vermischt.[197] Diese naheliegende Interpretation des Begriffs der Zutat ist zudem an den Zielen des Umwelt- und Gesundheitsschutzes ausgerichtet, da sonst selbst Lebensmittel mit GVO-Vermischungen in größeren Mengen keiner Risikobewertung unterzogen werden müssten.[198] Dieser Ansicht ist auch aus weiteren Gründen zuzustimmen. Zum einen ergibt sich aus dem Wortlaut von Art. 6 IV der Richtlinie 2000/13/EG nicht zwingend die Eigenschaft einer absichtlichen Beigabe als Wesensmerkmal einer „Zutat". Zum anderen ist gerade im Interesse des Umwelt- und Gesundheitsschutzes und im Licht des *Vorsorgeprinzips* und des *Nulltoleranzgebots* ein teleologisches Begriffsverständnis angezeigt, so dass der Begriff der „Zutat" in den Anwendungsbereichen der VO (EG) Nr. 1829/2003 und der Freisetzungsrichtlinie von jenem der Richtlinie 2000/13/EG abweichen kann. Hinzu kommt, dass ein bewusstes Beigeben durch den Imker beim Zentrifugieren der Waben zu bejahen ist. Zuzustimmen ist auch den EuGH-Ausführungen zur Begründung der Verneinung der Eigenschaft von Honig mit GVO-Spuren als ein Lebensmittel, das „mit" GVO hergestellt wurde. Der EuGH führt dazu aus, dass derartige Erzeugnisse gemäß dem 16. Erwägungsgrund der Verordnung ausnahmsweise vom Anwendungsbereich der VO (EG) Nr. 1829/2003 ausgenommen seien, weil bei ihnen (wie beispielsweise bei der Milch von einer mit GVO-Futter gefütterten Kuh – aber gerade im Gegensatz zu Honig mit Pollen vom MON810-Mais) nicht feststellbar sei, ob „sie einen aus dem genetisch veränderten Ausgangsmaterial hergestellten Stoff enthalten."[199] Zwar ergeben sich Widersprüche aus der Herausnahme von *mit* GVO hergestellten aus dem Anwendungsbereich des europäischen GVO-Rechtsrahmens einerseits und der Einbeziehung anderer Erzeugnisse andererseits. Allerdings ändern diese nichts an der Richtigkeit der diesbezüglichen EuGH-Ausführungen. Zum einen sagt die

---

196 BLL, ZLR 2011, 512 ff (zum Schlussantrag des Generalanwaltes Yves Bot); *Gorny/Meier*, ZLR 2011, 747 ff.

197 Ebenda, Rn. 88.

198 Ebenda, Rn. 82; a.A. beispielsweise *Gorny/Meier*, ZLR 2011, 746, 752.

199 So aber *Gorny/Meyer*, siehe ebenda, Rn. 85 f.

Tatsache, dass keine GVO-Spuren in einem Erzeugnis feststellbar sind, nichts über das Vorhandensein von GVO im Produkt aus. Daraus ergibt sich, wie schon oben ausgeführt, die Notwendigkeit, *mit* GVO hergestellte Erzeugnisse künftig ebenfalls in den Anwendungsbereich des Rechtsrahmens einzubeziehen. Zum anderen handelt es sich im streitgegenständlichen Fall um Lebensmittel, bei denen gerade DNA vom GVO-Mais MON810 nachgewiesen wurde. Die vom 16. Erwägungsgrund umfassten „Problemfälle" der mangelnden Nachweisbarkeit von GVO-Spuren im Endprodukt sind hier deshalb ohnehin nicht betroffen.

Im Ergebnis ist festzuhalten, dass der EuGH damit das Nulltoleranzgebot stärkt. Weder sind zufällige, geringe, GVO-Einträge in Lebensmitteln von einer nach der Freisetzungsrichtlinie erteilten Zulassung umfasst, noch ist der für die Kennzeichnungspflicht geltende Schwellenwert entsprechend auf die Zulassungspflicht anwendbar. Im Hinblick auf die „technische Lösung"[200] *ist demgegenüber festzustellen, dass eine Aufweichung durch die nunmehr für importierte Futtermittel geltende Zulassungsfreiheit bei GVO-Einträgen von bis zu 0,1 % der mit dem Kommissionspaket u.a. bezweckten Stärkung der Koexistenz zuwiderläuft.*

Da Vertrauensdefizite[201] im Hinblick auf GVO-Risikobewertungen als eine der Hauptursachen für Blockierungen im Zulassungsverfahren und für mitgliedstaatliche Anbauverbote gelten, sollen im Folgenden die Grundsätze der Risikobewertungen dargestellt werden.

4.2 Die Risikobewertung durch die EFSA gem. Art. 6 III, IV,V VO (EG) Nr. 1829/2003

4.2.1 Definition der „Risikobewertung"

Zur Vorbereitung ihrer Stellungnahme prüft die EFSA, ob die Voraussetzungen gem. Artt. 5 und 4 I VO (EG) Nr. 1829/2003 erfüllt sind. Dabei hat sie als „Instrument zur Durchführung einer bestimmten gemeinschaftspolitischen Maß-

200 Siehe die Verordnung (EU) Nr. 619/2011 der Kommission vom 24. Juni 2011 zur Festlegung der Probenahme- und Analyseverfahren für die amtliche Untersuchung von Futtermitteln im Hinblick auf genetisch veränderte Ausgangserzeugnisse, für die ein Zulassungsverfahren anhängig ist oder deren Zulassung abläuft, ABl. L 166 v. 25.6.2011, 9-15.

201 Vgl. EPEC, Interim Report, S. 23 f., Punkt 4.2.

nahme"[202] die aufgrund von Art. 5 VII VO (EG) Nr. 1829/2003 ergangenen Durchführungsbestimmungen in der VO (EG) Nr. 641/2004 der Kommission[203] zu beachten. Es handelt sich um die nach Artt. 22 f. BasisVO und nach Art. 6 sowie den Erwägungsgründen 9-31 der VO (EG) Nr. 1829/2003 der EFSA zugewiesene Risikobewertung. Die Aufgabe der Risikobewertung wird im Lebensmittelrecht auf der Ebene der Europäischen Union von den Wissenschaftlichen Gremien und, mangels Zuständigkeit der Gremien bzw. in interdisziplinären Bereichen vom Wissenschaftlichen Ausschuss der EFSA, durchgeführt (Artt. 24 lit. d und 28 BasisVO). Für den Bereich gentechnisch veränderter Organismen gibt es ein spezielles GVO-Gremium. Im 9. Erwägungsgrund der Verordnung (EG) 1829/2003 wird ausdrücklich auf die Grundsätze der Richtlinie 2001/18/EG sowie auf den Rahmen der Risikobewertung in Fragen der Lebensmittelsicherheit, der durch die BasisVO geschaffen worden ist, verwiesen. Der 17. Erwägungsgrund und Art. 6 I der BasisVO beschreiben das Prinzip der *Risikoanalyse* als Basis für die Erreichung des Ziels eines hohen Schutzniveaus für Leben und Gesundheit der Menschen. Dies entspricht den Vorgaben des Weißbuchs zur Lebensmittelsicherheit.[204]

Die „Risikoanalyse" ist nach Art. 3 Nr. 10 BasisVO ein Prozess aus „den drei miteinander verbundenen Einzelschritten Risikobewertung, Risikomanagement und Risikokommunikation." Gem. Art. 3 Nr. 10 der BasisVO bezeichnet wiederum die „Risikobewertung", als ein Baustein der Risikoanalyse, „einen wissenschaftlich untermauerten Vorgang mit den vier Stufen Gefahrenidentifizierung, Gefahrenbeschreibung, Expositionsabschätzung und Risikobeschreibung". Die VO (EG) Nr. 1829/2003 konkretisiert die Risikobewertung neben dem Verweis auf die BasisVO wie folgt:

> *„...Daher sollten genetisch veränderte Lebensmittel und Futtermittel nur dann für das Inverkehrbringen in der Gemeinschaft zugelassen werden, wenn eine den höchstmöglichen Anforderungen standhaltende wissenschaftliche Bewertung aller damit verbundenen Risiken für die Gesundheit von Mensch und Tier bzw. für die Umwelt ... durchgeführt worden ist."*[205]

Art. 6 II BasisVO zufolge beruht die Risikobewertung auf den verfügbaren wissenschaftlichen Erkenntnissen und ist in einer unabhängigen und transparenten Art und Weise vorzunehmen. In seinem Urteil vom 11.9.2002 hat das EuG[206] die Anforderungen an die Risikobewertung weiter präzisiert. Danach ist mit der

202 Mitteilung der Kommission v. 11.12.2002: Rahmenbedingungen für die europäischen Regulierungsagenturen, KOM (2002) 718, S. 8, Punkt 4.1.

203 ABl. L 102 vom 7.4.2004, 14-25.

204 Vgl. KOM (1999) 719 endg., Rn.12.

205 Erwägungsgrund 9 der VO (EG) Nr. 1829/2003.

206 EuG, 11.9.2002, Rs. T-70/99 *(Alpharma)*, Slg. 2002, II-3495, Rn. 175; vgl. *Meyer*, in: Meyer/Streinz, LFBG BasisVO Kommentar, Art. 6 Rn. 15.

Nutzung der verfügbaren wissenschaftlichen Erkenntnisse gemeint, dass die von wissenschaftlichen Experten vorgenommene Risikobewertung der zuständigen öffentlichen Stelle eine so zuverlässige und fundierte Information vermitteln muss, dass diese Stelle die volle Tragweite der aufgeworfenen wissenschaftlichen Fragen erfassen und ihre Politik in Kenntnis der Sachlage bestimmen kann. Die Bewertung muss die besonderen Umstände des Einzelfalls so erschöpfend wie möglich berücksichtigen und auch bei wissenschaftlicher Ungewissheit auf den besten verfügbaren Forschungsergebnissen beruhen.

Die Kriterien für eine, höchstmöglichen Anforderungen[207] standhaltende, wissenschaftliche Bewertung von Risiken[208] für die Gesundheit von Mensch und Tier sowie für die Umwelt[209] beschreibt die EFSA in ihren Leitlinien für die Risikobewertung.

Die Leitlinien gehen von einem vergleichenden Ansatz *(comparative approach)* zwischen dem zu beurteilenden GVO und einem passenden Gegenstück aus. Vergleichbar ist ein Gegenstück dann, wenn es die naturbelassene Variante darstellt, aus der der GVO entstanden ist *(concept of familiarity*[210]*)*.

> *"...The concept of familiarity is based on the fact that most GM plants are developed from organisms such as crop plants, the biology of which is well researched. In a risk assessment it is appropriate to draw on this previous knowledge and experience and to use the non-GM crop as the comparator to the GM crop in order to highlight differences associated with the genetic modification and the subsequent management of the GM crop..."*[211]

Zudem muss das als Vergleichsobjekt dienende Erzeugnis nach dem *concept of substantial equivalence* schon als sicheres Lebens- oder Futtermittel gelten.[212] Im Rahmen einer vergleichenden Risikobewertung werden so Ähnlichkeiten und mögliche Unterschiede, gerade im Hinblick auf die toxikologische und auf die nährwertbezogene Zusammensetzung, identifiziert.

---

207 Vgl. Erwägungsgrund 9 der VO (EG) Nr. 1829/2003.

208 Guidance document for the risk assessment of genetically modified plants and derived food and feed by the Scientific Panel on Genetically Modified Organisms (GMO) – including draft document updated in 2008, The EFSA Journal (2006) 99, 1-100, S. 12; Guidance document of the Scientific Panel on Genetically Modified Organisms for renewal of authorisations of existing GMO products lawfully placed on the market, notified according to Articles 8 and 20 of Regulation (EC) No 1829/2003, The EFSA Journal (2006) 435, 1-4.

209 Guidance on the environmental risk assessment of genetically modified Plants, EFSA Panel on Genetically Modified Organisms (GMO), angenommen am 21. Oktober 2010 und veröffentlicht am 12. November 2010, The EFSA Journal 2010; 8 (11): 1879.

210 Kritisch dazu etwa *Struß*, Die großflächige Ausbringung von GVO in die Umwelt – Das Recht der Grünen Gentechnik auf gemeinschaftlicher und nationaler Ebene, S. 64.

211 The EFSA Journal (2006) 99, 1-100, S. 12, Punkt II. 2.

212 Ebenda, S. 13.

Daraus ergibt sich der folgende Ablauf als fester Kern jeder Risikobewertung:[213]

Die EFSA nimmt zuerst die molekulare Beschreibung des GV-Produkts unter Berücksichtigung der Eigenschaften vom Spender- und vom Empfängerorganismus vor und stellt dann die Zusammensetzung, den Nährwert und die agronomischen Eigenschaften des GV-Produkts fest. Sie prüft zudem die mögliche Toxizität und Allergenität des GV-Produkts sowie die möglichen Auswirkungen auf die Umwelt bei einer absichtlichen Freisetzung des GV-Produkts unter Berücksichtigung seines Verwendungszwecks (Einfuhr, Verarbeitung oder Anbau).

> *"The concept of substantial equivalence is based on the idea that an existing organism used as food/feed with a history of safe use, can serve as a comparator when assessing the safety of the genetically modified food/feed (OECD, 1993b; EC, 1997b). Application of this concept, also denoted as comparative safety assessment (Kok and Kuiper, 2003), serves the purpose of identifying similarities and potential differences between the GM crop-derived food/feed and the non-GM counterparts, which should subsequently be assessed regarding their toxicological and nutritional impact on humans and animals. The first step of the approach is the comparative analysis of the molecular, agronomic and morphological characteristics of the organisms in question, as well as their chemical composition. Such comparisons should be made between GM and non-GM counterparts grown under the same regimes and environmental conditions…."*[214]

Gibt es kein vergleichbares Gegenstück im oben beschriebenen Sinn, so sollte die Risikobewertung, einschließlich Nährstoffanalyse des GVO umfassender ausfallen.

> *„Where no appropriate comparator can be identified, a comparative safety assessment cannot be made and a comprehensive safety and nutritional assessment of the GM crop derived food/feed per se should be carried out. For instance, this would be the case where a trait or traits are introduced with the intention of modifying the composition of the plant significantly.*[215]

Daneben gelten für die Umweltverträglichkeitsprüfung gem. Art. 5 V lit. a) VO (EG) Nr. 1829/2003 i.V.m. Anhang II der Richtlinie 2001/18/EG spezielle Leitlinien.[216]

Nachfolgend werden Kritikpunkte an Risikobewertungen der EFSA dargestellt.

---

213 Vgl. EFSA, Häufig gestellte Fragen zu genetisch veränderten Organismen, http://www.efsa.europa.eu/de/faqs/faqgmo.htm.

214 The EFSA Journal (2006) 99, 1-100, S. 13.

215 Ebenda.

216 Scientific Opinion, Guidance on the environmental risk assessment of genetically modified plants EFSA Panel on Genetically Modified Organisms, The EFSA Journal 2010; 8 (11): 1879.

4.2.1.1 Kritik an den Risikobewertungen der EFSA und Änderungsvorschläge in den Schlussfolgerungen des Rates vom 4. Dezember 2008

Risikobewertungen des GVO-Gremiums der EFSA sind seit Jahren umstritten. Die Kritik bezieht sich auf formale Aspekte, wie beispielsweise, dass die Bewertungen der Risiken vom zuständigen EFSA-Gremium seit ihrer Einrichtung[217] im Jahre 2002 grundsätzlich zugunsten der Antragsteller ausfielen und Risiken demnach sinngemäß als „unwahrscheinlich" eingestuft wurden, sowie auf bestimmte inhaltliche Unzulänglichkeiten. Der Rat hat diese Kritik und ihre Umsetzung durch die Kommission[218] und die EFSA in seinen Schlussfolgerungen vom 4. Dezember 2008 aufgegriffen.[219] Er hat den aktuellen Rechtsrahmen zwar als umfassend bezeichnet. Jedoch hat der Rat insbesondere die Umsetzung als verbesserungswürdig bewertet.

Nachfolgend werden einzelne Kritikpunkte[220] an der EFSA-Risikobewertung für die Gesundheit von Mensch und Tier sowie für die Umwelt und an den EFSA-Leitlinien dargestellt.

Die Risikobewertung zum umstrittenen GVO-Mais MON810 dient dabei beispielhaft der Veranschaulichung. Aktuelle[221] Entwicklungen werden berücksichtigt.

---

217 Art. 22 I BasisVO.

218 Die Kommission erteilte der EFSA im Jahr 2008 das Mandat zur Aktualisierung der UVP-Leitlinien. Änderungen bezogen sich u.a. auf die vier Bereiche: Nichtzielorganismen, Kriterien für die Durchführung von Feldversuchen, geografische Regionen der EU, in denen GV-Pflanzen angebaut werden dürfen, Konzepte zur Bewertung der kumulativen Langzeitauswirkungen auf die Umwelt, http://registerofquestions.efsa.europa.eu/roqFrontend/?wicket:interface=:1; vgl. Themen von A-Z, Genetisch veränderte Organismen, Umweltverträglichkeitsprüfung und Umweltüberwachung nach dem Inverkehrbringen, http://www.efsa.europa.eu/de/gmotopics/topic/gmo.htm.

219 Schlussfolgerungen des Rates zu GVO vom 4. Dezember 2008, Ratsdok. 16882/08, S. 5, Punkt iii. Rn. 8.; S. 3, Rn. 4., S. 6, Rn. 11.

220 Siehe dazu auch etwa Greenpeace and Friends of The Earth, A critique of the European Food Safety Authority's opinion on genetically modified maize MON 810; Friends of the Earth, Throwing Caution through the wind; *Contiero*, GMO Risk assessment and management Applications for GMO authorizations: studies reliability and transparency; *Maijala*, How EFSA ensures the independence of its scientific advice.

221 Stand: April 2011.

4.2.1.2 Das Prinzip der substanziellen Äquivalenz

Das *Prinzip der substanziellen Äquivalenz*, wonach der GVO, wie oben dargestellt, im Hinblick auf die toxikologische und nährstoffliche Zusammensetzung mit einem als sicher geltenden Gegenstück verglichen wird, entscheidet, wie oben gezeigt, über den Umfang der von der EFSA durchgeführten Risikobewertung. Es wird von Kritikern als wissenschaftlich nicht valide Methode bewertet. Ob Aminosäuren, Proteine, der Aschegehalt etc. bei beiden Vergleichsobjekten ähnlich sind, sage demnach nichts über die Vergleichbarkeit der Risiken aus. Die Wirkung des Bt-Toxins *(Cry1A(b))* im GVO-Mais MON810 sei jener des Nervengifts „Anthrax" vergleichbar, da es durch die Einfügung zusätzlicher Zellwände und Membranen Poren öffne, was in der Regel zum Tod des Opfers führe.[222] Allerdings gelte die Wirkung dieses speziellen Bt-Toxins *(Cry1A(b))* als selektiv, d.h. nur auf bestimmte Zielorganismen – im Fall von MON810 auf eine bestimmte Schmetterlingsart, den Maiszünsler, und seine Raupen – beschränkt. Wegen dieser – nicht unumstrittenen – selektiven Wirkungsweise des Gifts, wird eine Gefährdung aller übrigen und mithin von *Nichtzielorganismen* von der EFSA als „unwahrscheinlich" bewertet.

So heißt es in der Risikobewertung der EFSA zum Erneuerungsantrag[223] für die Zulassung von MON810, die am 15. Juni 2009 angenommen worden ist:

> *„Maize MON810 and derived products are unlikely to have any adverse effect on human and animal health in the context of the intended uses."*

Einige Naturwissenschaftler kritisieren an der Risikobewertung der EFSA zu MON810 insoweit, dass das im MON810 produzierte Toxin mit dem natürlicherweise vorkommenden Gift gleichgesetzt wird. Zudem sei die Frage, wie genau sich die tödliche Wirkung von *Cry1A(b)* entfaltet, naturwissenschaftlich nicht abschließend geklärt.[224] Mithin sei eine schädliche Wirkung für Nichtzielorganismen zumindest nicht unwahrscheinlich.[225] Naturwissenschaftler berichten von schädlichen Wirkungen auf andere Schmetterlingsarten, wie beispiels-

---

222 Vgl. *Then/Brockmann*, Lässt sich der Anbau von Gen-Mais MON810 in Deutschland verbieten?, S. 7.

223 Scientific opinion Applications (EFSA-GMO-RX-MON810) for renewal of authorization for the continued marketing of (1) existing food and food ingredients produced from genetically modified insect resistant maize MON810; (2) feed consisting of and/or containing maize MON810, including the use of seed for cultivation; and of (3) food and feed additives, and feed materials produced from maize MON810, all under Regulation (EC) No 1829/2003 from Monsanto, The EFSA Journal (2009) 1149, 1-85, S. 57.

224 *Then/Brockmann*, Lässt sich der Anbau von Gen-Mais MON810 in Deutschland verbieten?, S. 7 f.

225 Vgl. auch *Contiero*, Greenpeace, GMO risk assessment and management, S. 15.

weise auf die Kohlmotte, das Tagpfauenauge, den Kleinen Fuchs und den Schwalbenschwanz.[226] Auch gebe es Studien, wonach Ratten nach dem Verzehr und bereits nach der Inhalation von Partikeln des GVO-Reis, der das *Cry1A(b)* enthielt, auffällige Immunreaktionen aufwiesen.[227]

Zu MON810 stellte die EFSA zunächst fest, dass eine schädliche Wirkung auf Nichtzielorganismen unwahrscheinlich sei. Andererseits bezeichnete sie die schädliche Wirkung von *Cry1A(b)* auf natürliche Feinde des Maiszünslers und mithin gerade auf Nichtzielorganismen als nicht signifikant erheblicher („...not...significantly greater...“) als diejenige von konventionellen Pestiziden:

> *„On the basis of the data delivered by the applicant and obtained from a literature survey, the likelihood of adverse effects on non-target natural enemies is foreseen to be very low. Rearrangements of species assemblages at different trophic levels are commonly associated with any pest management practice. The EFSA GMO Panel is of the opinion that maize MON 810 will not cause reductions to natural enemies that are significantly greater from those caused by conventional farming where pesticides are used to control corn borers.“*[228]

Schon, weil die VO (EG) Nr. 1829/2003 etwa gem. Art. 4 I lit. a) i.V.m. III und gem. Erwägungsgrund 9 ein Inverkehrbringen von GVO nur dann zulässt, wenn Gefahren für die Gesundheit von Mensch, Tier und die Umwelt nach einer höchstmöglichen Anforderungen standhaltenden Risikobewertung nachweislich ausgeschlossen sind,[229] musste sich die EFSA im Rahmen der Bewertung beispielsweise auch mit den Studien zur schädlichen Wirkung von *Cry1A(b)* auf Nichtzielorganismen auseinandersetzen.

Die EFSA hat mit Datum vom 12. November 2010 aufgrund des oben[230] erwähnten Mandats der Kommission und der Schlussfolgerungen des Rates[231] ihre Leitlinien zur Umweltverträglichkeit (UVP-Leitlinien) unter Einbeziehung der Mitgliedstaaten[232] aktualisiert. Nunmehr sind auch die Prüfung der Umwelt-Risiken, welche die potenziellen Auswirkungen genetisch veränderter Pflanzen auf Nichtzielorganismen mit sich bringen, und die Prüfung von Langzeitrisiken Teil der UVP.

---

226 Vgl. *Then/Brockmann*, Lässt sich der Anbau von Gen-Mais MON810 in Deutschland verbieten?, S. 11.

227 Vgl. ebenda, S. 15.

228 The EFSA Journal (2009) 1149, 1-85, S. 31.

229 Siehe zur Frage der Vereinbarkeit von Risikobewertungen der EFSA mit dem Vorsorgeprinzip unten, Punkt III. 4.3.1.2.

230 Siehe unter http://registerofquestions.efsa.europa.eu/roqFrontend/?wicket:interface=:1:

231 Schlussfolgerungen des Rates vom 4. Dezember 2008, Ratsdok. 16882/08, S. 2, Rn. 2.

232 EFSA Actions on Council of the European Union, Conclusions on genetically Modified Organisms, 11. Februar 2009, S. 1 f.; EFSA Press Release vom 12.11.2010; EFSA Journal 2010; 8 (11): 1879, S. 55 ff.

4.2.1.3 Fehlen/Unzulänglichkeit von Monitoringplänen gem. Art. 5 III lit. k) VO (EG) Nr. 1829/2003 und Art. 5 V lit. b) VO (EG) Nr. 1829/2003 i.V.m. Anhang VII der Richtlinie 2001/18/EG

Gem. Art. 5 V lit. b) der VO (EG) Nr. 1829/2003 i.V.m. Anhang VII der Richtlinie 2001/18/EG hat der Antragsteller seinem Antrag auf Zulassung von GVO oder Lebensmitteln, die GVO enthalten oder, die aus solchen bestehen, einen Vorschlag für einen Beobachtungsplan (PMEM-Plan) beizufügen. Da der PMEM-Plan inhaltlich mit der UVP verknüpft ist, soll auf die inhaltlichen Anforderungen und auf die Schwächen der diesbezüglichen Umsetzung an anderer Stelle[233] eingegangen werden.

Ein *Vorschlag* für ein marktbegleitendes Monitoring (*PMM)* gem. Art. 5 III lit. k) VO (EG) Nr. 1829/2003 ist nur "gegebenenfalls" beizufügen.

In ihren Leitlinien füllt die *EFSA* den unbestimmten Rechtsbegriff "gegebenenfalls" aus. Wegen der praktischen Schwierigkeiten der Durchführung eines solchen Monitorings solle es nur in spezifischen Fällen, in denen es an einem nicht genetisch veränderten Gegenstück fehle, angezeigt sein, beispielsweise bei funktionellen Lebensmitteln mit veränderter Nährstoffzusammensetzung oder bei Lebensmitteln, die spezifischen gesundheitlichen Bedürfnissen dienen sollen und etwa eine Alternative zu konventionellen Lebensmitteln darstellen sollen. Der Verbrauch solcher Produkte könne wegen ihrer besonderen Eigenschaften erhöht sein, was wiederum langfristig zu signifikanten Beeinträchtigungen des Ernährungs- und Gesundheitszustands Einzelner führen könne.[234]

Art. 3 I lit. f) VO (EG) Nr. 641/2004 reicht jedoch eine nachprüfbare Begründung für das Fehlen des Plans aus.

Dementsprechend wäre der Verzicht von Monsanto auf einen solchen Plan rechtmäßig, da MON810 den Antragsunterlagen zufolge aus einer konventionellen Maissorte hervorgegangen ist und mithin nach den EFSA-Leitlinien keine Ausnahme angezeigt ist.

Die EFSA stellte insoweit zu MON810 fest:

> *„...5.1.6. Post-market monitoring of GM food/feed*
>
> *The risk assessment concluded that no data have emerged to indicate that maize MON810 is any less safe than its non-GM counterparts. In addition, no biologically relevant agronomic and compositional changes were identified in maize MON810. Therefore, in line with its guidance document (EFSA, 2006a), the EFSA GMO Panel*

---

233 Siehe unten, Punkt IV. 4.1.3.

234 The EFSA Journal (2006) 99, 1-100, S. 35.

is of the opinion that post-market monitoring of the GM food/feed is not necessary..."[235]

Zusammengefasst werden im Hinblick auf EFSA-Risikobewertungen u.a. folgende Kritikpunkte geäußert: [236]

- Fütterungstests, etwa an Ratten, dauern grundsätzlich nur 28 Tage, ausnahmsweise 90 Tage. Langzeitstudien würden jedoch eine Testdauer von mindestens einem Jahr erfordern.[237]

- Statistisch auffällige Ergebnisse aus Fütterungsstudien würden nicht angemessen verfolgt.[238]

- Auch seien bei der Prüfung der toxikologischen Wirkung eines bestimmten GVO (MON810) vertauschte Fütterungsstudien zu anderen GVO (MON863) benutzt worden.[239]

- Toxizitäts- und Allergenitätstests seien nicht ausreichend. Beispielsweise wurden die von BASF und von der EFSA zur *Amflora*-Kartoffel durchgeführten Risikobewertungen schon im Zulassungsverfahren als unvollständig, etwa im Hinblick auf langfristige Folgen, Toxikologie und Allergologie bemängelt.[240]

- Schlüsselbegriffe, die die EFSA verwendet, wie „biologisch relevant" oder „biologisch signifikant", seien nicht klar definiert.

- Die EFSA-Bewertungen benennen, entgegen der Kommissionsmitteilung zur Anwendung des Vorsorgeprinzips[241] häufig nicht die konkrete Wahrscheinlichkeit im Hinblick auf Risiken. Die EFSA stuft Risiken, teilweise

235 The EFSA Journal (2009) 1149, 1-85, S. 22.

236 Spezifische Kritikpunkte zur UVP werden unten dargestellt, Punkt IV 4.1.3.

237 Vgl. *Palme/Schlee*, S. 38.

238 Vgl. *Then/Potthof*, Risk Reloaded, Bericht zum Umgang mit den Risiken gentechnisch veränderter Pflanzen in der EU, S. 16, Punkt 2.1.

239 Vgl. Greenpeace and Friends of The Earth, A critique of the European Food Safety Authority's opinion on genetically modified maize MON810, S. 3, 11; die von der EFSA im Rahmen der Risikobewertung in Bezug genommene toxikologische Studie beziehe sich demnach nicht auf MON 810, sondern auf eine andere GVO-Sorte.

240 Siehe zur *Amflora*-Kartoffel etwa 6527/AB XXIV. GP – BM für Gesundheit, Anfragebeantwortung, S. 3.

241 Vgl. KOM (2000) 1 endg., S. 16, Punkt 5.1.2. i.V.m. Anhang III.

verbunden mit Einschränkungen, prinzipiell als unwahrscheinlich („unlikely“)[242] ein.

Zur Umweltverträglichkeit[243] vom GVO-Mais MON810 stellte die EFSA beispielsweise fest:

> „...*The EFSA GMO Panel also concludes that maize MON810 is unlikely to have any adverse effect on the environment in the context of its intended uses, especially if appropriate management measures are put in place in order to mitigate possible exposure of non-target Lepidoptera...*“ [244]

– EFSA-Gutachten seien teilweise widersprüchlich *Global 2000*[245] bezieht sich insoweit auf eine EFSA-Empfehlung, wonach das Antibiotikaresistenzgen[246] Ampillicin zur Vermeidung von Resistenzbildungen bei Erregern nicht als GVO-Marker zum kommerziellen Anbau zugelassen werden solle. Nach dem deshalb von Spanien verhängten Importverbot für den GVO-Mais Bt176, der Ampillicin als Marker enthielt, empfahl die EFSA gleichwohl die Aufhebung des spanischen Einfuhrverbots.[247]

– Die EFSA lasse relevante Studien außer Betracht.[248]

---

242 Vgl. Greenpeace and Friends of The Earth, A critique of the European Food Safety Authority's opinion on genetically modified maize MON 810, S. 6.

243 Da sich die – noch ausstehende – Zulassung von MON810 nach dem *One door, one key-Prinzip* nach dem in der VO (EG) Nr. 1829/2003 vorgesehenen Verfahren richtet und die Freisetzungsrichtlinie nur ergänzend gilt, erfolgt dieses Beispiel zur UVP aus Gründen der Übersichtlichkeit bereits an dieser Stelle. Siehe zur Umweltverträglichkeitsprüfung im Einzelnen unten, Punkt IV. 4.1.3.

244 The EFSA Journal (2009) 1149, 1-85, S. 56 f.

245 Global 2000 ist eine österreichische Partnerorganisation von Friends of the Earth, siehe unter http://www.global2000.at/site/de/nachrichten/chemikalien/Chemie12/pressarticle-chemie9.htm; Friends of the Earth, Throwing Caution through the wind, S. 4.

246 Vgl. Transgen, Stellungnahmen der EFSA, Eingeschränkt verwendbar, aber kein pauschales Verbot, http://www.transgen.de/sicherheit/markergene/335.doku.html.

247 Siehe dazu EFSA, Opinion of the Scientific Panel on genetically modified organisms [GMO] related to genetically modified crops (Bt176 maize, MON810 maize, T25 maize, Topas 19/2 oilseed rape and Ms1xRf1 oilseed rape) subject to safeguard clauses invoked according to Article 16 of Directive 90/220/EEC, The EFSA Journal (2005), 1-15.

248 Beispielsweise stellten Greenpeace und zunächst auch der damalige Kommissar Stavros Dimas im Hinblick auf Risikobewertungen der EFSA in den Zulassungsverfahren zum Anbau von Bt11 und DAS1507 u.a. fest, dass elf einschlägige Studien zu dem darin enthaltenen Toxin Cry1A(b), wonach Gefahren für die Umwelt, insbesondere für Nichtzielorganismen, bestünden, bei der Risikobewertung der EFSA nicht hinreichend berücksichtigt worden seien; vgl. etwa Draft, Commission Decision of [...] concerning

– Das von der EFSA angewandte *Prinzip der substanziellen Äquivalenz* sei, aus den schon oben ausgeführten Gründen, wissenschaftlich unzulänglich, mit dem Ergebnis, dass eine wissenschaftlich valide Analyse des GVO nach den einschlägigen EFSA-Leitlinien in der Regel unterbleibt.[249]

So seien gentechnisch veränderte und konventionelle Organismen nicht per se vergleichbar, so dass das *Prinzip der substanziellen Äquivalenz* ohnehin ein unzutreffender Ansatz sei.[250] Überdies entspreche dieses Prinzip der Arbeitsmethode des angeblich gentechnikfreundlichen *International Life Science Institute (ILSI),* die ein dortiger Mitarbeiter und zugleich Leiter des GVO-Gremiums der EFSA[251] auf der Basis[252] der Leitlinien der OECD aus dem Jahre 1993 zur Durchführung von Risikobewertungen ausgearbeitet habe.[253]

Im Rahmen einer vom EU-Verbraucherschutzkommissar Dalli initiierten Diskussionsveranstaltung am 17. März 2011 teilte der Vertreter der Europäischen Kommission, Sébastien Goux, mit, dass der vergleichende Ansatz zwar im Kern unverändert bleiben, aber in einigen Punkten modifiziert werden solle.[254]
Zu MON810 hatte die EFSA insoweit beispielsweise festgestellt:

---

the placing on the market, in accordance with Directive 2001/18/EC of the European Parliament and of the Council, of a maize product (Zea mays L., line 1507) genetically modified for resistance to certain lepidopteran pests and for tolerance to the herbicide glufosinate-ammonium, S. 4, Rn. 15 ff. und Draft Commission Decision of […] concerning the placing on the market, in accordance with Directive 2001/18/EC of the European Parliament and of the Council, of a maize product (Zea mays L., line Bt11) genetically modified for resistance to certain lepidopteran pests and for tolerance to the herbicide glufosinate-ammonium, S. 4 ff., Rn. 15 ff. – Anm.: Diese Entwürfe sind nicht angenommen worden.

249 Vgl. *Then*, Opinion on EFSA's draft guidance on the environmental risk assessment of genetically modified plants, S. 11 f., Punkt 1.2; Then, Some elements of risk assessment for genetically engineered plants and derived food and feed, S. 4.

250 Vgl. *Then/Bauer-Panskus*, Hintergrund EFSA & ILSI, S. 6 f.
Im Entwurf eines Berichts vom 27. Januar 2011 zum Paket wird Kritik des Europäischen Parlaments an eben diesen Risikobewertungsprinzipien geäußert, siehe, *Lepage*, 27. Januar 2011, Europäisches Parlament, Entwurf eines Berichts, Änderungsantrag 3: *„...Diese Leitlinien sollten nicht in erster Linie auf dem Grundsatz der wesentlichen Gleichwertigkeit oder dem Konzept der vergleichenden Sicherheitsbewertung beruhen...“*,
http://www.europarl.europa.eu/meetdocs/2009_2014/documents/envi/pr/855/855067/855067de.pdf.

251 Vgl. *Then/Bauer-Panskus*, Hintergrund EFSA & ILSI , S. 7.

252 Vgl. ebenda.

253 Vgl. *Then/Potthof*, Risk Reloaded, S. 11, Punkt 1.3.

254 *Goux*, Draft Commission Regulation on applications for GM food and feed, S. 5 ff.

„The toxicological and nutritional data on maize MON810 and appropriate non-GM maize control published during the last ten years confirm that these maize varieties have comparable influence on the test systems. The EFSA GMO Panel is of the opinion that maize MON810 is as safe as its non-GM counterparts and that the overall allergenicity of the whole plant is not changed through the genetic modification".[255]

- Die EFSA verzichte aus naturwissenschaftlich unzutreffenden Gründen[256] auf Fütterungsversuche. Ihre Leitlinien, in denen dieses Verfahren verankert sei, seien angeblich vom gentechnikfreundlichen *ILSI* übernommen worden.[257]

- Unrichtige/unvollständige Risikobewertungen der Antragsteller würden von der EFSA grundsätzlich akzeptiert.[258]

- Mitgliedstaaten würden nicht hinreichend in die Durchführung der Risikobewertungen[259] der EFSA einbezogen.[260] Auch werden insoweit Transparenzdefizite beklagt.

Die genannten Kritikpunkte machen das Erfordernis von Mechanismen zur Kontrolle, einer intensivierten Mitwirkung externer Einrichtungen und von einem Mehr an Transparenz bei der Entstehung der Risikobewertungen deutlich. Dadurch könne das Vertrauen in die Risikobewertungen der EFSA erheblich gestärkt werden.

Diesen Kritikpunkten könnte beispielsweise durch eine intensivierte Auseinandersetzung der EFSA mit Stellungnahmen externer Forscher und durch eine Pflicht der Organe der Europäischen Union, v.a. der Europäischen Kommission, zu einem kritischen Umgang mit den EFSA-Risikobewertungen effektiv begegnet werden. Die Wahrung des institutionellen Gleichgewichts erfordert eine hinreichende Steuerbarkeit der EFSA durch die Organe der Europäischen Union. Dazu gehört auch, dass die Europäische Kommission die (umstrittenen) EFSA-Risikobewertungen nicht kritiklos zur Grundlage ihrer Zulassungsentscheidungen macht,[261] sondern auch abweichende Stellungnahmen anderer Naturwissen-

255 The EFSA Journal (2009) 1149, 1-85, S. 23.
256 Vgl. *Then/Potthof*, Agro-Gentechnik: Risk Reloaded, S. 16, Punkt 2.1.
257 Vgl. *Then/Bauer-Panskus*, Hintergrund EFSA & ILSI, S. 6 f.
258 Vgl. ebenda, S. 9, Punkt 2.3.
259 Vgl. EPEC, Interim Report, S. 46, Punkt 4.16 und Final Report, S. 20 ff., Punkt 5.2.2.
260 Vgl. ebenda, S. 24, Rn. 4.3.
261 Siehe zum Erfordernis der hinreichenden Steuerbarkeit Punkt III. 4.2.2.1.5 (2) und die Ausführungen zum Risikomanagement unter Punkt III. 4.3.1.4.

schaftler (beispielsweise zum umstrittenen *Prinzip der substanziellen Äquivalenz*[262]) in ihre Entscheidungsfindung einfließen lässt.[263]

Nachdem vorstehend Risikobewertungen der EFSA und diesbezügliche Kritikpunkte dargestellt worden sind, sollen im Folgenden die EFSA selbst und diesbezügliche Kritikpunkte dargestellt werden.

4.2.2 Die EFSA

Im Zusammenhang mit der an den Risikobewertungen der EFSA geäußerten Kritik befindet sich auch die EFSA selbst bis heute im Fokus. *Friends of the Earth* und *Testbiotech*[264] beispielsweise werfen einzelnen Wissenschaftlern der EFSA Verbindungen zur Gentechnik-Industrie vor, die nach deren Ansicht Zweifel an der Unabhängigkeit der EFSA bzw. der betreffenden EFSA-Wissenschaftler/innen, begründen. Die Vorwürfe gehen dahin, dass ein Mitglied des GVO-Gremiums der EFSA, das lange Jahre in einer leitenden Position am Zentrum für Gentechnologie des Robert-Koch-Instituts tätig war, angeblich Mitglied des vorbereitenden Ausschusses einer u.a. von Bayer, KWS, Dupont und BASF gesponserten Konferenz 2004 gewesen sei. Zudem würden dieses und ein weiteres Mitglied des GVO-Gremiums der EFSA angeblich „in einem Promotion-Video der Biotech-Industrie in Erscheinung treten".[265] Der Leiter des GVO-Gremiums der EFSA arbeite parallel zu seiner leitenden EFSA-Funktion für eine Task Force des schon oben erwähnten International Life Science Institute *(ILSI)*,[266] die sich aus Vertretern großer Agrar-Konzerne zusammensetze.[267] Eine Mitarbeiterin[268] des Verwaltungsrates der EFSA habe ihre Tätigkeit dort nach Veröffentlichung ihrer gleichzeitigen Tätigkeit für das ILSI beendet. In einem Bericht des MDR vom 18. November 2010[269] geriet auch die ungarische Präsi-

---

262 Siehe zur Forderung beispielsweise des Europäischen Parlaments, dieses umstrittene *Prinzip der substanziellen Äquivalenz* nicht bzw. nicht in erster Linie anzuwenden, Europäisches Parlament, 5.7.2011, Abänderung 44, Erwägung 2 lit. a).

263 Vgl. zu diesem demokratisch begründeten Erfordernis beispielsweise EuG, Urteil v. 11.9.2002, Rs. T-13/99, Slg. 2002, II-3305 *(Pfizer Animal Health)*, Rn. 199 ff. und KOM (2002) 718, S. 15.

264 Testbiotech e.V. wurde 2008 von einer Gruppe von Experten gegründet. Der Verein versteht sich als Institut für unabhängige Risiko- und Begleitforschung, siehe unter http://www.testbiotech.org/testbiotech.

265 Friends of The Earth, Throwing Caution through the wind, S.3; *Zarzer*, Telepolis, Total verbandelt?, erhältlich unter http://www.heise.de/tp/r4/artikel/19/19518/1.html.

266 *Then/Bauer-Panskus*, Hintergrund EFSA & ILSI, S. 2, 5.

267 Vgl. ebenda, S. 4, Punkt 2.1.

268 Vgl. ebenda, S. 3.

269 Dem Bericht zufolge werde das ILSI von „Großkonzernen wie Monsanto, Coca Cola,

dentin des EFSA-Verwaltungsrates in die Kritik. Sie soll demnach neben dieser leitenden EFSA-Funktion angeblich zugleich über Jahre im Aufsichtsrat des ILSI mitgewirkt haben.

4.2.2.1 Grundlagen zur EFSA und zu ihrer Unabhängigkeit

Die Frage, ob die vorstehenden Behauptungen zutreffen oder nicht, soll nicht Gegenstand der vorliegenden Arbeit sein.[270] Zu klären ist aber, ob sich aus ihnen, ihre Richtigkeit als theoretisches Gedankenmodell unterstellt, überhaupt Mängel an der Unabhängigkeit[271] und mithin an der Wissenschaftlichkeit von Risikobewertungen ergeben würden.

Nachfolgend sollen daher, nach einem kurzen Überblick über die Grundlagen, einschließlich der Entstehungsgeschichte dezentralisierter Körperschaften auf EU-Ebene, Aufbau, Rolle und Aufgaben der EFSA im Zulassungsverfahren beschrieben sowie auf rechtliche Aspekte der Unabhängigkeit der EFSA eingegangen werden. Daran schließen sich Schlussfolgerungen zur vorstehenden Ausgangsfrage an.

Nachdem bereits in den 70er Jahren die ersten Agenturen[272] gegründet worden waren, entstanden in den 90er Jahren die EU-Agenturen der zweiten[273] und ab 2003 solche der dritten[274] Generation. In erster Linie dient die Einrichtung dezentralisierter Körperschaften dem Zweck, der Europäischen Kommission die Konzentration auf ihre Kernaufgaben zu ermöglichen und Expertenwissen der

---

Nestlé, Unilever, Danone und mit Bayer und Dow Chemical auch von großen BPA-Produzenten" finanziert; siehe dazu im Einzelnen: MDR Nachrichten, Verbraucherschützer im Auftrag der Konzerne, http://www.mdr.de/nachrichten/7890788.html.

270 Die EFSA-Direktorin hat einem Bericht von Biosicherheit zufolge zwar eine Zusammenarbeit von EFSA-Experten mit Unternehmen eingeräumt, diese demnach allerdings sinngemäß als für eine Sicherung der hohen Qualität der EFSA-Tätigkeit erforderlich bezeichnet: *„Wenn man alle Experten ausschließen würde, die irgendwann von der Industrie Geld bekommen haben, wird man nicht mehr viele Experten haben."* Vgl. Biosicherheit, Die Unabhängigkeit der Experten, http://www.biosicherheit.de/aktuell/1309.efsa-experten.html.

271 Riitta Maijala (Director of risk assessment der EFSA) stellte das EFSA-Konzept zur Gewährleistung der Unabhängigkeit ihrer Wissenschaftler bei einer Diskussionsveranstaltung am 17. März 2011 vor; vgl. *Maijala*, How EFSA ensures the independence of its scientific advice (Power Point Präsentation).

272 So namentlich das Europäische Zentrum für die Förderung der Berufsbildung und die Europäische Stiftung zur Verbesserung der Lebens- und Arbeitsbedingungen, siehe unter http://europa.eu/agencies/community_agencies/history/index_de.htm.

273 So beispielsweise die Europäische Agentur für die Beurteilung von Arzneimitteln etc., siehe weitere in der Mitteilung der Kommission, Rahmenbedingungen für die Europäischen Regulierungsagenturen vom 11.12.2002, KOM (2002) 718 endg., S. 3 (Fn. 3).

274 Siehe unter http://europa.eu/agencies/community_agencies/history/index_de.htm.

an unterschiedlichen Standorten lokalisierten Agenturen, effizient zu nutzen.[275] Mit der dritten Generation wurden den Regulierungsagenturen erstmalig Exekutivagenturen an die Seite gestellt.[276] *Regulierungsagenturen* sind definiert über ihre Aufgabe, „durch Handlungen, die zur Regulierung eines bestimmten Sektors beitragen, aktiv an der Wahrnehmung der Exekutivfunktion mitzuwirken."[277] Demgegenüber nehmen *Exekutivagenturen* reine Verwaltungsaufgaben[278] wahr, wobei sie der strengen Kontrolle durch die Kommission unterliegen.

Die mit Art. 1 II S. 2 BasisVO eingerichtete EFSA gehört zur Gruppe der Regulierungsagenturen, da sie insbesondere durch wissenschaftliche Stellungnahmen und Empfehlungen Grundlagen für die Rechtsetzung und die Politik durch die Organe der Europäischen Union und die Mitgliedstaaten liefert[279] und so aktiv an der Wahrnehmung der Aufgaben durch die Organe der Europäischen Union und durch die Mitgliedstaaten im Bereich der Lebensmittelsicherheit mitwirkt.[280] Hintergrund der Einrichtung der EFSA ist das im Weißbuch zur Lebensmittelsicherheit bekundete Anliegen der Kommission, das durch eine Reihe vorangegangener Lebens- und Futtermittelkrisen, insbesondere die BSE-Krise, erschütterte Vertrauen der Verbraucher wiederherzustellen.[281] Hierdurch offenbar gewordene Defizite in den Bereichen der Koordination, der Kooperation und der Information in und unter den Mitgliedstaaten sollten nun durch Steuerung dieser Bereiche durch die EFSA effizient beseitigt werden; dadurch sollte der Binnenmarkt gestärkt werden.[282] Zentrale Funktionen der EFSA sind demnach die Verbesserung der Leistungsfähigkeit, der Transparenz und der Vernetzung im Lebensmittelsektor.[283] Die Kommission formulierte in ihrem Weißbuch ein umfassendes und einheitliches Konzept, mit dem ein hohes Maß an Gesundheits- und Verbraucherschutz gewährleistet werden soll. Wissenschaftliche Beratung, Datenerhebung und -analyse, Rechtsetzung, Überwachung und Verbraucherinformationen sollen ein einheitliches Ganzes bilden.[284]

---

275 Vgl. ebenda; KOM (2001) 428 endg., S. 9 ff.

276 Vgl. http://europa.eu/agencies/community_agencies/history/index_de.htm; so wurden im Jahr 2004 die Exekutivagentur für das Gesundheitsprogramm und die Exekutivagentur für intelligente Energie gegründet; *Sydow*, NVwZ 2001, 1, 6.

277 Mitteilung der Kommission, Rahmenbedingungen für die Europäischen Regulierungsagenturen, KOM (2002) 718 endg. vom 11.12.2002, S. 4; *Groß*, EuR 2005, 54, 56.

Mitteilung der Kommission, Rahmenbedingungen für die Europäischen Regulierungsagenturen, KOM (2002) 718 endg. vom 11.12.2002, S. 4; *Groß*, EuR 2005, 54, 56.

279 Artt. 22 f. BasisVO.

280 KOM (2002) 718 endg., S. 5.

281 Weißbuch zur Lebensmittelsicherheit KOM (1999) 719 endg., S. 17.

282 Ebenda, S. 7.

283 Ebenda, S. 1, 10, 17 ff.; Weißbuch der Kommission der Europäischen Gemeinschaften „Europäisches Regieren", KOM (2001) 428 endg., S. 25; *Huber*, ZLR 2004, 241, 242.

284 Weißbuch zur Lebensmittelsicherheit, KOM (1999) 719 endg., S. 7.

4.2.2.1.1 Der Aufbau der EFSA

Die EFSA setzt sich gem. Artt. 24 ff. BasisVO zusammen aus:

- einem Verwaltungsrat,
- einem Geschäftsführenden Direktor,
- einem Beirat,
- einem Wissenschaftlichen Ausschuss und
- den Wissenschaftlichen Gremien.

Der *Verwaltungsrat*[285] besteht aus 14 unabhängigen Mitgliedern, die vom Rat auf Vorschlag der Kommission in Abstimmung mit dem Europäischen Parlament gewählt werden, sowie einem Kommissionsvertreter.[286] Vier Mitglieder sollen aus Organisationen kommen, welche die Verbraucher und andere Interessen innerhalb der Lebensmittelkette vertreten.[287]

Die Zusammensetzung des Verwaltungsrates unterscheidet sich damit von jener der Verwaltungsräte der meisten anderen Agenturen, da diese aus Vertretern der Mitgliedstaaten bestehen.[288]

Der EFSA-Verwaltungsrat stellt die Erfüllung des Auftrages der EFSA sicher.[289] Er sorgt dafür, dass die von ihm angenommenen Arbeitsprogramme mit den Prioritäten der Europäischen Union für Rechtsetzung und Politik im Bereich der Lebensmittelsicherheit in Einklang stehen.[290]

Der *Geschäftsführende Direktor*[291] wird auf der Grundlage einer von der Kommission vorgeschlagenen Bewerberliste ernannt.[292] Er vertritt die EFSA und trägt die Verantwortung für ihre Tätigkeiten;[293] und er führt den Haushalt der EFSA aus.[294]

Der *Beirat* setzt sich aus Vertretern der zuständigen, ähnliche Aufgaben wie die EFSA wahrnehmenden,[295] Stellen in den Mitgliedstaaten[296] zusammen. Jeder Mitgliedstaat benennt einen Vertreter. Den Vorsitz führt der Geschäftsführende

---

285 Art. 25 BasisVO.
286 Vgl. EFSA, Die Struktur der EFSA, http://www.efsa.eu/de/about_efsa/structure.html.
287 Art. 25 I BasisVO; vgl. *Streinz/Fuchs*, ZLR 2002, 169, 192.
288 Vertreter der Mitgliedstaaten finden sich bei der EFSA im Beirat.
289 Art. 25 VII BasisVO.
290 Art. 25 VIII BasisVO.
291 Art. 26 I BasisVO.
292 http://www.efsa.eu./de/about_efsa/structure.html.
293 Art. 26 II BasisVO.
294 Art. 44 BasisVO.
295 Art. 27 I BasisVO.
296 In Deutschland ist dies das Bundesamt für Risikobewertung (BfR).

Direktor.[297] Der Beirat stellt eine wesentliche Kontaktstelle zwischen den Mitgliedstaaten und der Europäischen Union dar.[298] Er berät den Geschäftsführenden Direktor, insbesondere bei der Erarbeitung des Arbeitsprogramms.[299] Er hat zwei Arbeitsgruppen[300] gebildet, nämlich die *Arbeitsgruppe Kommunikation zur Förderung der Einheitlichkeit von Mitteilungen* und die *Arbeitsgruppe Informationstechnologie zur Förderung des EU-Netzwerks durch IT-Tools.* Gem. Art. 27 VII BasisVO können sich Vertreter der zuständigen Dienststellen der Kommission an der Arbeit des Beirates beteiligen.

Der *Wissenschaftliche Ausschuss* besteht aus den Vorsitzenden der Wissenschaftlichen Gremien sowie aus sechs unabhängigen Wissenschaftlern.[301] Er erstellt Gutachten in interdisziplinären Fragen und bei fehlender Zuständigkeit der Wissenschaftlichen Gremien. Er ist ferner zuständig für die allgemeine Koordinierung der Gutachten, insbesondere für die Festlegung und Harmonisierung von diesbezüglichen Arbeitsmethoden und -verfahren.[302]

Die acht[303] *Wissenschaftlichen Gremien* sind in Art. 28 IV BasisVO aufgelistet. Ihre Mitglieder werden, wie die des Wissenschaftlichen Ausschusses,[304] vom Verwaltungsrat auf Vorschlag des Geschäftsführenden Direktors gewählt. Die Wissenschaftlichen Gremien erstellen Gutachten in ihrer jeweiligen Disziplin. Gem. Art. 28 VIII BasisVO sind die zuständigen Vertreter der Kommission berechtigt, an den Sitzungen der Wissenschaftlichen Gremien und ihrer Arbeitsgruppen teilzunehmen.

4.2.2.1.2 Die Rolle und die Aufgaben der EFSA

Art. 22 BasisVO enthält eine umfassende Beschreibung, die den Auftrag der EFSA sehr detailliert definiert. Ihre Aufgabe wird in Abs. II der Vorschrift beschrieben als wissenschaftliche Beratung sowie wissenschaftliche und technische Unterstützung für die Rechtsetzung und Politik der Gemeinschaft in allen Bereichen, die sich unmittelbar oder mittelbar auf die Lebensmittel- oder Futtermittelsicherheit auswirken. Weiter gehört die Bereitstellung von unabhängigen Informationen über alle Fragen in diesen Bereichen und über Risiken zu ih-

297 Art. 27 V BasisVO.

298 Artt. 27 IV, 36, 42 BasisVO; vgl. *Streinz/Fuchs*, ZLR 2002, 169, 192.

299 Art. 27 III BasisVO.

300 Siehe unter http://www.efsa.eu/de/about_efsa/structure.html.

301 Art. 28 II BasisVO.

302 Art. 28 I, II S. 2 BasisVO, vgl. *Falke/Plett*, Institutionen zur Risikobewertung und zum Risikomanagement im In- und Ausland: Analyse der vorhandenen Konzepte, Umsetzung und Erfahrungen über den Aufbau solcher Institutionen sowie daraus zu ziehende Schlussfolgerungen, S. 50, http://www.bmu.de//science.html.

303 Vgl. ebenda.

304 Art. 28 V BasisVO.

ren Aufgaben. In Abs. III wird der Beitrag der EFSA zu einem hohen Maß an Schutz für Leben und Gesundheit der Menschen sowie zur Tier- und Pflanzengesundheit, zum Tierschutz und zur Umwelt hervorgehoben. Abs. VII stellt die Funktion der EFSA als maßgebliche Referenzstelle klar, die sich aus ihrer Unabhängigkeit, der wissenschaftlichen und technischen Qualität ihrer Gutachten und den von ihr verbreiteten Informationen, der Transparenz ihrer Verfahren und ihrer Arbeitsweise sowie ihres Engagements bei der Wahrnehmung ihrer Aufgaben ergeben soll.

Art. 23 BasisVO präzisiert den Auftrag in einem umfangreichen Aufgabenkatalog, der sich auf Bereiche[305] wie die Risikobewertung, die Vernetzung und die Information erstreckt.

Ein sich aus Artt. 22, 23 BasisVO ergebendes zentrales Aktionsfeld der EFSA ist mithin die Risikobewertung als Grundlage für Zulassungen durch die Kommission.

4.2.2.1.3 Die Rechtsgrundlage für die Errichtung der EFSA

In der BasisVO, mit welcher die EFSA eingerichtet wurde, werden „insbesondere"[306] die Artt. 37, 95, 133 und 152 IV lit. b) EG (a.F.)[307] als Rechtsgrundlage aufgeführt. Die Ermächtigung der Europäischen Union zur Einrichtung der EFSA wird mithin ausdrücklich aus der der Europäischen Union zugewiesenen *Sachkompetenz* hergeleitet. Der Kommission[308] zufolge ist ein solcher Rückgriff auf Sachkompetenzvorschriften hier zulässig, da die Regulierungsagenturen eben nur Handlungsinstrumente der nach diesen primärrechtlichen Vorschriften zuständigen EU-Organe sein sollen.[309]

Soweit die Kommission in ihrem Paket die „Renationalisierung" der Entscheidungen über den GVO-Anbau durch Einfügung eines Art. 26b in die Richt-

---

305 Vgl. *Falke/Plett*, Institutionen zur Risikobewertung und zum Risikomanagement im In- und Ausland: Analyse der vorhandenen Konzepte, Umsetzung und Erfahrungen über den Aufbau solcher Institutionen sowie daraus zu ziehende Schlussfolgerungen, S. 48 ff.

306 Siehe BasisVO vor Erwägungsgrund 1 der BasisVO.

307 Heute Artt. 114, 207, 168 IV AEUV.

308 Mitteilung der Kommission v. 11.12.2002: Rahmenbedingungen für die europäischen Regulierungsagenturen, KOM (2002) 718 endg., S. 8.

309 Versuche der Arbeitsgruppe V „Ergänzende Zuständigkeiten" und der Kommission eine spezielle Rechtsgrundlage für die Errichtung von Agenturen in den damaligen EG-Vertrag bzw. in den seinerzeitigen Verfassungsentwurf aufzunehmen, blieben ohne Erfolg; siehe dazu den Schlussbericht der Gruppe V „Ergänzende Zuständigkeiten" (CONV 325/2/02) der Mitglieder des Konvents vom 4.11.2002 sowie die Mitteilung der Kommission zur institutionellen Architektur – Für die Europäische Kommission: Frieden, Freiheit, Solidarität, KOM (2002) 728 endg. v. 11.12.2002, S. 2.

linie 2001/18/EG vorschlägt, fragt sich nun jedoch, ob die neben der Rückübertragung bei der EFSA verbleibende[310] Zuständigkeit für Risikobewertungen noch von einer Rechtsgrundlage getragen wäre. Auf den ersten Blick scheint dies sehr fraglich zu sein, da die EFSA doch gerade aufgrund von primärrechtlichen Vorschriften errichtet worden ist, die der Europäischen Union eine Verbandskompetenz und die Sachlegitimation einräumen. Bei, wenn auch auf den Anbau beschränkter, Rückübertragung der Kompetenz an die Mitgliedstaaten, scheint nicht unbedingt die Existenzberechtigung der EFSA an sich, wohl aber jedenfalls insoweit die Handlungskompetenz der EFSA für Risikobewertungen im Rahmen von Zulassungsentscheidungen über den GVO-Anbau infrage gestellt zu sein.[311] Andererseits behält sich die EU ausdrücklich die Zuständigkeit für die GVO-Anbau-Zulassungen vor, soweit der bestehende Rechtsrahmen diese vorsieht. Die etwa von Österreich und auch vom Europäischen Parlament vorgeschlagene Modifizierung der von der Kommission zur Diskussion gestellten *Opt-out*-Klausel nach Art. 26b, wirft eben dieses Problem auf. So wird vorgeschlagen, den Katalog möglicher Gründe für mitgliedstaatliche *Opt-out*-Maßnahmen für gesundheits- und umweltbezogene Aspekte zu öffnen.[312] In diesem Fall aber wäre das Fortbestehen der Kompetenz der EFSA zur Durchführung der Risikobewertung mithin zumindest fraglich.

Im Hinblick auf den Kommissionsentwurf, der diese Möglichkeit ausdrücklich ausschließt, verschiebt sich die Problematik der Zuständigkeit daher auf die Subsidiarität, worauf im Folgenden einzugehen sein wird.

4.2.2.1.4 Die Subsidiarität gem. Artt. 5 III, 2 II EUV

Einschränkungen ergeben sich aus dem Subsidiaritätsgrundsatz gem. Art. 5 III EUV. Hiernach wird die Europäische Union außerhalb der ausschließlichen Zuständigkeit nur tätig, sofern und soweit die Ziele der in Betracht gezogenen Maßnahmen auf Ebene der Mitgliedstaaten nicht ausreichend erreicht werden können und sie daher wegen ihres Umfanges oder ihrer Wirkungen besser auf europäischer Ebene erreicht werden können.

---

310 Vgl. KOM (2010) 375 endg., S. 8, Punkt 3.1., 1.

311 Da die EU die Zuständigkeit insoweit gem. Art. 2 II EU-Vertrag an die Mitgliedstaaten übertragen hat, könnte es im Hinblick auf die Risikobewertungen insoweit dann an einer Handlungskompetenz der EFSA fehlen, wenn Mitgliedstaaten die alleinige Zuständigkeit für Risikobewertungen sich reklamieren. Anders wäre es aber, soweit der EFSA beratende Aufgaben verbleiben würden.

312 Vgl. *Lepage*, Entwurf eines Berichts, Änderungsantrag 5, S. 10; siehe Republik Österreich, Beratungen des Ständigen Ausschusses des Hauptausschusses in Angelegenheiten der Europäischen Union vom 14. Dezember 2010, S. 3 f., http://www.parlament.gv.at/PAKT/VHG/XXIV/V/V_00015/fname_202811.pdf.

Die aufgrund geteilter Kompetenz erfolgte Errichtung der Regulierungsagenturen zielte, wie oben ausgeführt wurde, auf die Stärkung der Funktionsfähigkeit des Binnenmarktes sowie der Glaubwürdigkeit der Europäischen Union unter anderem durch die Nutzung von Expertenwissen zur Gewährleistung eines hohen Schutzniveaus im Hinblick auf die Gesundheit von Mensch und Tier sowie der Umwelt.[313]

Eine Reihe von Lebensmittelkrisen im Vorfeld der Reform des Europäischen Lebensmittelrechts hat eben diese Effizienz der mitgliedstaatlichen Aufgabenerfüllung zwar einerseits infrage gestellt und letztlich den Anstoß für die Einrichtung der EFSA gegeben. Andererseits stellt die Kommission aber in ihrem Paket fest, dass die *„Erfahrung gezeigt"* habe, „dass der Anbau von GVO *„ein Thema ist, mit dem sich die Mitgliedstaaten – auf zentraler oder regionaler und lokaler Ebene – intensiver auseinandersetzen...."* Demzufolge gelte eine *„Entscheidungsfindung auf nationaler, regionaler oder lokaler Ebene als am besten geeignet, um den mit dem Anbau von GVO verbundenen Besonderheiten Rechnung zu tragen."*[314]

Die Kommission hält die Zulassungsverfahren nach dem bestehenden Rechtsrahmen und mithin die Risikobewertung durch die EFSA aber gleichwohl weiterhin für erforderlich.[315] Das Paket soll den Mitgliedstaaten nämlich ausdrücklich nur die Freiheit einräumen, *„sich auf andere Gründe als die Bewertung von Gesundheits- und Umweltrisiken zu berufen, um den Anbau von GVO auf ihrem Hoheitsgebiet zu untersagen."*[316]

Dass aber eine Zielerreichung (Stärkung des Binnenmarktes und des Verbrauchervertrauens etc.) durch Zulassungsverfahren und Risikobewertungen auf mitgliedstaatlicher Ebene nicht hinreichend möglich ist, ist mit Blick auf die oben zitierte Feststellung der Kommission zur Begründung der *Opt-out*-Klausel für Anbau-Entscheidungen nicht ganz unproblematisch. Können die Mitgliedstaaten lokale Aspekte eines GVO-Anbaus besser beurteilen, so könnte dies prinzipiell auch für Fragen der Risikobewertung gelten. Diese naturwissenschaftliche Frage soll allerdings nicht Gegenstand der vorliegenden Arbeit sein. Dem Aspekt der besseren Zielerreichung auf mitgliedstaatlicher Ebene wird zumindest durch die anfängliche Zuständigkeit der mitgliedstaatlichen Stellen nach der Freisetzungsrichtlinie[317] für die Entscheidung über Anträge zum Anbau von GVO Rechnung getragen. Im Zulassungsverfahren nach der VO (EG) Nr. 1829/2003, etwa nach dem beschriebenen *One door, one key-Prinzip*, ist dagegen von vornherein die EU zuständig. Im Verfahren nach der Verordnung ist das

313 Weißbuch der Kommission der Europäischen Gemeinschaften „Europäisches Regieren", KOM (2001) 428 endg., S. 6.

314 KOM (2010) 375 endg., S. 9 f., Punkt 3.3.1.

315 Ebenda, S. 8, Punkt 3.1., 1.

316 Ebenda, S. 14, Erwägungsgrund 9.

317 Siehe zum Zulassungsverfahren nach der Freisetzungsrichtlinie unten, Punkt IV.

Problem der besseren Zielerreichung (Umwelt-, Gesundheitsschutz) mithin offensichtlicher.

Andererseits trägt jedenfalls die Zentralisierung des Zulassungsverfahrens auf der Ebene der Europäischen Union zur Stärkung des weiteren Ziels des EU-Rechtsrahmens, nämlich der Stärkung des Binnenmarktes, bei.

Somit kann die Verbandskompetenz der EU zur Entscheidung über den Anbau von GVO und mithin der Zuständigkeit und Handlungsbefugnis der EFSA gerade durch die gleichzeitige Renationalisierung der Anbauentscheidungen über GVO zumindest infrage gestellt werden. Können die Ziele des Umwelt- und Gesundheitsschutzes tatsächlich besser durch eine auf der EU-Ebene zentralisierte Risikobewertung und durch einen Beschluss der EU erreicht werden, so wäre der Verbleib der Verbandskompetenz bei der EU insoweit nicht widersprüchlich. Allerdings würde eine Renationalisierung von Entscheidungen über den Anbau von GVO auch aus Gründen des Umwelt- und Gesundheitsschutzes[318] ein paralleles Tätigwerden der EFSA, wie etwa EFSA-Umweltverträglichkeitsprüfungen, insoweit möglicherweise entbehrlich machen und ihm die Kompetenz- und mithin Rechtsgrundlage entziehen.

Im Ergebnis ist festzuhalten, dass die Ansiedelung des Zulassungsverfahrens und mithin der Risikobewertungen auf der Ebene der Europäischen Union eine bessere Erreichung der Ziele der Stärkung des Gesundheits- und Umweltschutzes sowie des Binnenmarktes voraussetzen.[319] *Durch eine Opt-out-Klausel könnten sich Widersprüche im Hinblick auf diese Frage der besseren Zielerreichung ergeben, insbesondere, wenn Mitgliedstaaten hiervon aus Gründen des Umweltschutzes Gebrauch machen, die bereits Gegenstand der EFSA-Risikobewertung waren. Der Kommissionsvorschlag vom Juli 2010 zur Schaffung einer Opt-out-Klausel räumt den Mitgliedstaaten jedoch „nur" die Freiheit zur Entscheidung über Verbote von zugelassenen GVO ein, soweit sie nicht auf der Risikobewertung durch die EFSA vorbehaltene Gründe des Gesundheits- und des Umweltschutzes gestützt werden.*

Nachfolgend soll der für die Risikobewertungen abgesteckte rechtliche Rahmen beschrieben werden.

---

318 Im Entwurf eines Berichts des Europäischen Parlaments wird eine solche Auswertung der Begründungsmöglichkeiten der Mitgliedstaaten für ein *Opting-out* auch auf Umweltaspekte vorgeschlagen. Auch Österreich schlägt dies vor; vgl. dazu im Einzelnen unten, Punkt VIII. 2.

319 Ebenda.

4.2.2.1.5 Die Wahrung des institutionellen Gleichgewichts

Da die EFSA gem. Art. 46 BasisVO eine eigene Rechtspersönlichkeit besitzt, könnten sich zudem Verschiebungen der einzelnen Organkompetenzen auf der EU-Ebene und mithin Beeinträchtigungen des institutionellen Gleichgewichts ergeben.[320]

(1) Keine Verlagerung wesentlicher Kompetenzen auf die EFSA

Wesentliche Kompetenzen eines EU-Organs dürfen nicht auf eine verselbstständigte Einrichtung übertragen und so dem EU-Organ, hier insbesondere der Kommission, entzogen werden.[321]

Die EFSA hat zwar durch ihre vorbereitende und informierende Tätigkeit einen nicht unerheblichen Einfluss auf Beschlüsse der EU-Organe und auf das Verbraucherverhalten. Dennoch verbleiben die Regelungskompetenzen bei den EU-Organen. Die EFSA selbst erlässt keine eigenen Entscheidungen mit rechtlich verbindlichen Außenwirkungen.[322]

(2) Hinreichende Steuerbarkeit durch die EU-Organe; Demokratiedefizit

Das institutionelle Gleichgewicht wäre auch dann beeinträchtigt, wenn die EU-Organe die Tätigkeit der Agentur nicht hinreichend steuern könnten.[323] Hinreichende Einwirkungs-, Abstimmungs- und Kontrollmöglichkeiten der Kommission sind auch erforderlich für die Wahrung des Demokratieprinzips.[324]

Die Kommission hat in ihren Rahmenbedingungen für die Europäischen Regulierungsagenturen „Elemente im Zusammenhang mit Kontrollen" formuliert.[325]

Darin beschreibt sie angemessene Kontrollsysteme nicht nur für Regulierungsagenturen mit direkter Entscheidungskompetenz als Mechanismen von „größter Wichtigkeit". Die Kommission muss demnach ihre Rolle als „Hüterin der Verträge" effizient wahrnehmen und die ordnungsgemäße Ausführung durch die Agentur sicherstellen (können).[326]

Die Kommission selbst sieht in der „Gesamtverantwortung der Kommission als das in letzter Instanz zuständige Organ" eine Voraussetzung für die hinrei-

320 Vgl. *Groß*, EuR 2005, 54, 57.

321 *Uerpmann*, AöR 2000, 551, 560 f. (dort allerdings im Zusammenhang mit ex-Art. 308 EGV (vgl. 352 AEUV n.F.)).

322 Vgl. *Groß*, EuR 2005, 54, 58, 62.

323 Vgl. *Uerpmann*, AöR 2000, 551, 560 f.

324 Vgl. *Koch*, EuZW 2005, 455.

325 KOM (2002) 718 endg., S. 15.

326 Ebenda.

chende Steuerbarkeit der EFSA durch die Kommission.[327] Zudem muss die Kommission sicherstellen können, dass die EFSA die für sie geltenden Bestimmungen einhält und dass ihre allgemeine Verantwortung für die Ausführung des Gesamthaushaltsplans der Europäischen Union nicht durch Maßnahmen der EFSA in Frage gestellt wird.[328]

Die Steuerungsmöglichkeiten[329] der Kommission zeigen sich in der Zusammensetzung der einzelnen Organe der EFSA. Mitglieder des Verwaltungsrats, der unter anderem Arbeitsprogramme aufstellt und den Direktor ernennt, werden von der Kommission vorgeschlagene Mitglieder sowie ein Kommissionsvertreter.[330] Auch der Geschäftsführende Direktor wird von der Kommission vorgeschlagen.[331]

Das erforderliche *Maß* an Steuerbarkeit hängt wiederum vom Umfang der der jeweiligen Agentur zugewiesenen Handlungsspielräume ab.[332] Zwar verfügt die EFSA nicht über eigene Entscheidungskompetenzen mit Außenwirkungen,[333] so dass ihre deutsche Bezeichnung als „Behörde" rechtlich unzutreffend ist; doch liefert die EFSA mit ihren Risikobewertungen die Basis für verbindliche Entscheidungen. Und die EFSA kommuniziert Risiken an die Öffentlichkeit, weshalb ihre Tätigkeiten auch faktische Außenwirkungen entfalten.[334]

Die Kompetenz der Organe der Europäischen Union zur verbindlichen Entscheidung auf der Basis der EFSA-Risikobewertungen stellt mithin neben den oben genannten Kontrollinstrumenten der EU-Organe einen weiteren Kontrollmechanismus dar.[335]

---

327 Ebenda.

328 Ebenda.

329 Vgl. *Uerpmann*, AöR 2000, 551, 560 f.

330 Art. 25 I BasisVO.

331 Art. 26 I BasisVO.

332 Vgl. *Uerpmann*, AöR 2000, 551, 569.

333 Vgl. *Di Fabio*, ZLR 2003, 163, 168.

334 Vgl. *Streinz/Fuchs*, ZLR 2002, 169, 191.

335 Nach der im Zusammenhang mit der EGKS zu privatrechtlich organisierten Ausgliederungen entwickelte „Meroni-Doktrin" muss die Zuweisung der Kompetenz über operatives Handeln an ausgegliederte Stellen die an diese übertragenen Ausführungsbefugnisse genau eingrenzen. Da die EFSA aber keine operativen, sondern nur vorbereitende und informierende Tätigkeiten ausführt, betrifft sie diese Doktrin nicht direkt. Zur Frage der Anwendbarkeit der „Meroni-Doktrin" auf die Agenturen; vgl. *Sydow*, VerwArch 2001, 1, 14.

(3) Letztverbindliche Rechtskontrolle durch die Europäischen Gerichte; hinreichender Rechtschutz

Die letztverbindliche Rechtskontrolle durch die Europäischen Gerichte darf nicht angetastet werden.[336] Das ergibt sich aus dem Individualanspruch auf die Gewährung effektiven Rechtsschutzes, der einen allgemeinen Rechtsgrundsatz der Europäischen Union darstellt.[337]

(4) Akteneinsichtsrecht

Art. 41 I BasisVO, geändert durch die VO (EG) Nr. 1642/2003,[338] erklärt die VO (EG) Nr. 1049/2001 (InformationszugangsVO)[339] für anwendbar auf die Dokumente der EFSA. Vor der Erweiterung des Anwendungsbereiches auf die EFSA war ein Akteneinsichtsrecht gegen die EFSA nicht gegeben, da die InformationszugangsVO an sich nur auf Organe der Europäischen Union anwendbar war.[340]

Art. 41 III BasisVO, eingefügt durch VO (EG) Nr. 1642/2003, eröffnet nunmehr auch die Möglichkeit der Beschwerde beim Bürgerbeauftragten und der Klage gegen diesbezügliche Entscheidungen der EFSA.[341]

Nachfolgend werden zunächst Vorgaben der BasisVO zum Unabhängigkeitsmanagement der EFSA skizziert, bevor sodann auf das Unabhängigkeitsmanagement durch die EFSA selbst eingegangen wird.

4.2.2.2 Die Unabhängigkeit der EFSA

Zum Zweck der Stärkung des Verbrauchervertrauens sieht die BasisVO in Artt. 37 ff. Mechanismen zur Kontrolle der Arbeit der EFSA vor, nämlich Maßnah-

336 KOM (2002) 718 endg., S. 16; vgl. *Uerpmann*, AöR 2001, 551, 562.

337 Art. 6 I, III EUV i.V.m. Artt. 47, 51 der Grundrechtecharta; vgl. *Uerpmann*, AöR 2001, 551, 571 ff.; *Remmert*, EuR 2003, 134, 138 f.

338 Verordnung (EG) Nr. 1642/2003 des Europäischen Parlaments und des Rates vom 22. Juli 2003 zur Änderung der Verordnung (EG) Nr. 178/2002 zur Festlegung der allgemeinen Grundsätze und Anforderungen des Lebensmittelrechts, zur Errichtung der Europäischen Behörde für Lebensmittelsicherheit und zur Festlegung von Verfahren zur Lebensmittelsicherheit, ABl. L 245 vom 29.9.2003, 4-6.

339 Vgl. *Groß*, EuR 2005, 54, 65.

340 Vgl. ebenda.

341 Gem. Artt. 228 I AEUV und 6 I EUV i.V.m. 43 der Grundrechtecharta haben Unionsbürger das Recht, den Bürgerbeauftragten im Fall von Missständen bei der Tätigkeit der Organe, Einrichtungen und sonstiger Stellen der Europäischen Union zu befassen. Die Kommission hatte in ihrer Mitteilung Rahmenbedingungen für die Europäischen Regulierungsagenturen formuliert, dass vorgesehen werden sollte, dass die Regulierungsagenturen und mithin auch die EFSA, der Verwaltungskontrolle durch den Bürgerbeauftragten unterliegen, KOM (2002) 718 endg., S. 15.

men zur Sicherstellung ihrer Unabhängigkeit,[342] der Transparenz, der Vertraulichkeit und der Information.[343]
Die Mitglieder des Verwaltungsrats, des Beirats und der Geschäftsführende Direktor verpflichten sich durch die in Jahresabständen abzugebende schriftliche Erklärung über das (Nicht-) Vorliegen von Interessen, die ihre Unabhängigkeit beeinträchtigen können, im öffentlichen Interesse unabhängig zu handeln.[344]

Auch die Mitglieder des Wissenschaftlichen Ausschusses und der Wissenschaftlichen Gremien verpflichten sich durch eine entsprechende schriftliche Erklärung. Sie sind verpflichtet, unabhängig von jedem äußeren Einfluss zu handeln.[345] Zusätzlich müssen alle soeben genannten Organe der EFSA und die externen Sachverständigen, die an Arbeitsgruppen beteiligt sind, auf jeder Sitzung Erklärungen über Interessen abgeben, die, bezüglich der jeweiligen Tagesordnungspunkte, als ihre Unabhängigkeit beeinträchtigend angesehen werden können.[346]

Schon im Bewerbungsverfahren soll die Unabhängigkeit der angehenden Mitglieder des Wissenschaftlichen Ausschusses und der Wissenschaftlichen Gremien auf der Grundlage eines offenen Verfahrens gewährleistet werden.[347] Kriterien, die die unbestimmten Rechtsbegriffe der „Unabhängigkeit" und der „Interessen, die die Unabhängigkeit beeinträchtigen können", konkretisieren, sowie mögliche Rechtsfolgen bei Vorliegen solcher Interessen, finden sich in der BasisVO nicht.

Die EFSA selbst definiert in ihren einschlägigen Leitlinien[348, 349] das von ihr konzipierte Unabhängigkeitsmanagement.

---

342 Siehe dazu *Maijala*, EFSA, How EFSA ensures the independence of its scientific advice.

343 Vgl. zum Kontrollerfordernis KOM (2002) 718 endg., S. 12.

344 Art. 37 I BasisVO.

345 Art. 37 II BasisVO.

346 Art. 37 III BasisVO.

347 Erwägungsgrund 46 BasisVO; siehe die EFSA, Decision of the executive director concerning the selection of members of the Scientific Committee, Scientific Panels and external experts to assist EFSA with its scientific work, http://www.efsa.europa.eu/en/keydocs/expertselection.pdf.

348 MB 11.09.07 – 5.2, Annex Policy on declarations of interest, EFSA policy on declarations of interests, http://www.efsa.europa.eu/en//keydocs/docs/doiguidance.pdf; Implementing Act to the policy on declaration of interest, Guidance document on declarations of interest, http://efsa.europa.eu/enkeydocs/doiconflicts.pdf; Implementing Act to the Policy on declaration of interests, Procedure for identifying and handling potential conflicts of interest, http://www.efsa.eu/enkedocs/docs/doiconflicts.pdf; Decision of the executive director concerning the selection of members of the Scientific Committee, Scientific Panels and external experts to assist EFSA with its scientific work.

349 Im Dezember 2011 hat die EFSA im Zuge der an ihrem bisherigen Unabhängigkeitsmanagement geübten Kritik neue Leitlinien zum Unabhängigkeitsmanagement verab-

Die Mitglieder des Verwaltungsrats, des Beirats, des Wissenschaftlichen Ausschusses, der Wissenschaftlichen Gremien und der Arbeitsgruppen sollen („shall“) den EFSA-Leitlinien[350] zufolge, ebenso wie andere EFSA-Experten und der Geschäftsführende Direktor, jährliche Erklärungen abgeben. Demnach sollen sie jährlich eine Verpflichtungs-, eine allgemeine Interessen- und eine Vertraulichkeitserklärung abgeben.[351]

Die Mitglieder des Verwaltungsrats, des Beirats, des Wissenschaftlichen Ausschusses, der Wissenschaftlichen Gremien und Arbeitsgruppen sowie andere EFSA-Experten sollen zudem zu Beginn einer Sitzung *spezifische* Interessenerklärungen abgeben.[352]

Die Leitlinien über das Verfahren zur Identifikation und Handhabung potentieller Interessenkonflikte enthalten formale inhaltliche Vorgaben für die Interessenerklärungen sowie die Regelung möglicher Konsequenzen.[353] Die EFSA-Mitarbeiter nutzen für die Erklärungen vorgefertigte Formulare.[354]

Die einschlägigen Leitlinien über das Verfahren unterscheiden im Hinblick auf das Verfahren und die Rechtsfolgen zwischen Mitgliedern des Verwaltungsrats, des Beirats, des Wissenschaftlichen Ausschusses und der Wissenschaftlichen Gremien sowie anderen Experten, dem Geschäftsführenden Direktor und anderen EFSA-Mitarbeitern.[355] Demnach „sollen“ die Mitglieder des Verwaltungsrats und des Beirats unabhängig im öffentlichen Interesse agieren.[356] Für die Mitglieder des Wissenschaftlichen Ausschusses, der Wissenschaftlichen Gremien und für andere EFSA-Experten nennen die Leitlinien die von allen EFSA-Mitarbeitern jährlich abzugebende allgemeine und die spezielle Interes-

---

schiedet, siehe Policy on Independence and Scientific Decision-Making Processes of the European Food Safety Authority Executive Summary. Im März 2012 veröffentlichte sie zudem neue Bestimmungen für die Durchführung von Interessenerklärungen, siehe Decision of the Executive Director of the European Food Safety Authority implementing EFSA's Policy on Independence and Scientific Decision Making Processes regarding Declarations of interests.
Letztere treten am 1.7.2012 in Kraft.

350 Implementing Act to the policy on declaration of interests, Guidance document on declarations of interest, S. 2.

351 Ebenda.

352 Ebenda.

353 Implementing Act to the policy on declaration of interests, Procedure for identifying and handling potential conflicts of interest, S. 1, Punkt 4.

354 Siehe die Muster im Implementing Act to the policy on declaration of interests, Guidance document on declarations of interest, S. 10 ff.: "Declaration of Commitment", S. 10, Anhang 1; "Annual Declaration of Interest", S. 11, Anhang 2; "Specific Declaration of Interests", S. 17, Anhang 3; "Declaration concerning Confidentiality", S. 24, Anhang 4.

355 Implementing Act to the policy on declaration of interests, Procedure for identifying and handling potential conflicts of interest, S. 1, Punkt 3.

356 Ebenda, S. 2, Punkt A); S. 3, Punkt B); S. 4, Punkt C).

senerklärung.[357] Die Interessenerklärungen der Mitarbeiter des Verwaltungsrats werden vom Vorsitzenden überprüft,[358] diejenige der Mitarbeiter des Beirats vom Geschäftsführenden Direktor, der zugleich den Vorsitz inne hat.[359] Für die Handhabung der allgemeinen und der speziellen Erklärung der Mitarbeiter im Wissenschaftlichen Ausschuss, in den Gremien und für sonstige EFSA-Wissenschaftler trägt die Leitung der jeweiligen Arbeitseinheit die Verantwortung.[360] Der Vorsitzende des Verwaltungsrats prüft die Interessenerklärungen des Geschäftsführenden Direktors.[361]

Beeinträchtigende Interessen, die Gegenstand der jährlichen allgemeinen sowie der spezifischen Erklärung sind, werden in den Leitlinien definiert. Die Leitlinien enthalten folgende Kategorien:[362]

- **Ownership or other investments, including shares** (Finanzielle Interessen im Zusammenhang mit der Lebens- oder Futtermittelbranche...);[363]

- **Member of a Managing Body or equivalent structure** (Mitwirkung an Entscheidungsprozessen in einer Einrichtung, die im Aktionsradius der EFSA tätig ist...);[364]

- **Member of a Scientific Advisory Body** (Tätigkeit mit Stimmrecht in einem Wissenschaftlichen Ausschuss im Aktionsradius der EFSA...);[365]

- **Employment** (Anstellung jeder Art, gleichgültig, ob bezahlt oder nicht, auf Voll- oder auf Teilzeit-Basis, in einer Einrichtung, die im Aktionsradius der EFSA tätig ist...);[366]

- **Consultancy/Advice** (Beratende Tätigkeiten, gleichgültig, ob bezahlt oder nicht, im Aktionsradius der EFSA. Eingeschlossen sind entsprechende Verträge mit der EFSA selbst, soweit Tätigkeiten betroffen sind,

357 Ebenda, S. 4, Punkt C).
358 Ebenda, S. 2, Punkt B) I., 2.
359 Ebenda.
360 Ebenda, S. 4, Punkt C), 3.
361 Ebenda, S. 9, Punkt D), I., 4.
362 Die originalen englischen Formulierungen werden hier aus Gründen der Exaktheit übernommen. Die in den Leitlinien enthaltenen Erläuterungen werden sinngemäß wiedergegeben.
363 Implementing Act to the policy on declaration of interests, Guidance document on declarations of interest, S. 3.
364 Ebenda.
365 Ebenda.
366 Ebenda.

die aus den Zuständigkeitsbereichen der Gremien, des Wissenschaftlichen Ausschusses und der Arbeitsgruppen herausfallen);[367]

- **Research funding** (Finanzielle Unterstützung von Forschungsprojekten, die Aktionsfelder der EFSA betreffen);[368]

- **Intellectual property rights** (Inhaber von Urheber- oder ähnlichen Rechten an Gegenständen, die von den Aktionsfeldern der EFSA umfasst sind…);[369]

- **Other membership or affiliation** (jede sonstige Beteiligung innerhalb der Aktionsfelder der EFSA…);[370]

- **Interests of close family member** (Interessen von Familienangehörigen und Angehörigen desselben Haushalts…);[371]

- **Other** (sonstige Aktivitäten oder Interessen, die vom Aktionsradius der EFSA umfasst sind).[372]

Kommt ein EFSA-Mitarbeiter seiner Interessenerklärung nicht ordnungsgemäß nach, so ist ihm die Teilnahme an Arbeitsgruppen, Tätigkeiten des Gremiums und sonstigen wissenschaftlichen Zusammenkünften versagt.[373] Zudem gelten Verstöße gegen die Vorgaben in den Leitlinien prima facie als Vertrauensbruch, der angemessene Maßnahmen, einschließlich einer Entlassung, nach sich ziehen *könnte*.[374] Ein formalisiertes Verfahren soll den dann prima facie vermuteten Vertrauensbruch ausräumen/bestätigen.[375] Wenn er bestätigt wird, *soll* die wissenschaftliche Arbeit, an der der betreffende Wissenschaftler mitgewirkt hat, auf Ersuchen des Geschäftsführenden Direktors von einer „Internal Audit Capability" (IAC) auf das Maß der Einflussnahme durch den befangenen Wissenschaftler untersucht werden.[376]

Die EFSA hebt hervor,[377] dass das Vorhandensein relevanter Interessen im oben dargestellten Sinn nicht per se einen Konflikt mit der gebotenen Unpartei-

367 Ebenda.
368 Ebenda.
369 Ebenda.
370 Ebenda, S. 4, 6.
371 Ebenda.
372 Ebenda.
373 Ebenda, S. 6, Punkt I., 1.
374 Ebenda, Punkt 3.
375 Ebenda, S. 7 f., II.
376 Ebenda, S. 7, II., Punkt 7.
377 Ebenda, S. 1, Punkt 4.

lichkeit der betreffenden Mitarbeiter impliziert. Vielmehr schöpfen die rekrutierten Wissenschaftler ihr Wissen gerade aus langjähriger Erfahrung in einschlägigen Bereichen.[378]

Zu den Interessenerklärungen der Mitglieder des Wissenschaftlichen Ausschusses, der Wissenschaftlichen Gremien sowie anderer EFSA-Experten beschreiben die EFSA-Leitlinien verschiedene Kriterien, die den jeweiligen Grad (A-C)[379] des Konfliktpotentials definieren. So bestimmt sich das Maß eines möglichen Konfliktpotentials demnach[380] nach der Art des jeweils möglichen Konflikts, dem betreffenden Aufgabenbereich des Wissenschaftlichen Gremiums oder Ausschusses, dem der EFSA-Mitarbeiter angehört, nach seiner konkreten Funktion in dieser Abteilung und nach der konkret betroffenen Materie. In Anhang I der Leitlinien finden sich in einer Referenztabelle[381] die oben dargestellten Interessen, die je nach dem, ob die Interessen im Zeitpunkt der Erklärung erledigt sind oder andauern, den Kategorien „A“ (kein Konflikt), „B“ (möglicher Konflikt) oder „C“ (bestehender Konflikt) zuzuordnen sind.[382]

Demnach folgert die EFSA beispielsweise aus der *gleichzeitigen* Anstellung bei einem Arbeitgeber, der im Aktionsfeld der EFSA tätig ist (IV.), prinzipiell das *Bestehen*, aus der *vergangenen* Anstellung bei einem entsprechenden Arbeitgeber dagegen nur die *Möglichkeit* eines Konflikts.[383] Je nach Funktion, Arbeitsabschnitt und betroffenem Thema (differenziert nach produktspezifischen und allgemeinen Belangen) bewertet die EFSA bestimmte Konstellationen in einer weiteren Tabelle[384] als prinzipiell unbedenklich oder allenfalls möglicherweise konfliktrelevant. Leitendes wissenschaftliches Personal etwa, das in allgemeinen Angelegenheiten, wie etwa der Zusammenstellung von Daten oder der Leitlinien, Interessen der oben aufgelisteten Art aufweist, wäre in der Bewertungsphase der Kategorie „A“ und in der Abschlussphase einer Risikobewertung optional der Kategorie „B“ zuzuordnen, wobei auch diese Zuordnung die konstruktive Teilnahme am Bewertungsprozess nicht ausschließen würde.[385]

378 EFSA, Unabhängigkeit, Interessenerklärungen, http://www.efsa.europa.eu/de/values/independence.htm; Implementing Act to the policy on declaration of interest, Guidance Document on declarations of interest, S. 1, Punkt 4; Implementing Act to the policy on declaration of interests, Procedure for identifying and handling potential conflicts of interest, S. 1, Punkt 5.

379 “A”: kein Konflikt; “B”: möglicher Konflikt; “C”: bestehender Konflikt, siehe Implementing Act to the policy on declaration of interests, Procedure for identifying and handling potential conflicts of interest, S. 6, Punkt III. lit. a.

380 Ebenda, S. 5, Punkt III. 2.

381 Ebenda, S. 11.

382 Ebenda.

383 Ebenda.

384 Ebenda, S. 7.

385 Ebenda.

Als mögliche Rechtsfolgen bei Ausbleiben von Interessenerklärungen nennt die EFSA, je nach konkret betroffener Materie, den Ausschluss von fachlichen Diskussionen über spezielle Dossiers bis hin zur Feststellung der Inkompatibilität der Interessen des Mitglieds mit seiner Mitgliedschaft.[386] Aufgrund von Interessenerklärungen möglicherweise bestehende Interessenkonflikte im Sinne des Konfliktkategorie „B“ stehen einer Teilnahme an Bewertungs- und Entscheidungsprozessen, wie erwähnt, nicht entgegen. Festgestellte Interessenkonflikte schließen eine solche Teilnahme demgegenüber grundsätzlich aus. Im Einzelfall kann aber, wenn kein adäquater Ersatz verfügbar ist, nach Konsultationen der zuständigen Direktoren, auch dann eine Teilnahme zulässig sein.[387]

4.2.2.2.1 Zur Ausgangshypothese

Unterstellt, die eingangs erwähnten Verbindungen von Mitgliedern des GVO-Gremiums und der Präsidentin des Verwaltungsrates der EFSA zu Biotechnologiekonzernen und eine Mitgliedschaft von EFSA-Mitarbeitern in Institutionen, die im Aktionsfeld der EFSA agieren, träfen zu, so wäre den vorstehenden Ausführungen zufolge ein Interessenkonflikt möglich, im Fall einer – als theoretisches Gedankenmodell unterstellten – *gleichzeitigen* Funktion des jeweiligen Präsidenten/ der jeweiligen Präsidentin des EFSA-Verwaltungsrates im Aufsichtsrat des ILSI, je nach Einordnung als „Member of a Managing Body or equivalent structure“ oder als „Member of a Scientific Advisory Body“, sogar bestehend (im Sinne der Kategorie C).[388] Eine Mitgliedschaft von Mitgliedern des GVO-Gremiums im vorbereitenden Ausschuss einer u.a. von Bayer, KWS, Dupont und BASF gesponserten Konferenz 2004 und eine angebliche Beteiligung in einem „Promotion-Video“ der Biotech-Industrie[389] wären zumindest der Kategorie „Other memberships or affiliations“[390] zuzuordnen, die die Unabhängigkeit infrage stellen könnten. Besonders kritisch wäre die behauptete langjährige Funktion der Präsidentin des EFSA-Verwaltungsrates im Aufsichtsrat des ILSI[391] *neben* der Funktion als Präsidentin des Verwaltungsrates und mithin die

---

386 Implementing act to the policy on declaration of interest, Guidance document on declarations of interest, S. 6, Punkte 1-3.

387 Implementing Act to the policy on declaration of interests, Procedure for identifying and handling potential conflicts of interest, S. 8, Punkte 2, 3.

388 Vgl. ebenda, S. 11, Referenztabelle.

389 Friends of The Earth, Throwing Caution through the wind, S.3; *Zarzer*, Telepolis, Total verbandelt?, http://www.heise.de/tp/r4/artikel/19/19518/1.html.

390 Vgl. Implementing act to the policy on declaration of interest, Guidance document on declarations of interest, S. 4, Punkt A., VIII.

391 Dies jedenfalls, wenn die im Bericht des MDR vom 18. November 2010 behauptete Finanzierung des ILSI durch „Großkonzerne(n) wie Monsanto…“ zutreffen würde,

mögliche Mitgliedschaft in einer Einrichtung mit Entscheidungsbefugnissen im Aktionsradius der EFSA,[392] da gerade der Verwaltungsrat gem. Art. 25 VII BasisVO dafür zu sorgen hat, dass die EFSA ihre Aufgaben nach Maßgabe der BasisVO erfüllt.

Gerade eine (hypothetische) Befangenheit von Mitgliedern des Verwaltungsrates würde die Frage der Kontrolle der Kontrollinstanz innerhalb der EFSA und mithin die Frage nach der Letztverantwortung für dadurch bedingte Fehlentscheidungen aufwerfen. Letztlich würde sie, wie oben gezeigt, auf die Organe der Europäischen Union, insbesondere auf die Europäische Kommission, zurückfallen. Es stellt sich die Frage, ob und ggf. inwieweit Leitlinien und von der EFSA selbst durchgeführte Verfahren zur Feststellung der (Un-)Befangenheit ihrer eigenen Mitarbeiter überhaupt ein funktionierendes Unabhängigkeitsmanagement sicherstellen können. Mithin scheinen sich die von der EFSA selbst formulierten Rechtsfolgen bei nach von ihr selbst aufgestellten Kriterien festzustellender Befangenheit aus teilweise unspezifischen Kriterien zu ergeben. Problematisch ist insoweit auch, dass einzelne Kriterien, die einen Interessenkonflikt begründen können, teilweise unscharf und mithin nicht klar von Kriterien abgrenzbar sind, die mit anderen Rechtsfolgen verbunden sind. Beispielhaft sei die Abgrenzung der aktuellen Mitgliedschaft in einer Einrichtung im Sinne der Ziffer II.[393] (Member of a Managing Body or equivalent structure) von jener einer wissenschaftlichen Beratungsstelle im Sinne der Ziffer III.[394] (Member of a Scientific Advisory Body) genannt. Die von der EFSA festgesetzte Rechtsfolge hängt zudem u.a. von der Außendarstellung der jeweiligen Einrichtung ab. Auch birgt die Nutzung von Formularen und Tabellen die Gefahr schematischer/rigider Einschätzungen des Konfliktpotentials. Zudem sind die Vorgaben zur Unabhängigkeitspflicht in den Leitlinien nicht verbindlich als Gebote, sondern nur als Sollvorgaben („shall“) formuliert. Problematisch ist zudem, dass demnach, wie oben gezeigt, bei möglichem und sogar bei festgestelltem Konfliktpotential gleichwohl eine Einflussnahme des betreffenden Mitarbeiters auf Bewertungs- und Entscheidungsprozesse möglich ist.

siehe dazu im Einzelnen: MDR Nachrichten, Verbraucherschützer im Auftrag der Konzerne, erhältlich unter http://www.mdr.de/nachrichten/7890788.html.

392 „Member of a Management Body or equivalent structure“, s. Punkt III. 4.2.2.2. Ein so begründeter potentieller Interessenkonflikt würde u.a. die Klärung erforderlich machen, ob das ILSI überhaupt im Aktionsfeld der EFSA tätig ist. Vorliegend sollen diese Fragen offen bleiben. Gegenstand der vorliegenden Arbeit und mithin der Ausführungen zum Unabhängigkeitsmanagement der EFSA sind allein rechtliche Aspekte. Umstrittene Fakten sollen und können vorliegend nicht geklärt werden, so dass bei umstrittenen Sachfragen zur Veranschaulichung mit Hypothesen gearbeitet wird.

393 Implementing act to the policy on declaration of interest, Guidance document on declarations of interest, S. 5.

394 Ebenda.

4.2.2.2.2 Verbesserungsvorschläge

Das Unabhängigkeitsmanagement der EFSA müsste meines Erachtens auf ein externes Gremium übertragen werden, in dem Repräsentanten von Verbrauchern, Naturwissenschaftlern, Umwelt- und Naturschutzverbänden etc. vertreten sind. Auch im Verwaltungsrat der EFSA dürften keine Mitarbeiter mit Verbindungen zu Biotechnologie-Konzernen vertreten sein, da gerade er die ordnungsgemäße Erfüllung des EFSA-Auftrages sicherstellen muss. Auch müssten die mit Interessenkollisionen verbundenen Rechtsfolgen klar und verbindlich vorgegeben sein. *Testbiotech* beispielsweise fordert deshalb die Sicherstellung der Unabhängigkeit der EFSA u.a. durch eine eigens dafür eingerichtete Kommission unter Einbeziehung der Öffentlichkeit, einschließlich Vertretern von Verbraucher- und Umweltverbänden sowie die Überarbeitung der Leitlinien der EFSA. Auch der Europäische Wirtschafts- und Sozialausschuss (EWSA) schlägt in seiner Stellungnahme vom 9. Dezember 2010 eine Reform der EFSA vor. Demnach sollen in der EFSA alle Interessenträger, also beispielsweise Interessenvertreter von Verbrauchern, der Industrie, dem Handel, von Öko-Landwirten und -Viehzüchtern, Konsumgenossenschaften, Ernährungswissenschaftlern, Medizinern, und nicht in erster Linie Naturwissenschaftler vertreten sein.[395] *Testbiotech* zufolge sollten die Leitlinien wegen der dargelegten Zweifel an der Unabhängigkeit von EFSA-Mitarbeitern nicht, wie von der Kommission im Paket vom 13. Juli 2010 angekündigt,[396] mit „normativem Wert" versehen werden.[397] Teilweise wird eine intensivierte Einbeziehung der Mitgliedstaaten in die Durchführung der Risikobewertungen der EFSA für erforderlich gehalten, beispielsweise in Form einer Bewertung der spezifischen Umweltbedingungen durch die betreffenden Mitgliedstaaten und die Bestätigung durch die EFSA.[398] Auch sollten Methodologiekriterien entworfen werden, denen alle wissenschaftlichen Arbeiten für die EFSA und von der EFSA selbst zu entsprechen haben.[399]

Im Folgenden werden das sich an die Risikobewertung anschließende Risikomanagement, das Zusammenspiel dieser beiden Stationen innerhalb der Risikoanalyse und die Rolle anderer legitimer Faktoren und des Vorsorgeprinzips in diesem Verfahrensabschnitt dargestellt. Im Anschluss folgen Ausführungen zur Einbeziehung sozioökonomischer Aspekte in das Zulassungsverfahren.

395 Stellungnahme des EWSA vom 9. Dezember 2010, ABl. C 54 v. 19.2.2011, 51-57, Punkt 5.3.4.

396 KOM (2010) 375 endg., S. 3.

397 Vgl. *Then/Bauer-Panskus*, Hintergrund EFSA & ILSI, S.11.

398 So etwa vorgeschlagen in der Stellungnahme des EWSA vom 9. Dezember 2010, ABl. C 54 v. 19.2.2011, 51-57, Punkt 5.3.2.

399 Ebenda, Punkt 5.3.3.

4.3 Das Risikomanagement – Komitologieverfahren gem. Artt. 5, 7, 8 des Beschlusses 1999/468/EG

Nach Artt. 7 III, 35 II VO (EG) Nr. 1829/2003 gelten für die endgültige Entscheidung die Artt. 5 und 7 des Beschlusses 1999/468/EG[400] *(nachfolgend: Komitologie-Beschluss)* unter Beachtung von dessen Art. 8. Für die Zulassung von GVO-Lebensmitteln ist mithin das Regelungsverfahren nach Art. 5 des Komitologie-Beschlusses einschlägig.

Gem. Artt. 7 I, 35 I VO (EG) 1829/2003 legt die Kommission dem mit Art. 58 BasisVO eingesetzten *Ständigen Ausschuss für die Lebensmittelkette*[401], einem sog. „Regelungsausschuss", innerhalb von drei Monaten nach Erhalt der Stellungnahme der EFSA einen Entwurf für eine Entscheidung über den Antrag vor.[402] Dieser Ausschuss setzt sich gem. Art. 5 I Komitologie-Beschluss aus Vertretern der Mitgliedstaaten und dem Vorsitzenden, einem Kommissionsvertreter, zusammen. Die Unterbreitung des Entwurfs erfolgt durch diesen Kommissionsvertreter. Gibt der Regelungsausschuss innerhalb weiterer drei Monate eine positive Stellungnahme mit qualifizierter Mehrheit ab, so ergeht die Entscheidung entsprechend dem Entwurf. Fehlt eine solche positive Stellungnahme mit qualifizierter Mehrheit, so leitet die Kommission den Entwurf gem. Art. 5 IV Komitologie-Beschluss dem Rat zu und unterrichtet das Europäische Parlament. Stimmt der Rat mit qualifizierter Mehrheit gegen die Zulassung ab, so kann die Kommission keine Zulassung aussprechen, wohl aber gem. Art. 5 VI S. 2, 3 Komitologie-Beschluss den (geänderten) Vorschlag für die Zulassung oder ggf. einen Vorschlag für die Änderung des Basisrechtsaktes (hier: der VO (EG) Nr. 1829/2003) vorlegen. Auch kann der Rat den Zulassungsbeschluss mit qualifizierter Mehrheit selbst erlassen. Kommt allerdings keine qualifizierte Mehrheit im Rat für oder gegen die Zulassung zustande, so erlässt die Kommission gem. Art. 5 VI letzter Satz Komitologie-Beschluss ihren endgültigen Beschluss. Auf der Basis des alten Komitologie-Beschlusses[403] ergab sich nach der damals geltenden Novel-Food-Verordnung (NFVO) ein Abstimmungsproblem. Wenn sich nämlich die nationale Behörde *für* eine Zulassung entschieden hatte und nach-

400 Beschluss 1999/468/EG des Rates vom 28. Juni 1999 zur Festlegung der Modalitäten für die Ausübung der der Kommission übertragenen Durchführungsbefugnisse, ABl. L 184 vom 17.7.1999, 23-26.

401 Siehe zu den drei Vorgänger-Ausschüssen, S. 8, Punkt A sowie http://europa.eu/scadplus/leg/de/lvb/f80502.htm.

402 Vgl. auch 9. Erwägungsgrund, letzter Satz VO (EG) Nr. 1829/2003.

403 Beschluss des Rates 87/373/EWG vom 13. Juli 1987, ABl. L 197 v. 18.7.1987, 33-35.

haltig Einwände von anderen Mitgliedstaaten erhoben wurden, wurde das Verfahren auf die Ebene der Europäischen Union „hochgezont".[404]

Im Komitologie-Verfahren ergab sich dann das Problem, dass eine Ablehnung regelmäßig nicht zustande kam,[405] weil der Kommissionsentwurf nach dem Verfahren III a des alten Komitologie-Beschlusses und den entsprechenden Vorschriften in der NFVO nur *einstimmig* abgelehnt werden konnte. Der betroffene Mitgliedstaat schloss sich aber regelmäßig der positiven Bewertung seiner (Ausgangs-) Behörde an. Die damit verbundene Verkürzung mitgliedstaatlicher Mitbestimmungsbefugnisse zeigte sich anschaulich im Zulassungsverfahren über einen Bt Mais[406] im Jahr 1997. So hatte die Kommission in diesem Verfahren aufgrund der auch für die alte Freisetzungsrichtlinie 90/220/EWG[407] geltenden Abstimmungsgrundsätze das Inverkehrbringen des GVO-Maises bei 14 Gegenstimmen bzw. Enthaltungen der damals 15 Mitgliedstaaten mit der Stimme nur eines einzigen Mitgliedstaates (Frankreich) im Rat zugelassen.[408] Dieses Problem hat sich jedoch bereits mit Erlass des Komitologie-Beschlusses 1999/468/EG erledigt, da für die Ablehnung, wie oben dargestellt, nunmehr schon eine qualifizierte Mehrheit im Rat ausreicht. Zudem ist das Zulassungsverfahren nach der VO (EG) Nr. 1829/2003, die bis zum 18.4.2004 umzusetzen war, ein von vornherein auf der Ebene der Europäischen Union stattfindendes Verfahren.

Allerdings hat sich der derzeit geltende Rechtsrahmen, gerade im Hinblick auf das beschriebene Komitologieverfahren, als ein verfahrenstechnischer „Bremsklotz" erwiesen. Seit seiner Geltung (ab 2004) kam weder im *Ständigen Ausschuss*, an den die Kommission ihren Beschluss-Entwurf zur GVO-Zulassung weiterleitet, noch im daraufhin mit dem Entwurf befassten *Rat* eine qualifizierte Mehrheit für oder gegen den Beschluss-Entwurf der Kommission zustande.[409] Die Entscheidung über die GVO-Zulassung ist deshalb nach dem

404 Diesen Mechanismus gibt es noch, nämlich im Zulassungsverfahren nach der Richtlinie 2001/18/EG.

405 Vgl. *Gross*, Das gemeinschaftsrechtliche Genehmigungsverfahren bei der Freisetzung und dem Inverkehrbringen gentechnisch veränderter Organismen, S. 166; *Mensching*, EuZW 2000, 270.

406 Entscheidung 97/98/EG der Kommission über das Inverkehrbringen von genetisch verändertem Mais (Zea Mays L.) mit der kombinierten Veränderung der Insektizidwirkung des BT-Endotoxin-Gens und erhöhter Toleranz gegenüber dem Herbizid Glufosinatammonium gemäß der Richtlinie 90/220/EWG des Rates, ABl. L 31 v. 1.2.1997, 69-70.

407 Zwar geht es im hier maßgeblichen Kontext um das Risikomanagement im Rahmen der VO (EG) Nr. 1829/2003. Allerdings galten die beschriebenen Abstimmungsgrundsätze auch für die Freisetzungsrichtlinie. Aus Gründen der Verständlichkeit werden deshalb an dieser Stelle Ausführungen dazu vorweggenommen.

408 Vgl. *Shaffer/Pollack*, in: Everson/Vos, Uncertain Risks Regulated, S. 276 (Fn. 21).

409 Vgl. EPEC, Interim Report, S. 73, Punkt 6.2.; Final Report, S. 89, B.1.2.

oben dargestellten Verfahren bisher immer letztlich der Kommission zugefallen. Bemerkenswerterweise hat auch die Kommission, mit Ausnahme der Zulassungsentscheidung zum Anbau der BASF-*Amflora*-Kartoffel vom 2. März 2010,[410] seit dem Jahr 1998 keine Anbauzulassung erteilt,[411] wenngleich die EFSA aufgrund ihrer UVPs zum GVO-Mais 1507, NK603 und MON810 den Antragstellern jeweils grünes Licht gegeben hatte.[412]

Das Scheitern von Entscheidungen im Ständigen Ausschuss und im Rat am Fehlen der jeweils erforderlichen qualifizierten Mehrheit und die automatisch eintretende alleinige Entscheidungskompetenz der Kommission haben allgemeine Kritik am Zulassungsverfahren hervorgerufen und letztlich neben weiteren Faktoren das Paket der Kommission vom 13. Juli 2010 angestoßen. Mögliche Gründe für die Blockaden im Rat sehen einige mitgliedstaatliche GVO-Zulassungsbehörden, ebenso wie Antragsteller und Umweltorganisationen, in einem grundsätzlichen Vertrauensmangel von Verbrauchern in die EFSA-Risikobewertungen.[413] Überhaupt stellen die Abstimmungsschwierigkeiten im Rat und der Entscheidungsaufschub durch die Kommission Hauptkritikpunkte am GVO-Rechtsrahmen der EU dar.[414] Die von der Kommission in Auftrag gegebene *EPEC*-Studie nennt als einen von den Befragten angeführten möglichen Grund für die unergiebigen Ratsabstimmungen die Polarität der zum GVO-Anbau vertretenen Positionen.[415] Über die Gründe für das Zögern der Kommission im Hinblick auf den Erlass von Beschlüssen über den GVO-Anbau, nachdem weder im Regelungsausschuss noch im Rat eine qualifizierte Mehrheit für oder gegen den GVO-*Anbau* zustande gekommen ist, wird spekuliert, dass diese politisch motiviert sind, da gerade *Anbau*entscheidungen in besonderem Maße von Mitgliedstaaten und Verbrauchern angegriffen werden. Dagegen tue sich die Kommission mit Entscheidungen über die Zulassung von GVO allein als *Lebens- oder Futtermittel* weniger schwer, da der politische Druck insoweit nicht so sehr von den Mitgliedstaaten und von den Verbrauchern ausgehe, sondern vielmehr von der Welthandelsorganisation (WTO).[416]

Die Kommission kann nicht ohne Weiteres von den mit den EFSA-Risikobewertungen verbundenen Empfehlungen abweichen. Nach Art. 7 I VO (EG) Nr. 1829/2003 muss die Kommission eine Abweichung von einer EFSA-Stellungnahme gegenüber der EFSA begründen. Sie darf demnach nur bei Vorliegen von anderen legitimen Faktoren erfolgen.

---

410 Siehe dazu etwa MEMO/10/58, S. 1.
411 Vgl. EPEC, Interim Report, S. 24, Punkt 4.3.; Final Report, S. 89, B.1.2.
412 Vgl. EPEC, Interim Report, S. 73, Punkt 6.2. (Fn. 43).
413 Vgl. ebenda.
414 Vgl. ebenda, S. 1, Punkt I; S. 76, Rn. 6.2.2.
415 Vgl. ebenda, S. 74, Punkt 6.2.1.
416 Vgl. ebenda, S. 77, Punkt 6.2.2.

Die inhaltliche Infragestellung der Risikobewertung war bisher, wie die Ausführungen unten[417] zum Zulassungsverfahren zu DAS1507 und Bt11 anschaulich zeigen werden, kaum durchsetzbar. In seiner Entscheidung *Pfizer Animal Health*[418] vom 11. September 2002 hat das EuG festgestellt, EFSA-Risikobewertungen seien zwar nicht unumstößlich, sie könnten aber gleichwohl nur durch Studien von zumindest gleichwertigem wissenschaftlichem Niveau infrage gestellt werden.[419]

Verbesserungsvorschläge zielen beispielsweise auf die intensivierte Einbeziehung von Mitgliedstaaten in die Risikobewertungen der EFSA.[420] Auch die Berücksichtigung geographischer und regionaler Besonderheiten der Mitgliedstaaten sollte sich in der Zulassungsentscheidung niederschlagen.[421] Und die Mitgliedstaaten sollten ihre Stimmabgabe im Rat und im Ausschuss begründen müssen.[422] Ebenso wird die Einbeziehung sozioökonomischer Faktoren vorgeschlagen.[423] Die Hemmnisse in den Komitologieverfahren hatten auch die Niederlande, wie oben beschrieben, dazu veranlasst, die Minister für Landwirtschaft und Umwelt mit ihrer Erklärung vom 23. März 2009 aufzufordern, Lösungsstrategien unter Einbeziehung sozioökonomischer Aspekte des GVO-Anbaus, zu entwickeln.[424] Die Kommission bezieht sich auch auf das von Österreich und zwölf weiteren[425] Mitgliedstaaten vorgelegte Arbeitspapier, in dem aufgrund des

---

417 Siehe, Punkt III. 4.3.1.1.

418 EuG, Urteil v. 11.9.2002, Rs. T-13/99, Slg. 2002, II-3305 *(Pfizer Animal Health).*

419 Ebenda, Rn. 199 ff.: „*...entweder auf ein zusätzliches Gutachten desselben Expertenausschusses oder aber auf andere Informationen stützen, deren Beweiskraft der des fraglichen Gutachtens zumindest ebenbürtig ist. Weicht das Organ nur teilweise von dem Gutachten ab, so kann es sich auch auf diejenigen Teile der wissenschaftlichen Argumentation des Gutachtens stützen, die es nicht anzweifelt...200. Die Kommission – und der Rat, wenn wie im vorliegenden Fall der Rechtsakt von diesem auf Vorschlag der Kommission erlassen wird –, kann somit von den Schlussfolgerungen des wissenschaftlichen Gutachtens des SCAN abweichen und sich dabei gegebenenfalls auch auf bestimmte Punkte der in dem Gutachten enthaltenen wissenschaftlichen Analyse stützen. 201. Dies rechtfertigt sich auch durch grundsätzliche Überlegungen zur politischen Verantwortung und demokratischen Legitimation der Kommission. Während die Ausübung von Hoheitsgewalt durch die Kommission gemäß Artikel 155 EG-Vertrag (jetzt Artikel 211 EG) durch die politische Kontrolle des Europäischen Parlaments* legitimiert *ist, sind die Mitglieder des SCAN zwar fachlich, nicht aber demokratisch legitimiert und tragen keine politische Verantwortung. Eine fachliche Legitimation reicht aber nicht aus, um die Ausübung von Hoheitsgewalt zu rechtfertigen....*“; vgl. auch EPEC, Interim Report, S. 78, Punkt 6.2.2.

420 Vgl. EPEC, Interim Report, S. 78, Punkt 6.2.2.

421 Vgl. ebenda.

422 Vgl. ebenda.

423 Vgl. ebenda, S. 79.

424 Vgl. KOM (2010) 380 endg., S. 7, Punkt 3.

425 Bulgarien, Irland, Griechenland, Zypern, Litauen, Lettland, Luxemburg, Ungarn, Malta, Niederlande, Polen, Slowenien.

Subsidiaritätsprinzips zugunsten einzelner Mitgliedstaaten eine *Opt-out*-Option eingeräumt werden solle.

Kritisiert wird auch die automatisch eintretende Kompetenz der Kommission, abschließend über die Zulassung von GVO zu entscheiden, wenn im Ständigen Ausschuss und im Rat keine qualifizierte Mehrheit zustande gekommen ist. Es werden Demokratiedefizite beklagt, gerade, weil die Abstimmungen über den Anbau etwa der *Amflora*-Kartoffel[426] im Ständigen Ausschuss und im Rat zwar einerseits *mehrheitlich abgelehnt* worden waren – wenn auch die qualifizierte Mehrheit jeweils nicht erreicht worden ist – die Europäische Kommission aber gleichwohl positive Entscheidungen über die Zulassung erlassen hat.

Insoweit wird teilweise eine Bindung der Kommission an ihre Erklärung[427] aus dem Jahr 1999 vorgeschlagen,[428] in welcher die Kommission ihre Intention, sich mit ihrer Entscheidung nicht über bei den Ratsabstimmungen deutlich gewordene Abstimmungstendenzen hinwegzusetzen, formulierte. Damit könnte die Kommission im Hinblick auf ihre im Paket artikulierte Zielsetzung, dem Interesse der im Komitologieausschuss und im Rat vertretenen Mitgliedstaaten ein möglichst weitgehendes Maß an Flexibilität bei der Entscheidung über den GVO-Anbau einzuräumen, auch bei Kritikern an Glaubwürdigkeit gewinnen.

Unter anderem soll durch den Vorschlag der Kommission das Zulassungsverfahren vereinfacht und beschleunigt werden.[429]

Mit der Einrichtung des *Ständigen Ausschusses* durch die BasisVO wurde gerade die Verbesserung des Verfahrens angestrebt. Dieser Ausschuss setzt sich zusammen aus Vertretern der Mitgliedstaaten und einem Kommissionsvertreter, der den Vorsitz innehat. Er ist zuständig für acht Bereiche, u.a. für gentechnisch veränderte Organismen und Umweltrisiken sowie für die allgemeine Lebensmittelsicherheit.[430] Der *Rat* der Europäischen Union besteht aus den jeweils in den

---

426 Vgl. BASF erhält Zulassung für gentechnisch veränderte Kartoffel „Amflora", siehe unter http://www.saveourseeds.org/dossiers/amflora-kartoffel-von-basf.html (m.w.N.).

427 European Commission Declarations on Council Decision 1999/468/EC of 28 June 1999 laying down the procedures for the exercise of implementing powers conferred on the Commission (1999/C203/01) *„...to act in such a way as to avoid going against any predominant position which might emerge within the Council against the appropriateness of the implementing measures."*

428 Vgl. EPEC, Interim Report, S. 76, Punkt 6.2.2.

429 KOM (2010) 375 endg., S. 5, Punkt 2.1., B; Kritiker meinen, die Kommission beabsichtige mit der „Renationalisierung" der Anbauentscheidungen über GVO, Druck auf die GVO-kritischen Mitgliedstaaten zu erzeugen mit dem Ziel, dass im Ständigen Ausschuss bzw. im Rat eher mit qualifizierter Mehrheit und ohne Widerstände entschieden wird, da eben die Möglichkeit des Anbauverbotes nach Zulassung bestehe; vgl. etwa *Moldenhauer*, Ein krummer Deal, http://www.dnr.de/publikationen/umwelt-aktuell/122010-012011/ein-krummer-deal.html.

430 http://europa.eu/legislation_summaries/food_safety/general_provisions/f80502_de.htm

Mitgliedstaaten zuständigen[431] Fachministern. Mithin spiegeln die im Ständigen Ausschuss und im Rat vertretenen Positionen in erster Linie die Position der jeweils von ihnen repräsentierten Mitgliedstaaten wider.

Überwiegende GVO-kritische Positionen im Rat haben sich auch in den Komitologieverfahren zu mitgliedstaatlichen Anbauverboten betreffend die *Amflora*-Kartoffel gezeigt.[432]

4.3.1 Die allgemeinen Anforderungen an die endgültige Entscheidung

Gem. Art. 7 I S. 1 VO (EG) Nr. 1829/2003 erstellt die Kommission ihren Entscheidungsentwurf und mithin auch die endgültige Entscheidung unter Berücksichtigung der Stellungnahme der EFSA, der einschlägigen Bestimmungen des Gemeinschaftsrechts und anderer legitimer Faktoren. Stimmt ihre Entscheidung nicht mit der Stellungahme der EFSA überein, so muss sie die Abweichungen erläutern.

In den Erwägungsgründen 9, letzter Satz und 32 der Verordnung ist insoweit von einem *Risikomanagement* die Rede, wobei dies auch das soeben dargestellte Komitologieverfahren umfasst.

Da dieser Begriff in der VO (EG) Nr. 1829/2003 nicht definiert wird, ist wiederum auf die BasisVO zurückzugreifen. Dort heißt es in Art. 3 Nr. 12, das „Risikomanagement" bezeichne „den von der Risikobewertung unterschiedenen Prozess der Abwägung strategischer Alternativen in Konsultation mit den Beteiligten unter Berücksichtigung der Risikobewertung und anderer Faktoren und gegebenenfalls der Wahl geeigneter Präventions- und Kontrollmöglichkeiten."

Fraglich ist, was unter *anderen berücksichtigenswerten Faktoren* zu verstehen ist und wie beim Risikomanagement mit Fällen wissenschaftlicher Unsicherheit über Auswirkungen gewisser Lebensmittel auf die Gesundheit und die Umwelt umzugehen ist.

4.3.1.1 Andere berücksichtigenswerte Faktoren gem. Art. 7 VO (EG) Nr. 1829/2003

Der Rat hat die in Art. 7 I VO (EG) Nr. 1829/2003 geregelte Option, andere legitime Faktoren zu berücksichtigen, besonders hervorgehoben und die Kommissi-

431 http://europa.eu/institutions/inst/council/index_de.htm.

432 Vgl. etwa BASF erhält Zulassung für gentechnisch veränderte Kartoffel „Amflora", http://www.saveourseeds.org/dossiers/amflora-kartoffel-von-basf.html.

on dazu aufgefordert, einen Bericht zu den Auswirkungen sozioökonomischer Faktoren vorzulegen.[433]

Auch hat die Kommission in ihrem Paket[434] gerade auf die nach der VO (EG) Nr. 1829/2003[435] bereits bestehende Möglichkeit der Berücksichtigung regionaler Besonderheiten im Rahmen der Risikobewertung hingewiesen.[436]

Die VO (EG) Nr. 1829/2003 enthält in Erwägungsgrund 32 einen Hinweis auf die Erforderlichkeit, neben der Risikobewertung auch andere legitime[437] Faktoren zu berücksichtigen. Was unter solchen anderen legitimen Faktoren zu verstehen ist, lässt diese Verordnung aber offen. Die BasisVO nennt dazu im 19. Erwägungsgrund beispielhaft *gesellschaftliche*, *wirtschaftliche* und *ethische* Gesichtspunkte, *Traditionen* und *Umwelterwägungen*, wie auch die Frage der *Kontrollierbarkeit*.[438] Im dem derzeitigen Rechtsrahmen zugrundeliegenden Weißbuch zur Lebensmittelsicherheit nennt die Kommission ebenfalls beispielhaft *ökologische Erwägungen*, den *Tierschutz, die nachhaltige Landwirtschaft, Ansprüche der Verbraucher an die Produktqualität, ausgewogene Informationen* sowie die *Definition der wesentlichen Produktmerkmale und der Verarbeitungs- und Herstellungsverfahren*.[439] Die Grenze markieren demnach internationale Vorgaben, „vornehmlich" jene der Codex Alimentarius Kommission.[440] Insoweit wären die von einzelnen Mitgliedstaaten in den Komitologieverfahren geltend

433 Vgl. Schlussfolgerungen des Rates vom 4. Dezember 2008, Ratsdok. 16882/08, S. 5, Rn. 7.

434 KOM (2010) 380 endg., S. 6, Punkt 2.2.

435 Ebenda. Diese Möglichkeit besteht nach der Freisetzungsrichtlinie zwar nicht. Erwägungsgrund 9 und Art. 29 der Richtlinie 2001/18/EG regeln aber die Möglichkeit, *ethische* Gesichtspunkte zu berücksichtigen.

436 Zusätzlich verweist sie auf die im Rahmen des Risikomanagements ggf. zu berücksichtigenden anderen legitimen Faktoren gem. Art. 7 VO (EG) Nr. 1829/2003, KOM (2010) 380 endg., S. 6., Punkt 2.2. Im Ergebnis hält die Kommission diese vorhandenen Instrumentarien zur Berücksichtigung mitgliedstaatlicher Belange im Zulassungsverfahren für nicht umfassend genug, weshalb sie die Rückübertragung der Zuständigkeit für die Entscheidung über den Anbau und verbesserte Koexistenzleitlinien zwar für erforderlich hält, daneben aber gleichwohl das Festhalten am Zulassungsverfahren und mithin an der Risikobewertung durch die EFSA vorschlägt.

437 Siehe zum Begriff der „Legitimität" insoweit beispielsweise *Dederer*, Weiterentwicklung des Gentechnikrechts – GVO-freie Zonen und sozioökonomische Kriterien für die GVO-Zulassung, S. 191 ff.

438 Erwägungsgrund 19 der Basisverordnung lautet wörtlich: *„Es wird allgemein anerkannt, dass die wissenschaftliche Risikobewertung allein in manchen Fällen nicht alle Informationen liefert, auf die sich eine Risikomanagemententscheidung gründen sollte, und dass auch noch andere für den jeweils zu prüfenden Sachverhalt relevante Faktoren wie beispielsweise gesellschaftliche, wirtschaftliche und ethische Gesichtspunkte, Traditionen und Umwelterwägungen wie auch die Frage der Kontrollierbarkeit zu berücksichtigen sind."*

439 KOM (1999) 719 endg., S. 10.

440 Ebenda. Siehe zur internationalen Dimension unten, Punkt VI.

gemachten regionalen oder sozioökonomischen Faktoren, soweit sie nicht schon Teil der Risikobewertung, insbesondere der UVP sind, solche anderen Faktoren.

Der bereits bestehende Rechtsrahmen gibt somit Raum für die Berücksichtigung spezifischer nationaler Belange im Rahmen des Risikomanagements. Einige genannte Beispiele, wie ökologische Auswirkungen, Umwelterwägungen sowie die nachhaltige Landwirtschaft und die Kontrollierbarkeit, sind allerdings auch bereits in der Risikobewertung zu berücksichtigende Aspekte.

4.3.1.2 Das Vorsorgeprinzip

Gem. Art. 6 III BasisVO ist bei der Entscheidung

> *„den Ergebnissen der Risikobewertung, insbesondere den Gutachten der Behörde gemäß Art. 22, anderen angesichts des betreffenden Sachverhalts berücksichtigenswerten Faktoren sowie – falls die in Artikel 7 Absatz 1 dargelegten Umstände vorliegen – dem Vorsorgeprinzip Rechnung zu tragen, um die allgemeinen Ziele des Lebensmittelrechts gemäß Artikel 5 zu erreichen."*

Die Ziele gem. Art. 5 BasisVO – auch Art. 1 VO (EG) 1829/2003 verweist auf die allgemeinen Ziele der BasisVO – sind beispielsweise ein hohes Maß an Schutz für Leben und Gesundheit der Menschen ggf. unter Berücksichtigung des Schutzes der Tiergesundheit, des Tierschutzes, des Pflanzenschutzes und der Umwelt. Schließlich bestimmt das Vorsorgeprinzip *(VSP)* gem. Art 7 I BasisVO, dass

> *„in Fällen, in denen nach einer Auswertung der verfügbaren Informationen die Möglichkeit gesundheitsschädlicher Auswirkungen besteht, ... vorläufige Risikomanagementmaßnahmen zur Sicherstellung des in der Gemeinschaft gewählten hohen Gesundheitsschutzniveaus getroffen werden" können, „bis weitere wissenschaftliche Informationen für eine umfassende Risikobewertung vorliegen."*

Fälle wissenschaftlicher Unsicherheit sind mithin gerade vom VSP umfasst. Art. 7 II BasisVO bestimmt die Grenzen des VSP.

Primärrechtlich ist das VSP nur an einer Stelle, nämlich in Art. 191 II AEUV und mithin nur für den Umweltbereich geregelt. Nicht nur um den Missbrauch des VSP für rein protektionistische Maßnahmen zu vermeiden, hat die Europäische Kommission nach entsprechender Aufforderung durch den Rat am 13. April 1999 ihre *Mitteilung zur Anwendbarkeit des Vorsorgeprinzips* veröffentlicht.[441] In dieser Mitteilung konkretisiert die Kommission den Anwendungsbereich, und sie markiert die Grenzen des VSP. Im Übrigen weist sie darauf hin, dass daneben

441 Mitteilung der Kommission über die Anwendbarkeit des Vorsorgeprinzips, KOM (2000) 1 endg. v. 3.2.2000.

auch die Rechtsprechung, wie bei anderen unbestimmten Rechtsbegriffen, für die Ausfüllung des Begriffs des „Vorsorgeprinzips“ zuständig sei.[442]

Es sei aus der Tatsache, dass das VSP primärrechtlich nur in Art. 191 II AEUV[443] ausdrücklich geregelt sei, nicht etwa zu schließen, dass es nicht auch andere Bereiche erfasse. Es sei gerade auch im Kontext der allgemeinen Grundsätze zur Lebensmittelsicherheit und mithin in den Bereichen des Umweltschutzes und des Schutzes von Menschen, Tieren und Pflanzen ein allgemeiner Rechtsgrundsatz und als solcher anderen Vorschriften des AEUV, wie Artt. 11, 114 III, 168 I[444] inhärent.[445]

Die Kommission verweist auf je zwei Entscheidungen des EuGH[446] sowie des EuG[447, 448]. In einem der beiden EuGH-Urteile habe das Gericht festgestellt, dass die Organe Schutzmaßnahmen (in diesem Fall durch die Verhängung eines Exportverbots für Rindfleisch aus dem Vereinigten Königreich, mit welcher das Risiko der Übertragung von BSE beschränkt werden sollte) treffen dürfen, wenn das Vorliegen und der Umfang von Gefahren für die menschliche Gesundheit ungewiss sei. Dies bestätige auch Art. 191 I, II AEUV,[449] wonach der Schutz der menschlichen Gesundheit ein umweltpolitisches Ziel darstelle und wiederum Umweltpolitik auf den Grundsätzen der Vorsorge und Vorbeugung beruhe.

Der Mitteilung der Kommission zufolge setzt die Anwendung des VSP voraus, dass „bei einem Phänomen, Produkt oder Verfahren mit dem Eintritt gefährlicher Folgen gerechnet werden“ müsse und dass „sich das Risiko durch eine wissenschaftliche Bewertung nicht mit hinreichender Sicherheit bestimmen“ lasse.[450] Die verfügbaren wissenschaftlichen Informationen müssten entweder unvollständig sein oder sie lassen keine eindeutigen Schlüsse zu. Hinzukommen müsse, dass es Anzeichen dafür gebe, dass die möglichen Folgen für die Umwelt oder die Gesundheit von Menschen, Tieren und Pflanzen gefährlich und mit dem angestrebten Schutzniveau – wobei ein Nullrisiko nicht angestrebt werde[451] – unvereinbar sein könnten.[452]

Wird vom VSP Gebrauch gemacht, sollte die Maßnahme der Mitteilung der Kommission zufolge verhältnismäßig, diskriminierungsfrei und kohärent sein.

---

442 Ebenda, S. 10 f., 2. Ziele der Mitteilung.
443 Ex-Art. 174 II EGV.
444 Ex-Artt. 6, 95 III, 152 I EGV a.F.
445 KOM (2000) 1 endg., Anhang 1.
446 EuGH, Urteil vom 5.5.1998, Rs. C-157/96, Slg. 1998, I-2211 sowie EuGH, Urteil vom 5.5.1998, Rs. C-180/96, Slg. 1998, I-2265.
447 EuG, Urteil v. 16.7.1998, Rs. T-199/96, Slg. 1998, II-2805 sowie EuG, Beschluss v. 30.6.1999, Rs. T-70/99R, Slg. 1999, II-2027.
448 KOM (2000) 1 endg., S. 28, Anhang 1, Ref. 5-7.
449 Ex-Art. 130 lit. r I, II EGV a.F.
450 KOM (2000) 1 endg., S. 4, Rn. 4.
451 Ebenda, S. 10, Punkt 2. Ziele der Mitteilung.
452 Ebenda, S. 9 f., Punkt 1. Einleitung.

Sie sollte zudem auf einer Kosten-/Nutzen-Analyse beruhen, überprüft werden, sobald neue wissenschaftliche Daten vorliegen und die Beweislast für die Risikobewertung bestimmen.[453] „Kosten-Nutzen-Analyse" meint dabei nicht nur eine rein wirtschaftliche Saldierung, sondern eine allgemeine Abwägung, die auch andere Aspekte umfasst und von dem Leitprinzip des gegenüber wirtschaftlichen Interessen überwiegenden Gesundheitsschutzes getragen ist.[454]

Zur Beweislast führt die Kommission aus, dass mit dem Zulassungserfordernis die Beweislast umgekehrt und so dem Antragsteller aufgebürdet wird. Begründet wird dies damit, dass die von diesem präventiven Verbot mit Erlaubnisvorbehalt erfassten Produkte a priori als gefährlich gelten und der Antragsteller daher für eine ausnahmsweise Erlaubnis insoweit das Gegenteil beweisen müsse.[455]

4.3.1.3 Die Umsetzung

Nicht selten hat sich die Kommission bisher ohne eine intensive Auseinandersetzung mit der Risikobewertung,[456] mit dem VSP und mit anderen legitimen Faktoren der Stellungnahme der EFSA angeschlossen. Die Kommission hat bisher in der Regel die Vorschläge der EFSA zu begleitenden Maßnahmen,[457] wie beispielsweise zum PMEM übernommen, auch, wenn die gem. Art. 5 I lit. c) Richtlinie 2001/18/EWG zwingend vorgeschriebenen PMEM-Pläne unvollständig waren oder sogar fehlten. Zudem werden vorgelegte Monitoringpläne als wissenschaftlich unzulänglich kritisiert.[458] Ob überhaupt ein fallspezifisches Monitoring erforderlich ist, hängt davon ab, ob ein Risiko bejaht wird. Bei fehlendem Risiko reicht ein allgemeines Monitoring aus.[459]

Andere legitime Faktoren und das VSP hat die Kommission in ihren Zulassungsentscheidungen bisher selten berücksichtigt. Trotz der GVO regelmäßig inhärenten wissenschaftlichen Unsicherheit hat die EFSA in der weit überwie-

453 Ebenda, S. 4 f., Rn. 6.

454 Ebenda.

455 Ebenda sowie S. 25, Punkt 6.4.

456 Die Kommission als Hüterin der Verträge muss zur Wahrung des institutionellen Gleichgewichts, die ordnungsgemäße Erfüllung der Aufgaben durch die EFSA sicherstellen.

457 Bei den die Zulassung begleitenden Maßnahmen handelt es sich um Maßnahmen des Risikomanagements, über die die EFSA also nicht verbindlich entschieden kann.

458 Vgl. etwa allgemein und zu MON810 BfN, Pressehintergrundinfo, Hintergrundpapier zum Pressegespräch am 12.1.2009 am Bundesamt für Naturschutz (BfN) in Bonn, S. 4 f.

459 Vgl. *Then/Potthof*, Risk Reloaded, Bericht zum Umgang mit den Risiken gentechnisch, veränderter Pflanzen in der EU, S. 18 ff., Punkt 2.3.

genden Mehrzahl der Fälle aufgrund der ihr von den Antragstellern zur Verfügung gestellten Unterlagen bisher paradoxerweise[460] sinngemäß festgestellt, dass Risiken für die Gesundheit und für die Umwelt *unwahrscheinlich* seien.

Der Anbau der zwei GVO-Maislinien Bt11 und DAS1507 war Gegenstand eines, wenn auch nicht durchsetzbaren, von den EFSA-Bewertungen ausnahmsweise abweichenden Entscheidungsentwurfes eines Vertreters der Europäischen Kommission. Zunächst hatten eine Reihe von Mitgliedstaaten Bedenken gegen eine Zulassung zum Anbau[461] der GVO-Maislinien Bt11 und DAS1507 wegen möglicher Auswirkungen des darin enthaltenen *Cry1A(b)* auf Nichtzielorganismen bekundet. Zudem übten einzelne Mitgliedstaaten Kritik an weiteren Aspekten der Risikobewertung[462] und daran, dass der PMEM-Plan nicht den rechtlichen Anforderungen genüge. Infolgedessen hatte der zuständige griechische Umweltagrarminister Stavros Dimas in seinen beiden Entwürfen für Anbau*verbote* ausgeführt, dass die EFSA bei ihrer Risikobewertung elf wissenschaftliche Studien nicht berücksichtigt hatte.[463] Diese Studien ergaben, im Widerspruch zur EFSA-Bewertung, dass das darin enthaltene Toxin schädliche Auswirkungen auf Nichtzielorganismen[464] (also auf andere Organismen als den Maiszünsler) habe. Zudem seien Langzeitfolgen[465] und die Auswirkungen, beispielsweise auf mikrobielle Organismen im Erdreich[466] und auf die Oberflächengewässer und mithin auf aquatische Ökosysteme, noch unbekannt.[467] Die beiden Kommissionsentwürfe enthielten sogar, ganz im Einklang mit der nach-

---

460 So auch *Asselt/Vos/Rooijackers*, in: Everson/Vos, Uncertain Risks Regulated, S. 359 f. Die Autoren bezeichnen die maßgebliche Rolle wissenschaftlicher Expertise in Zulassungsverfahren über wissenschaftlich unsichere Erzeugnisse, wie GVO, als "uncertainty paradox", da sie wissenschaftliche Sicherheit trotz unsicherer Risiken liefern solle *(„...uncertainty is acknowledged, but the role of science and experts is consistently phrased in terms of providing certainty on uncertain risks...").*

461 Draft, Commission Decision of [...] concerning the placing on the market, in accordance with Directive 2001/18/EC of the European Parliament and of the Council, of a maize product (Zea mays L., line 1507) genetically modified for resistance to certain lepidopteran pests and for tolerance to the herbicide glufosinate-ammonium, erhältlich unter http://www.saveourseeds.org/fileadmin/files/SOS/Dossiers/Stop_the_Crop/draft_ban_1507_DG_Environment_21_Nov_2007.pdf; Draft Commission Decision of [...] concerning the placing on the market, in accordance with Directive 2001/18/EC of the European Parliament and of the Council, of a maize product (Zea mays L., line Bt11) genetically modified for resistance to certain lepidopteran pests and for tolerance to the herbicide glufosinate-ammonium, erhältlich unter http://www.saveourseeds.org/fileadmin/files/SOS/Dossiers/Stop_the_Crop/draft_ban_Bt11_DG_Environment_21_Nov_2007.pdf.

462 Ebenda (beide Entwürfe), S. 6, Erwägungsgrund 21.

463 Ebenda, S. 4, Erwägungsgrund 11.

464 Ebenda, Erwägungsgründe 15-17.

465 Ebenda, Erwägungsgrund 18.

466 Ebenda.

467 Ebenda.

folgenden Aufforderung des Rates an die Kommission in seinen Schlussfolgerungen vom Dezember 2008,[468] die Feststellung, dass die Einbeziehung von Langzeitfolgen und von Auswirkungen auf Nichtzielorganismen in die (EFSA-Leitlinien zur) Umweltverträglichkeitsprüfung notwendig seien.[469] Dimas bezog sich in seinem Entwurf ausdrücklich auf das in ex-Art. 171 II EGV[470] und in Erwägungsgrund 23 der Richtlinie 2001/18/EG verankerte *Vorsorgeprinzip.*[471] So schloss er aus den oben dargelegten Gründen, dass Anhaltspunkte für das Vorliegen von Gefahren für die Umwelt vorlägen und die beantragten Anbauzulassungen daher nicht erfolgen können.[472] Dimas Entwürfe fanden allerdings keinen Rückhalt bei der Mehrzahl der übrigen Kommissionsmitglieder. Die EFSA ergänzte ihre ursprüngliche Risikobewertung auf Ersuchen der Kommission um einen Anhang, der eine Auseinandersetzung mit den betroffenen elf Studien enthielt,[473] und sie bestätigte ihre ursprüngliche Risikobewertung inhaltlich.[474] Der Präsident der *European Federation of Biotechnology* und die Biotechnologie-Unternehmensorganisation *EuropaBio*[475] sollen diese Position kritisiert haben.[476] Nicht alle elf Publikationen würden demnach Hinweise auf schädliche Einflüsse auf die Umwelt enthalten.[477] Zudem soll hervorgehoben worden sein, dass sich Dimas mit seiner Abweichung von der Risikobewertung der EFSA über deren Expertise hinweggesetzt und ihr so erheblich geschadet habe.[478]

---

468 Schlussfolgerungen des Rates vom 4. Dezember 2008, Ratsdok. 16882/08, S. 3, Rn. 3; S. 4, Rn. 6.

469 Siehe die beiden Entwürfe oben in Fn. 454, S. 6, Erwägungsgrund 20.

470 Heute Art. 191 II AEUV.

471 Siehe oben Fn. 454.

472 Ebenda (beide Entwürfe), S. 6, Erwägungsgründe 23 f.

473 Siehe Scientific Opinion, Request from the European Commission to review scientific studies related to the impact on the environment of the cultivation of maize Bt11 and 1507 Scientific Opinion of the Panel on Genetically Modified Organisms (Question No EFSA-Q-2008-679), adopted on 29 October 2008, The EFSA Journal 2008, 851, 1-27, S. 2.

474 Ebenda.

475 EuropaBio war auf der am 17. März 2011 von der Europäischen Kommission initiierten Diskussionsveranstaltung vertreten. Sie stellt sich vor als "The European Association of Biotechnology Industries"; vgl. *du Marchie Sarvaas*, Applications for GMO Authorisations: Risk assessment and beyond, S. 3.

476 Vgl. Biosicherheit, Streit um die Anbau-Zulassung zweier Bt-Maislinien EU-Kommissar Dimas stellt sich gegen seine wissenschaftliche Fachbehörde, http://www.biotechnologie.de/BIO/Navigation/DE/root,did=70596.html?view=rende.

477 Vgl. ebenda.

478 Vgl. ebenda.

4.3.1.4 Stellungnahme

Das häufige Fehlen von Erwägungen zum VSP könnte, gerade bei Bezugnahme der Kommission auf die Risikobewertungen der EFSA, darauf zurückzuführen sein, dass es an den für die Anwendbarkeit des VSP erforderlichen *Anzeichen* für Risiken fehlt. Gerade der Einfluss der Risikobewertung der EFSA auf die Anwendbarkeit des VSP macht die Dimension der der EFSA übertragenen Verantwortung deutlich. Die Kommission selbst stellt in ihrer Mitteilung zur Anwendung des VSP fest, dass mit dem bei GVO-Zulassungen geltenden präventiven Verbot mit Erlaubnisvorbehalt der Feststellung Rechnung getragen werde, dass die davon betroffenen Produkte,[479] „a priori als gefährlich gelten" und deshalb der *Antragsteller* das Fehlen des Risikos zu beweisen habe.

Daraus ergibt sich, dass das Vorliegen der für die Anwendbarkeit des VSP nötigen Anzeichen einer Gefahr in dem vorliegenden Bereich der Agro-Gentechnik schon durch das Zulassungserfordernis und mithin von den Organen der Europäischen Union bestätigt wird, so dass das VSP in diesen Fällen grundsätzlich anwendbar ist. Die sinngemäß in den Risikobewertungen der EFSA und mithin auch in den Entscheidungen bzw. Beschlüssen der Kommission anzutreffende Feststellung, dass es „keine Anhaltspunkte" gebe, die für eine Gefahr sprechen würden oder, dass schädliche Auswirkungen „unwahrscheinlich seien", verfehlt aber das eigentliche Ziel der Richtlinie 2001/18/EG und des ihr zugrundeliegenden Vorsorgeprinzips, den Anbau von GVO nur dann zuzulassen, wenn der Antragsteller die a priori vorliegenden Anhaltspunkte für das Vorliegen einer Gefahr widerlegen[480] konnte.[481]

Im Verfahren über die Zulassung von MON810 beispielsweise stellt die EFSA in ihrer Risikobewertung sogar fest, dass es „unwahrscheinlich" sei, dass vom GVO Gefahren für die Umwelt ausgehen, „insbesondere, wenn die passenden begleitenden Maßnahmen ergriffen werden, um die Zahl der Kontakte des *Cry1A(b)* mit Nichtzielorganismen zu minimieren".[482] Derartige Feststellungen sind inhaltlich widersprüchlich, da die *Un*wahrscheinlichkeit einer Gefahr für Nichtzielorganismen, anders als das *Maß* der Wahrscheinlichkeit, das die EFSA bisher aber grundsätzlich nicht festgestellt hat, nicht von der Quantität der Kontakte mit dem Toxin abhängen kann. Entweder eine Gefahr des Toxins ist für die Umwelt unwahrscheinlich oder sie ist es nicht. Dass die EFSA begleitende

479 Hier GVO.

480 Auch Artt. 4 III und 16 III VO (EG) Nr. 1829/2003 stellen ausdrücklich die Beweislast des Antragstellers klar.

481 Vgl. KOM (2000) 1 endg., Punkt 6.4., erster Spiegelstrich.

482 The EFSA Journal (2009) 1149, 3-85, S. 4 *(„...The EFSA GMO Panel also concludes that maize MON810 is unlikely to have any adverse effect on the environment in the context of its intended uses, especially if appropriate management measures are put in place in order to mitigate possible exposure of non-target Lepidoptera...")*.

Maßnahmen empfiehlt, die die Berührung von Nichtzielorganismen mit *Cry1A(b)* verhindern sollen, scheint demnach sogar die a priori unterstellte Gefahr von GVO, jedenfalls für Nichtzielorganismen, zu bestätigen. Insofern gilt es, auf der Ebene des Risikomanagements die Angaben der EFSA zu prüfen und ihre Richtigkeit gegebenenfalls infrage zu stellen sowie dabei das Vorsorgeprinzip ebenso wie im Anwendungsbereich der VO (EG) Nr. 1829/2003 andere legitime Faktoren angemessen zu berücksichtigen.

Das in Art. 7 VO (EG) Nr. 1829/2003 statuierte Regel-Ausnahme-Prinzip, wonach die Kommission Abweichungen von der Risikobewertung der EFSA besonders erläutern muss, steht im Widerspruch zum Vorsorgeprinzip. Hierdurch wird der EFSA-Risikobewertung ein Maß an Verbindlichkeit beigemessen, das der Wirkung eines Beschlusses gleichkommt. Dies ist nicht nur mit Blick auf das institutionelle Gleichgewicht und die Grenzen der der EFSA zugewiesenen Aufgaben problematisch. Da die tatsächlichen Risiken von GVO noch nicht naturwissenschaftlich erforscht sind, sollten eine Auseinandersetzung der EFSA mit ggf. entgegenstehenden Risikobewertungen vorgeschrieben sein und daran anknüpfend auch Ausführungen der Risikomanager zu anderen Faktoren zwingend zur EFSA-Risikobewertung hinzutreten.[483] Die Entscheidung für oder gegen eine Zulassung von GVO bzw. für eine Zulassung mit bestimmten begleitenden Maßnahmen müsste grundsätzlich auch von Erwägungen der Risikovorsorge getragen sein. Eine intensive Auseinandersetzung mit den verfügbaren Risikobewertungen und dem VSP sollte sich in *jeder* Entscheidung über die Zulassung von GVO widerspiegeln, so dass das Regel-Ausnahme-Prinzip des Art. 7 VO (EG) Nr. 1829/2003 sinnvollerweise zu modifizieren wäre,[484] in dem Sinn, dass die EFSA nur eine von mehreren Grundlagen für eine abschließende Entscheidung liefern würde. Die Begründungspflicht der Kommission sollte mithin per se und nicht nur bei Abweichungen von den EFSA-Empfehlungen bestehen und stets auch auf eine Auseinandersetzung mit dem VSP und mit anderen legitimen Faktoren gerichtet sein. Bei einer Offenheit für Korrekturen und Gegenauffassungen sowie durch die Verschiebung des Schwerpunkts der Entscheidung von der Risikobewertung auf die intensive Auseinandersetzung der Kommission mit Fragen der Risikobewertung, dem VSP und mit anderen legitimen Faktoren würden nicht nur die Risikobewertungen der EFSA an Glaubhaftigkeit gewinnen. Auch die Zulassungsentscheidungen der Kommission würden so möglicherweise auf eine größere Akzeptanz stoßen.

---

483 Vgl. Mitteilung der Kommission zur Anwendung des Vorsorgeprinzips, KOM (2000) 1 endg.

484 Zudem werden der EFSA so faktisch verbindliche Entscheidungskompetenzen übertragen und es bestehen Zweifel an ihrer hinreichenden Steuerbarkeit durch die Organe der Europäischen Union, wodurch das institutionelle Gleichgewicht infrage gestellt wird, siehe oben, Punkt III. 4.2.2.1.5.

Vor dem Hintergrund der Kommissionsmitteilung zur Anwendung des VSP hatte Stavros Dimas die VO (EG) Nr. 1829/2003 rechtlich korrekt umgesetzt. EFSA-Risikobewertungen wurden hinterfragt, und es wurden ihnen Studien anderer Naturwissenschaftler entgegengehalten. Ob diese nun inhaltlich zutrafen, ist eine naturwissenschaftliche Frage, die hier nicht beurteilt werden soll. Aber auch die Einbeziehung anderer Aspekte, wie beispielsweise gerade auch des Vorsorgeprinzips, in den Prozess der Entscheidungsfindung zum Anbau von GVO, erfolgte gerade in den konkreten Fällen von Bt11 und DAS1507 im Einklang mit dem Vorsorgeprinzip und gerade auch mit Art. 7 der VO (EG) Nr. 1829/2003.

4.3.2 Stand zur Einbeziehung sozioökonomischer Faktoren

Die Kommission bezieht sich in ihrer Mitteilung[485] u.a. auf den in einer Erklärung der Niederlande vom 23. März 2009 enthaltenen Vorschlag an den Rat (Umwelt), eine *Opt-out*-Klausel mit sozioökonomischen Aspekten zu kombinieren. Deshalb soll nachfolgend auf den aktuellen Stand zur möglichen Einbeziehung sozioökonomischer Faktoren in die Entscheidungsfindung im Zulassungs- und im *Opt-out*-Verfahren eingegangen werden.

Der Begriff „sozioökonomischer Faktoren" ist bisher nicht klar definiert.[486] Sie könnten als Komponente *anderer legitimer Faktoren* gem. Art. 7 VO (EG) Nr. 1829/2003 in das Risikomanagement einfließen.[487] Im Zuge der Kritik am politischen Einfluss auf Anbauentscheidungen und der am Zusammenspiel zwischen der Kommission und den umstrittenen Risikobewertungen der EFSA geübten Kritik wird teilweise vorgeschlagen, für die Bewertung derartiger Faktoren nach dem Vorbild der REACH-VO[488] ein besonderes Gremium zu etablie-

485 KOM (2010) 380 endg., S. 7, Punkt 3.; vgl. zu dieser Erklärung auch EPEC, Interim Report, S. 86, Punkt 6.2.5.

486 Vgl. KOM (2011) 214 endg., S. 4, Punkt 1.2. (erster Spiegelstrich); siehe auch das Ratsdok. 11226/2/09, Genetically Modified Organisms – A Way Forward, Diskussionspapier vom Umweltgipfel am 25. Juni 2009, in dem der Subsidiaritätsgedanke hervorgehoben und vorgeschlagen wurde, in Bezug auf den Anbau eine Opt-out-Klausel in den Rechtsrahmen aufzunehmen, S. 3; *Spök*, Studie: Assessing Socio-Economic Impacts of GMOs, S. 15, http://www.bmg.gv.at/cms/home/attachments/5/0/0/CH1050/CMS1291038713992/assessing_socieconomic_impacts_of_gmos,_band_2_20101.pdf.

487 So auch *Dederer*, Weiterentwicklung des Gentechnikrechts – GVO-freie Zonen und sozioökonomische Kriterien für die GVO-Zulassung, S. 188 ff.; Schlussfolgerungen des Rates vom 4. Dezember 2008, Ratsdok. 16882/08, S. 8, Rn. 16. Der endgültige Bericht der EPEC enthält Definitionsansätze, siehe EPEC, Final Report, S. 100 f., Punkt B3.2.

488 Vgl. *Spök*, Studie: Assessing Socio-Economic Impacts of GMOs, S. 18, 58, 60.

ren.[489] Dort werden Risiken und sozioökonomische Faktoren durch unterschiedliche Ausschüsse der ECHA[490] bewertet.[491] Teilweise wird vorgeschlagen, zu diesem Zweck einen Ausschuss für „Soziale Wissenschaft“ zu etablieren.[492] Diese Vorschläge werden vonseiten der Gentechnik-Industrie scharf kritisiert, da eine solche ergänzende Bewertung durch ein besonderes Gremium die Glaubwürdigkeit und somit die naturwissenschaftliche Reputation der EFSA beschädigen und die Ressourcen der EFSA überdehnen und damit Verfahren in die Länge ziehen würde. Zudem sei die Berücksichtigung sozioökonomischer Aspekte durch die EFSA nicht von ihrem Mandat umfasst.[493]

Bisher ist von zwei Mitgliedstaaten der EU, nämlich von Österreich und Frankreich, und daneben von Norwegen als Mitglied des EWR, bekannt, dass sozioökonomische Erwägungen in ihre Bewertungen einfließen können,[494] während Italien, die Niederlande, Spanien und Deutschland angaben, diese Faktoren nur im Hinblick auf Koexistenzmaßnahmen zu berücksichtigen.[495]
Art. 63 des GTG 1994 (Österreich) enthält die in Österreich umstrittene Möglichkeit, ein Verbot für „sozialunverträgliche“ GVO zu verhängen, wenn sie einer Risikobewertung und der Umweltverträglichkeitsprüfung unterzogen worden sind. Diese Vorschrift ist bisher wegen ihres unklaren Wortlauts noch nicht zur Anwendung gekommen.[496] Das norwegische[497] NGTA sieht im Zulassungsverfahren eine zwingende und zudem sehr weitreichende[498] Berücksichtigung von sozioökonomischen Gründen vor. Allerdings werden Informationsdefizite und das Fehlen rechtlicher Instrumente zur Veranlassung der Antragsteller, die

---

489 Vgl. ebenda, S. 57.

490 Die ECHA (European Chemicals Agency) ist am 1. Juni 2007 aufgrund der REACH (Regulation for Registration, Evaluation, Authorisation and Restriction of Chemicals) gegründet worden, und sie hat ihre Arbeit am 1. Juni 2008 aufgenommen. Sie stellt die wissenschaftliche Beratung zur Sicherheit und zu sozioökonomischen Fragen chemischer Stoffe zur Verfügung, siehe ECHA, ECHAs Auftrag, http://echa.europa.eu/about/mission_de.asp. Vgl. zur Entscheidungskompetenz der ECHA etwa Mitteilung der Kommission der Europäischen Gemeinschaften an das Parlament und den Rat: Europäische Agenturen – Mögliche Perspektiven, KOM (2008) 135 endg. v. 22.3.2008, S. 9.

491 Vgl. *Spök*, Summary, Studie: Assessing Socio-Economic Impacts of GMOs, S. 4.

492 Vgl. ebenda, 18, 57 f., 60.

493 Vgl. ebenda, S. 57.

494 Vgl. *Spök*, Studie: Assessing Socio-Economic Impacts of GMOs Issues to Consider for Policy Development Final Report, S. 32.

495 Vgl. ebenda.

496 Vgl.ebenda, S. 47.

497 Siehe dazu im Einzelnen beispielweise *Dederer*, Weiterentwicklung des Gentechnikrechts – GVO-freie Zonen und sozioökonomische Kriterien für die GVO-Zulassung, S. 196.

498 Vgl. *Spök*, Studie: Assessing Socio-Economic Impacts of GMOs Issues to Consider for Policy Development Final Report, S. 36.

benötigten Informationen zu sozioökonomischen Faktoren beizubringen, beklagt.[499]

In Frankreich ist am 25. Juni 2008 unter der Präsidentschaft von Nicolas Sarcozy insoweit eine Gesetzesreform in Kraft getreten. Bis 2007 war Frankreich EU-weit zweitgrößter GVO-Produzent. Im Sommer 2007 war eine Debatte zur restriktiveren Handhabung der Risikobewertungen durch Einbeziehung von Langzeitrisiken und sozioökonomischen Faktoren in Gang gesetzt worden.[500] Der nach dem so korrigierten französischen Rechtsrahmen für GVO-Bewertungen zuständige *Haute Conseil des Biotechnologies (HCB)*, der im April 2009 eingerichtet worden ist, ist an fünf Ministerien gekoppelt, laut Selbstbeschreibung aber politisch unabhängig. Der HCB verfügt im Hinblick auf Risikobewertungen und sozioökonomische Kriterien über zwei verschiedene[501] Ausschüsse.[502] Die bisherigen Erfahrungen mit dem verhältnismäßig jungen französischen Ausschuss für Wirtschaft, Ethik und Soziales des HCB zeigen u.a.[503] Schwierigkeiten bei der Konsensfindung auf. Auch wird etwa das Fehlen von Leitlinien für Bewertungen beklagt.[504] Problematisch sei auch, dass bisher Daten zu sozioökonomischen Faktoren fehlen, da der bestehende GVO-Rechtsrahmen der EU keine Bewertungen der sozioökonomischen Faktoren vorsieht.[505]

4.3.3 Stellungnahme

Die ECHA ist eine Regulierungsagentur mit weitergehenden als der EFSA zugewiesenen Handlungsbefugnissen. Die ECHA verfügt über Entscheidungsbefugnisse[506], während die EFSA de jure nur im Vorfeld von Beschlüssen durch die EU-Organe tätig werden darf. Die Bewertung sozioökonomischer Faktoren durch ein EFSA-Gremium würde die Vornahme der der Kommission gem. Art. 7 I VO (EG) Nr. 1829/2003 vorbehaltenen Berücksichtigung anderer legitimer Faktoren implizieren. Damit würde die EFSA die ihr übertragene Kompetenz

---

499 Vgl. ebenda, S. 44.

500 Vgl. ebenda, S. 46.

501 Ein *Wissenschaftlicher Ausschuss* führt Risikobewertungen durch. Der *Ausschuss für Wirtschaft, Ethik und Soziales* ist für die Bewertung sozioökonomischer Aspekte zuständig.

502 Vgl. *Spök*, Studie: Assessing Socio-Economic Impacts of GMOs Issues to Consider for Policy Development Final Report, S. 44.

503 Vgl. ebenda, S. 45.

504 Vgl. ebenda.

505 Vgl. ebenda. Derzeit erarbeitet der Ausschuss für Wirtschaft, Ethik und Soziales einen Katalog der benötigten Informationen.

506 Vgl. Mitteilung der Kommission der Europäischen Gemeinschaften an das Europäische Parlament und den Rat: Europäische Agenturen – Mögliche Perspektiven, KOM (2008) 135 endg., Punkt 3.1.

überschreiten. Das institutionelle Gleichgewicht wäre mit Blick auf die bisherige Umsetzungspraxis und das praktizierte Zusammenspiel zwischen EFSA und Kommission sowie durch das Begründungserfordernis gem. Art. 7 I VO (EG) Nr. 1829/2003 nicht gewahrt. Faktisch würde die EFSA Aufgaben des Risikomanagements ausüben. Hinzu kommt, dass die für die derzeitigen Risikobewertungen geltenden Kritikpunkte, wie beispielsweise Zweifel an der Unabhängigkeit, auch oder sogar umso mehr auf ein Gremium, das nur sozioökonomische Aspekte beurteilt, übertragbar wären, zumal der Begriff sozioökonomischer Aspekte einer objektiven Definition möglicherweise nicht oder nur begrenzt zugänglich wäre und Vorwürfe „unwissenschaftlicher", subjektiver Bewertungen die Funktionsfähigkeit des Zulassungsverfahrens beeinträchtigen könnten. Hierfür könnten die oben beispielhaft erwähnten Schwierigkeiten des französischen Ausschusses für Wirtschaft, Ethik und Soziales des HCB zur Konsensfindung sprechen.

Letztlich wäre auch fraglich, welcher Entscheidungsspielraum noch für die EU-Organe verbleiben würde, wenn sozioökonomische Aspekte im Rahmen von Risikobewertungen durchgeführt würden.

Eine Alternative zur Berücksichtigung sozioökonomischer Faktoren in der EFSA-Risikobewertung wäre die Berücksichtigung von sozioökonomischen Aspekten durch die *Mitgliedstaaten.*

Die Vorschläge der Niederlande und von Österreich sowie von den diese insoweit unterstützenden Ländern und letztlich auch von der Kommission in ihrem Paket enthalten eine Kombination aus einer *Opt-out*-Klausel mit der Möglichkeit der Mitgliedstaaten, sozioökonomische Aspekte in ihre Anbauentscheidung einfließen zu lassen.[507] Eine Reihe von mitgliedstaatlichen Zulassungsbehörden hat diese Vorschläge begrüßt.[508] Teilweise erhofft man sich von einer *Opt-out*-Klausel nicht nur eine Verfahrensbeschleunigung, sondern auch, wie von der Kommission ebenfalls intendiert, die Lösung der Abstimmungsprobleme im Rat[509] und die Reduzierung von Schutzmaßnahmen.[510]

Umweltorganisationen stehen einer *Opt-out*-Klausel teilweise kritisch gegenüber, da nicht der Rechtsrahmen selbst das eigentliche Problem sei, sondern vielmehr seine Umsetzung, etwa im Hinblick auf die umstrittenen EFSA-Risikobewertungen und auf die Überprüfung der Antragsunterlagen.[511] Auch würden in einem Mitgliedstaat zum Anbau zugelassene GVO nicht Halt vor

507 Vgl. auch etwa EPEC, Interim Report, (Evaluation of the EU legislative Framework in the Field of Cultivation of GMOs under Directive 2001/18/EC and Regulation (EC) No 1829/2003), S. 79, Punkt 6.2.2, zugänglich unter http://ec.europa.eu/environment/archives/biotechnology/pdf/gmo_interim_report.pdf.

508 Vgl. ebenda, Punkt 6.2.3.

509 Vgl. ebenda.

510 Vgl. ebenda, S. 80, Punkt 6.5.

511 Vgl. ebenda, S. 81.

Landesgrenzen machen, so dass Anbauverbote aufgrund der *Opt-out*-Klausel in gentechnikfreundlichen benachbarten Mitgliedstaaten faktisch möglicherweise gar nicht umsetzbar wären.[512]

Mitgliedstaatliche Zulassungsbehörden sprachen sich für eine Einbeziehung sozioökonomischer Faktoren in die Entscheidungsfindung aus. Teilweise wird darin auch eine Stärkung der EFSA-Risikobewertungen gesehen, da Beanstandungen von, angeblich nur zur Verdeckung politischer Gründe konstruierten, Mängeln der EFSA-Risikobewertungen dann nicht mehr nötig wären. Die Mitgliedstaaten könnten offen politische Gründe für ein Anbauverbot anführen.[513]

Aus der Gruppe der Antragsteller äußerten sich in der von der Kommission in Auftrag gegebenen EPEC-Studie Befragte kritisch über die Einbeziehung sozioökonomischer Aspekte, u.a., weil diese Faktoren sehr anfällig für rein subjektive Erwägungen seien.[514]

Im Ergebnis bleibt festzuhalten, dass der Begriff sozioökonomischer Faktoren noch unklar ist und dass ihre Berücksichtigung, jedenfalls im Rahmen der Risikobewertung auf der Ebene der EU, Probleme aufwirft.

Nachfolgend wird das Zulassungsverfahren nach der Freisetzungsrichtlinie dargestellt. Es sei hervorgehoben, dass Antragsteller nach dem *One door, one key-Prinzip* bisher auch für Anbauentscheidungen grundsätzlich das Zulassungsverfahren nach der VO (EG) Nr. 1829/2003 gewählt haben.[515] Besonderheiten der Freisetzungsrichtlinie, etwa im Hinblick auf Umweltverträglichkeitsprüfungen und Monitoringpläne, gelten in Verfahren nach der VO (EG) Nr. 1829/2003 ergänzend. Hierauf und auf diesbezüglichen Problemen soll der Schwerpunkt der folgenden Ausführungen liegen.

512 Vgl. ebenda.
513 Vgl. ebenda.
514 Vgl. ebenda, S. 83.
515 Vgl. ebenda, S. 22, Punkt 4.1., S. 86, Punkt 6.2.6.

IV. Das Verfahren zur Zulassung des Anbaus von GVO nach der Richtlinie 2001/18/EG

1. Der Anwendungsbereich der Freisetzungsrichtlinie

Art. 1 der Richtlinie 2001/18/EG[516] beschreibt als Ziel die Angleichung von Rechts- und Verwaltungsvorschriften der Mitgliedstaaten und den Schutz der menschlichen Gesundheit und der Umwelt

- bei der absichtlichen Freisetzung genetisch veränderter Organismen in die Umwelt zu anderen Zwecken als dem Inverkehrbringen in der Gemeinschaft und
- beim Inverkehrbringen genetisch veränderter Organismen als Produkt oder in Produkten in der Gemeinschaft.

Vor dem Hintergrund von in der Richtlinie festgeschriebenen Leitprinzipien, nämlich dem *VSP*[517], dem *case-by-case-Prinzip*[518] und dem *Stufen-/step-by-step-Prinzip*[519], sieht die Richtlinie zwei verschiedene Verfahren vor, je nach dem, ob die absichtliche Freisetzung oder das Inverkehrbringen von GVO bezweckt wird.

---

516 Siehe daneben die Entscheidung 2002/811/EG des Rates vom 3. Oktober 2010 über Leitlinien zur Ergänzung des Anhangs VII der Richtlinie 2001/18/EG des Europäischen Parlaments und des Rates, ABl. L 280 v. 18.10.2002, 27-36 (Leitlinien zum Monitoring); Entscheidung 2002/623/EG der Kommission vom 24. Juli 2002 über Leitlinien zur Ergänzung des Anhangs II der Richtlinie 2001/18/EG des Europäischen Parlaments und des Rates, ABl. L 200 v. 30.7.2002, 22-33 (Leitlinien zur Risikobewertung); VO (EG) Nr. 65/2004 der Kommission vom 14. Januar 2004 über ein System für die Entwicklung und Zuweisung spezifischer Erkennungsmarker für genetisch veränderte Organismen, ABl. L 10 v. 16.1.2004, 5-10 (Verordnung über Erkennungsmarker), ABl. C 200/1 Empfehlung der Kommission vom 13. Juli 2010 mit Leitlinien für die Entwicklung nationaler Koexistenz-Maßnahmen zur Vermeidung des unbeabsichtigten Vorhandenseins von GVO in konventionellen und ökologischen Kulturpflanzen, ABl. C 200 v. 22.7.2010, 1-5 (Koexistenzleitlinien); Entscheidung 94/730/EG der Kommission vom 4. November 1994 zur Festlegung von vereinfachten Verfahren für die absichtliche Freisetzung genetisch veränderter Pflanzen nach Artikel 6 Absatz 5 der Richtlinie 90/220/EWG des Rates, ABl. L 292 v. 12.11.1994, 31-34, siehe unter http://www.naturschutzrecht.net/gentechnik).

517 Art. 1 und 8. Erwägungsgrund, Artt. 1, 4 I der Richtlinie 2001/18/EG.

518 Erwägungsgrund 18 der Richtlinie 2001/18/EG.

519 Erwägungsgründe 23-25 der Richtlinie 2001/18/EG.

In Teil B (Artt. 5-11 Richtlinie 2001/18/EG) ist die absichtliche Freisetzung von GVO zu anderen Zwecken als dem Inverkehrbringen geregelt, die nach dem erwähnten *Stufenprinzip* eine Vorstufe für eine spätere Inverkehrbringensgenehmigung sein soll.[520] Teil C (Artt. 12-24 Richtlinie 2001/18/EG) regelt das Inverkehrbringen von GVO als Produkte oder in Produkten.

Verfahrenstechnisch unterscheidet sich die Richtlinie 2001/18/EG von der VO (EG) Nr. 1829/2003 maßgeblich insoweit, als das Verfahren nach der genannten Verordnung von vornherein auf EU-Ebene angesiedelt ist, während das Verfahren nach der Freisetzungsrichtlinie auf der mitgliedstaatlichen Ebene beginnt und dort, im Falle der Versagung durch die zuständige mitgliedstaatliche Behörde, auch endet.[521] Bei von der zuständigen Behörde des betroffenen Mitgliedstaates beabsichtigter GVO-Zulassung wird das Verfahren nach Erhebung von Einwänden anderer Mitgliedstaaten im informellen Vermittlungsverfahren auf die EU-Ebene „hochgezont" und im Komitologieverfahren beschieden.[522] Nachfolgend werden die Voraussetzungen beider Verfahrenstypen dargestellt.

2. Die absichtliche Freisetzung von GVO zu anderen Zwecken als dem Inverkehrbringen, Artt. 5-11 Richtlinie 2001/18/EG (Teil B)

Die in der Richtlinie enthaltene Legaldefinition[523] beschreibt das *absichtliche Freisetzen* als jede Art von absichtlichem Ausbringen eines GVO oder einer Kombination von GVO in die Umwelt, bei dem *keine spezifischen Einschließungsmaßnahmen* angewandt werden, um ihren Kontakt mit der Bevölkerung und der Umwelt zu begrenzen und ein hohes Sicherheitsniveau für die Bevölkerung und die Umwelt zu erreichen. GVO-Ausbringungen in *geschlossenen* Systemen stellen nach dem erwähnten *Stufenprinzip* eine Vorstufe zur absichtlichen Freisetzung und zum Inverkehrbringen dar[524] und sind nicht vom Anwendungsbereich der Freisetzungsrichtlinie, sondern von jenem der Richtlinie 90/219/EG (sog. „Systemrichtlinie") umfasst.[525]

---

520 Erwägungsgrund 23 der Richtlinie 2001/18/EG.

521 Vgl. etwa *Gross*, Das gemeinschaftsrechtliche Genehmigungsverfahren bei der Freisetzung und dem Inverkehrbringen gentechnisch veränderter Organismen, S. 207.

522 Vgl. etwa EFSA, Häufig gestellte Fragen zur Risikobewertung von gentechnisch veränderten Organismen (GVO) durch die EFSA, S. 1 f., http://www.efsa.europa.eu/de/faqs/faqgmo.htm.

523 Art. 2 Nr. 3 Richtlinie 2001/18/EG.

524 Vgl. *Palme/Schlee*, Gentechnikrecht, S. 37.

525 Vgl. *Gross*, Das gemeinschaftsrechtliche Genehmigungsverfahren bei der Freisetzung und dem Inverkehrbringen gentechnisch veränderter Organismen, S. 46.

Soll ein GVO also etwa zu Forschungszwecken ausgebracht werden, so muss die beabsichtigte Freisetzung vorab bei der zuständigen mitgliedstaatlichen Behörde angemeldet und von dieser schriftlich zugelassen[526] werden.[527]

Die Anmeldung muss gem. Art. 6 II Richtlinie 2001/18/EG zum einen eine „technische Akte" mit Informationen enthalten, die in Anhang III für die Freisetzung genetisch veränderter Organismen vorgegeben sind. Zum anderen muss sie eine UVP und Schlussfolgerungen nach Anhang II Abschnitt D enthalten.

Die zuständige Behörde bestätigt das Eingangsdatum und übermittelt[528] der Europäischen Kommission innerhalb von 30 Tagen eine Zusammenfassung der in der Anmeldung enthaltenden Informationen, welche diese ihrerseits innerhalb von 30 Tagen an die übrigen Mitgliedstaaten weiterleitet, die binnen 30 Tagen Bemerkungen, einschließlich Einwänden erheben können.[529] Die Ausgangsbehörde des betreffenden Mitgliedstaates teilt dem Anmelder innerhalb von 90 Tagen seit Erhalt schriftlich entweder mit, dass die Freisetzung im Einklang mit der Richtlinie 2001/18/EG erfolgen kann,[530] oder dass die Freisetzung den Vorgaben der Richtlinie 2001/18/EG widerspricht und deshalb abgelehnt wird.[531]

Sind mit der Freisetzung bestimmter GVO in bestimmten Ökosystemen genügend Erfahrungen gesammelt worden und entspricht der GVO den für ein Verfahren nach Art. 7 der Richtlinie 2001/18/EG in Anhang V festgeschriebenen Kriterien, kann die zuständige Behörde der Kommission einen begründeten Vorschlag für die Anwendung differenzierter Verfahren auf diese Arten von GVO vorlegen.[532]

3. Das Inverkehrbringen von GVO als Produkte oder in Produkten, Artt. 12-24 Richtlinie 2001/18/EG (Teil C)

Das „Inverkehrbringen" von GVO als Produkt oder in Produkten wird definiert als die entgeltliche oder unentgeltliche Bereitstellung für Dritte.[533] Einen wichtigen Unterschied zum Anwendungsbereich der VO (EG) Nr. 1829/2003 stellt die

526 Art. 6 VIII Richtlinie 2001/18/EG.
527 Art. 1 I Richtlinie 2001/18/EG.
528 Art. 11 I Richtlinie 2001/18/EG.
529 Art. 11 II Richtlinie 2001/18/EG.
530 Art. 6 II lit. a) Richtlinie 2001/18/EG.
531 Art. 6 II lit. b) Richtlinie 2001/18/EG.
532 Art. 1 I Richtlinie 2001/18/EG.
533 Art. 2 Nr. 4 Richtlinie 2001/18/EG.

Nichteinbeziehung von *aus GVO hergestellten*[534] Produkten, wie beispielsweise Zucker aus gentechnisch veränderten Rüben, der keine GVO mehr enthält,[535] dar.[536] Die Freisetzungsrichtlinie umfasst daher nur Produkte, die *GVO enthalten*, wie beispielsweise die, eine Mischung von Saatgut enthaltende, Saatgutpartie,[537] sowie Erzeugnisse, die *aus diesen* (also aus GVO) *bestehen*, wie etwa Nelken mit einer gentechnisch veränderten Blütenfarbe.[538,539] Soll derartiges Saatgut für die Verwendung als Lebens- oder als Futtermittel angebaut werden, so kann der Anmelder zwischen dem Verfahren nach der Freisetzungsrichtlinie und der VO (EG) Nr. 1829/2003 wählen.[540] Soll es dagegen für industrielle Zwecke genutzt werden, so richtet sich das Verfahren nach der Richtlinie 2001/18/EG.

Das über 13 Jahre andauernde Zulassungsverfahren zum Anbau der *Amflora*-Kartoffel der BASF beispielsweise erfolgte nach Art. 12 Richtlinie 2001/18/EG. Sie produziert aufgrund ihrer gentechnischen Veränderung vermehrt „Amylopektin" und weniger „Amylose" (beides sind Stärkevarianten), und sie eignet sich deshalb für die Produktion von Textilien, Klebstoffen, Waschmitteln und Papier. Am 2. März 2010 ist sie nach der Richtlinie 2001/18/EG zum Anbau für die industrielle Verwendung zugelassen worden.[541] Ihre „Pülpe" ist zur Verwendung als Futtermittel und unbeabsichtigte Einträge in nicht gentechnisch veränderte Lebens- und Futtermittel sind bis 0,9 % gem. VO (EG) Nr. 1829/2003 zugelassen worden.[542]

---

534 Vgl. Art. 2 Nr. 10 VO (EG) Nr. 1829/2003.

535 Vgl. etwa *Ittershagen/Runge*, NVwZ 2003, 549, 551.

536 Vgl. *Dederer*, ZLR 2005, 308, 310 (Fußnote 17).

537 Vgl. MEMO/07/117, S. 4.

538 Vgl. ebenda.

539 Vgl. *Dederer*, ZLR 2005, 308, 310 (Fußnote 17).

540 Vgl. dazu kritisch etwa *Palme/Schlee*, Gentechnikrecht, S. 41; *Winter*, NuR 2007, 571, 580.

541 Beschluss 2010/135/EU der Kommission vom 2. März 2010 über das Inverkehrbringen eines genetisch veränderten Kartoffelerzeugnisses (Solanum tuberosum L. Linie EH92-527-1) mit erhöhtem Amylopectingehalt in der Stärke gemäß der Richtlinie 2001/18/EG des Europäischen Parlaments und des Rates, ABl. L 53 v. 4.3.2010, 11-14.

542 Beschluss 2010/136/EU der Kommission vom 2. März 2010 über die Zulassung des Inverkehrbringens von Futtermitteln, die aus der genetisch veränderten Kartoffelsorte EH92-527-1 (BPS-25271-9) gewonnen werden, und des zufälligen oder technisch nicht zu vermeidenden Vorhandenseins dieser Kartoffelsorte in Lebensmitteln und Futtermitteln gemäß der Verordnung (EG) Nr. 1829/2003 des Europäischen Parlaments und des Rates, ABl. L 53 v. 4.3.2010, 15-18.

4. Das Zulassungsverfahren im Überblick

Soll ein GVO oder eine Kombination von GVO als Produkte oder in Produkten in den Verkehr gebracht werden, muss dieser vorab ordnungsgemäß bei der zuständigen Behörde angemeldet[543] und von dieser die entsprechende schriftliche Zustimmung[544] erteilt werden.

Diese Anmeldung muss die in Art. 13 Absatz II der Freisetzungsrichtlinie aufgeführten Informationen enthalten, insbesondere die in Anhang III festgeschriebenen sowie zusätzliche Voraussetzungen nach Anhang IV.[545] Ist der Anmelder aus substantiellen, wissenschaftlich fundierten Gründen der Ansicht, dass mit dem Inverkehrbringen und der Verwendung des GVO als Produkt oder in einem Produkt keine Gefahr für die menschliche Gesundheit und die Umwelt verbunden ist, so kann er der zuständigen Behörde vorschlagen, dass er die im Anhang IV Teil B der Richtlinie vorgesehenen Informationen nicht vorlegt.[546] Zudem müssen in den Antragsunterlagen die UVP und die Schlussfolgerungen gemäß Anhang II Abschnitt D,[547] ein Überwachungsplan gemäß Anhang VII[548] und eine Zusammenfassung der Akte in der Anmeldung enthalten sein.[549]

Die zuständige Behörde prüft unverzüglich, nachdem sie den Eingang bestätigt und die Zusammenfassung der Akte an die zuständigen Behörden der übrigen Mitgliedstaaten und an die Öffentlichkeit[550] übermittelt hat, ob die Anmeldung diesen inhaltlichen Anforderungen nach Art. 13 II Richtlinie 2001/18/EG entspricht.[551]

Innerhalb von 90 Tagen nach Eingang der Anmeldung erstellt die zuständige Behörde einen Bewertungsbericht, aus dem hervorgeht, ob[552] und[553] gegebenenfalls, unter welchen Bedingungen der/die GVO in Verkehr gebracht werden soll/sollen und übermittelt diesen dem Anmelder.[554] Anhang VI der Richtlinie enthält dazu unverbindliche Leitlinien. Kommt die Behörde in ihrem Bewertungsbericht zum Ergebnis, dass ein Inverkehrbringen erfolgen kann,[555] so übermittelt die Behörde diesen Bericht an die Kommission, die ihn ihrerseits

543 Art. 13 I Richtlinie 2001/18/EG.
544 Art. 19 II Richtlinie 2001/18/EG.
545 Art. 13 II lit. a) Richtlinie 2001/18/EG.
546 Art. 13 II, letzter Absatz Richtlinie 2001/18/EG.
547 Art. 13 II lit. b) Richtlinie 2001/18/EG.
548 Art. 13 II lit. e) Richtlinie 2001/18/EG.
549 Art. 13 II lit. h) Richtlinie 2001/18/EG
550 Art. 24 I Richtlinie 2001/18/EG.
551 Art. 13 I Richtlinie 2001/18/EG.
552 Art. 14 II, III lit. a), lit. b) Richtlinie 2001/18/EG.
553 Art. 14 II, III lit. a) Richtlinie 2001/18/EG.
554 Art. 14 II, erster Spiegelstrich Richtlinie 2001/18/EG.
555 Wörtlich heißt es in Art. 14 III lit. a) Richtlinie 2001/18/EG „sollte/sollten“.

innerhalb von 30 Tagen nach Eingang an die übrigen Mitgliedstaaten weiterleitet.[556] Kommt die Behörde dagegen zum Ergebnis, dass ein Inverkehrbringen nicht erfolgen sollte, so leitet sie den Bericht und die begleitenden Informationen frühestens 15 Tage nach ihrer Übermittlung an den Anmelder und spätestens 105 Tage nach Eingang der Anmeldung an die Kommission, die ihn wiederum innerhalb von 30 Tagen nach Eingang den zuständigen Behörden der übrigen Mitgliedstaaten zuleitet.[557]

Innerhalb von 60 Tagen nach Weiterleitung des Bewertungsberichts kann eine zuständige Behörde oder die Kommission weitere Informationen anfordern, Bemerkungen vorbringen oder begründete Einwände gegen das Inverkehrbringen des/der betreffenden GVO erheben,[558] die über die Kommission an die zuständigen Behörden weitergeleitet werden. Innerhalb von 105 Tagen können die zuständigen Behörden und die Kommission offene Fragen mit dem Ziel der Einigung erörtern[559] („informelles Vermittlungsverfahren").

Entscheidet die zuständige Behörde aufgrund des negativen Bewertungsberichts, dass der/die GVO nicht in Verkehr gebracht werden soll/sollen, so wird die Anmeldung mit obligatorischer Begründung abgelehnt.[560]

Entscheidet die zuständige Behörde dagegen, dass das Produkt in den Verkehr gebracht werden darf, so erteilt sie innerhalb von 30 Tagen schriftlich ihre diesbezügliche Zustimmung, wenn 60 Tage nach Weiterleitung des positiven Bewertungsberichts kein begründeter Einwand eines anderen Mitgliedstaates oder der Kommission vorliegt oder offene Fragen im *informellen Vermittlungsverfahren* geklärt werden.[561]
Die Zustimmung wird für die Dauer von höchstens 10 Jahren erteilt.[562]

Erfolgt demgegenüber keine Einigung im *informellen Vermittlungsverfahren,* so wird das Verfahren auf die EU-Ebene hochgezont und die Anmeldung gem. Artt. 18 I, 30 II Richtlinie 2001/18/EG im Komitologieverfahren beschieden.[563]

Die Bewertungsberichte über alle GVO, für deren Inverkehrbringen als Produkt oder in Produkten die schriftliche Zustimmung erteilt oder abgelehnt wurde, und auch die Stellungnahmen der Wissenschaftlichen Ausschüsse zu diesen/diesem GVO werden unter deutlicher Angabe der Verwendungszwecke öf-

556 Art. 14 II, zweiter Spiegelstrich Richtlinie 2001/18/EG.
557 Art. 14 II, zweiter Absatz Richtlinie 2001/18/EG.
558 Art. 15 I Richtlinie 2001/18/EG.
559 Art. 15 I Richtlinie 2001/18/EG.
560 Art. 15 II Richtlinie 2001/18/EG.
561 Art. 15 III Richtlinie 2001/18/EG.
562 Art. 15 IV Richtlinie 2001/18/EG.
563 Siehe etwa MEMO/07/117, S. 5.

fentlich zugänglich gemacht;[564] die Öffentlichkeit kann hierzu innerhalb von 30 Tagen Bemerkungen vorbringen.[565]

Im Folgenden werden Probleme der Zulassungsvoraussetzungen nach der Freisetzungsrichtlinie dargestellt, die ursächlich für Blockierungen in EU-Zulassungsverfahren über den GVO-Anbau sein könnten.

4.1 Einzelne Voraussetzungen im Detail – problematische Aspekte

4.1.1 Informelles Vermittlungsverfahren

Zwar können Mitgliedstaaten und die Kommission, wie gezeigt, bei Unstimmigkeiten Einigungsversuche unternehmen, allerdings muss sich die Kommission nicht mit Einwänden der Mitgliedstaaten auseinandersetzen. Dieser mangelnde Einfluss der anderen Mitgliedstaaten auf die Entscheidung über das Inverkehrbringen von GVO wird teilweise als undemokratisch[566] kritisiert.

4.1.2 Monitoring

Vom Antragsteller sind die Antragsunterlagen mit einem PMEM-Plan zu versehen. Wird nach dem *One door, one key-Prinzip* die Zulassung des Anbaus zum Zweck der Verwendung als Futter- und/oder Lebensmittel beantragt, ergibt sich das Erfordernis des PMEM-Plans aus Art. 5 V lit. b) der Verordnung VO (EG) Nr. 1829/2003 i.V.m. Anhang VII der Richtlinie 2001/18/EG. Anhang VII der Richtlinie 2001/18/EG beschreibt unter Punkt A. die Ziele des PMEM-Plans mit der Überprüfung der Bewertung schädlicher Auswirkungen des GVO bei der Zulassung und Ermittlung von in der UVP genannten Gefahren (sog. „fallspezifische Überwachung“).[567] Die EFSA beschreibt den Zweck des PMEM mit der Feststellung möglicher unerwarteter schädlicher Auswirkungen auf die Umwelt, die direkt oder indirekt durch genetisch veränderte Pflanzen verursacht werden könnten,[568] wobei in erster Linie langfristige und kumulative Auswirkungen so-

564 Art. 24 I S. 1, 2 Richtlinie 2001/18/EG.
565 MEMO/07/117, S. 3.
566 Vgl. *Brockmann/Kremer*, Grüne Gentechnik – Handlungsbedarf zum Schutz von Natur und Umwelt vor den Risiken bei Inverkehrbringen und Einsatz von gentechnisch veränderten Organismen, Punkt II. 1. Punkt II, 1.
567 Vgl. auch *Palme/Schlee*, Gentechnikrecht, S. 130.
568 Vgl. ebenda.

wie Effekte, die in der Risikobewertung nicht vorhergesehen wurden, betroffen sind[569] (sog. „allgemeines Monitoring“).

Die UVP und mithin auch das Monitoring sind „Schlüsselelemente“ des Rechtsrahmens für GVO, für dessen Umsetzung die Mitgliedstaaten verantwortlich sind.[570] Die EFSA hat auch für die inhaltlichen Anforderungen an den PMEM-Plan ein wissenschaftliches Gutachten[571] erstellt.

Die EFSA stützt ihre Bewertungen auf die Antragsunterlagen, die bei GVO oder bei Lebensmitteln,[572] die GVO enthalten oder aus solchen bestehen, gem. Art. 5 V lit. b) der Verordnung (EG) Nr. 1829/2003 zwingend auch einen allgemeinen PMEM-Plan enthalten müssen. Dieses Monitoring ist für Zulassungen aufgrund des neuen Rechtsrahmens zwingend vorgeschrieben.

Zu beachten ist auch, dass die *Anordnung* von Maßnahmen zum Post-Market-Monitoring eine Aufgabe des Risikomanagements ist und die EFSA damit insoweit nur Vorschläge unterbreitet.

Da aber mit dem PMEM-Plan die UVP hinsichtlich nicht vorhergesehener schädlicher Auswirkungen ergänzt werden soll, ist die Bewertung des PMEM-Plans auch Gegenstand der Risikobewertung.

Die *Risikomanager* stützen ihre rechtsverbindlichen Entscheidungen auf die Risikobewertung der EFSA, wodurch die Risikobewertungen der EFSA, je nach Umfang der Einbeziehung anderer Faktoren,[573] mittelbar mehr oder weniger intensive Außenwirkungen entfalten.

Die EFSA etwa bezeichnet das PMEM-Plan zwar als obligatorisch.[574] Allerdings erlauben die Leitlinien 2002/811/EG[575] zum Monitoring Ausnahmen von

---

569 Vgl. BfN, Hintergrundpapier zum Pressegespräch am 12.1.2009 am Bundesamt für Naturschutz (BfN) in Bonn, Agro-Gentechnik in der Kontroverse, Anforderungen und Risiken beim Anbau von GVP, S. 4.

570 EFSA, Themen A-Z, Genetisch veränderte Organismen, Umweltverträglichkeitsprüfung und Umweltüberwachung nach dem Inverkehrbringen, erhältlich unter: http://www.efsa.europa.eu/de/gmotopics/topic/gmo.htm.

571 Scientific Opinion, Guidance on the Post-Market Environmental Monitoring (PMEM) of genetically modified plants, EFSA Journal (2011); 9 (8): 2316, http://www.efsa.europa.eu/de/efsajournal/doc/2316.pdf (zuletzt aufgerufen im März 2012).

572 Oder auch als Futtermittel.

573 Siehe zur Berücksichtigung anderer legitimer Faktoren der Risikomanager unten, Punkt III 4.3.1.1.

574 ("Mandatory"), vgl. Opinion of the Scientific Panel on Genetically Modified Organisms on the Post Market Environmental Monitoring (PMEM) of genetically modified plants, The EFSA Journal (2006) 319, 1-27, S. 1.

575 Entscheidung 2002/811/EG des Rates vom 3. Oktober 2002 über Leitlinien zur Ergänzung des Anhangs VII der Richtlinie 2001/18/EG des Europäischen Parlaments und des Rates über die absichtliche Freisetzung genetisch veränderter Organismen in die Umwelt und zur Aufhebung der Richtlinie 90/220/EWG des Rates, ABl. L 280 v. 18.10.2002, 27-36.

der *fallspezifischen* Beobachtung für Fälle eines fehlenden oder zu vernachlässigenden Risikos.[576] Da aber die Antragsteller und bisher auch die EFSA grundsätzlich davon ausgehen, dass von GVO ausgehende Risiken vernachlässigbar seien bzw. nicht bestehen, läuft die Pflicht zum *fallspezifischen* Monitoring bisher leer. Da das Monitoring die Haupterkenntnisquelle für Auswirkungen von GVO darstellt, ist die Zweckmäßigkeit von Ausnahmen per se sehr zweifelhaft. Das muss umso mehr gelten, als die Voraussetzungen für die Ausnahmen unbestimmt und Risiken wissenschaftlich weitgehend unerforscht sind.[577]

Monsanto beispielsweise fügte dem Neuantrag zu MON810 keinen PMEM-Plan gem. Art. 5 V lit. b) VO (EG) Nr. 1829/2003[578] bei, mit der Begründung, dass keine Anzeichen für Risiken erkennbar seien und, da Anhang VII der Richtlinie 2001/18/EG wegen der bezweckten Verwendung als Lebens- und Futtermittel für nicht anwendbar[579] gehalten wurde.

---

576 Ebenda, S. 32, Punkt 1.2.1.:„ ...*Wenn aus der Umweltverträglichkeitsprüfung hervorgeht, dass kein oder nur ein zu vernachlässigendes Risiko vorhanden ist, ist jedoch eine fallspezifische Überwachung möglicherweise nicht erforderlich...*“. Zudem sind Kosten/Nutzen-Aspekte für die fallspezifische Monitoring relevant:
„...*In diesem Zusammenhang sollte das Kosten/Nutzen-Verhältnis der fallspezifischen Überwachung und der überwachenden Beobachtung geprüft werden...*“, ebenda, S. 29, Punkt B; vgl. auch EPEC, Final Report, S. 48, Punkt 7.1.1.

577 Vgl. etwa BfN, Hintergrundpapier zum Pressegespräch am 12.1.2009 am Bundesamt für Naturschutz (BfN) in Bonn, Agro-Gentechnik in der Kontroverse, Anforderungen und Risiken beim Anbau von GVP, S. 1 ff.

578 Da die Vorgaben zum anbaubegleitenden Monitoring in der Richtlinie 2001/18/EG geregelt sind, hängt das PMEM zwar eng mit der UVP zusammen, auf die im Einzelnen unten eingegangen wird. Wegen des Zusammenhangs mit dem markbegleitenden Monitoring nach Art. 5 III lit. k) der VO (EG) Nr. 1829/2003 werden die Schwächen des PMEM nach Art. 5 V lit. b) der VO (EG) Nr. 1829/2003 i.V.m. Art. VII der Richtlinie 2001/18/EG bereits an dieser Stelle dargestellt. Vgl. zur UVP unten, Punkt IV. 4.1.3.

579 Application for renewal of the authorisation for continued marketing of existing MON 810 maize products that were authorized under Directive 90/220/EEC (Decision 98/294/EC) and subsequently notified in accordance to Article 20(1)(a) of Regulation (EC) No 1829/2003 on genetically modified food and feed S. 18, Punkte 7.11, 11; Application for renewal of the authorisation for continued marketing of existing food additives, feed materials and feed additives produced from MON 810 maize that were notified according to Articles 8(1)(b) and 20(1)(b) of Regulation (EC) No 1829/2003 on genetically modified food and feed, S. 17, Punkte 7.11, 11; Application for renewal of the authorization for continued marketing of existing food and food ingredients produced from MON 810 maize that were notified pursuant to Article 5 of Regulation (EC) No 258/97 and subsequently notified according to Article 8(1)(a) of Regulation(EC) No 1829/2003 on genetically modified food and feed, S. 17, Punkte 7.11, 11.

Solange für MON810 nur die ursprüngliche Zulassung nach dem alten Rechtsrahmen aufgrund Bestandsschutzes fortgilt, besteht insoweit zwar keine Monitoringpflicht.[580]

Nachdem aber im Jahr 2007 in Deutschland bis zur Vorlage eines *fallbezogenen* Monitoringplans ein vorübergehendes Anbauverbot verhängt worden war, legte Monsanto einen mit dem BVL ausgehandelten Monitoringplan vor, mit der Folge, dass das Anbauverbot zunächst aufgehoben wurde.[581] Das deutsche Bundesamt für Naturschutz (BfN) kritisierte in einem Hintergrundpapier vom 12.2.2009 die Umsetzung der zwingenden Vorgaben zu Monitoringplänen in der Richtlinie 2001/18/EG allgemein, zum einen, da *fallspezifische* Monitoringpläne den Antragsunterlagen grundsätzlich nicht beigefügt werden.[582] So sollte aber gerade das *fallspezifische* Monitoring dazu genutzt werden, Auswirkungen und Unsicherheiten nach der Zulassung zu erforschen.[583] Im Fall von MON810 beispielsweise sollten so anbaubegleitend etwa die Auswirkungen von *Cry1A(b)* auf Fliegerköcherlarven beobachtet werden.[584] Zum anderen seien die aufgrund von Fragebögen erstellten *allgemeinen* Monitoringpläne grundsätzlich zu allgemein und unverbindlich gehalten. Das BfN moniert konkret, dass Beobachtungsmethoden, -gegenstände und -designs nicht klar benannt werden, weshalb auch keine wissenschaftlich validen Ergebnisse erzielt werden können.[585]

Es ist fraglich, ob die Handhabung von Art. 5 III lit. k) VO (EG) Nr. 1829/2003 i.V.m. Art. 3 I lit. f) VO (EG) 641/2004 und von Art. 5 V lit. b) VO (EG) Nr. 1829/2003 durch die EFSA, unabhängig von hier nicht zu erörternden, naturwissenschaftlichen Fragen, *allgemeinen Grundsätzen der Lebensmittelsicherheit*[586] gerecht wird. In einer Reihe von Verfahren hat die EFSA das Fehlen oder Mängel von PMEM-Plänen nicht beanstandet. Im Fall DAS1507[587] hatten die Antragsteller, die Pioneer Hi-Bred International und die Dow AgroSciences Europe, ihrem Antrag auf Zulassung des GVO-Maises der Linie DAS1507, der

---

580 Vgl. Art. 17 II lit. d) Richtlinie 2001/18/EG; Palme/Schlee, Gentechnikrecht, S. 130.

581 Allerdings verhängte das BVL im April 2009 wegen neuer Erkenntnisse u.a. über Auswirkungen von Cry1A(b) auf Nichtzielorganismen ein Anbauverbot für MON810, siehe unten, Punkt V., 1.

582 BfN, Hintergrundpapier zum Pressegespräch am 12.1.2009 vom Bundesamt für Naturschutz, Anforderungen und Risiken beim Anbau von GVP, S. 4 f.

583 Ebenda, S. 5.

584 Ebenda.

585 Ebenda.

586 Siehe zur Vereinbarkeit der Art. 5 III lit. k) VO (EG) Nr. 1829/2003 i.V.m. Art. 3 I lit. f) VO (EG) 641/2004 und von Art. 5 V lit. b) VO (EG) Nr. 1829/2003 mit dem Vorsorgeprinzip, unten, Punkt III. 4.3.1.3.

587 Vgl. Summary of the transformed application for 1507 maize food products in accordance with regulation (EC) 1829/2003.

ebenfalls mit dem Toxin *Cry1A(b)* versehen ist, keinen *fallspezifischen* Plan beigefügt, da die eigens durchgeführte UVP günstig ausgefallen war. Die Fertigstellung und Nachreichung eines *allgemeinen* PMEM-Plans, einschließlich Methodenwahl etc., stellte sie für zwei Jahre nach Zulassung in Aussicht.[588] Die EFSA akzeptierte diese Sichtweise der Antragsteller in ihrer Risikobewertung entgegen Art. 5 V lit. b) VO (EG) Nr. 1829/2003 i.V.m. Anhang VII der Richtlinie 2001/18/EWG.[589]

Die hohe Relevanz des Monitorings hat die Kommission schon im Weißbuch zur Lebensmittelsicherheit hervorgehoben, wo es zum Monitoring heißt:

> *"...Die Gemeinschaft benötigt ein umfassendes und wirksames System zur Überwachung und zum Monitoring der Lebensmittelsicherheit, das alle ... Informationsquellen integriert... Das erste Ziel sollte in einem kontinuierlichen, täglich geleisteten Management der Informationen bestehen, damit eine Realzeit-Reaktion auf potentielle Gefährdungen möglich ist. Zweitens würde ein derartiges System die Kommission in den Stand setzen, eine aktivere und vorausschauendere Position zu beziehen. Es sollte auf die Früherkennung potentieller Gefährdungen gerichtet sein, damit Krisen gar nicht erst auftreten und Abhilfemaßnahmen überflüssig werden..."*[590]

Auch der Rat unterstreicht in seinen Schlussfolgerungen vom Dezember 2008, dass eine intensive regelmäßige Überwachung durch den Inhaber der Zulassung unerlässlich ist.[591]

Da die Fragen der Auswirkungen gentechnisch veränderter Organismen auf die Umwelt und auf die menschliche und tierische Gesundheit noch weitgehend ungeklärt sind, ist gerade das Monitoring unter realitätsnahen Bedingungen eine wichtige Informationsquelle für reale und eben nicht lediglich hypothetische Auswirkungen. Eben dies bringt die Kommission in ihrem Weißbuch klar zum Ausdruck.

Somit ist festzuhalten, dass Widerstände und Blockierungen in GVO-Zulassungsverfahren, gerade im Licht bestehender Widerstände gegen die EFSA-Risikobewertungen auch auf möglicherweise unvollständige bzw. fehlende Monitoring-Pläne zurückzuführen sind. Ungeachtet der besonderen Betonung der Relevanz von Monitorings durch die Europäische Kommission und durch den Rat und naturwissenschaftlicher Unsicherheiten über Risiken, sehen die be-

---

588 Monitoring Plan for the Placing on the market of 1507 maize according to annex VII of directive 2001/18/EC, Punkt 1.3.

589 Opinion of the Scientific Panel on Genetically Modified Organisms on an application reference EFSA GMO-NL-2004-02) for the placing on the market of insect-tolerant genetically modified maize 1507, for food use, under Regulation (EC) No 1829/2003 from Pioneer Hi-Bred International/Mycogen Seeds, The EFSA Journal (2005), 182, 1-22.

590 KOM (1999) 719 endg., S. 11.

591 Schlussfolgerungen des Rates, Ratsdok. 16882/08, S. 4, Rn. 6.

stehenden Vorschriften, wie gezeigt, Ausnahmen für die Fälle unerheblicher Risiken vor.

4.1.3 Die Umweltverträglichkeitsprüfung – aktuelle Entwicklungen

Umweltverträglichkeitsprüfungen (UVPen) der EFSA werden aufgrund der von den Antragstellern zur Verfügung gestellten Materialien erstellt. Auch sie befinden sich im Fokus der an den Zulassungsverfahren geübten Kritik. Für die UVP bestehen seit Inkrafttreten der Richtlinie 2001/18/EG EU-weit einheitliche Risikobewertungskriterien mit dem Ziel, im Sinne des *Vorsorgeprinzips* gem. Artt. 1, 4 I der Richtlinie schädliche Auswirkungen von GVO auf die menschliche Gesundheit und die Umwelt zu ermitteln und zu bewerten. Zu berücksichtigen sind direkte und unmittelbare sowie indirekte, mittelbare und kumulative Auswirkungen, Artt. 2 VIII, 4 II, 13 II lit. b) Richtlinie 2001/18/EG. Anhang II der Freisetzungsrichtlinie beschreibt Ziele, allgemeine Prinzipien, Methodik und die Schlussfolgerungen erleichternde Informationen der UVP.

Kritisiert wird insoweit u.a. im Hintergrundpapier des BfN,[592] dass die UVPs nicht konkret und verbindlich genug seien und, dass sie nicht nach spezifischen Regionen differenzieren, die GVO-Auswirkungen jedoch im Einzelfall je nach den spezifischen regionalen, geographischen Gegebenheiten variieren.[593] Einwände der Mitgliedstaaten seien von der EFSA hinreichend zu berücksichtigen.[594] Das BfN rügt in dem genannten Papier, es sei *„kein Einzelfall"*, dass *„der guten wissenschaftlichen Praxis genügende Daten"* von Antragstellern nicht vorgelegt würden.[595] Dass Monitoringpläne von Antragstellern das Ziel des Umweltschutzes häufig verfehlen, stellte laut *EPEC Interim Report* auch die

592 Hintergrundpapier zum Pressegespräch am 12.1.2009 am Bundesamt für Naturschutz (BfN) in Bonn, Agro-Gentechnik in der Kontroverse Anforderungen und Risiken beim Anbau von GVP, S. 3.

593 Schlussfolgerungen des Rates zu GVO, Ratsdok. 16882/08, S. 10; Friends of the Earth, Throwing Caution through the wind, S. 3; Hintergrundpapier zum Pressegespräch am 12.1.2009 am Bundesamt für Naturschutz (BfN) in Bonn, Agro-Gentechnik in der Kontroverse Anforderungen und Risiken beim Anbau von GVP, S. 3 f.

592 *„Dem BfN ist es außerdem wichtig, dass Genehmigungsentscheidungen und die zugrunde liegenden Risikobewertungen für die interessierte Öffentlichkeit und Fachkreise zugänglich und transparent sind. Das schließt die damit verbundenen wissenschaftlichen Debatten, d.h. auch kontroverse Einschätzungen der beteiligten Behörden und Mitgliedstaaten, ausdrücklich mit ein."*, Hintergrundpapier zum Pressegespräch am 12.1.2009 am Bundesamt für Naturschutz (BfN) in Bonn, Agro-Gentechnik in der Kontroverse Anforderungen und Risiken beim Anbau von GVP, S. 8.

595 Ebenda, S. 3 f.

Mehrzahl der zuständigen mitgliedstaatlichen Behörden fest.[596] So hätte beispielsweise Monsanto dem Antrag auf Verlängerung der Zulassung für MON810 keine neuen Daten beigefügt. Zudem würden Daten „zum quantitativen Eintrag des Bt-Proteins in die Umwelt (Eintrag über Pollen, Verbleib in Pflanzenresten im Boden, Eintrag in Gewässer…)“ fehlen. Studien zu Auswirkungen auf Nichtzielorganismen seien überholt und damit nicht auf dem aktuellen Stand der Wissenschaft.[597]

Kritisiert werden teilweise auch Widersprüche. So legt beispielsweise Art. 4 II, S. 3 der Richtlinie 2001/18/EG im Falle von gemäß Teil C in den Verkehr gebrachten GVO bis zum 31. Dezember 2004 und für gemäß Teil B zugelassenen GVO bis zum 31. Dezember 2008 die schrittweise Einstellung der Verwendung von Antibiotikaresistenzgenen fest, wenn diese schädliche Auswirkungen auf die menschliche Gesundheit oder die Umwelt haben können. Derartige Antibiotikaresistenzgene dürfen mithin nicht mehr verwendet werden. Das in der *Amflora*-Kartoffel enthaltene Resistenzgen für das Antibiotikum „Kanamycin“ hat die Europäische Arzneimittelbehörde EMEA auf Ersuchen der Europäischen Kommission, neben „Neomycin“, als wichtig in der Human- und Tiermedizin bewertet, da es zur Behandlung von Infektionen mit multiresistenter Tuberkulose angewendet wird. Auch die Weltgesundheitsorganisation (WHO) bewertet beide Antibiotika als „besonders wichtige antibakterielle Substanzen“. Kritiker befürchten, dass ihr Einsatz in der Agro-Gentechnik als Markergen zu Antibiotikaresistenzen führen könnte. Die EFSA bewertete dies im Juni 2009 als unwahrscheinlich. Interessant an der EFSA-Bewertung ist, dass erstmals keine Einigkeit unter den Wissenschaftlern der beiden EFSA-Gremien (dem GVO- und dem BIOHAZ-Gremium) erzielt worden ist. Zwei Wissenschaftler hielten schädliche Auswirkungen bei Verwendung der Antibiotikaresistenzgene nicht für unwahrscheinlich, haben sich aber nicht durchgesetzt.

Problematisch ist auch die mangelnde Beteiligung der Öffentlichkeit. Zwar hat die Öffentlichkeit die Möglichkeit, zu den bekanntgemachten Bewertungsberichten Bemerkungen vorzubringen allerdings muss die Kommission diese nicht inhaltlich berücksichtigen. Darin wird teilweise wiederum ein demokratisches Defizit erblickt.[598]

---

596 Vgl. EPEC, Interim Report (Evaluation of the EU legislative Framework in the Field of Cultivation of GMOs under Directive 2001/18/EC and Regulation (EC) No 1829/2003), *(“…Twelve of the Member State authorities who responded said that current post market environmental monitoring (PMEM) plans were not in line with the objectives of the legislation in term of protecting the environment and human health objectives…”)*, S. 7, Punkt VI ii., erhältlich unter http://ec.europa.eu/environment/archives/biotechnology/pdf/gmo_interim_report.pdf.

597 Ebenda.

598 Vgl. etwa *Brockmann/Kremer*, Grüne Gentechnik – Handlungsbedarf zum Schutz von Natur und Umwelt vor den Risiken bei Inverkehrbringen und Einsatz von gentechnisch veränderten Organismen, Punkt II, 7.

Im Zuge der an den UVPen geübten Kritik und der Schlussfolgerungen des Rates[599] haben die Europäische Kommission und die EFSA UVP-Leitlinien mit Beteiligung der Mitgliedstaaten überarbeitet.[600] Nachfolgend werden bisher durchgeführte Änderungen skizziert.

Im von der Kommission in Auftrag gegebenen Evaluationsbericht der *EPEC* wird ein fehlendes Vertrauen in die EFSA-Risikobewertungen als ein wesentlicher Aspekt im Zusammenhang mit den Abstimmungsproblemen im Rat und im Regelungsausschuss angeführt.[601] Wie auch die Risikobewertungen im Hinblick auf Auswirkungen auf die Gesundheit gelten die UVPen mitunter als intransparent. Sie seien für Laien nicht nachvollziehbar und nicht hinreichend detailliert.[602] Auch seien die Kooperation und Kommunikation zwischen der EFSA und den Mitgliedstaaten sowie den Antragstellern nicht hinreichend.[603]Auch die von den Antragstellern gefertigten Dossiers und ihre Prüfung durch die EFSA werden beanstandet.[604]

Zudem wird kritisiert, dass es keine klaren Kriterien für die Bewertung von indirekten und langfristigen Auswirkungen auf die Umwelt gebe. Auch seien Langzeiteffekte in den bisher von der EFSA verwendeten Leitlinien und bei ihrer Umsetzung nicht hinreichend berücksichtigt.[605]

Der Rat hatte in seinen Schlussfolgerungen vom Dezember 2008 eine Überarbeitung der Vorgaben für UVPen und der Überwachungsvorschriften angemahnt.[606]

Demnach[607] sind

- *die potentiellen ökologischen Auswirkungen von GVO auf die Aufnahmemilieus zu berücksichtigen;*
- *die geographischen Gebiete in der EU zu ermitteln, in denen diese GVO freigesetzt werden könnten;*
- *geeignete Techniken zur Bewertung potentieller langfristiger Auswirkungen, einschließlich experimenteller Methoden, zu wählen;*
- *Bewertungskriterien und Anforderungen an die Bewertung von GVO genau festzulegen;*

---

599 Schlussfolgerungen des Rates, Ratsdok. 16882/08, S. 3, Punkt 3.

600 Vgl. KOM (2010) 380 endg., S. 3, Punkt 1.

601 Vgl. EPEC, Interim Report, S. 23, Punkt 4.2.

602 Vgl. ebenda, S. 23, Punkt 4.2.

603 Vgl. ebenda.

604 Vgl. ebenda, S. 27, Punkt 4.3.1; S. 32, Punkt 4.4.1.

605 Friends of the Earth, Throwing Caution through the wind. A review of the European Food Safety Authority and its work on genetically modified foods and crops, S. 16, http://www.foeeurope.org/GMOs/publications/EFSAreport.pdf.

606 Vgl. *Lepage*, Entwurf eines Berichts, 27.1.2011, 2010/0208 (COD), Punkt 2 der Begründung.

607 Vgl. ebenda.

– *Bewertungen von GVO, die Wirkstoffe produzieren, deren Zulassung nach der Richtlinie 91/414/EWG erfolgt und die Bewertungen der entsprechenden Pflanzenschutzmittel kohärent zu gestalten.*

Die Zulassungsinhaber müssen die GVO demnach auch regelmäßig und eingehend überwachen und die Ergebnisse öffentlich zugänglich machen. Bestehende Kontroll- und Untersuchungssysteme seien nicht hinreichend.[608] Die EFSA[609] verweist im Hinblick auf die geforderte Kooperation mit Mitgliedstaaten darauf, dass die Möglichkeit für die Mitgliedstaaten und auch für die zuständigen Behörden und mitgliedstaatlichen Einrichtungen besteht, einen wissenschaftlichen Input an das GVO-Panel zu richten, und sie betont ihre Bindung an Fristen.[610]

Auch die Kommission[611] hatte in ihrem Ersuchen an die EFSA im Jahr 2008 oben genannte Kritikpunkte geäußert. Demnach ist eine detaillierte Bewertung der *langfristigen* Umweltauswirkungen der GVO vorzunehmen, die sich auf folgende Bereiche erstreckt:

– *Prüfung der Umwelt-Risiken, welche die potenziellen Auswirkungen genetisch veränderter Pflanzen auf Nichtzielorganismen mit sich bringen;*
– *Ausarbeitung von Kriterien für Feldversuche zur Bewertung der potenziellen ökologischen Auswirkungen von GVP auf die Aufnahmemilieus;*
– *Ermittlung der geografischen Gebiete in der EU, in denen GVP frei gesetzt werden können;*
– *Wahl der geeigneten Techniken zur Bewertung potenzieller langfristiger Auswirkungen von GVP, einschließlich experimenteller und theoretischer Methoden;*
– *Empfehlungen für die Erstellung einschlägiger Grundlageninformationen.*

Der Rat[612] honorierte die Verbesserungsvorschläge der Kommission in seinen Schlussfolgerungen ausdrücklich.

In ihrer Mitteilung vom 13. Juli 2010 hat die Kommission auf die laufende Überarbeitung der UVP-Leitlinien durch die EFSA sowie darauf hingewiesen,

---

608 Vgl. ebenda, S. 19; vgl. auch die Vorschläge zur Verbesserung der UVP-Leitlinien in *Then*, Opinion on EFSA's draft guidance on the environmental risk assessment of genetically modified plants, S. 25.

609 Vgl. EFSA Actions on Council of the European Union Conclusions on genetically modified Organisms vom 11.2.2009, http://www.efsa.europa.eu/en/gmotopics/docs/gmoefsaactions.pdf.

610 Ebenda, Action 3.1., 3.2.

611 Vgl. EFSA, register of questions, http://registerofquestions.efsa.europa.eu/roqFrontend/questionLoader?question=EFSA-Q-2008-262.

612 Schlussfolgerungen des Rates vom 4. Dezember 2008, Ratsdok. 16882/08, S. 3, Punkt 3.

dass sie diese gemeinsam mit den Mitgliedstaaten erörtern werde, um ihnen einen normativen Wert zu verleihen.[613]

Die Kommission hat darin auch hervorgehoben, dass sie derzeit untersucht, wie *PMEM-Maßnahmen* im Einklang mit dem geltenden Rechtsrahmen und mit den Schlussfolgerungen des Rates verbessert werden können.[614]

Die EFSA hat im Zuge dessen am 12. November 2010 ihre um spezielle Bereiche ergänzten UVP-Leitlinien,[615] die bei der Bewertung der Auswirkungen einer GV-Pflanze auf die Umwelt berücksichtigt werden müssen, veröffentlicht. Nach den neuen UVP - Leitlinien der EFSA sind nun Auswirkungen auf Nichtzielorganismen sowie mögliche Langzeitwirkungen zu berücksichtigen.[616]

Die Ergänzungen beziehen sich insbesondere auf die

- *Persistenz und Invasivität der GV-Pflanze – unter Berücksichtigung der möglichen Genübertragung von Pflanze zu Pflanze;*
- *die Wahrscheinlichkeit und die Folgen der Genübertragung von der Pflanze auf Mikroorganismen;*
- *die mögliche Resistenzentwicklung bei Zielorganismen;*
- *die möglichen Auswirkungen auf Nichtzielorganismen;*
  die biogeochemischen Prozesse wie Veränderungen der Bodenzusammensetzung und die möglichen Auswirkungen auf Anbau, Pflanzenmanagement und Ernteverfahren bezüglich GV-Pflanzen.[617]

Auch hat die EFSA technische Erörterungen mit Vertretern der EU-Mitgliedstaaten, von NGOs und von Antragstellern sowie eine öffentliche Konsultation durchgeführt.
Laut Pressemeldung der EFSA waren 494 Stellungnahmen eingegangen.[618]

Kritiker, wie beispielsweise *Testbiotech*, konstatieren zu diesen neuen UVP-Leitlinien der EFSA, dass diese ähnliche Mängel aufweisen wie schon die Vor-

---

613 KOM (2010) 380 endg., S. 3, Punkt 1. Eine hinreichende Beteiligung der Mitgliedstaaten an der UVP der EFSA sieht demgegenüber beispielsweise der EWSA vielmehr in einer direkten Kooperation zwischen der EFSA und den Mitgliedstaaten im Rahmen der einzelnen Risikobewertungen, indem die Mitgliedstaaten die jeweiligen Umweltbedingungen untersuchen und die Ergebnisse an die EFSA weiterleiten, vgl. Stellungnahme des EWSA vom 9. Dezember 2010, ABl. C 54 v. 19.2.2011, 51-57, Punkt 5.3.2.

614 Ebenda.

615 Guidance on the environmental risk assessment of genetically modified Plants EFSA Panel on Genetically Modified Organisms, The EFSA Journal 2010;8(11):1879.

616 Vgl. *Then*, Opinion on EFSA's draft guidance on the environmental risk assessment of genetically modified plants, S. 6.

617 Press Release, EFSA, 12.11.2010, EFSA updates guidance on environmental impact of GMO plants, http://www.efsa.europa.eu/en/press/news/gmo101112.htm.

618 Vgl. ebenda.

gängerleitlinien.[619] So liege auch den neuen UVP-Leitlinien der unter Naturwissenschaftlern umstrittene vergleichende Ansatz *(comparative approach)* und mithin das ebenfalls umstrittene *Prinzip der substantiellen Äquivalenz* im Hinblick auf GVO und Nicht-GVO zugrunde.[620] Eine umfassende Untersuchung des GVO sei bei festgestellter Vergleichbarkeit nicht angezeigt. Wichtige Datenerhebungen seien teilweise nicht verbindlich.[621] Auch seien keine Kriterien aufgeführt, die eine Ablehnung des Zulassungsantrags begründen könnten.[622]

4.2 Zum Vorsorgeprinzip und zu anderen legitimen Faktoren

Gerade wegen der naturwissenschaftlichen Unsicherheit und der damit verbundenen Einigungsschwierigkeiten in den Verfahren über die Zulassung zum GVO-Anbau sind das VSP und andere legitime Faktoren von hoher Relevanz.

Auch die Richtlinie 2001/18/EG hebt in Erwägungsgrund 9 die besondere Relevanz in einem Mitgliedstaat anerkannter *ethischer* Grundsätze hervor, wenn GVO absichtlich freigesetzt oder als Produkte oder in Produkten in den Verkehr gebracht werden. Gem. Art. 29 I der Richtlinie kann die Kommission von sich aus oder auf Ersuchen des Europäischen Parlaments oder des Rates unbeschadet der Zuständigkeit der Mitgliedstaaten für *ethische* Fragen jeden Ausschuss, den sie zu ihrer Beratung über die *ethischen* Implikationen der Biotechnologie eingesetzt hat, wie z. B. die Europäische Gruppe für Ethik der Naturwissenschaften und der Neuen Technologien, zu allgemeinen *ethischen* Fragen hören. Hierüber hat die Kommission dem Rat und dem Europäischen Parlament Bericht zu erstatten.[623]Art. 31 VII lit. d) der Richtlinie 2001/18/EG regelt den Informationsaustausch über sozioökonomische Faktoren.

Im Hinblick auf die bisher praktizierte Berücksichtigung des VSP und von anderen legitimen Faktoren kann auf die diesbezüglichen Ausführungen[624] zur VO (EG) Nr. 1829/2003 verwiesen werden.

---

619 *Then*, Opinion on EFSA's draft guidance on the environmental risk assessment of genetically modified plants, S. 4.

620 Vgl. ebenda; siehe zum „comparative approach“ (vergleichender Ansatz) und zum *Prinzip der substantiellen Äquivalenz* schon oben, Punkt III. 4.2.1, 4.2.1.2.

621 Vgl. *Then*, Opinion on EFSA's draft guidance on the environmental risk assessment of genetically modified plants, S. 4, 19: *"There may be a broad range of environmental characteristics (regional-specific) to be taken into account."*

622 Vgl. ebenda, S. 4.

623 Art. 31 VIII Richtlinie 2001/18/EG.

624 Siehe oben, Punkt III 4.3.1.

Nachdem oben eine Reihe von Problemen und mithin möglichen Ursachen für Verzögerungen bzw. Blockierungen in den Zulassungsverfahren zum GVO-Anbau dargestellt worden sind, werden im Folgenden bisher in der EU geltend gemachte Anbauverbote dargestellt, deren Reduzierung die Europäische Kommission mit der vorgeschlagenen *Opt-out*-Klausel bezweckt.[625]

625 Siehe KOM (2010) 375 endg., S. 4, Punkt B.

V. Das Schutzklauselverfahren nach der Richtlinie 2001/18/EG und Sofortmaßnahmen gem. Art. 34 der VO (EG) Nr. 1829/2003

In ihrer Mitteilung[626] vom 13. Juli 2010 bezog sich die Kommission zur Begründung ihrer vorgeschlagenen „Renationalisierung" der Anbauentscheidungen durch Einfügung eines entsprechenden Art. 26b[627] in die Richtlinie 2001/18/EG und ihrer neuen Koexistenzleitlinien[628] auf vier Ratsabstimmungen gegen Kommissionsentwürfe zur Aufhebung nationaler Schutzmaßnahmen. Eine Reihe von Mitgliedstaaten hatte zuvor ihre Forderung nach einer Klausel, die den Mitgliedstaaten Anbauverbote („*Opt-out*-"Maßnahmen) für zugelassene GVO erlauben sollte, in der Erklärung vom 25. Juni 2009 auf dem Umweltgipfel geltend gemacht und diese gerade auf die genannten Ratsabstimmungen gestützt.[629]

Nachfolgend sollen zunächst bestehende Anbauverbote für MON810 dargestellt werden. Im Anschluss werden die Schutzklausel gem. Art. 23 der Richtlinie 2001/18/EG und darauf beruhende Schutzmaßnahmen sowie auch Notfallmaßnahmen gem. Art. 34 der VO (EG) Nr. 1829/2003 und der Kontext der Ratsabstimmungen gegen die Entscheidungsentwürfe der Kommission zur Aufhebung einzelner Schutzmaßnahmen beschrieben. Es folgen Ausführungen zu aktuellen Entwicklungen im Hinblick auf die Notfallregelung nach der VO (EG) Nr. 1829/2003. Da bisher überwiegend[630] derartige Schutzmaßnahmen verhängt wurden, soll an dieser[631] Stelle auf Ausführungen zu Maßnahmen aufgrund von Art. 114 V AEUV verzichtet werden.

---

626 KOM (2010) 380 endg., S. 3, Fn. 6. Die Kommission übernimmt dort die Bezugnahme von Österreich und zwölf weiteren Mitgliedstaaten in dem Arbeitspapier vom 25. Juni 2009 auf „vier unterschiedliche Anlässe" von Juni 2005, Dezember 2006, Februar 2007 und März 2009.

627 KOM (2010) 375 endg., S. 15 f.

628 Empfehlung der Kommission vom 13. Juli 2010 mit Leitlinien für die Entwicklung nationaler Koexistenz-Maßnahmen, ABl. C 200 v. 22.7.2010, 1-5, ABl. C 200 v. 22.7.2010, 1-5.

629 Vgl. KOM (2010) 380 endg., S. 3 (Fn. 6).

630 Vgl. EPEC, Final Report, S. 112 f., Annex 1, Punkt a.

631 Siehe zum Oberösterreichischen Gentechnik-Verbotsgesetz unten, Punkt VIII., 1.2.

1. MON810

Bisher[632] haben Österreich, Ungarn, Frankreich, Griechenland, Luxemburg, Deutschland und Bulgarien nach der VO (EG) Nr. 1829/2003 bzw. nach der Richtlinie 2001/18/EWG Anbau- und/oder Vermarktungsverbote für MON810 erlassen.

Die Schutzmaßnahmen werden teilweise als rein politische, wissenschaftsfremde Entscheidungen angegriffen.[633] Wie nachfolgend zu zeigen sein wird, begründen die Mitgliedstaaten ihre Schutzmaßnahmen grundsätzlich damit, dass regionale Besonderheiten im Zusammenhang mit Fragen zu den Auswirkungen auf die Gesundheit und die Umwelt und mit Langzeitfolgen von der EFSA nicht hinreichend berücksichtigt werden.[634] Gerade die Anzahl der mitgliedstaatlichen Schutzmaßnahmen möchte die Kommission mit dem Vollzug ihrer Verordnung vom 13.7.2010,[635] zu reduzieren. Das WTO-Panel hatte zuvor in seinem Bericht in EC – *Biotech* die Schutzklausel zwar ausdrücklich nicht für WTO-rechtswidrig erklärt,[636] jedoch alle neun von den Beschwerdeführern angegriffenen, auf der Schutzklausel beruhenden Schutzmaßnahmen als WTO-rechtswidrig eingestuft, zum einen, da sie den strikten Anforderungen des SPSÜ an die Risikobewertungen[637] nicht genügten und zum anderen, da wissenschaftliches Material verfügbar war, so dass die mitgliedstaatlichen Maßnahmen auch den Voraussetzungen des Art. 5.7 SPSÜ nicht genügten.[638] Das Panel empfahl der Kommission in seinem Bericht, die Schutzmaßnahmen mit dem WTO-Recht in Einklang zu bringen, entweder durch Anpassung der Risikobewertungen an die am Wissenschaftlichkeitsprinzip ausgerichteten Anforderungen des SPSÜ oder durch Aufhebung der Schutzmaßnahmen.[639]

Mögliche Gründe für die Schutzmaßnahmen werden teilweise von zuständigen mitgliedstaatlichen Zulassungsbehörden auch mit der mangelnden Einbeziehung der Mitgliedstaaten in die Risikobewertungen begründet.[640]

Durch die Ratsabstimmungen[641] in den von der Kommission im Paket in Bezug genommenen Verfahren zu Schutzmaßnahmen von Österreich und Un-

---

632 Stand: April 2011.

633 Vgl. EPEC, Interim Report, S. 88, Punkt 6.2.7.; vgl. EPEC, Final Report, S. 77, Punkt 10.2.9.

634 Vgl. ebenda.

635 Vgl. KOM (2010) 375 endg., S. 4, Punkt B.

636 Vgl. Panel Reports, WT/DS291/R, WT/DS92/R, WT/DS293/R *(EC – Biotech)*, S. 1068, Punkt 8.8.

637 Vgl. ebenda, S. 1069, Punkt 8.9.

638 Vgl. ebenda.

639 Vgl. ebenda, S. 1078, Rn. 8.40; S. 1084, Punkt 8.55; S. 1087, Punkt 8.54.

640 Vgl. EPEC, Interim Report, S. 88, Punkt 6.2.7.

garn sind Präzedenzfälle geschaffen worden,[642] da in diesen Verfahren erstmalig qualifizierte Mehrheiten im Rat gegen die von der Kommission vorgeschlagenen Aufhebungen der mitgliedstaatlichen Schutzmaßnahmen zustande gekommen waren.

Die Kommission verspricht sich von einer Renationalisierung der Anbauentscheidungen durch die Einführung einer *Opt-out*-Klausel nicht nur weniger Widerstand gentechnikkritischer Mitgliedstaaten im Zulassungsverfahren und mithin eine Beschleunigung der Zulassungen, sondern, wie beschrieben, auch eine Reduzierung von mitgliedstaatlichen Schutzmaßnahmen. Einige Autoren sehen darin den Versuch der Kommission, ihre Verantwortung auch für die Vereinbarkeit von Maßnahmen mit dem Welthandelsrecht an die Mitgliedstaaten abzugeben.[643] Andererseits kommt die Kommission mit ihrem Paket den Forderungen einer Reihe von Mitgliedstaaten nach.[644] Die Möglichkeit zur Begründung von Anbauverboten mit Aspekten, die nicht schon Gegenstand der Risikobewertung im Zulassungsverfahren waren, verschafft den Mitgliedstaaten die Option, selbst für oder gegen den Anbau zu entscheiden und dabei die bei ihnen jeweils vorherrschenden spezifischen Gegebenheiten angemessen berücksichtigen zu können.[645] Fraglich ist, welche Rolle die Schutzmaßnahmen neben dem vorgeschlagenen Art. 26b der Freisetzungsrichtlinie spielen könnten und, ob die geplante *Opt-out*-Klausel den Mitgliedstaaten, die im Vergleich zur Schutzklausel und auch zur Vorschrift über Sofortmaßnahmen weitaus mehr Entscheidungsspielraum einräumt, überhaupt Bestand vor dem strikten WTO-Regime hätte.

Bevor WTO-rechtliche Bedenken[646] an der vorgeschlagenen Klausel aufgezeigt werden, sollen nachfolgend zunächst die einzelnen Schutzmaßnahmen im Fall von MON810 dargestellt werden.

Im Anschluss werden die Verfahren nach Art. 23 der Richtlinie 2001/18/EG und nach Art. 34 der VO (EG) Nr. 1829/2003 dargestellt und die diesbezüglichen Probleme am Beispiel MON810 herausgearbeitet.

---

641 Erstmalig seit Geltung des aktuellen Rechtsrahmens hatte der Rat im Komitologieverfahren mit qualifizierter Mehrheit gegen die Entscheidungsentwürfe der Kommission zur Aufhebung nationaler Schutzmaßnahmen gestimmt.

642 Dabei handelt es sich um die vier von der Kommission im Paket angeführten Anlässe im Juni 2005, Dezember 2006, Februar 2007, und März 2009, vgl. KOM (2010) 380 endg., S. 3 (Fn. 6).

643 Vgl. etwa *Gaßner, Groth, Siederer & Coll. (GGSC)*, Newsletter Dezember 2010, http://www.ggsc.de/service/downloads/417_GentechnikNL_201012.pdf.

644 Vgl. KOM (2010) 380 endg., S. 7, Punkt 3.

645 Vgl. KOM (2010) 375 endg., S. 7, Punkt 2.3.

646 Siehe dazu unten, Punkt VIII. 2.1.3.2.

Österreich

Am 10. Juni 1999 hat Österreich der Kommission das Verbot des Anbaus und Inverkehrbringens von MON810 (und das Verbot des Inverkehrbringens des zugelassenen T25) gem. Art. 16 der alten Richtlinie 90/220/EG angezeigt[647] und dieses Verbot am 8. Mai 2000 mit einer ergänzenden, detaillierten Begründung und weiteren Dokumenten versehen. Nach Inkrafttreten der neuen Richtlinie 2001/18/EG[648] legte Österreich im Februar 2004 weitere die Verbote begründende Unterlagen vor. In ihrer Stellungnahme vom 8. Juli 2004[649] stellte die EFSA fest, dass die von Österreich erbrachten Informationen keine neuen wissenschaftlichen Erkenntnisse beinhalten würden, die die Schutzmaßnahme rechtfertigen könnten. Die Kommission leitete ihren darauf basierenden Entscheidungsentwurf, der die Aufhebung des Verbots beinhaltete, an den zuständigen Ausschuss weiter. Da im Ausschuss nach seiner Anhörung am 29. November 2004 keine qualifizierte Mehrheit für oder gegen die Kommissionsentscheidung zustande kam, leitete die Kommission den Entscheidungsentwurf gem. Art. 5 IV Beschluss 1999/468/EG umgehend an den Rat weiter und an unterrichtete das Europäische Parlament. Am 24. Juni 2005 lehnte der Rat „Umwelt" den Kommissionsentwurf mit qualifizierter Mehrheit ab. Der Rat begründete seine Position zunächst damit, dass im Zusammenhang mit dem Inverkehrbringen von MON810 „nach wie vor eine gewisse Unsicherheit besteht".[650] Nachdem die EFSA in ihrem Gutachten vom 29. März 2006 festgestellt hatte, dass die „derzeit verfügbaren wissenschaftlichen Erkenntnisse" die von Österreich vorgebrachten Argumente nicht stützten und dass es keinen Grund zu der Annahme gab, dass das weitere Inverkehrbringen von MON810 unter den Bedingungen der Zulassung eine Gefährdung der Gesundheit von Mensch und Tier mit sich bringt,[651] ließ die Kommission dem Rat erneut einen Entwurf mit der Aufforderung an Österreich, die Schutzmaßnahme aufzuheben, zukommen.

Der Rat „Umwelt" lehnte diesen Entwurf am 18. Dezember 2006 wiederum mit qualifizierter Mehrheit ab und begründete dieses mehrheitliche Votum damit, dass im Rahmen der Umweltverträglichkeitsprüfung nach der Richtlinie

647 Die bezweckte Verwendung von MON810 abstammender Lebensmittel und Lebensmittelzusatzstoffe, wie Maismehl, Maiskleber, Maisgries, Maisglukose, Maisöl, war nicht von der österreichischen Schutzmaßnahme umfasst, KOM (2009) 56 endg., S. 2, Punkt 5.

648 Die Richtlinie 2001/18/EG gilt seit 17. April 2001.

649 The EFSA Journal (2004) 78, 1-13.

650 Vgl. Vorschlag für eine Entscheidung des Rates über das in Österreich gemäß der Richtlinie 2001/18/EG des Europäischen Parlaments und des Rates verhängte vorläufige Verbot der Verwendung und des Verkaufs von genetisch verändertem Mais (Zea mays L., Linie MON810), KOM (2009) 56 endg. v. 10.2.2009, Rn. 13 der Begründung.

651 Ebenda, S. 4, Rn. 15.

2001/18/EG die unterschiedlichen landwirtschaftlichen Strukturen und die regionalen ökologischen Charakteristika auf eine systematischere Weise in Rechnung zu stellen seien.[652]

Infolgedessen wandelte die Kommission ihren ursprünglichen Entscheidungsentwurf insoweit ab, als er nunmehr nur noch die Aufhebung des Verbots der Einfuhr und des Inverkehrbringens beinhaltete (vgl. Art. 5 VI Beschluss des Rates 1999/468/EG).[653] Bei der Abstimmung im Rat am 30. Oktober 2007 kam insoweit keine qualifizierte Mehrheit für oder gegen den Entscheidungsentwurf zustande. Am 7. Mai 2008 erging die Kommissionsentscheidung, wonach Österreich das Verbot des Inverkehrbringens und Verarbeitens aufzuheben hatte.[654]

Österreich hatte die Ratsentscheidung zugunsten des Anbauverbotes unterdessen zum Anlass genommen, wissenschaftliche Erkenntnisse zu den „unterschiedlichen landwirtschaftlichen Strukturen" und „regionalen ökologischen Charakteristiken" zu sammeln.[655] Am 18. April 2008 forderte die Kommission die EFSA insoweit zur Abgabe einer Stellungnahme dazu auf, ob die von Österreich nachgereichten Informationen die Umweltverträglichkeitsprüfung berühren und ob aufgrund neuer wissenschaftlicher Erkenntnisse hinreichende Gründe die Annahme begründen, dass MON810 eine Gefahr für die Umwelt darstelle. Die EFSA bestätigte ihre ursprüngliche Stellungnahme durch ein weiteres Gutachten vom 4. Dezember 2008, wonach eine Gefährdung der Gesundheit von Mensch und Tier durch MON810 unwahrscheinlich sei.

Daraus folgerte die Kommission in ihrem Entwurf vom 10. Februar 2009, Österreich solle seine Schutzmaßnahme im Hinblick auf die Verwendung und den Verkauf des Saatguts aufheben.[656] Am 2. März 2009 entschied der Rat auch insoweit[657] wiederum mit qualifizierter Mehrheit gegen den Kommissionsentwurf.[658]

---

652 Vgl. ebenda, S. 4, Rn. 18.

653 Ebenda, Rn. 19.

654 Entscheidung 2008/495/EG der Kommission vom 7. Mai 2008 über das vorübergehende Verbot der Verwendung und des Verkaufs von genetisch verändertem Mais (Zea mays L., Linie MON810) gemäß der Richtlinie 2001/18/EG des Europäischen Parlaments und des Rates in Österreich, ABl. L 172 v. 2.7.2008, 25-27.

655 Vgl. ebenda, Rn. 21.

656 Ebenda, Rn. 24: *„Aufgrund dessen sollte Österreich seine Schutzmaßnahmen zumindest in Bezug auf die Einfuhr von Zea mays L. Linie MON810 und seine Verarbeitung zu Lebens- und Futtermitteln aufheben."*

657 Die Ratsentscheidung zugunsten der Schutzmaßnahmen umfasste, wie erwähnt, neben MON810 auch das Verbot des Inverkehrbringens vom GVO-Mais T25.

658 Press Release, 2928th Council Meeting, Environment, 2 March 2009, 7042/1/09REV1 (Presse 53), S. 8 f.

Ungarn

Ungarn hat am 20. Januar 2005 gegen den Anbau von MON810 die Schutzklausel geltend gemacht. Am 27. Januar 2005 ließ Ungarn der Kommission eine detaillierte, mit Dokumenten versehene Begründung zukommen. Mit Schreiben vom 8. April 2005 ersuchte die Kommission die EFSA um eine wissenschaftliche Stellungnahme zur Übereinstimmung der Erklärung der ungarischen Behörden und der zur Verfügung gestellten Dokumente mit Art. 23 der Richtlinie 2001/18/EG sowie zur Überprüfung der Frage, ob die neuen Informationen das Ergebnis der Umweltverträglichkeitsprüfung im Zulassungsverfahren nach der alten Richtlinie 90/220/EG aufgrund neuer wissenschaftlicher Kenntnisse beeinflussen. In ihrer Stellungnahme vom 29. März 2006 stellte die EFSA fest, dass es keine Anhaltspunkte dafür gebe, dass eine Gefahr für die Gesundheit von Mensch und Tier und die Umwelt wahrscheinlich sei.[659] Die Kommission folgerte daraus das Fehlen von Risiken sowie die Notwendigkeit gem. Art. 23 der Richtlinie 2001/18/EG, Ungarn zur Aufhebung der Schutzmaßnahme zu veranlassen.[660] Der am 18. September 2006 von der Kommission konsultierte Ständige Ausschuss gab keine Stellungnahme zu dem entsprechenden Entscheidungsentwurf der Kommission ab.[661] In seiner Stellungnahme vom 20. Februar 2007 votierten die Minister im Rat „Umwelt“ mit qualifizierter Mehrheit gegen den Kommissionsvorschlag zur Aufhebung der Schutzmaßnahme. Der Rat stellte zudem, wie schon zuvor bei seiner Stellungnahme gegen den Kommissionsvorschlag zur Aufhebung der österreichischen Schutzmaßnahme, fest, dass die unterschiedlichen landwirtschaftlichen Strukturen und die regionalen ökologischen Charakteristiken auf eine systematischere Weise im Rahmen der UVP zu berücksichtigen seien.[662] Nachdem Ungarn der Kommission am 30. November 2007 insoweit weitere Informationen hatte zukommen lassen, bestätigte die EFSA ihre ursprüngliche Risikobewertung im Zulassungsverfahren und stellte wieder fest, dass sie keine neuen Daten identifiziert habe, die ihre ursprüngliche Risikobewertung infrage stellen und dass Ungarn keine ausreichenden wissenschaftlichen Beweise dafür geliefert habe, dass die Umweltbedingungen in Ungarn von jenen in anderen Regionen in der EU abweichen.[663] Daraus folgerte die

659 Vgl. Vorschlag für eine Entscheidung des Rates über das in Ungarn gemäß der Richtlinie 2001/18/EG des Europäischen Parlaments und des Rates verhängte vorläufige Verbot der Verwendung und des Verkaufs von genetisch verändertem Mais (Zea mays L., Linie MON810), in den das Gen Bt cry1Ab eingeführt wurde, KOM (2009) 12 endg. v. 21.1.2009, Rn. 8 der Begründung.

660 Vgl. ebenda, Rn. 9.

661 Vgl. ebenda, Rn. 12.

662 Vgl. ebenda, Rn. 14.

663 Vgl. ebenda, Rn. 17.

Kommission, dass Ungarn die Schutzmaßnahme aufzuheben habe.[664] Der Rat entschied am 2. März 2009 wiederum mit qualifizierter Mehrheit gegen den Entwurf der Kommission zur Aufhebung der Schutzmaßnahme.[665]

Frankreich

Am 9. Februar 2008 setzte Frankreich die Kommission über die Aussetzung des Anbaus von aus MON810 gewonnenen Saatsorten und über ein vorläufiges Anbauverbot von MON810 gem. Art. 23 der Richtlinie 2001/18/EG in Kenntnis.[666] Zur Begründung der verhängten Schutzmaßnahme bezog sich Frankreich auf eine Risikobewertung des dafür in Frankreich zuständigen „Comité de préfiguration", das das Vorliegen neuer wissenschaftlicher Erkenntnisse hervorhob.[667] Demnach ergäbe sich aus verschiedenen wissenschaftlichen Studien das Vorliegen von Gefahren, unter anderem aus dem Auskreuzen von GVO mit naturbelassenem Saatgut durch Pollenflug, der Resistenzbildung bei Zielorganismen sowie aus schädlichen Wirkungen auf Nichtzielorganismen. Die französische Risikobewertungsstelle hob auch das Erfordernis einer intensiveren Bewertung von biologischen und mikrobiologischen Auswirkungen von Bt-Molekülen, wie dem *Cry1A(b)*, hervor. Zudem seien die Wirkungen des Bt auf das Erdreich zu untersuchen. Auch die Wichtigkeit des PMEM sowie die Bewertung langfristiger Auswirkungen des Anbaus von GVO auf Flora, Fauna, Pilze und andere Ökosysteme unterstrich die französische Behörde.[668] Am 13. Februar 2008 und am 20. Februar 2008 ergingen von Frankreich an die Kommission nochmalige Notifizierungen, einschließlich Begleitdokumenten, mit dem Titel „Sofortmaßnahme gemäß Art. 34 der Verordnung (EG) Nr. 1829/2003" und gem. Art. 23 der Richtlinie 2001/18/EG. Am 27. Februar 2008 ersuchte die Kommission das GVO-Gremium der EFSA zur wissenschaftlichen Stellungnahme. Die Stellungnahme der EFSA vom 29. Oktober 2008 enthielt die Feststellung, dass sie keine neuen Daten identifiziert habe, die die Risikobewertung im Zulassungsverfahren abändern würden. Es gebe demnach keine spezifischen neuen Anhaltspunkte für Risiken im Hinblick auf die Gesundheit von Menschen und Tieren und die Um-

664 Vgl. ebenda, Rn. 18.

665 Press Release, 2928th Council Meeting, Environment, 2 March 2009, 7042/1/09REV1 (Presse 53), S. 8 f.

666 Vgl. EFSA, Request from the European Commission related to the safeguard clause invoked by France on maize MON810 according to Article 23 of Directive 2001/18/EC and the emergency measure according to Article 34 of Regulation (EC) No 1829/2003. Scientific Opinion of the Panel on Genetically Modified Organisms, The EFSA Journal (2008) 850, 1-45.

667 Vgl. ebenda, S. 9.

668 Vgl. ebenda, S. 12.

welt.[669] Die Kommission folgerte daraus, dass keine Risiken vorliegen und die Schutzmaßnahme somit aufzuheben sei.[670]

Nachdem u.a. Monsanto im Februar 2008 gegen das französische Anbauverbot Klage beim Conseil d`État erhoben hatte, ergab sich aus einem für die europäische Agro-Gentechnik wegweisenden Urteil[671] des EuGH vom 6.9.2011, dass das französische GVO-Anbauverbot auf Art. 34 VO (EG) Nr. 1829/2003 statt auf Art. 23 der Freisetzungsrichtlinie hätte gestützt werden müssen. Zudem hätte die Kommission vorher, spätestens zeitgleich mit der Verhängung der Maßnahme, informiert werden müssen. Das zuständige französische Gericht erklärte das Anbauverbot für MON810 mithin für rechtswidrig, da es auf der unzutreffenden Rechtsgrundlage beruhe und da es zudem den strengen Anforderungen an die europäische Notfallklausel nicht gerecht werde. Zwar hat Monsanto zwischenzeitlich den Rückzug von MON810 aus Frankreich erklärt. Dennoch hat das Urteil Folgen auch für den Anbau von MON810 in Frankreich, soweit französische Landwirte den MON810-Anbau planen, zumal seine Neuzulassung durch die Europäische Kommission bevorsteht.

Der französische Landwirtschaftsminister Bruno LeMaire hat nunmehr erklärt, am MON810-Anbauverbot festhalten zu wollen und die Kommission ersucht, die Neuzulassung nicht zu erteilen. Begründet wurde dieses Ersuchen u.a. damit, dass die EFSA Ende 2011 im Zusammenhang mit der Risikobewertung vom GVO-Mais Bt11 eine Gefährdung von Nichtzielorganismen (bestimmten Schmetterlingen) durch das auch im MON810 enthaltene Toxin *Cry1A(b)* festgestellt habe. Zudem hat Frankreich die Europäische Kommission nun rechtzeitig über die geplante Inanspruchnahme der europäischen Notfallklausel informiert[672] bevor es im März 2012 mit vorstehend erwähnter Begründung ein erneutes Anbauverbot für MON810 – nun aufgrund von Art. 34 VO (EG) Nr. 1829/2003 – verhängte.[673]

---

669 Vgl. ebenda, S. 31; Draft Commission Decision of [...] concerning the provisional prohibition in France of the cultivation of seeds of genetically modified maize (Zea mays L. line MON810) expressing the Bt cry1A gene, pursuant to Article 54 of Regulation (EC) No 178/2002 of the European Parliament and of the Council, Rn. 13.

670 Ebenda, Rn. 14.

671 EuGH, Urteil v. 8.9.2011, Rs. C-58/10 bis C-68/10 (Monsanto SAS u.a. – noch nicht in der Amtlichen Sammlung veröffentlicht). Siehe zum Urteil im Einzelnen die Ausführungen unten Punkt V. 3.

672 Transgen, Frankreich: Oberstes Gericht annulliert Anbauverbot für Gentechnik-Mais MON810, http://www.transgen.de/aktuell/1650.doku.html; Transgen, Gutachten zu gv-Mais Bt11 soll neue wissenschaftliche Zweifel rechtfertigen. Gentechnik-Mais MON810: Frankreich strebt neues Anbauverbot an, http://www.biosicherheit.de/aktuell/1407.gentechnik-mais-mon810-frankreich-anbauverbot.html.

673 Siehe topagrarONLINE, Meldung vom 27.3.2012,

Griechenland[674]

Am 29. März 2006 verhängte Griechenland ein Anbauverbot von MON810 gem. Art. 23 der Richtlinie 2001/18/EG und Art. 18 der Richtlinie 2002/53/EG, über das es die Kommission schriftlich mit beigefügtem wissenschaftlichem Bericht zur Begründung sowie 71 Publikationen und Erklärungen informierte. Die Kommission ersuchte das GVO-Gremium der EFSA mit Schreiben vom 4. Mai 2006 um ein wissenschaftliches Gutachten zur Frage, ob von MON810 unmittelbare Gefahren für die menschliche Gesundheit und die Umwelt ausgehen.

Die EFSA bestätigte ihr Ergebnis, dass schädliche Auswirkungen von MON810 für die menschliche Gesundheit und tierische Gesundheit und für die Umwelt unwahrscheinlich seien, da keine neuen Beweise vorgelegt worden seien, die ihre Risikobewertung im Zulassungsverfahren inhaltlich abändern.[675] Auf Ersuchen der Europäischen Kommission bestätigte die EFSA diese Bewertung noch einmal nach einer erneuten Notifizierung durch Griechenland vom 13.9.2007.[676]

Luxemburg

Wegen Zweifeln an der Unbedenklichkeit der von MON810 ausgehenden Risiken hatte Luxemburgs Gesundheitsminister Marc Di Bartolomeo im März 2009 das Anbauverbot für MON810 nach Art. 23 der Richtlinie 2001/18/EG bekannt gegeben.[677]

Deutschland

Im April 2009 verhängte das BVL auf Veranlassung von Bundeslandwirtschaftsministerin Ilse Aigner ein Anbauverbot für MON810, beruhend auf der

---

http://www.topagrar.com/news/Home-top-News-Frankreich-verbietet-MON810-Anbau-806399.html.

674 EFSA, Opinion of the Scientific Panel on Genetically Modified Organisms on a request from the Commission related to the safeguard clause invoked by Greece according to Article 23 of Directive 2001/18/EC and to Art. 18 of Directive 2002/53/EG, The EFSA Journal (2006) 411, 1-26; Draft Commission Decision of [...] concerning the provisional prohibition in Greece of the use and sale of seed of varieties of genetically modified maize (Zea mays L. line MON810) expressing the Bt cry1Ab gene, pursuant to Article 54 of Regulation (EC) No 178/2002 of the European Parliament and the Council.

675 EFSA Journal (2006) 411, 1-26, S. 1.

676 EFSA, Request from the European Commission related to the safeguard clause invoked by Greece on maize MON810 according to Article 23 of Directive 2001/18/EC, EFSA Journal (2008) 757, 1-12.

677 Informationsdienst Gentechnik, Luxemburg verbietet Gentechnikmais MON 820 (Meldung vom 23.3.2009), http://www.keine-gentechnik.de/news-gentechnik/news/de/19477.html.

Schutzklausel gem. Art. 23 der Richtlinie 2001/18/EG. Zur Begründung wurde das Anbauverbot auf neue Erkenntnisse über die Wirkung des Toxins *Cry1A(b)* auf Nichtzielorganismen, wie bestimmte Schmetterlinge, gestützt.[678]

Zuvor hatte das BVL mit Bescheid vom 27. April 2007 ein befristetes Verkaufsverbot und Auflagen zum *fallbezogenen* Monitoring damit begründet, dass neue Erkenntnisse die Möglichkeit von Gefahren des *Cry1A(b)*-Toxins für Nichtzielorganismen (etwa Prädatoren und Parasitoiden), wie beispielsweise bestimmte nützliche Insekten, nahegelegt haben.[679] Im Dezember 2007 hat das BVL eine Vereinbarung mit Monsanto für ein allgemeines Monitoring für ausreichend erachtet.[680]

Bulgarien

Im Februar 2011 hat auch Bulgarien eine Schutzmaßnahme verhängt, nachdem es schon im März 2010 seine Koexistenzmaßnahmen verschärft hatte.[681]

2. Die Voraussetzungen nach Art. 23 der Richtlinie 2001/18/EG und nach der VO (EG) Nr. 1829/2003

Nachdem die Zulassung zum Anbau von MON810 nach der alten Freisetzungsrichtlinie 90/220/EWG erteilt worden ist und mehrere Mitgliedstaaten, wie oben gezeigt, Anbauverbote verhängt haben, stellt sich die Frage, ob und inwieweit für diesbezügliche Anbauverbote nunmehr die neue Freisetzungsrichtlinie oder die VO (EG) Nr. 1829/2003 gilt. Bevor hierauf eingegangen wird, sollen die Voraussetzungen der Schutzmaßnahmen nach der Verordnung und nach der Freisetzungsrichtlinie dargestellt werden.

---

678 Vgl. BW, Ministerium für Ländlichen Raum, Ernährung und Verbraucherschutz, Informationen zur Grünen Gentechnik (Stand: April 2010), S. 2; Transgen, Bt-Mais, Ein Risiko für die Umwelt. Wirklich?, http://www.transgen.de/pdf/kompakt/mais.pdf.

679 Vgl. *Then/Brockmann*, Lässt sich der Anbau von Gen-Mais Mon810 in Deutschland verbieten? Eine wissenschaftliche und rechtliche Bewertung, S. 4.

680 Vgl. ebenda.

681 Vgl. Informationsdienst Gentechnik, Meldung vom Februar 2011, http://www.keine-gentechnik.de/bibliothek/zulassungen/dossier-mon-810-mais.html.

2.1 Die Schutzklausel gem. Art. 23 der Richtlinie 2001/18/EG

Art. 23 I der Richtlinie 2001/18/EG erlaubt es einem Mitgliedstaat, unter engen Voraussetzungen den Einsatz und/oder den Verkauf eines GVO als Produkt oder in einem Produkt in seinem Hoheitsgebiet vorübergehend einzuschränken oder zu verbieten.[682] Gem. Art. 23 I S. 1 der Richtlinie 2001/18/EG müssen dazu neue oder zusätzliche Informationen vorliegen, die der betreffende Mitgliedstaat seit dem Tag der Zustimmung erhalten hat.

Diese müssen entweder Auswirkungen auf die Umweltverträglichkeitsprüfung haben oder aufgrund der Neubewertung der vorliegenden Informationen auf der Grundlage neuer oder zusätzlicher Erkenntnisse berechtigten Grund zu der Annahme geben, dass ein GVO als Produkt oder in einem Produkt[683], eine Gefahr für die menschliche Gesundheit oder die Umwelt darstellt.

In einer wichtigen Entscheidung zur Schutzklausel nach dem alten Rechtsrahmen hat der EuGH zwar festgestellt, dass wissenschaftlich (noch) nicht verifizierte Vermutungen keine hinreichende Basis für eine Schutzmaßnahme darstellen könnten.[684] Vielmehr müssten „verlässliche...wissenschaftliche Daten" auf potentielle Risiken schließen lassen.[685] Das Vorsorgeprinzip wird jedoch bei derart strengen Anforderungen an die erforderliche Risikobewertung geradezu ad absurdum geführt, da es per definitionem gerade Fälle wissenschaftlicher Un-

682 Art. 23 I, a.E. Richtlinie 2001/18/EG.

683 Es muss sich um einen nach der Richtlinie 2001/18/EG vorschriftsmäßig angemeldeten und schriftlich zugelassenen GVO handeln.

684 *„...können Schutzmaßnahmen, die aufgrund der Schutzklausel getroffen werden, nicht wirksam mit einer rein hypothetischen Betrachtung des Risikos begründet werden, die auf bloße, wissenschaftlich noch nicht verifizierte Vermutungen gestützt wird... Derartige Schutzmaßnahmen können ungeachtet ihrer vorläufigen Natur und auch wenn sie Präventivcharakter haben, nur getroffen werden, wenn sie auf eine möglichst umfassende Risikobewertung unter Berücksichtigung der besonderen Umstände des konkreten Falles gestützt sind, die erkennen lassen, dass diese Maßnahmen geboten sind, um gemäß Artikel 3 Absatz 1 erster Gedankenstrich der Verordnung Nr. 258/97 zu gewährleisten, dass die neuartigen Lebensmittel keine Gefahr für den Verbraucher darstellen..."*, EuGH, Urteil v. 9.9.2003, Rs. C-236/01 Slg. 2003, I-8105 (Monsanto vs. Italien), Rn. 106 f.

685 *„...Derartige Maßnahmen setzen insbesondere voraus, dass die Risikobewertung, über die die nationalen Behörden verfügen, spezifische Indizien erkennen lässt, die, ohne die wissenschaftliche Unsicherheit zu beseitigen, auf der Grundlage der verlässlichsten verfügbaren wissenschaftlichen Daten und der neuesten Ergebnisse der internationalen Forschung vernünftigerweise den Schluss zulassen, dass die Durchführung dieser Maßnahmen geboten ist, um zu verhindern, dass neuartige Lebensmittel, die mit potenziellen Risiken für die menschliche Gesundheit behaftet sind, auf dem Markt angeboten werden..."*, EuGH, Rs. C-236/01 (Monsanto vs. Italien), Rn. 113.

sicherheit betrifft, in denen mithin grundsätzlich verlässliche wissenschaftliche Daten fehlen. Andererseits betonte der EuGH in dieser Entscheidung auch, dass gerade die Schutzklausel im Licht des Vorsorgeprinzips auszulegen sei.[686]

Im Ergebnis ist damit festzuhalten, dass Anbauverbote aufgrund von Schutzklauseln, im Gegensatz zu einem (risikounabhängigen) Opt-out aufgrund des im Juli 2010 vorgeschlagenen Art. 26b der Richtlinie 2001/18/EG, zwingend auf naturwissenschaftliche Gründe (Gefahren für die Umwelt und Gesundheit) zu stützen sind. Im Gegensatz zu einem Opt-out im Sinn des Kommissionsvorschlages müssen demnach neue wissenschaftliche Daten ein Risiko nahelegen, wobei wiederum die GVO bis dato inhärente wissenschaftliche Unsicherheit die hohe Relevanz des Vorsorgeprinzips unterstreicht.

2.2 Sofortmaßnahmen gem. Art. 34 der VO (EG) Nr. 1829/2003

Wurde der Anbau eines GVO über das *One door, one key-Prinzip* nach der VO (EG) Nr. 1829/2003 zugelassen, weil der anzubauende GVO als Lebens- bzw. Futtermittel verwendet werden soll, so ergibt sich die Rechtsgrundlage für Maßnahmen in Notfällen ebenfalls aus der Verordnung und nicht aus der Freisetzungsrichtlinie. Einem Urteil des EuGH zufolge, gilt das auch für Sofortmaßnahmen für GVO, die aufgrund der alten Freisetzungsrichtlinie 90/220/EWG zugelassen und die nach der VO (EG) Nr. 1829/2003 als existierendes Erzeugnis gemeldet worden sind.[687]

Gem. Art. 34 der VO (EG) Nr. 1829/2003 werden Maßnahmen nach den Verfahren gem. Artt. 53 und 54 der BasisVO getroffen, wenn davon auszugehen ist, dass ein nach der VO (EG) Nr. 1829/2003 zugelassenes oder mit ihr in Einklang stehendes Erzeugnis wahrscheinlich ein ernstes Risiko für die Gesundheit von Mensch oder Tier oder die Umwelt darstellt. Dasselbe gilt, wenn es sich im Licht einer von der Behörde gemäß Art. 10 oder Art. 22 der VO (EG) Nr. 1829/2003 abgegebenen Stellungnahme als notwendig erweist, eine Zulassung dringend zu ändern oder auszusetzen.

Am 8.9.2011 erging ein Urteil des EuGH über das Anforderungsniveau von Art. 34 der Verordnung und über die Abgrenzung von Art. 34 der VO (EG) Nr. 1829/2003 und Art. 23 der Freisetzungsrichtlinie bei Altfällen. Deshalb sollen

---

686 *„...Da außerdem die Schutzklausel, wie das vorlegende Gericht zutreffend ausgeführt hat, als besondere Ausprägung des Vorsorgeprinzips anzusehen ist...“*, Rs. EuGH, Rs. C-236/01, Slg. 2003, I-8105, (Monsanto vs. Italien), Rn. 110.

687 Siehe EuGH, Urteil v. 8.9.2011, Rs. C-58/10 bis C-68/10 (Monsanto SAS u.a. – noch nicht in der Amtlichen Sammlung veröffentlicht), Rn. 82 (Punkt 1).

dazu nachfolgend wesentliche Ausführungen des EuGH und des Generalanwalts Mengozzi nachgezeichnet werden.

3. Aktuelle Entwicklungen zur Abgrenzung zwischen Art. 23 Richtlinie 2001/18/EG und Art. 34 VO (EG) Nr. 1829/2003 und zu Anforderungen an Notfallmaßnahmen

U.a. Monsanto hatte am 20., am 21. und am 25.2.2008 Klage beim *Conceil d`État* gegen das französische Anbauverbot aufgrund der Schutzklausel erhoben. Der EuGH führt in seinem im Wege eines Vorabentscheidungsverfahrens am 8.9.2011 ergangenen Urteil[688] zum einen aus, dass nach der alten Richtlinie 90/220/EWG zugelassene GVO, die nach Art. 20 der VO (EG) Nr. 1829/2003 als existente Erzeugnisse gemeldet worden sind, nicht am Maßstab des Art. 23 der neuen Freisetzungsrichtlinie zu messen seien. Maßstab sei gem. Art. 20 V der Verordnung vielmehr Art. 34 der VO (EG) Nr. 1829/2003, der entsprechend gelte.[689] Die französische, die griechische und die polnische Regierung hatte jeweils die Position vertreten, dass Art. 23 der Richtlinie 2001/18/EG gelten müsste.[690] Wie oben gezeigt, haben neben Frankreich auch weitere Staaten Anbauverbote aufgrund der Schutzklausel und nicht aufgrund von Art. 34 der VO (EG) Nr. 1829/2003 erlassen.

Der EuGH führt weiter aus, dass der Mitgliedstaat die Sofortmaßnahmen nach Art. 34 der Verordnung unter den darin festgesetzten Voraussetzungen und mithin auch nach den Verfahrensbedingungen gem. Artt. 53 f. BasisVO verhängen dürfe bzw. müsse.[691] Gem. Art. 54 BasisVO müssen Mitgliedstaaten die „Kommission offiziell von der Notwendigkeit, Sofortmaßnahmen zu ergreifen, in Kenntnis setzen."[692] Für den Fall, dass die Kommission nicht gem. Art. 53 BasisVO gehandelt hat, müsse der betreffende Mitgliedstaat die Kommission und die anderen Mitgliedstaaten „unverzüglich" über die verhängten Sofortmaßnahmen informieren.[693]„Unverzüglich" meine in diesem Zusammenhang „schnellstmöglich", so dass die Benachrichtigung der Kommission spätestens

688 Ebenda.

689 Ebenda, Rn. 59 ff.; so zuvor auch Generalanwalt Mengozzi, siehe Schlussanträge des Generalanwalts Paolo Mengozzi vom 22.3.2011, verbundene Rechtssachen C-58/10 bis C-68/10 (Monsanto SAS u. a.), Rn. 45.

690 Vgl. ebenda, Rn. 29.

691 EuGH, Urteil v. 8.9.2011, Rs. C-58/10 bis C-68/10, (Monsanto SAS u.a.), Rn. 69, 74.

692 Vgl. ebenda, Rn. 70.

693 Vgl. ebenda.

zeitgleich mit der Verhängung der Sofortmaßnahme erfolgen müsse.[694] Teilweise wird eine Begründungspflicht für das Tätigwerden des Mitgliedstaates und mithin eine restriktive Auslegung von Art. 54 I BasisVO für erforderlich gehalten, da der mit Artt. 53 f. BasisVO zum Ausdruck kommende Regelfall des Tätigwerdens der Europäischen Kommission in Notfällen sonst unterlaufen würde.[695] Allerdings lässt der Wortlaut der genannten Verfahrensvorschriften nicht zwingend auf ein solches Regel-Ausnahme-Verhältnis schließen. Zudem muss bei einer teleologischen Betrachtungsweise die Behebung des ernsten Risikos im Vordergrund stehen – insoweit dürfte es nicht darauf ankommen, ob die gebotenen Maßnahmen von der Kommission oder vom Mitgliedstaat verhängt werden.

Der EuGH äußert sich in seinem Urteil auch zum Anforderungsniveau von Art. 34 der VO (EG) Nr. 1829/2003. So würden die Merkmale „wahrscheinlich" und „ernstes Risiko" (für die Gesundheit von Mensch oder Tier oder die Umwelt) ein „erhebliches Risiko" implizieren, das „offensichtlich die Gesundheit von Mensch oder Tier oder die Umwelt"[696] gefährde. Der EuGH bezieht sich im Hinblick auf den Begriff des „Risikos" auf sein schon oben im Zusammenhang mit der Schutzklausel erwähntes Urteil,[697] so dass das Risiko aufgrund von Anhaltspunkten festgestellt werden müsse, die „auf zuverlässigen wissenschaftlichen Daten" beruhen müssten.[698] Eine nur „rein hypothetische" Betrachtung des Risikos, „die auf bloße, wissenschaftlich noch nicht verifizierte Vermutungen gestützt wird", könne dagegen keine Grundlage für Sofortmaßnahmen darstellen.

Auch den Ausführungen von Generalanwalt Mengozzi zufolge ist für Sofortmaßnahmen ein nur „hypothetisches Risiko" nicht ausreichend.[699] Zwar sind nach Auffassung von Generalanwalt Mengozzi beide Rechtsgrundlagen für Schutzmaßnahmen gleichermaßen am Vorsorgeprinzip auszurichten,[700] jedoch müsse eine nicht „unbedeutende" Schadenswahrscheinlichkeit bestehen.[701]

Er beschrieb zudem den Anwendungsbereich des Art. 23 Richtlinie 2001/18/EG im Vergleich zu jenem von Art. 34 VO (EG) Nr. 1829/2003 als weitergehend, beispielsweise, da nach der Freisetzungsrichtlinie bereits ein „Risiko" und nach der Verordnung ein „ernstes Risiko" vorliegen muss.[702] Hintergrund sei vermutlich die Tatsache, dass Sofortmaßnahmen nach der Verordnung, im

694 Vgl. ebenda, Rn. 72 f.
695 So *Stallberg*, EuZW 2011, 795, 796.
696 Vgl. ebenda, Rn. 76.
697 Siehe EuGH, Rs. C-236/01, Slg. 2003, I-8105 (Monsanto vs. Italien).
698 EuGH, Urteil v. 8.9.2011, Rs. C-58/10 bis C-68/10, (Monsanto SAS u.a.), Rn. 76 f.
699 Siehe Schlussanträge des Generalanwalts Paolo Mengozzi vom 22.3.2011, verbundene Rechtssachen C-58/10 bis C-68/10 (Monsanto SAS u. a.), Rn. 70.
700 Vgl. ebenda, Rn. 66.
701 Vgl. ebenda, Rn. 68, 70.
702 Vgl. ebenda, Rn. 60.

Gegensatz zu Schutzmaßnahmen nach der Freisetzungsrichtlinie, alle Mitgliedstaaten der EU betreffen können, soweit sie sich eben nicht auf Anbauverbote beziehen.[703]

Im Ergebnis hält der EuGH für Sofortmaßnahmen mithin eine „möglichst umfassende Risikobewertung unter Berücksichtigung der besonderen Umstände des konkreten Falles… für erforderlich, die erkennen lassen, dass diese Maßnahmen geboten sind".[704]

Da die Mitgliedstaaten Schutzmaßnahmen gegen den Anbau von MON810 überwiegend auf Art. 23 der Freisetzungsrichtlinie gestützt haben, könnte aufgrund des soeben beschriebenen „Monsanto-Urteils" auch ihre formale Rechtmäßigkeit angezweifelt werden. Das vom EuGH beschriebene strenge Anforderungsniveau an Notfallmaßnahmen nach Art. 34 VO (EG) Nr. 1829/2003 gilt über das *One door, one key-Prinzip* auch für Anbauzulassungsverfahren, obwohl das im Vergleich zur Freisetzungsrichtlinie höhere Anforderungsniveau darauf zurückzuführen ist, dass typischerweise vom Anwendungsbereich der Verordnung umfasste Schutzmaßnahmen nicht den GVO-Anbau betreffen, sondern das Inverkehrbringen von GVO. Das EuGH-Urteil verstärkt damit jedenfalls bestehende Zweifel insbesondere an der umwelt- und gesundheitsbezogenen Zweckmäßigkeit des *One door, one key-Prinzips*.

Damit ist festzuhalten, dass Anbauverbote aufgrund von Art. 23 Richtlinie 2001/18/EG demnach zwar unter weniger restriktiven Voraussetzungen möglich sind als Notfallmaßnahmen, die Schutzklausel aber nicht für Altfälle, die nach der alten Freisetzungsrichtlinie zugelassen wurden, gilt, wenn nach dem One door, one key-Prinzip das Neuzulassungsverfahren nach der Verordnung gewählt wurde. Zudem handelt es sich bei mitgliedstaatlichen Maßnahmen nach der Richtlinie und nach der Verordnung nur um vorübergehende Maßnahmen. Der EuGH hat sein im oben erwähnten Urteil Monsanto gegen Italien beschriebenes Anforderungsniveau an die Anbauverbote zugrunde zu legenden Risikobewertungen noch einmal bestätigt und es auf Notfallmaßnahmen übertragen.

Die, noch im Einzelnen darzustellende, von der Kommission im Juli 2010 vorgeschlagene, Opt-out-Klausel eröffnet demgegenüber die Möglichkeit, Anbauverbote aus den verschiedensten Gründen zu verhängen, soweit sie eben gerade nicht bereits von der EFSA-Risikobewertung umfasste Aspekte darstellen. Die Probleme der Risikobewertung, aber auch die beschriebenen Abgrenzungsfragen und die Tatsache, dass Maßnahmen aufgrund der Schutzklausel und Sofortmaßnahmen nur vorübergehender Natur sein sollen, ergeben sich bei Maßnahmen nach der ursprünglich von der Kommission geplanten Opt-out-Klausel somit nicht. Wird der Anwendungsbereich der Opt-out-Klausel dagegen im Sinn

---

703 Vgl. ebenda, Rn. 61.

704 Vgl. EuGH, Urteil vom 8.9.2011, Rs. C-58/10 bis C-68/10 (Monsanto SAS u.a.), Rn. 77, 82 (Punkt 3).

des Vorschlages des Europäischen Parlaments[705] *auf umweltbezogene Gründe ausgedehnt, so wären die Mitgliedstaaten, anders als nach der Schutzklausel, nicht an den Nachweis neuer oder zusätzlicher wissenschaftlicher Informationen gebunden.*

Im Folgenden sollen mögliche welthandelsrechtliche Implikationen für die von der Kommission mit ihrem Paket bezweckte Vereinfachung von Zulassungsverfahren über Anträge zum GVO-Anbau und die gleichzeitig von ihr intendierte Reduzierung von Anbauverboten aufgrund von Schutzklauseln und von Notfallmaßnahmen aufgezeigt werden.

705 Siehe Europäisches Parlament, 5. Juli 2011, Abänderung 20.

VI. Welthandelsrechtliche Aspekte – Implikationen des *EC – Biotech*-Berichtes für die Vereinbarkeit des geltenden GVO-Rechtsrahmens und seiner Umsetzung mit dem Welthandelsrecht

Oben wurde schon erwähnt, dass auf Betreiben der USA, Kanadas und Argentiniens[706] nach gescheiterten Konsultationsversuchen[707] im Mai 2003 am 29. August 2003[708] ein Streitschlichtungsausschuss bei der Welthandelsorganisation (World Trade Organization, WTO) eingerichtet worden war. Am 29. September 2006 wurde der endgültige Bericht des WTO-Panels veröffentlicht.[709] Die EU verzichtete ausdrücklich auf die Möglichkeit, den Bericht des WTO-Panels mit einer Berufung anzugreifen.[710]

Die drei beschwerdeführenden Länder hatten sich gegen das von Juni 1999 bis zur Einrichtung des Panels im August 2003 in der EU bestehende Moratorium gewandt. Die Umweltminister von Dänemark, Griechenland, Frankreich, Italien, und Luxemburg hatten bei einer Ratssitzung im Juni 1999 erklärt, die Zulassungen über den Anbau und den Import von GVO suspendieren zu wollen, bis der GVO-Rechtsrahmen um Kennzeichnungs- und Rückverfolgbarkeitsre-

706 Am 13. Mai 2003 hatten die USA durch die damalige US-Landwirtschaftsministerin Ann M. Venemann und den US-Außenhandelsbeauftragten Robert B. Zoellik bekanntgegeben, dass sie bei der WTO gemeinsam mit Argentinien, Kanada und Ägypten Konsultationen über angebliche WTO-Rechtsverstöße durch EU-GVO-Zulassungsverfahren und mitgliedstaatliche GVO-Anbau- sowie -Importverbote beantragen würden. In dieser Bekanntmachung hatten die USA zudem ihre Unterstützung durch weitere Länder (Australien, Chile, Kolumbien, El Salvador, Honduras, Mexiko, Neuseeland, Peru und Uruguay) angekündigt. Ägypten, ein starker Handelspartner der USA, nahm seine Beschwerde allerdings zurück und begründete dies mit der Schutzwürdigkeit der Umwelt und der Verbraucherinteressen. Die USA setzten daraufhin anhängige Verhandlungen zu bilateralen Freihandelsabkommen mit Ägypten aus. Konsultationen wurden letztlich von den USA, Kanada und Argentinien beantragt, vgl. http://www.greenpeace.de/themen/gentechnik/politik_recht/artikel/wto_klage_zwangs verordnung_gen-technik/.

707 Vgl. ebenda.

708 Vgl. ebenda.

709 Panel Reports, WT/DS291/R, WT/DS/292/R, WT/DS/293/R *(EC – Biotech).*

710 Vgl. Summary of the dispute to date,WT/DS91/R, http://www.wto.org/english/tratop_e/dispu_e/cases_e/ds291_e.htm *(EC – Biotech).*

geln ergänzt werde.[711] Auch hatten sie Verzögerungen aller damals 27 anhängigen Verfahren über die Notifizierung und, nach dem neuen Rechtsrahmen, über die Zulassung[712] sowie von allen neun damals bestehenden mitgliedstaatlichen Schutzmaßnahmen, die von sechs Ländern verhängt worden waren, wegen behaupteter Verletzungen des Welthandelsrechts angegriffen.[713]

Hintergrund dieses rigorosen Vorgehens der USA, aber auch von Kanada und Argentinien ist zunächst die Tatsache, dass die drei Länder neben Brasilien und Australien, zu den fünf Ländern gehören, in denen seit Jahren weltweit das Gros der GVO-Pflanzen angebaut und von denen die weltweit größten Mengen an GVO-Saatgut exportiert werden.[714] Die Anbauflächen für GVO vergrößern sich jährlich. Im Jahr 2010 hat sich die weltweite Gesamtfläche für den GVO-Anbau laut *International Service for the Acquisition of Agri-biotech Applications (ISAAA)* im Vergleich zum Jahr 2009 um vierzehn Millionen auf 148 Millionen Hektar vergrößert.[715] Der davon beispielsweise im Jahr 2009 auf die USA entfallende Flächenanteil belief sich demnach auf 66,8 Mio. Hektar. In Argentinien wurden für dasselbe Jahr 22,9 Mio. Hektar für den GVO-Anbau genutzt, in Kanada 8,8 Mio. Hektar. Angebaut werden hauptsächlich GVO-Soja, -Mais, -Raps und -Baumwolle.[716] Bemerkenswerterweise war demgegenüber in der EU das Wachstum der GVO-Anbauflächen im selben Jahr rückläufig. Die GVO-Anbaufläche verkleinerte sich im Jahr 2010 im Vergleich zum Vorjahr um ca. 3.000 auf ca. 91.500 ha, wobei sich in Spanien die größten Anbauflächen für GV-Pflanzen befinden.[717] Haupt-GVO-Import-Länder sind, der *Toepfer-Studie* zufolge, u.a. Japan, Südkorea, Saudi-Arabien, Iran, Ägypten, Algerien etc.[718]

Die beiden großen GVO-Saatgut-Konzerne Monsanto[719] und Du Pont (Pioneer, Des Moines)[720] haben ihren Sitz in den USA. Bereits im Jahr 2003, als

---

711 Vgl. *Heissenberger/Eckerstorfer/Gaugitsch*, Analysis of the final report of the WTO Panel in the dispute case "EC – Biotech", S. 13, Punkt 3.4.3.

712 Vgl. ebenda, S. 9, Punkt 3.3.2, Tabelle 2.

713 Vgl. ebenda, S. 10, Punkt 3.3.3, Tabelle 3.

714 Vgl. etwa Toepfer International, Broschüre Statistische Informationen zum Getreide- und Futtermittelmarkt, Edition Juni 2010, Punkt 1.1.1, zugänglich unter http://www.acti.de/media/Statistikbroschuere_Juni_2010.pdf.

715 Vgl. Transgen, Anbauflächen 2010 Gentechnisch veränderte Pflanzen: Anbau weltweit auf 148 Millionen Hektar, http://www.transgen.de/anbau/eu_international/531.doku.html.

716 Vgl. ebenda.

717 Vgl. ebenda.

718 Vgl. etwa Toepfer International, Broschüre Statistische Informationen zum Getreide- und Futtermittelmarkt, Edition Juni 2010, Punkt 1.1.1., http://www.acti.de/media/Statistikbroschuere_Juni_2010.pdf.

719 (Hauptsitz: St. Louis, Missouri, USA), http://www.monsanto.com/whoweare/Pages/our-locations.aspx.

die USA bei der WTO Konsultationen mit der EU und die Errichtung eines Panels beantragt hatten, waren rund 90 % der GVO-Anbauflächen mit Monsanto-Saatgut bestellt.[721]

Die schon mit dem Antrag auf Durchführung von Konsultationen bei der WTO verbundene Offensive der USA sowie von Argentinien und Kanada gegen Widerstände bei Zulassungen von GVO wird deshalb nicht nur als „Drohgebärde“ gegen die EU und ihre gentechnikkritischen Mitgliedstaaten interpretiert, sondern auch gegen andere Länder, wie beispielsweise Bolivien, Thailand, Südkorea und Sri Lanka.[722] Nachdem beispielsweise die Regierung in Sri Lanka im September 2001 ein Verbotsgesetz für GVO erlassen wollte, stellten die USA ein Verfahren vor der WTO und Sanktionen in Höhe von 190 Millionen US-Dollar in Aussicht, mit der Folge, dass Sri Lanka den Entwurf für das GVO-Verbot im September 2001 schließlich verwarf.[723] Auch Kroatien setzte Pläne für ein GVO-Moratorium und GVO-Importbeschränkungen auf Druck der US-Regierung nicht um.[724] Pakistan soll ebenfalls erheblichem internationalen Druck nachgegeben haben, indem es seine restriktiven Gentechnikgesetze liberalisierte.[725]

Vor dem Hintergrund, dass das WTO-Sanktionierungssystem zur Durchsetzung der WTO-Rechtskonformität von Maßnahmen der WTO-Mitglieder beispielsweise erhebliche Strafzölle in Millionenhöhe erlaubt, sind gerade WTO-Entwicklungsländer gezwungen, potentiell WTO-rechtswidrige Handelshemm-

---

720 Sitz: Wilmington, vgl. etwa Greenpeace, Bayer AG – der neuer Gentechnik-Riese, http://www.greenpeace.de/themen/gentechnik/konzerne/artikel/bayer_ag_der_neuer_g entechnik_riese/.

721 Vgl. Transgen, Anbau von gv-Pflanzen in der EU 2010, Leichter Rückgang bei Bt-Mais, erstmals Amflora-Kartoffel, http://www.transgen.de/anbau/eu_international/643.doku.html; Gentechnikfreie Regionen in Deutschland, http://www.gentechnikfreie-regionen.de/hintergruende/risiko-agro-gentechnik/nutzniesser-der-agro-gentechnik.html.

722 Vgl. *Baumüller*, Trade Knowledge Network, Domestic Import Regulations for Genetically Modified Organisms and their Compatibility with WTO Rules, Some key Issues, http://www.ecolomics-international.org/biosan_baumueller_h03_ictsd_ tkn_gmo_import_reg_wto_compatib.pdf; *Buntzel-Cano*, eed, Die Bedeutung der aktuellen Gentechnik Gesetzesdebatte in der Europäischen Union für den Süden, S. 27; *Buntzel*, eed, Biotech Trade Watch, Die Agro-Gentechnik als Teil des internationalen Handelsregimes (m.w.N.).

723 Vgl. *Ammann*, Schweizerische Arbeitsgruppe Gentechnologie SAG, Fact Sheet: Moratorien und Verbote weltweit, S. 4, http://www.gentechnologie.ch/cms/images/stories/pdfs/papiere/fs_moratorien.pdf und GMO Update: Sri Lanka, China, EU-US, http://ictsd.org/i/news/bridgesweekly/96213/.

724 Vgl. *Ammann*, Schweizerische Arbeitsgruppe Gentechnologie SAG, Fact Sheet: Moratorien und Verbote weltweit, S. 3.

725 Vgl. Ngin? Norfolk Genetic Information Network, Ill effects from smuggled GMOs force Pakistan to lift ban. 14.11.2002, http://ngin.tripod.com/141102g.htm.

nisse zu vermeiden,[726] aber auch, weil sie für bestimmte Hilfsmaßnahmen, wie beispielsweise die Unterstützung bei der Errichtung staatlicher Regulierungsstrukturen, auf finanzstarke Länder angewiesen sind.[727] Fraglich ist auch vor diesem Hintergrund u.a. der mögliche Nutzen von GVO.

GVO-Produzenten beschreiben den Nutzen der Grünen Gentechnik in erster Linie mit einer Ertragssteigerung, bedingt dadurch, dass herbizidresistente, gentechnisch veränderte Pflanzen an schlechte Klimabedingungen und schlechtere Böden angepasst werden können und die Pflanzen so besser gegen Insektenfraß und konkurrierende Unkräuter geschützt seien als bei Verwendung herkömmlicher Herbizide.[728] Die so erzielten Ertragssteigerungen würden den Marktpreis zugunsten der Verbraucher herabsetzen. Hinzu kommen Möglichkeiten, die Nährwerte von Nahrungsmitteln, wie beispielsweise von Reis, einem Hauptnahrungsmittel in asiatischen Ländern, zu optimieren.[729] Auf der anderen Seite werden erhebliche Auswirkungen von GVO auf die Umwelt und Gesundheit teilweise konstatiert und teilweise für wahrscheinlich gehalten. Beispielsweise könnte sich neben der Gefahr für die Diversität von Pflanzenarten die weitere Gefahr ergeben, dass sich Resistenzen gegen Herbizide und Pestizide auf Unkräuter übertragen. Auch werden von GVO ausgehende unbeabsichtigte toxische Wirkungen von Giftstoffen (wie etwa *Cry1A(b)*) und die Gefahr, dass Allergien ausgelöst werden, für möglich oder sogar für wahrscheinlich gehalten.[730]

Die Umsetzung der im Panel-Bericht enthaltenen Empfehlungen und Maßgaben durch die EU ist bis heute nicht vollständig abgeschlossen.[731] Wie nachfolgend zu zeigen sein wird, hat das WTO-Panel den DSB ersucht, der EU aufzugeben, ihre GVO-Zulassungs-Praxis, soweit Verstöße gegen das WTO-Recht festgestellt wurden, mit dem Welthandelsrecht in Einklang zu bringen.[732] Zu diesen Verstößen gehören im Wesentlichen Verzögerungen des Zulassungsverfahrens und mitgliedstaatliche Schutzmaßnahmen. Versuche der Europäischen Kommission, mitgliedstaatlichen Schutzmaßnahmen an die liberalen Maßstäbe des Welthandelsrechts anzupassen und insbesondere im Panel-Bericht für welthandelsrechtswidrig erklärte und später hinzugekommene Schutzmaßnahmen aufzuheben, scheiterten am Widerstand gentechnikkritischer Länder, wie insbe-

---

726 Sog. „Chill-Effekt".

727 Vgl. etwa *Buntzel*, eed, Biotech Trade Watch, Die Agro-Gentechnik als Teil des internationalen Handelsregimes (m.w.N.).

728 Vgl. etwa BVL, Die Grüne Gentechnik. Ein Überblick, S. 13, Punkt 3.

729 Vgl. ebenda, S. 11, Punkt 2.2. So bewerben die Produzenten des „Golden Rice", einem GVO-Reis, der mit Vitamin A angereichert ist, auch nährwertbezogene Vorteile, gerade für die unternährte Bevölkerung in Entwicklungsländern.

730 Vgl. dazu im Einzelnen etwa *Scherzberg*, ZUR 2005, 1, 2 (m.w.N.).

731 Vgl. Transgen, WTO-Streit um GVO-Produkte, Der EU drohen hohe Strafzölle (Stand: Januar 2008).

732 Vgl. *Heissenberger/Eckerstorfer/Gaugitsch*, Analysis of the final report of the WTO Panel in the dispute case „EC – Biotech", S. 10, Punkt 3.3.2 und 3.3.3.

sondere Österreich.[733] Auch die oben beschriebenen, mehrfach an qualifizierten Mehrheiten im Rat gescheiterten Versuche der Europäischen Kommission, Schutzmaßnahmen gegen den Anbau von MON810 sowie gegen den Vertrieb von T25 in Österreich und Ungarn aufzuheben, sind im Licht des *Biotech*-Berichtes vom 29. September 2006 zu sehen. Die Europäische Kommission äußert auch in ihrem Paket vom 13. Juli 2010 ausdrücklich ihre Intention, die Inanspruchnahme von Schutzklauseln durch die Renationalisierung[734] der GVO-Anbauentscheidungen und den Ausbau der mitgliedstaatlichen Instrumentarien für die Durchführung von Koexistenzmaßnahmen zu reduzieren.[735] Auch nimmt sie in der Begründung ihrer Mitteilung ausdrücklich Bezug auf die fehlende Unterstützung der Mitgliedstaaten in Verfahren zur Aufhebung mitgliedstaatlicher Schutzmaßnahmen bei vier verschiedenen Anlässen.[736] Zudem begründet die Kommission ihren Vorschlag auch mit der Absicht, die Zulassungsverfahren so zu beschleunigen.[737]

In ihrer Replik auf die vom Juristischen Dienst des Rates[738] geäußerten Bedenken gegen die Vereinbarkeit einer Renationalisierung von Anbauentscheidungen im Sinne des vorgeschlagenen Art. 26b der Richtlinie 2001/18/EG hebt die Kommission ausdrücklich hervor, dass sie mit ihrem Vorschlag die Reduzierung von Schutzmaßnahmen und die Beschleunigung der Zulassungsverfahren gerade zu dem Zweck beabsichtige, das Zulassungsverfahren der EU in Einklang mit dem WTO-Recht zu bringen.[739]

Nachfolgend sollen, zum besseren Verständnis des *EC – Biotech*-Berichtes und seiner Relevanz für die Umsetzungspraxis des dargestellten GVO-Rechtsrahmens in der EU, zunächst der Werdegang der WTO und ihre Organisationsstruktur sowie Zielsetzung und Aufgaben skizziert und auf die hier maßgeblichen WTO-Abkommen sowie auf ihre Streitschlichtungsmechanismen eingegangen werden. Anschließend sollen Einflüsse des WTO-Rechts auf die aktuelle Umsetzungspraxis des bestehenden GVO-Rechtsrahmens, insbesondere mögliche Implikationen des *Biotech*-Berichtes, beschrieben werden. Dazu werden wesentliche Feststellungen des WTO-Streitschlichtungsgremiums im Bericht zu *EC – Biotech* dargestellt und Implikationen für die EU-Zulassungspraxis im Hinblick auf den GVO-Anbau herausgearbeitet.

733 Vgl. ebenda, S. 2, Rn. 1 (Executive Summary).

734 Vgl. den Vorschlag der Kommission zu Art. 26b der Richtlinie 2001/18/EG.

735 KOM (2010) 375 endg., S. 4, Punkt B.

736 KOM (2010) 380 endg., S. 3, Punkt 1.

737 KOM (2010) 375 endg., S. 4, Punkt B.

738 Vgl. Commission staff working document, Considerations on legal issues on GMO cultivation raised in the opinion of the legal service of the Council of the European Union of 5 November 2010, SEC (2010) 1454 final, S. 11, Punkt 4.1 (Das Dokument vom Juristischen Dienst des Rates ist nicht öffentlich zugänglich, wird aber teilweise von der Kommission zitiert).

739 Vgl. ebenda, S. 12, Punkt 4.2, Rn. 52.

1. Historischer Hintergrund, einzelne Abkommen und Organisationsstruktur der WTO

Die WTO ist aus dem Allgemeinen Handels- und Zollabkommen (GATT 1947, General Agreement on Tariffs and Trade) vom 30. Oktober 1947 hervorgegangen, dessen Zweck es ursprünglich war, den internationalen Abbau von Zöllen zu erreichen.[740] Später wurden nicht-tarifäre Handelshemmnisse[741] und Antidumpingmaßnahmen[742] in die Verhandlungen einbezogen.[743] Mit der Schlussakte der *sog. Uruguay-Runde*, die im Zeitraum von 1986-1994 stattfand[744], wurden die Ausdehnung der Regulierungsmaterien zum Abbau von Handelshemmnissen auf weite Teile des Welthandels und die Errichtung der WTO mit dem Vertrag von Marrakesch am 15. April 1994 von damals mehr als 120 Vertragsstaaten beschlossen.[745] Die WTO hat am 1. Januar 1995 ihre Arbeit als Dachorganisation der GATT, des GATS[746] und des TRIPS[747] aufgenommen.[748]

Zu ihren Kernaufgaben[749] gehören die Koordination des mitgliedstaatlichen Handels und die Streitentscheidung durch den Dispute Settlement Body (DSB).

Die WTO besteht gegenwärtig aus 157 Mitgliedern[750]. Die seinerzeit im *Biotech*-Verfahren streitbeteiligten Länder USA,[751] Kanada[752] und Argentinien[753]

---

740 Vgl. *Wetzig*, Einfluss der EG und der WTO auf das Lebensmittelrecht. Bindung an internationale und ausländische Standards, S. 78.

741 Verhandlungsgegenstand der sog. „Tokiorunde", siehe dazu unter http://www.bmwi.de/BMWi/Navigation/Aussenwirtschaft/Handelspolitik-EU-WTO/wto,did=193028.html.

742 Verhandlungsgegenstand der sog. „Kennedyrunde", siehe dazu ebenda.

743 Siehe dazu im Einzelnen WTO, The WTO in Brief: Part 1, The multilateral trading system – past, present and future, http://www.wto.org/english/thewto_e/whatis_e/inbrief_e/inbr01_e.htm.

744 Siehe ebenda.

745 Vgl. *Wetzig*, Einfluss der EG und der WTO auf das Lebensmittelrecht. Bindung an internationale und ausländische Standards, S. 78.

746 Vgl. ebenda, S. 80.

747 Vgl. Understanding the WTO: The Agreements, http://www.wto.org/english/thewto_e/whatis_e/tif_e/agrm7_e.htm.

747 Vgl. *Wetzig*, Einfluss der EG und der WTO auf das Lebensmittelrecht. Bindung an internationale und ausländische Standards, S. 80.

749 Vgl. Understanding the WTO: What we do, http://www.wto.org/english/thewto_e/whatis_e/what_we_do_e.htm.

750 Stand: März 2012, siehe unter http://www.wto.org/english/thewto_e/whatis_e/tif_e/org6_e.htm, Stand dort: 10. Februar 2011.

751 Vgl. *Wetzig*, Einfluss der EG und der WTO auf das Lebensmittelrecht. Bindung an internationale und ausländische Standards, S. 80.

sowie die EU,[754] gehören zu den WTO-Gründerstaaten – sie sind alle seit 1. Januar 1995 Vertragspartei der WTO.[755] Auch sind alle 27 Mitgliedstaaten der EU Mitglied der WTO.[756]

Die WTO hat seit ihrem Bestehen mehrere Abkommen beschlossen.[757] Gem. Art. 2 II WTO-Abkommen sind die in den Anlagen 1, 2 und 3 enthaltenen Abkommen Bestandteil des WTO-Abkommens.[758] Im hier maßgeblichen Kontext des Handels mit Erzeugnissen der Agro-Gentechnik sind insbesondere drei Abkommen zu nennen, nämlich das GATT-Abkommen (GATT), das TBT-Übereinkommen[759] (TBTÜ) und das SPS-Übereinkommen[760] (SPSÜ). Das GATT bündelt, als zentrales multilaterales WTO-Regelwerk, die allgemeinen WTO-Prinzipien und legt Regeln für den internationalen Warenhandel fest. Das TBTÜ regelt die welthandelsrechtliche Zulässigkeit von möglichen Handelshemmnissen, die bedingt sind durch technische Standards, Normen und Kennzeichnungen von Produkten.[761] Das SPSÜ regelt zulässige Maßnahmen zum Schutz von Tieren, Pflanzen und Menschen.[762] Das Verhältnis der einzelnen Abkommen zueinander[763] sowie zu anderen internationalen, insbesondere umweltbezogenen, Abkommen *(sog. Multilateral Environmental Agreements, MEAs)*,[764] die nicht im WTO-Rahmen beschlossen worden sind, wie beispielsweise zum *Biosafety Protocol (BP)*, ist überaus umstritten.[765] Der *Biotech*-Bericht enthält zum Verhältnis zwischen dem BP und dem WTO-Recht teilweise wegweisende Feststellungen.[766]

Die WTO beschließt ihre Abkommen, ebenso, wie diese zuvor schon nach dem GATT von 1947 beschlossen wurden, in sog. *Handelsrunden*, deren Inhalte von der *Ministerkonferenz* (Ministerial Conference), dem obersten Organ der WTO, festgelegt werden. Im WTO-System ist die *Ministerkonferenz* Hauptentscheidungsträgerin.[767] Sie setzt sich aus Vertretern der Vertragsparteien zusam-

---

752 Vgl. ebenda.
753 Vgl. ebenda.
754 Vgl. ebenda.
755 Vgl. ebenda.
756 Vgl. ebenda.
757 Vgl. *Stökl*, Der welthandelsrechtliche Gentechnikkonflikt, S. 122.
758 Vgl. *Wetzig*, Einfluss der EG und der WTO auf das Lebensmittelrecht. Bindung an internationale und ausländische Standards, S. 80.
759 TBT – Agreement on Technical Barriers to Trade.
760 SPS – Agreement on Sanitary and Phytosanitary Measures.
761 Vgl. *Stökl*, Der welthandelsrechtliche Gentechnikkonflikt, S. 126 f.
762 Vgl. ebenda, S. 125.
763 Vgl. ebenda, S. 129.
764 Vgl. ebenda, S. 246 ff.
765 Siehe zum Verhältnis des WTO-Rechts zum BP im Einzelnen unten, Punkt VII. 3.
766 Siehe dazu unten, Punkt VII. 5.
767 Siehe dazu unter http://www.wto.org/english/thewto_e/whatis_e/inbrief_e/inbr02_e.htm.

men. In der Regel sind dies Außen-, Wirtschafts- oder Handelsminister der Vertragsstaaten oder andere Vertreter der Mitgliedstaaten.[768] Die Ministerkonferenz tagt mindestens im Zwei-Jahres-Rhythmus.[769] Hierarchisch gleich unterhalb der Ministerkonferenz ist der *Allgemeine Rat* (General Council) angesiedelt. Er tagt einmal im Monat und ist zuständig für die laufenden Geschäfte, über die ihn der Generaldirektor informiert, sowie für die Beschlussfassung zu allgemeinen Fragen und für die Überprüfung der Handelspolitik.[770] In Streitfällen zu Fragen einer möglichen Verletzung von WTO-Recht durch Vertragsparteien, agiert er zum Zweck, das WTO-Recht durchzusetzen, als sog. „Streitbeilegungsausschuss" *(Dispute Settlement Body, DSB),* der bei Bedarf zu einzelnen Handelsstreitigkeiten sog. *Panels* mit gerichtsähnlicher Funktion etabliert. Der *Generaldirektor* ist zuständig für die Durchführung von Beschlüssen der Ministerkonferenz und auch des Allgemeinen Rates. Er leitet das *Generalsekretariat.*[771]

Das GATT-Streitschlichtungssystem erfuhr mit der Umwandlung in die WTO als Ergebnis der Uruguay-Runde Änderungen.[772] So wurde das *positive Konsensprinzip* durch das *negative Konsensprinzip* ersetzt mit der Folge, dass Panel-Berichte seither als angenommen gelten, es sei denn, die WTO-Mitglieder lehnen den Bericht einstimmig ab.[773] Neu etabliert wurde auch der Appellate Body (AB), die ständige Berufungsinstanz der WTO.[774] Auch wurde ein Fristenplan[775] zum Zweck der Verfahrensbeschleunigung eingeführt.

Die Inanspruchnahme der WTO-Streitschlichtungsmechanismen ist ausschließlich WTO-Mitgliedern vorbehalten. Die erste Phase des Streitschlichtungsverfahrens wird mit Einreichung der Beschwerdeschrift wegen behaupteter Verletzungen des WTO-Rechts durch Mitgliedstaaten beim DSB in Gang gesetzt.[776] Die Streitparteien erhalten in einem Zeitraum von 60 Tagen Gelegen-

768 Vgl. dazu http://www.bmwi.de/BMWi/Navigation/Aussenwirtschaft/Handelspolitik-EU-WTO/wto.did=193030.html.

769 Vgl. ebenda.

770 Zu diesem Zweck kommt der Allgemeine Rat als „Ausschuss zur Überprüfung der Handelspolitik" (Trade Policy Review Body, TPRB) zusammen. Weitere Räte (Rat für Handel mit Waren (GATT), Rat für Handel mit Dienstleistungen (GATS), Rat für handelsbezogene Aspekte des geistigen Eigentums (TRIPS) und Ausschüsse unterstützen ihn bei der Arbeit.

771 Das Generalsekretariat mit Sitz in Genf besteht aus derzeit (Stand: Januar 2011) 630 Mitarbeitern. Es bereitet Verhandlungen zwischen den WTO-Mitgliedern vor und führt diese durch. Zudem analysiert es die Entwicklung des Welthandels und verfasst dazu Berichte. Außerdem unterstützt es den Allgemeinen Rat in seiner Funktion als „Streitschlichtungsausschuss".

772 Vgl. *Emmerich-Fritsche*, Das Streitbeilegungsverfahren der WTO, S. 1 ff.

773 Art. 2 IV DSU; vgl. ebenda, S. 3; Panizzon/Arnold/Cottier, URP / DEP 3 | 2010, S. 209.

774 Vgl. *Panizzon/Arnold/Cottier*, URP / DEP 3 | 2010, S. 209.

775 Vgl. *Emmerich-Fritsche*, Das Streitbeilegungsverfahren der WTO, S. 3.

776 Vgl. ebenda, S. 5.

heit, ihren Streit durch Konsultationen beizulegen, wobei der oder die Beschwerdegegner schon innerhalb der ersten 10 Tage nach Erhalt der Beschwerdeschrift reagieren und nach höchstens 30 Tagen Verbesserungsvorschläge äußern muss bzw. müssen. Gelingt dies nicht, so richtet der DSB auf Antrag des Beschwerdeführers gem. Art. 4 VII DSU ein aus insgesamt drei zuvor vom WTO-Sekretariat vorgeschlagenen und von den Streitparteien einvernehmlich oder, falls diese sich nicht einigen können, vom Generaldirektor ausgewählten[777] Experten bestehendes, *Panel*[778] ein. Dabei handelt es sich entweder um Regierungsbeamte oder um externe Experten, die nicht notwendig eine besondere berufliche Qualifikation, wohl aber Erfahrungen im Recht der WTO bzw. des internationalen Handels aufweisen.[779] Grundsätzlich soll das Panel seinen abschließenden Bericht in einem Zeitraum von höchstens einem halben Jahr fertig stellen und den Streitparteien sowie allen übrigen WTO-Vertragsparteien zukommen lassen. Dieser Bericht gilt als angenommen und erwächst mithin in Bestandskraft, wenn die unterlegene Streitpartei nicht fristgemäß Rechtsmittel bei der WTO-Berufungsinstanz, dem Appellate Body (AB), erhoben hat und wenn der DSB den Bericht nicht einstimmig abgelehnt hat. Nimmt der DSB den Panel-Bericht mithin an und legt die unterlegene Partei kein Rechtsmittel beim AB ein, so muss die unterlegene Streitpartei ihre vom Panel für WTO-rechtswidrig befundenen Handelspraktiken entsprechend korrigieren, indem sie sie mit den Empfehlungen des Panels in Einklang bringt. Sie muss innerhalb von 30 Tagen nach Annahme des Panel-Berichts durch den DSB ihre Absicht, die WTO-rechtswidrigen Maßnahmen in Einklang mit den Empfehlungen zu bringen, kundtun. Erweist sich die umgehende Korrektur als nicht durchführbar, so muss das unterlegene WTO-Mitglied die Korrektur innerhalb eines festzulegenden angemessenen Zeitraums („reasonable period of time") vornehmen.[780] Bei Ausbleiben der nach WTO-Recht gebotenen Korrekturen im vorgegebenen Zeitraum treten die Parteien zunächst für die Dauer von 20 Tagen in Verhandlungen über Sanktionen/Kompensation ein. Kommt es nicht zu einer Einigung, drohen der unterlegenen Partei Handelssanktionen, die auf Antrag der obsiegenden Partei beim DSB, beispielsweise in Form von Strafzöllen auf den Import von Waren des unterlegenen WTO-Mitglieds, verhängt werden.

---

777 Art. 8 VII DSU.

778 Artt. 8 IV, 5, 6 DSU; vgl. *Emmerich-Fritsche*, Das Streitbeilegungsverfahren der WTO, S. 5.

779 Vgl. *Emmerich-Fritsche*, Das Streitbeilegungsverfahren der WTO, S. 5.

780 Vgl. WTO, Understanding the WTO: settling disputes, A unique contribution, The case has been decided: What next?, http://www.wto.org/english/thewto_e/whatis_e/tif_e/disp1_e.htm.

2. Der Ablauf des Streitschlichtungsverfahrens im *Biotech*-Fall

Im *Biotech*-Streit hatten die USA und Kanada am 13. Mai 2003 Konsultationen zur gütlichen Streitbeilegung beantragt.[781] Argentinien hatte am 14. Mai 2003 Konsultationen mit der EU beantragt. Die Konsultationen mit den USA und Argentinien haben am 19. Juni 2003, die mit Kanada am 25. Juni 2003 stattgefunden. Nachdem die USA[782] die Konsultationen kurz nach ihrem Abschluss für gescheitert erklärt hatten, beantragten diese, Kanada und Argentinien am 7. August 2003 die Einrichtung eines Panels durch den DSB der WTO. Mit Schreiben vom selben Tag wies die EU den Antrag der USA durch die Europäische Kommission zurück, indem sie ihr Bedauern über die Entscheidung der USA begründete.[783] Am 23. Februar 2004 ersuchten die USA, Kanada und Argentinien den Generaldirektor der WTO um die Besetzung des Panels gem. Art. 8 VII DSU.[784] Auf Vorschlag des WTO-Sekretariats wurden von den Streitparteien, nach mehrmonatigen Einigungsversuchen über die Besetzung des Panels, am 4. März 2004 drei Experten vom Generaldirektor der WTO bestimmt.[785]

Die erste schriftliche Eingabe der EU beim Panel erfolgte am 17. Mai 2004 als Replik auf die Beschwerdegründung der USA, von Argentinien und von Kanada vom 21. April 2004. Kurz darauf folgten über 100.000 Eingaben aus rund 90 Ländern in Form von sog. „*amicus curiae briefs*". [786, 787] Auf erhebliche öf-

---

781 Vgl. WTO, Summary of the dispute to date, WT/DS91/R, http://www.wto.org/english/tratop_e/dispu_e/cases_e/ds291_e.htm http://www.wto.org/english/tratop_e/dispu_e/cases_e/ds292_e.htm; WT/DS92/R, http://www.wto.org/english/tratop_e/dispu_e/cases_e/ds293_e.htm; WT/DS93/R.

782 Kanada und Argentinien waren demgegenüber grundsätzlich weiterhin gesprächsbereit.

783 Pressemitteilung IP/03/1165 vom 18. August 2003, Europäische Kommission bedauert Antrag auf Einsetzung eines WTO-Panels über GVO.

784 Vgl. Panel Reports, WT/DS291/R, WT/DS/292/R, WT/DS/293/R, S. 2 *(EC – Biotech)*, S. 3, Punkt D. 1.12.

785 Als Mitglieder des Panels wurden schließlich ernannt Christian Häberli von der Schweizerischen Bundesbehörde für Landwirtschaft als Vorsitzender, der indische Handelsdiplomat Mohan Kumar sowie der japanische Professor Akio Shimizu als Beisitzer; vgl. dazu ebenda. Die Bedenken der EU gegen das ordnungsgemäße Ersuchen der Beschwerdeführer um die Einrichtung eines Panels im Sinne des Art. 6.2. DSU erklärte das Panel am 8. April 2004 für gegenstandslos; vgl. ebenda, Punkt 1.16.; siehe dazu auch http://www.greenpeace.de/themen/gentechnik/politik_recht/artikel/wto_klage_zwangs verordnung_gentechnik/.

786 Vgl. zum Begriff etwa *Hundsdorfer*, Keine Sicherheit mehr für das Biosafety-Protokoll, S. 7.

fentliche Kritik stieß in dem Zusammenhang, dass das Panel *Amicus-Curiae*-Eingaben von mehr als 15 Nichtregierungsorganisationen aus Europa, Indien und Amerika und Eingaben von fünf anerkannten wissenschaftlich ausgewiesenen Experten aus den USA und aus England, die unter anderem Empfehlungen zur Anwendbarkeit des BP und des darin verankerten Vorsorgeprinzips enthielten, übergangen hat.[788] Vom 2. bis 4. Juni 2004 erfolgte die erste Anhörung der Streitparteien und wenig später die Hinzuziehung von fünf wissenschaftlich und technisch ausgewiesenen Experten zur Unterstützung des Panels, mit denen im Beisein der Streitparteien am 17. und 18. Februar 2005 Konsultationen stattfanden, bevor am 21. und 22. Februar 2005 die zweite Anhörung erfolgte.[789]

Nachdem das Panel ursprünglich eine Fertigstellung des Berichts für Ende März 2005 angekündigt hatte, verkündete es mehrere Verzögerungen,[790] bis der Zwischenbericht schließlich am 7. Februar 2006 fertiggestellt war. Am 7. Februar 2006 erhielten die Streitparteien diesen Zwischenbericht und am 10. Mai 2006 schließlich den lange erwarteten endgültigen Bericht. Am 29. September 2006 wurde dieser allen WTO-Mitgliedern zugestellt. Dieser Bericht überschritt mit seiner Erarbeitungsdauer von mehr als zwei Jahren nicht nur den nach den WTO-Vorgaben abgesteckten Zeitrahmen von sechs Monaten, sondern mit 760 Seiten plus 2.500 Seiten als Anlage auch den üblichen Umfang von Panelberichten ganz erheblich. Der DSB nahm den Bericht am 21. November 2006 an.

Bei einem Treffen mit dem DSB am 19. Dezember 2006 verkündete die Europäische Kommission ihre Absicht, allen im Panel-Bericht enthaltenen Hinweisen und Maßgaben im Einklang mit dem WTO-Recht nachzukommen. Wegen der Komplexität und der Sensibilität der Materie erbat sie sich hierfür eine Umsetzungsfrist.[791]

Die Kommission verhandelte, wie in Art. 21.3 lit. b) DSU vorgesehen, mit den drei beschwerdeführenden Ländern über die Dauer der Umsetzungsfrist. Am 21. Juni 2007 informierten die USA und die Kommission den DSB darüber, dass sie sich über eine Umsetzungsfrist von einem Jahr ab Annahme durch den DSB am 21. November 2006, also bis 21. November 2007 geeinigt hätten. Diese Frist

---

787 Vgl. Greenpeace, WTO-Klage: Zwangsverordnung Gentechnik? USA verklagen EU vor der Welthandelsorganisation (WTO), http://www.greenpeace.de/themen/gentechnik/politik_recht/artikel/wto_klage_zwangsverordnung_gen-technik/.

788 Vgl. dazu etwa *Hundsdorfer*, Keine Sicherheit mehr für das Biosafety-Protokoll, S. 6 (m.w.N.).

789 Panel Reports, WT/DS291/R, WT/DS292/R, WT/DS293/R *(EC – Biotech)*, S. 3, Punkt D. 1.17.

790 Bis Ende Juni 2005, bis Ende Oktober 2005, bis Ende Dezember 2005, bis Ende März 2006, dann bis September 2006.

791 Vgl. etwa Summary of the dispute to date, WT/DS91/R *(EC – Biotech)*, http://www.wto.org/english/tratop_e/dispu_e/cases_e/ds291_e.htm.

wurde durch erneute Mitteilung vom 21. November 2007 bis zum 11. Januar 2008 verlängert.

Am 14. Januar 2008 erklärten die Kommission und die USA dem DSB, dass sie eine verfahrenstechnische Einigung im Sinne der Artt. 21 und 22 DSU gefunden hätten.

3. Inhalte des WTO-Panel-Berichtes

Die nachfolgenden Ausführungen setzen sich in erster Linie mit Implikationen des *Biotech*-Berichtes für die Vereinbarkeit der mitgliedstaatlichen Schutzmaßnahmen mit dem SPSÜ sowie für das Verhältnis des BP zum WTO-Recht auseinander. Feststellungen im Panel-Bericht zur WTO-Rechtskonformität der produktspezifischen Maßnahmen und mithin zum De-facto-Moratorium[792] sollen nicht unerwähnt bleiben.

In seinem Bericht erklärte das Panel das SPSÜ im Hinblick auf die angegriffenen Maßnahmen und das Moratorium für anwendbar, da diese dem Schutz der menschlichen Gesundheit und der Umwelt zu dienen bestimmt waren. Es hatte zuvor festgestellt, dass auf eine mitgliedstaatliche Maßnahme prinzipiell, je nach Zielsetzung, auch verschiedene WTO-Abkommen, anwendbar sein können[793] und dass die im *Biotech*-Bericht streitbefangenen Maßnahmen sowie das Moratorium auch im Hinblick auf das beabsichtigte Ziel des Schutzes vor Umweltrisiken vom Anwendungsbereich des SPSÜ umfasst waren.[794]

Es stellte fest, dass die EU von Juni 1999 bis zur Einrichtung des Panels im WTO-Verfahren im August 2003 ein De-facto-Moratorium verhängt hatte,[795] indem die Europäische Kommission[796] und fünf[797] Mitgliedstaaten in diesem Zeitraum die Zulassung von achtzehn GVO nach der Richtlinie 2001/18/EG so-

792 Vgl. *Eckerstorfer/Gaugitsch/Heissenberger/Spök*, Analysis of the final report of the WTO Panel in the dispute case "EC – Biotech", S. 8 f., Punkt 3.3.1.

793 Panel Reports, WT/DS291/R, WT/DS292/R, WT/DS293/R *(EC – Biotech),* S. 359 ff., Punkt 7.165 ff.

794 Ebenda, S. 418 ff., Punkt 7.393 ff.

795 Ebenda, S. 3, Punkt D. 1.17; S. 1068, Punkt 8.6.

796 Vgl. ebenda.

797 Es geht dabei konkret um die bereits oben erwähnte, von den Umweltministern von Dänemark, Griechenland, Frankreich, Italien und Luxemburg bei einer Ratssitzung im Juni 1999 erklärte Absicht, die Zulassungen über den Anbau und den Import von GVO zu suspendieren; vgl. Panel Reports, WT/DS291/R, WT/DS292/R, WT/DS293/R *(EC – Biotech),* S. 30, Punkt 4.144. Hintergrund war, wie in der Einleitung beschrieben, die Intention, den damals geltenden, alten Rechtsrahmen zugunsten der Verbraucher, die GVO-Erzeugnisse überwiegend ablehnen, zu verschärfen.

wie ihrer Vorgängerrichtlinie 90/220/EWG verhindert hatten.[798] Die EU hatte das Bestehen eines Moratoriums bestritten.[799]

Mit diesem Moratorium habe die EU gegen ihre Verpflichtungen gem. Annex C (1) (a), erste Alternative und Art. 8 SPSÜ verstoßen, da das Moratorium zu einer *ungebührlichen Verzögerung* geführt habe.[800]

Ausdrücklich stellte das Panel zudem fest, dass die EU insoweit nicht gegen Artt. 5.1, 5.5, 5.6 und 2.2 SPSÜ verstoßen habe.[801]

Des Weiteren stellte das Panel mit Bezugnahme auf die Begründung in der Beschwerdeschrift fest, dass die EU auch mit 24 von insgesamt 27 „produktspezifischen Maßnahmen"[802] wegen *ungebührlicher Verzögerungen* gegen ihre Verpflichtungen aus Annex C (1) lit. (a), erste Alternative und Art. 8 SPSÜ verstoßen habe, da sich hieraus ungebührliche Verzögerungen für den Abschluss des jeweiligen Zulassungsverfahrens der GVO ergeben hätten.[803]

Wiederum ausdrücklich stellte das Panel aber auch fest, dass die EU insoweit nicht, wie von den Beschwerdeführern vorgetragen, gegen die Artt. 5.1, 5.5 und 2.2 des SPSÜ verstoßen habe.[804]

Schließlich konstatierte das Panel, dass die EU im Hinblick auf die Schutzmaßnahmen der Mitgliedstaaten gegen die Artt. 5.1 und 2.2 SPSÜ verstoßen habe, da keine der insgesamt neun von den Beschwerdeführern angegriffenen, im Zeitraum von Juni 1999 bis August 2003 verhängten Schutzmaßnahmen, näm-

798 Von diesen insgesamt 18 Anträgen waren neun anhängige Anträge nach der Richtlinie 2001/18/EG nach Notifizierung aufgrund der Richtlinie 90/220/EG von der Kommission, trotz der für den Antragsteller günstig ausgefallenen Risikobewertungen durch die Ausgangsbehörde des notifizierenden Mitgliedstaates und des Wissenschaftlichen Ausschusses der EU, wegen der ablehnenden Haltungen zum damals bestehenden GVO-Rechtsrahmen im Rat zurückgestellt worden. Die übrigen neun Notifizierungen nach der Richtlinie 90/220/EG betrafen Verfahren, die über mehr als fünf Jahre andauerten; vgl. ebenda. Fünf Anträge waren ebenfalls über mehr als fünf Jahre anhängig, allerdings nach der VO (EG) Nr. 258/97 und vier weitere Anträge waren gerade gestellt worden; vgl. ebenda, Punkt 4.145.

799 Vgl. *Heissenberger/Eckerstorfer/Gaugitsch*, Analysis of the final report of the WTO Panel in the dispute case „EC – Biotech", S. 13, Punkt 3.4.3.

800 Panel Reports, WT/DS291/R, WT/DS292/R, WT/DS293/R, *(EC – Biotech),* S. 1068, Punkt 8.6.

801 Ebenda, S. 1070, Punkt VIII. C. 1. 8.14 lit. (d)-(f); S. 1076 f., Punkt VIII. D. 1. 8.34 lit. (c)-(f); S. 1081, Punkt VIII. E. 1. 8.50 lit. (b)-(d); vgl. *Krell Zbinden*, ZLR 2007, 125, 132.

802 Vgl. ebenda; *Eckerstorfer/Gaugitsch/Heissenberger/Spök*, Analysis of the final report of the WTO Panel in the dispute case „EC – Biotech", S. 9, Punkt 3.3.2; Panel Reports, WT/DS291/R, WT/DS292/R, WT/DS293/R *(EC – Biotech),* S. 1068, Punkt 8.7.

803 Panel Reports, WT/DS291/R, WT/DS292/R, WT/DS293/R *(EC – Biotech),* S. 1068, Punkt 8.7.

804 Ebenda, S. 1071 ff., Punkt VIII. C. 2. 8.18 lit. (e)-(g); S. 1076 ff., Punkt VIII. D. 2. 8.38 lit. (b)-(e); S. 1081 ff., Punkt VIII. E. 2. 8.53 (g)-(j); vgl. etwa *Krell Zbinden*, ZLR 2007, 125, 132.

lich die von Österreich, Frankreich, Deutschland, Italien und Luxemburg verhängten Vertriebsverbote und das von Griechenland erlassene Importverbot,[805] auf einer den Ansprüchen des SPSÜ gerecht werdenden Risikobewertung basiere.[806] Der WTO-Rechtsverstoß ergebe sich zwar nicht aus den zugrundeliegenden Schutzklauseln an sich. Diese selbst hätten die Beschwerdeführer nicht angegriffen. Vielmehr ergebe sich der WTO-Rechtsverstoß aus den darauf beruhenden mitgliedstaatlichen Verboten.[807]

Das Panel riet dem DSB, die EU dazu zu veranlassen, die mitgliedstaatlichen Maßnahmen in Einklang mit dem WTO-Recht zu bringen.[808] In seinen Schlussfolgerungen hob das Panel ausdrücklich hervor, dass es keine Entscheidung darüber getroffen habe, ob GVO generell sicher seien oder nicht,[809] und darüber, ob die streitgegenständlichen GVO-Produkte, wie von den drei Beschwerdeführern vorgetragen, im Verhältnis zu ihrem konventionellen Gegenstück „like products“ darstellen. Das Panel hielt eine Entscheidung darüber für nicht streitentscheidend.[810]Auch über die WTO-Rechtskonformität des in der EU für GVO geltenden präventiven Verbots mit Erlaubnisvorbehalt hat das Panel schon deshalb ausdrücklich nicht entschieden, weil die Beschwerdeführer diese Frage nicht aufgeworfen hatten.[811] Ebenso wenig sei das Erfordernis der fallspezifischen Risikobewertung nach dem alten Rechtsrahmen[812] Gegenstand des Panelberichts gewesen.[813] Schließlich seien auch die Risikobewertungen des nach dem alten Rechtsrahmen zuständigen Wissenschaftlichen Ausschusses nicht vom Panel überprüft worden, da die Beschwerdeführer diese Risikobewertungen auf EU-Ebene nicht angegriffen hätten, sondern vielmehr die wissenschaftliche Basis diverser Risikobewertungen einzelner Mitgliedstaaten.[814]

Einen Meilenstein in der Geschichte der Agro-Gentechnik stellt der *Biotech*-Bericht inhaltlich auch deshalb dar, weil er Feststellungen zum Verhältnis von WTO-Recht zu MEAs,[815] wie dem BP, in dem das Vorsorgeprinzip verankert ist, enthält.[816]

---

805 Panel Reports, WT/DS291/R, WT/DS292/R, WT/DS293/R *(EC – Biotech),* S. 31, Punkt 4.152; S. 1068, Punkt 8.8.

806 Ebenda.

807 Ebenda, S. 1068, Punkt 8.8, 8.9.

808 Ebenda, S. 1076, Punkt VIII. 8.32.

809 Ebenda, S.1067, Punkt VIII. 8.3., erster Spiegelstrich.

810 Ebenda, zweiter Spiegelstrich.

811 Ebenda, S. 1067, dritter Spiegelstrich.

812 Das Panel nennt die alte Freisetzungsrichtlinie (Richtlinie 90/220/EG) und die VO (EG) Nr. 258/97 (Novel-Food-Verordnung) in der damals geltenden Fassung.

813 Panel Reports, WT/DS291/R, WT/DS292/R *(EC – Biotech),* WT/DS293/R, S. 1067, 4. Spiegelstrich.

814 Ebenda, 5. Spiegelstrich.

815 Weitere MEAs, für die dieser Bericht Präzedenzwirkung haben könnte, sind beispielsweise das Kyoto-Protokoll, das Rotterdamer Übereinkommen, die Basler Konvention,

Das Verhältnis von MEAs zu WTO-Abkommen ist in bestimmten Fallkonstellationen, auf die sogleich einzugehen sein wird, noch nicht abschließend geklärt. Mit dieser rechtlichen Unklarheit geht die umstrittene Rolle des im BP[817] verankerten Vorsorgeprinzips bei bestimmten Streitigkeiten mit welthandelsrechtlichen Bezügen einher.

3.1 Artt. 5.1 und 5.7 SPSÜ

Die Feststellungen des Panels zu den mitgliedstaatlichen Schutzmaßnahmen und zu ihrer Vereinbarkeit mit WTO-Recht lassen sich besser nachvollziehen, wenn vorab wesentliche Inhalte der beiden maßgeblichen WTO-Vorschriften dargestellt werden.

3.1.1 Art. 5.1 SPSÜ

Nach Art. 5.1 SPSÜ[818] müssen die Maßnahmen der WTO-Mitglieder auf einer den Umständen angepassten Risikobewertung basieren, wobei die von den zuständigen internationalen Organisationen entwickelten Risikobewertungsmethoden zugrunde gelegt werden.

Vorsorgemaßnahmen, wie das präventive Verbot oder sogar die endgültige Versagung nach der VO (EG) Nr. 1829/2003, müssen also den WTO-rechtlichen Anforderungen an die Risikobewertung entsprechen. Anhang A (4) SPSÜ beschreibt den Begriff der „Risikobewertung“ u.a. als Bewertung der möglichen schädlichen Auswirkungen auf die Gesundheit von Mensch und Tier, die durch das Vorkommen krankheitsverursachender Organismen in Nahrungsmitteln ent-

die Stockholm Konvention; vgl. dazu etwa *Hundsdorfer*, Keine Sicherheit mehr für das Biosafety-Protokoll, S. 2 f., http://www.forum-ue.de/fileadmin/userupload/positionspapiere/aghandel_2006_ecbiotech.pdf.

816 Vgl. *Eckerstorfer/Gaugitsch/Heissenberger/Spök*, Analysis of the final report of the WTO Panel in the dispute case "EC – Biotech", http://www.bmg.gv.at/cms/home/attachments/7/1/2/CH1052/CMS1180521946679/cms1200659775588_wto-report_ec_biotech_uba&ifz_1006.pdf; vgl. *Currie*, an Analysis of the Report in the `EC – Biotech` Case, S. 12, Punkt 3.4.2; *Panizzon/Arnold/Cottier*, URP / DEP 3 | 2010, S. 199, 234 f.; *Suppan*, Institute for Agriculture and Trade Policy, The WTO`s EC – Biotech Products ruling and the Cartagena Protocol, S. 2.

817 Cartagena Protocol on Biosafety to the Convention on Biological Diversity, http://www.cbd.int/biosafety/protocol.html.

818 Siehe zum Verhältnis des Art. 5.1 SPSÜ zum Art. 5.7 SPSÜ die Ausführungen unten, Punkt VI. 3.1.3.

stehen. Details zur Bewertungsmethode enthält das SPSÜ nicht. Es ist hilfreich, insoweit auf die Feststellungen des AB im *EC – Hormones*-Bericht[819] zurückzugreifen. Der AB differenziert darin explizit nicht zwischen Risikobewertung und Risikomanagement.[820]

EC – Hormones[821] sowie *Australia – Salmons*[822] zufolge muss das Risiko bestimmbar („ascertainable") sein; die Begründung einer Maßnahme darf nicht auf wissenschaftliche Unsicherheit über etwaige Risiken für die Gesundheit gestützt werden.[823] Einen Mindestschwellenwert für ein Risiko gibt es allerdings nicht.[824] Die Maßnahme muss auf der Bewertung beruhen. Es muss also ein rationales Verhältnis („rational relationship")[825] zwischen der Bewertung und der Maßnahme bestehen. Dieses kann selbst bei einer Null-Risiko-Politik sowie auch bei Befolgung von wissenschaftlichen Mindermeinungen anerkannter und qualifizierter Naturwissenschaftler gegeben sein.[826] Zudem sind nicht nur Risiken zu berücksichtigen, die sich unter streng naturwissenschaftlicher Kontrolle im Labor abspielen, sondern auch das tatsächliche Potential für nachteilige Auswirkungen auf die menschliche Gesundheit in der realen Welt, in der Menschen leben, arbeiten und sterben.[827] Nicht naturwissenschaftliche Erwägungen dürfen bei der Auswahl der Maßnahme angestellt werden. Allerdings ergibt sich aus dem SPSÜ-Kernprinzip der Naturwissenschaftlichkeit (vgl. Art. 2.2 SPSÜ), dass andere Faktoren die rein naturwissenschaftliche Risikobewertung allenfalls ergänzen können.[828] Daraus ergibt sich, dass etwa andere legitime Faktoren (OLFs) nach dem SPSÜ, anders als beispielsweise nach Art. 7 I VO (EG) Nr. 1829/2003, eine Maßnahme nicht maßgeblich beeinflussen können. Des Weiteren ergibt sich aus den obigen Ausführungen, dass das gerade auf wissenschaftlicher Ungewissheit basierende Vorsorgeprinzip (VSP) nach diesem WTO-Verständnis von der Risikobewertung kaum[829] gewürdigt wird. Dies zeigt sich insbesondere im Erfordernis der *Bestimmbarkeit* des Risikos. Jedenfalls entspricht das gemeinschaftsrechtliche VSP, insbesondere weil es gerade bei unbestimmbaren Risiken anwendbar ist, nicht den mit *EC – Hormones* präzisierten

819 AB Report, WT/DS26/AB/R und WT/DS48/AB/R *(EC – Hormones).*

820 Ebenda, Rn. 181.

821 Ebenda, Rn. 186.

822 AB Report vom 20.10.1998 WT/DS18/AB/R *(Australia – Salmons),* Rn. 125

823 Vgl. *Stökl*, Der welthandelsrechtliche Gentechnikkonflikt, S. 170.

824 AB Report, WT/DS26/AB/R und WT/DS48/AB/R *(EC – Hormones),* Rn. 186.

825 Ebenda, Rn. 193.

826 Ebenda, Rn. 194; vgl. *Stökl*, Der welthandelsrechtliche Gentechnikkonflikt, S. 174; *Krajewski*, Wirtschaftsvölkerrecht, S. 121.

827 AB Report, WT/DS26/AB/R und WT/DS48/AB/R *(EC – Hormones),* Rn. 187.

828 Vgl. *Transfeld*, Das Vorsorgeprinzip im Lichte der Ökonomischen Analyse des Rechts, S. 126.

829 Die Ausführungen des AB hierzu im Fall *EC – Hormones* werden unter dem nachfolgenden Punkt dargestellt.

Anforderungen an die Risikobewertung. Auch die Möglichkeit, dass OLFs[830] die Entscheidung maßgeblich beeinflussen können, widerspricht den diesbezüglichen welthandelsrechtlichen Vorgaben für eine ordnungsgemäße Risikobewertung.[831]

3.1.2 Art. 5.7 SPSÜ

Gem. Art. 5.7 SPSÜ kann ein Mitglied in Fällen, in denen das einschlägige wissenschaftliche *Beweismaterial* nicht hinreichend ist, gesundheitspolizeiliche oder pflanzenschutzrechtliche Maßnahmen *vorübergehend* auf der Grundlage der verfügbaren einschlägigen Angaben verhängen. Die Mitglieder müssen sich dann um die Einholung der notwendigen zusätzlichen Informationen für eine objektive Risikobewertung bemühen und die Maßnahme innerhalb einer vertretbaren Frist überprüfen.

Art. 5.7 SPSÜ könnte mithin und mit Blick auf das dem AB zufolge unverzichtbare Erfordernis der *Bestimmbarkeit* des Risikos („ascertainable risk“)[832] nicht auf den für das VSP typischen Fall der *wissenschaftlichen Unsicherheit*, sondern nur auf solche Fälle zugeschnitten sein, in denen das *Beweismaterial noch nicht vollständig* ist.

Diese strenge Auslegung ergibt sich auch aus der entsprechenden Differenzierung des AB in *Japan – Apples.*[833] Für ein weitergehendes Vorsorgeverständnis könnte jedoch der, in *EC – Hormones* genannte, dritte Aspekt des AB zum VSP sprechen:

> *„Thirdly a panel charged with determining, for instance, whether „sufficient scientific evidence“ exists to warrant the maintainance by a member of a particular SPS measure may, of course, and should, bear in mind that responsible, representative governments commonly act from perspectives of prudence and precaution where risks of irreversible, e.g. life-terminating, damage to human health are concerned...“.*[834]

---

830 Vgl. *Transfeld*, Das Vorsorgeprinzip im Lichte der Ökonomischen Analyse des Rechts, S. 126; zu den OLFs gehören auch mögliche Gründe nach dem von der Kommission im Paket vom 13. Juli 2010 vorgeschlagenen Art. 26b der Richtlinie 2001/18/EG. Siehe zur WTO-Rechtskonformität dieser Vorschrift unten, Punkt VIII. 2.1.3.2.2.

831 Siehe aber zur expliziten Feststellung des Panels in der *Biotech*-Entscheidung dazu, dass es keine Entscheidung über die WTO-Rechtskonformität des EU-Rechtsrahmens für GVO-Zulassungen getroffen habe, Panel Reports, WT/DS291/R, WT/DS292/R, WT/DS293/R *(EC – Biotech)*, S. 1067, Punkt VIII., A. 8.3.

832 WT/DS26/AB/R und WT/DS48/AB/R *(EC – Hormones)*, Rn. 186.

833 AB Report vom 26.11.2003, WT/DS/245/AB/R *(Japan – Apples)*, Rn. 89.

834 AB Report, WT/DS26/AB/R und WT/DS48/AB/R *(EC – Hormones)*, Rn. 125.

Dagegen spricht aber einerseits, dass Maßnahmen somit gerade ein *bestimmtes* Risiko, nämlich jenes irreversibler Gesundheitsschäden oder des Todes, erfordern und andererseits der zuerst vom AB zum VSP angeführte Aspekt:

> *„Firstly, the principle has not been written into the SPS-Agreement as a ground for justifying SPS-measures that are otherwise inconsistent with the obligation of Members set out in particular provisions of that Agreement."*[835]

Im *Biotech*-Bericht hat sich das Panel zwar der oben beschriebenen restriktiven Interpretation des Art. 5.7 SPSÜ angeschlossen.[836] Allerdings erscheint es widersprüchlich, Fälle wissenschaftlicher Unsicherheit, mangels Bestimmbarkeit des Risikos, vom Anwendungsbereich des Art. 5.7 SPSÜ auszuschließen und andererseits Fälle unzureichenden Beweismaterials gerade in den Anwendungsbereich der Vorschrift einzuschließen. Bei unzureichendem Beweismaterial ist das Risiko ebenfalls nicht sicher bestimmbar.

Nachfolgend werden Feststellungen des Panels im Bericht zum *EC – Biotech*-Verfahren zu welthandelsrechtlichen Anforderungen an die Risikoanalyse, insbesondere an die Risikobewertungen und an mitgliedstaatliche Anbauverbote, dargestellt.

3.1.3 Feststellungen des Panels zu Artt. 5.1 und 5.7 SPSÜ im *Biotech*-Bericht

Das Panel stellte zunächst fest, dass keine der Risikobewertungen, auf die die Mitgliedstaaten ihre streitbefangenen Schutzmaßnahmen gestützt hatten, den Anforderungen des Art. 5.1 SPSÜ an eine Risikobewertung gerecht geworden sei.[837] Da der damals in der EU für Risikobewertungen zuständige Wissenschaftliche Ausschuss im Zulassungsverfahren und nach Notifizierung der mitgliedstaatlichen Verbote ebenfalls potentielle Risiken für die menschliche Gesundheit und/oder die Umwelt als für den Antragsteller günstig bewertet habe, sei das erforderliche wissenschaftliche Beweismaterial verfügbar gewesen, weshalb alle neun Schutzmaßnahmen auch gegen Art. 5.7 SPSÜ verstießen.[838] Die

835 Ebenda.

836 Panel Reports, WT/DS291/R, WT/DS292/R, WT/DS293/R *(EC – Biotech),* S. 1069, Punkt VIII., 8.9.

837 Ebenda. Konkret ging es um T25, Bt176, MON810 (Österreich), MS1/RF1, Oilseed Rape, Topas Oilseed Rape (Frankreich), Bt176 (Deutschland), Oilseed Rape (Griechenland), Bt11, MON810, MON809, T25 (Italien), Bt176 Luxemburg.

838 Panel Reports, WT/DS291/R, WT/DS292/R, WT/DS293/R *(EC – Biotech),* S. 1031, Punkt VIII., 8.9.

Aufrechterhaltung dieser konkreten Schutzmaßnahmen stelle zudem einen Verstoß gegen Art. 2.2 SPSÜ dar.[839]

Das Panel stellte in seinem *Biotech*-Bericht aber auch fest, dass es keine Entscheidung über die WTO-Rechtskonformität des GVO-Zulassungssystems der EU und der darin geregelten Schutzklauseln getroffen habe.[840]

Das Panel ging von dem in Art. 2.2 SPSÜ festgelegten Grundsatz aus, dass Maßnahmen im Anwendungsbereich des SPSÜ auf wissenschaftlichen Prinzipien basieren müssen und sie bei nicht hinreichenden wissenschaftlichen Beweisen nicht aufrecht erhalten werden dürfen, es sei denn, die Voraussetzungen von Art. 5.7 SPSÜ liegen vor,[841] wobei Art. 5.7 SPSÜ aber ausdrücklich keine Ausnahmevorschrift zu Art. 2.2 SPSÜ darstelle, sondern ein „qualifiziertes Recht“[842] begründe. Es hat deshalb zunächst die Voraussetzungen von Art. 5.1 i.V.m. Anhang A 4 SPSÜ geprüft, wonach Maßnahmen nach dem SPSÜ auf einer Risikobewertung basieren müssen.[843] In Fällen, in denen relevante wissenschaftliche Beweismaterialien allerdings nicht hinreichend sind, sei Art. 5.7 SPSÜ anwendbar,[844] wonach vorübergehende Maßnahmen auf der Basis eines bestimmbaren Risikos erlaubt sind.

Die EU hatte dagegen die Position vertreten, dass zwischen Art. 5.1 SPSÜ und Art. 5.7 SPSÜ ein Exklusivitätsverhältnis bestehe und dass das Kriterium „vorübergehend“ („provisionally“) die Grenze zwischen beiden Vorschriften markiere.[845]

Die Kommission hielt Art. 5.1 SPSÜ demnach im Hinblick auf mitgliedstaatliche Maßnahmen aufgrund der Schutzklausel insoweit für unanwendbar.

Das Panel stellte zunächst einen Verstoß der neun Schutzmaßnahmen gegen Art. 5.1 SPSÜ fest, da die von den Mitgliedstaaten durchgeführten Risikobewertungen keine spezifische Bestimmung der Wahrscheinlichkeit von Risiken enthalten haben.[846] Auch allein das Vorliegen neuer wissenschaftlicher Erkenntnisse

---

839 Vgl. *Heissenberger/Eckerstorfer/Gaugitsch*, Analysis of the final report of the WTO Panel in the dispute case "EC – Biotech", S. 10, Punkt 3.3.3. (Tabelle 3).

840 Ebenda, Punkt 8.8., S. 1068.

841 Panel Reports, WT/DS291/R, WT/DS292/R, WT/DS293/R *(EC – Biotech),* S. 937, Rn. 7.2926.

842 Ebenda, S. 948 ff., Punkte 7.2974 ff; vgl. *Heissenberger/Eckerstorfer/Gaugitsch*, Analysis of the final report of the WTO Panel in the dispute case „EC – Biotech“, S. 24, Punkt 3.5.2.2.

843 Panel Reports, WT/DS291/R, WT/DS292/R, WT/DS293/R *(EC – Biotech),* S. 937, Punkt 7.2927; S. 958, Punkt 7.3010.

844 Ebenda, S. 937 f., Punkt 7.2928; 7.2929.

845 Ebenda, S. 938, Punkt 7.2930.

846 Vgl. *Currie*, Genetic Engineering and the WTO: an Analysis of the Report in the `EC – Biotech` Case, S. 20 (Fn. 8).

sei nicht hinreichend.[847] Neue wissenschaftliche Erkenntnisse müssten eine vom Ergebnis der früheren Risikobewertung im Zulassungsverfahren abweichende Bewertung („divergent view“) enthalten.[848] Ein Verstoß gegen Art. 5.7 SPSÜ ergebe sich daraus, dass wissenschaftliches Beweismaterial verfügbar gewesen sei, da der Wissenschaftliche Ausschuss im Zulassungs- und später im Notifizierungsverfahren nach der Schutzklausel Risikobewertungen durchgeführt habe.[849]

Österreich beispielsweise hatte seine Schutzmaßnahme gegen den Anbau von MON810 auf neue Studien[850] gestützt, die u.a. mögliche nachteilige Auswirkungen des Toxins *Cry1A(b)*[851] auf Nichtzielorganismen dokumentierten und die auf die mögliche Bildung von Resistenzen bei Insekten hinwiesen.[852] Das Panel stellte dazu, wie auch zu allen anderen streitbefangenen Schutzmaßnahmen, fest, dass es an einer hinreichenden Risikobewertung nach Art. 5.1 SPSÜ fehle.[853] Das Anbauverbot für MON810 würde nicht auf einer hinreichenden Risikobewertung *basieren*,[854] da es an dem erforderlichen *rationalen Verhältnis* fehle.[855] Zudem verstoße das österreichische Anbauverbot für MON810 schon deshalb gegen Art. 5.7 SPSÜ, da hinreichendes Beweismaterial vorlag, weil der Wissenschaftliche Ausschuss der EU im Zulassungs- und im Notifizierungsverfahren Risikobewertungen durchgeführt habe.[856] Ein Mitgliedstaat könne den Vorsorgegedanken zwar in seine Entscheidung über mitgliedstaatliche Maßnahmen einfließen lassen, da Mitgliedstaaten prinzipiell ihr eigenes Schutzniveau festlegen können. Allerdings müssen Maßnahmen auch dann im Sinne eines rationalen Verhältnisses[857] auf der Risikobewertung basieren.[858]

---

847 Panel Reports, WT/DS291/R, WT/DS292/R, WT/DS293/R *(EC – Biotech)*, S. 969, Punkt 7.3060; vgl. *Eckerstorfer/Gaugitsch/Heissenberger/Spök*, Analysis of the WTO report „EC – Biotech“, S. 9 f., Punkt 3.3.3 (Tabelle 3).

848 Vgl. *Currie*, Genetic Engineering and the WTO: an Analysis of the Report in the `EC – Biotech` Case, S. 22.

849 Diese Risikobewertungen des zuständigen Ausschusses der EU hat das Panel allerdings, wie oben erwähnt, ausdrücklich nicht auf seine WTO-Konformität überprüft.

850 Vgl. *Eckerstorfer/Gaugitsch/Heissenberger/Spök*, Analysis of the final WTO report of the WTO Panel in the dispute case „EC – Biotech“, S. 30, Punkt 4.2.

851 Vgl. ebenda.

852 Vgl. ebenda.

853 Vgl. *Eckerstorfer/Gaugitsch/Heissenberger/Spök*, Analysis of the final WTO report of the WTO Panel in the dispute case „EC – Biotech“, S. 24, Punkt 3.5.2.2.

854 Vgl. ebenda.

855 Panel Reports, WT/DS291/R, WT/DS292/R, WT/DS293/R *(EC – Biotech)*, S. 981 f., Punkt 7.3106 f. (zu MON810).

856 Ebenda, S. 1028, Punkt 7.3286 f; vgl. *Eckerstorfer/Gaugitsch/Heissenberger/Spök*, Analysis of the final report of the WTO Panel in the „EC – Biotech“, S. 27, Punkt 3.6.2.

857 Vgl. *Currie*, Genetic Engineering and the WTO: an Analysis of the Report in the `EC – Biotech` Case, S. 22.

3.2 Stellungnahme und Implikationen

Die Anwendung von Art. 5.1 SPSÜ auf Schutzmaßnahmen steht im Widerspruch zu den Voraussetzungen der Schutzvorschriften der Europäischen Union gem. Art. 23 der Richtlinie 2001/18/EG bzw. nach Art. 16 der alten Richtlinie 90/220/EG und nach Art. 34 VO (EG) Nr. 1829/2003. Diese Vorschriften erlauben, wie oben[859] gezeigt, die Berücksichtigung wissenschaftlicher Unsicherheit. Das Panel erklärt dagegen hinreichende Risikobewertungen im Sinne des Artt. 5.1, 2.2 SPSÜ für erforderlich.[860]

Mithin wird dem VSP in dieser Entscheidung kaum Rechnung getragen. Das Panel stellt zwar fest, dass sich das VSP in Art. 5.7 SPSÜ niederschlage, legt diese Vorschrift aber sehr eng aus, so dass das VSP praktisch leerläuft.[861]
Da das Panel die Risikobewertungen des Wissenschaftlichen Ausschusses und der EFSA ausdrücklich nicht inhaltlich überprüft hat,[862] ist das beschriebene Vorgehen des Panels, vom Vorliegen dieser – ungeprüften – Risikobewertungen der EU auf das Vorliegen hinreichenden Beweismaterials zu schließen, fehlerhaft. Eine Überprüfung der Risikobewertungen des Wissenschaftlichen Ausschusses und der EFSA hätte durchaus ergeben können, dass diese Bewertungen auf der Basis von nicht hinreichendem Beweismaterial erfolgt sind. Gründe dafür, dass die Risikobewertungen der EFSA nicht unumstritten und häufig unzulänglich sind, wurden oben bereits detailliert dargestellt. Insbesondere wurde oben dargestellt, dass in einer Reihe von Verfahren Risikobewertungen auf der

858 Vgl. ebenda.

859 Siehe zu den Voraussetzungen der Schutzklausel gem. Art. 23 Richtlinie 2001/18/EG oben, Punkt V.

860 Vgl. *Joerges*, in: Everson/Vos, Uncertain Risks Regulated, S. 421.Wegen des mit dem Erfordernis von hinreichenden „Risikobewertungen“ für Entscheidungen in Fällen wissenschaftlicher Unsicherheit verbundenen Widerspruches müssten die vom WTO-Panel hervorgehobenen Begriffe der „Wissenschaftlichkeit“ und der „Risikobewertung“ demnach folgerichtig auch nicht wissenschaftliche Kriterien einschließen. Andererseits habe auch der EuGH den Begriff der Risikobewertung eng ausgelegt (siehe EuGH, Urteil v. 9.9.2003, Rs. C-236/01, Monsanto vs. Italien, Slg. 2003, I-8105, Rn. 106 *„...können Schutzmaßnahmen, die aufgrund der Schutzklausel getroffen werden, nicht wirksam mit einer rein hypothetischen Betrachtung des Risikos begründet werden, die auf bloße, wissenschaftlich noch nicht verifizierte Vermutungen gestützt wird...“).*

861 Vgl. *Currie*, Genetic Engineering and the WTO: an Analysis of the Report in the `EC – Biotech` Case, S. 22; *Joerges*, in: Everson/Vos, Uncertain Risks Regulated, S. 422.

862 Siehe oben und Panel Reports, WT/DS291/R, WT/DS292/R, WT/DS293/R, S. 937, Rn. 7.2926 *(EC – Biotech),* S. 1067, Punkt VIII. A., 8.3.

Basis unvollständiger und/oder fehlerhafter Antragsunterlagen erfolgten.[863] Mittlerweile sind die Leitlinien zu Risikobewertungen mehrfach überarbeitet und Defizite selbst von EU-Organen und sogar von der EFSA eingeräumt worden.[864] Zudem hatte der ursprünglich bewertende Wissenschaftliche Ausschuss die Bewertung ein Jahrzehnt zuvor und damit auf der Basis eines sehr alten wissenschaftlichen Standes durchgeführt. Die EFSA selbst überarbeitet ihre Leitlinien derzeit wegen erheblicher Kritik am bisherigen Bewertungsverfahren weiter und hat unterdessen, wie erwähnt, die UVP-Leitlinien um die etwa von Österreich im WTO-Streitverfahren ins Feld geführte Notwendigkeit der Bewertung von Wirkungen auf Nichtzielorganismen sowie von Langzeitfolgen ergänzt.[865] Auch daraus folgt, dass die vom Panel zur Begründung eines Verstoßes der Schutzmaßnahmen gegen Art. 5.7 SPSÜ in Bezug genommenen Bewertungen des Wissenschaftlichen Ausschusses und der EFSA, die es nicht auf ihre WTO-Rechtskonformität überprüft hat, seinerzeit gerade nicht auf der Basis hinreichenden wissenschaftlichen Beweismaterials (etwa die um die Auswirkungen auf Nichtzielorganismen und um Langzeitfolgen ergänzte UVP) erfolgt war.

Amicus Curiae Briefs mit Hinweisen auch zu Risikobewertungen und zum Problem der welthandelsrechtlichen Behandlung wissenschaftlicher Unsicherheit[866] hat das Panel zwar angenommen, aber ausdrücklich nicht in die Erwägungen einfließen lassen. Das Panel erklärte, es sei hierzu nicht verpflichtet, da es sich eben nicht um Parteivorträge gehandelt habe.[867]

Dieses Vorgehen des Panels stieß und stößt auf Kritik.[868] Die WTO-rechtliche Zulässigkeit der Nichtbeachtung von Eingaben Dritter macht demokratische Defizite des WTO-Streitschlichtungsverfahrens sichtbar. Das Panel setzt sich aus nur drei Handelsexperten zusammen, die keine umweltspezifische

863 Vgl. auch etwa EPEC, Interim Report, S. 30 f., Punkt 4.4; Greenpeace und Friends of the Earth beispielsweise behaupten, dass im Rahmen der toxikologischen Prüfung von MON810 Studien mit Ratten, die mit dem GVO-Mais MON863 gefüttert wurden, vertauscht worden seien; vgl. Greenpeace, Friends of the Earth, A critique of the European Food Safety Authority's opinion on genetically modified maize MON810, S. 11, Punkt A. 1.

864 Die EFSA hat ihre Leitlinien zu UVPs beispielsweise, wie oben gezeigt, um die Prüfung von Langzeitrisiken und Wirkungen auf Nichtzielorganismen ergänzt; vgl. EFSA Actions on Council of the European Union conclusions on genetically modified organisms vom 11. Februar 2009.

865 Vgl. Press Release EFSA, 12.11.2010, EFSA updates guidance on environmental impact of GM plants, http://www.efsa.europa.eu/en/press/news/gmo101112.htm.

866 Vgl. *Hundsdorfer*, Keine Sicherheit mehr für das Biosafety Protokoll, S. 6 (Fn. 18, m.w.N.).

867 Vgl. *Suppan*, Institute of Agriculture and Trade Policy, The WTO`s EC – Biotech Products ruling and the Cartagena Protocol, S. 3.

868 Vgl. *Hundsdorfer*, Keine Sicherheit mehr für das Biosafety Protokoll, S. 4 (Fn. 18, m.w.N.).

Expertise aufweisen müssen.[869] Gerade die Berücksichtigung von Eingaben externer Umweltexperten über *Amicus Curiae Briefs* könnte dieses umweltfachliche Manko des WTO-Panels korrigieren. Die Feststellung des Verstoßes von 24 „produktspezifischen Maßnahmen" gegen Anhang C (1) (a) und Art. 8 SPSÜ wegen *ungebührlicher Verzögerungen* könnte als Präzedenzentscheidung künftige politisch motivierte Bündnisse verhindern.[870] Bemerkenswert ist in diesem Zusammenhang auch die Begründung der Kommission für ihren Vorschlag, die Richtlinie 2001/18/EG um einen Art. 26b zu ergänzen, der den Mitgliedstaaten die Freiheit einräumen soll, im Rahmen eines europarechtlichen Notifizierungsverfahren unter bestimmten Voraussetzungen selbst über GVO-Anbauverbote zu entscheiden. Denn die Kommission bezweckt hiermit u.a. explizit gerade auch die *Beschleunigung* der Zulassungsverfahren.[871]

Damit ist festzuhalten, dass das Panel die WTO-Rechtmäßigkeit des bestehenden Rechtsrahmens sowie von Schutzklauseln zwar offen lässt. Es formuliert aber hohe Anforderungen an die Anbauverboten zugrunde liegenden Risikobewertungen, und es erteilt dem Vorsorgeprinzip zwar keine Absage, misst ihm aber gleichwohl kaum eine Bedeutung bei. Anbauverbote aufgrund von umwelt- und gesundheitsbezogenen Aspekten überprüft es in erster Linie am Maßstab des SPSÜ. Sie sind demnach streng am Prinzip der naturwissenschaftlichen Begründung auszurichten. Maßnahmen aufgrund von Art. 5.7 SPSÜ sind nur vorübergehend und auch nur bei unzureichendem Beweismaterial, nicht aber bei allein wissenschaftlicher Unsicherheit, anwendbar.

Im Licht dieser Feststellungen sind Anbauverbote aufgrund des bestehenden EU-Rechtsrahmens nicht zwingend WTO-rechtswidrig, allerdings geben sie nahezu keinen Raum für auf naturwissenschaftliche Unsicherheit gestützte Anbauverbote. Der Kommissionsvorschlag für eine Opt-out-Klausel schließt naturwissenschaftliche Begründungsmöglichkeiten der Mitgliedstaaten von vornherein aus, so dass sich die vorstehenden Ausführungen gerade nicht darauf beziehen lassen – soweit der Kommissionsvorschlag von Juli 2010 nicht auf naturwissenschaftliche Begründungsmöglichkeiten ausgedehnt wird. Opt-out-Maßnahmen aufgrund der ursprünglich von der Kommission vorgeschlagenen Opt-out-Klausel wären damit nicht am SPSÜ zu messen. Unten wird im Einzelnen auf Aspekte der WTO-Rechtskonformität solcher Opt-out-Maßnahmen eingegangen.

Im Folgenden werden der Anwendungsbereich des Biosafety Protocols, dem das VSP zugrunde liegt, und diesbezügliche Implikationen des Panel-Berichts im Verfahren *EC – Biotech* dargestellt.

---

869 Vgl. ebenda, S. 3 f.

870 Vgl. *Eckerstorfer/Gaugitsch/Heissenberger/Spök*, Analysis of the final report of the WTO Panel in the dispute case "EC – Biotech", S. 14.

871 KOM (2010) 375 endg., S. 4, Punkt B.

VII. Das Biosafety Protocol

Zum besseren Verständnis der Implikationen des *Biotech*-Berichts für die Anwendbarkeit des BP auf Regelungen zu GVO mit welthandelsrechtlichen Bezügen soll nachfolgend zunächst auf die historischen Hintergründe und den wesentlichen Inhalt des BP sowie auf sein Verhältnis zum WTO-Recht eingegangen werden.

Das BP soll die sichere Weitergabe, Handhabung und Verwendung von durch Biotechnologie hervorgebrachten lebenden GVO im internationalen Handel regeln.[872] Es beruht maßgeblich auf dem *Vorsorgeprinzip*[873] und bezweckt in erster Linie den Schutz der Umwelt und der menschlichen Gesundheit.[874] Es stellt damit einen handelspolitischen Gegenpol zum liberalen WTO-Recht dar.[875] Es enthält einen internationalen Regelungsrahmen für die sichere Weitergabe, Handhabung und Verwendung durch Biotechnologie hervorgebrachter lebender gentechnisch veränderter Organismen. Das Protokoll basiert auf der Convention on Biological Diversity (CBD), insbesondere auf Artt. 8 lit. g)[876] und 19 III der Konvention. Art. 19 III CBD enthält den Auftrag an die Vertragsstaaten, die Notwendigkeit zu prüfen und ggf. die Einzelheiten eines Protokolls festzulegen über geeignete Verfahren für die sichere Weitergabe, Handhabung und Verwendung der durch Biotechnologie hervorgebrachten lebenden GVO, die nachhaltige Wirkungen auf die Erhaltung und Nutzung der biologischen Vielfalt haben können.

Auf dieser Basis hatte die Ad-hoc-Expertengruppe Biologische Sicherheit[877] der zweiten CBD-Vertragsstaatenkonferenz empfohlen, mit Verhandlungen über ein Protokoll zur Biologischen Sicherheit zu beginnen. Im Rahmen der zweiten Vertragsstaatenkonferenz (COP II, 1995) in Jakarta (sog. „Jakarta Mandat“)[878] im November 2005 wurde zu dem Zweck, einen Vertragstext mit Sicherheitsregeln für den Transport, die Handhabe und die Verwendung von lebenden GVO,

---

872 Vgl. *Buck*, ZUR 2000, 319, 322.

873 Art. 1 BP verweist auf Grundsatz 15 der Rio-Deklaration und stellt klar, dass dem BP das VSP zugrundeliegt.

874 Vgl. *Buck*, ZUR 2000, 319, 322.

875 Vgl. ebenda, 319.

876 Art. 8 lit. g) CBD enthält Maßgaben zum Umgang der Vertragsstaaten mit den Risiken, die mit der Nutzung und der Freisetzung von GVO zusammenhängen; vgl. dazu etwa ebenda, 320.

877 CBD, UNEP/CBD/COP/1, Entscheidung I/9, Punkt 3, http://www.cbd.int/decision/cop/?id=7069. Diese Einsetzung der Ad Hoc Expertengruppe wurde im Rahmen der ersten Vertragsstaatenstaatenkonferenz im November 2004 in Nassau (Bahamas) gefällt; vgl. ebenda.

878 Vgl. *Steinmann/Strack*, NuR 2000, 367, 368.

die nachteilige Wirkungen auf die Erhaltung und Nutzung der biologischen Vielfalt haben können, zu erarbeiten, die Ad-Hoc-Arbeitsgruppe Biologische Sicherheit beschlossen.[879] Im Rahmen einer außerordentlichen CBD-Vertragsstaatenkonferenz in Cartagena (Kolumbien) vom 22. und 23. Februar 1999 unterbreitete die Arbeitsgruppe *Biologische Sicherheit* der Vertragsstaatenkonferenz der CBD ihren in sechs Verhandlungsrunden erarbeiteten Entwurf.[880] Die Verabschiedung des Protokolls scheiterte jedoch zu diesem Zeitpunkt am Widerstand der „Miami-Gruppe“, bestehend aus den GVO-Hauptexport-Ländern USA, Argentinien, Kanada, Chile, Australien und Uruguay,[881] die das Abschlussprotokoll nicht unterzeichnete.[882]

Hauptstreitpunkte bei den Verhandlungen über den Inhalt des BP bildeten neben dem *Vorsorgeprinzip* auch Vorgaben zur Überwachung von lebenden GVO, die nicht nur zur Freisetzung, sondern auch zur Verwendung als Lebens- und Futtermittel oder für die Weiterverarbeitung („food, feed or processing“, auch: „LMO-FFPs“)[883] bestimmt waren. Rund 90 % des weltweiten GVO-Handels bestehen aus GVO, für die eine solche Verwendung als LMO-FFP vorgesehen ist.[884] Die *Miami-Gruppe*[885] sah gerade in der Verknüpfung des Genehmigungsverfahrens mit dem Vorsorgeprinzip und in der Einbeziehung solcher LMO in den Anwendungsbereich des BP drohende Handelshemmnisse.[886]

Diese Gruppe der GVO-Hauptexporteure machte sich für eine *savings clause* stark, wonach der Vorrang des WTO-Rechts im Verhältnis zum BP im Protokoll fixiert werden sollte.[887] Bemerkenswerterweise befürwortete die sog. „Like-Minded-Gruppe“, bestehend aus Entwicklungs- und Schwellenländern, einschließlich China,[888] demgegenüber die Einbeziehung von GVO, deren Verwendung als Lebens- oder Futtermittel oder zur Weiterverarbeitung intendiert ist, sowie darauf bezogene Überwachungsmaßnahmen.[889] Zudem sprachen sich

---

879 CBD, UNEP/CBD/COP/2, Entscheidung II/5, Annex, http://www.cbd.int/decision/cop/?id=7078.
880 Vgl. *Steinmann/Strack*, NuR 2000, 367, 368.
881 Vgl. ebenda.
882 Vgl. ebenda.
883 Vgl. *Stökl*, Der welthandelsrechtliche Gentechnikkonflikt, S. 240.
884 Vgl. ebenda.
885 Vgl. ebenda,
886 Bestehend aus den GVO-Hauptproduzenten USA, Kanada, Argentinien, Chile, Uruguay, Australien, vgl. ebenda. Die gleichen Staaten sahen auch in Vorgaben zu GVO-Kennzeichnungspflichten ein Handelshemmnis.
887 Vgl. *Stökl*, Der welthandelsrechtliche Gentechnikkonflikt, S. 241.
888 Vgl. ebenda.
889 Vgl. ebenda.

ihre Vertreter, wie auch die EG,[890] für die Berücksichtigung sozioökonomischer Faktoren und gegen die *savings clause* aus.[891]

Die EG[892] vertrat im Hinblick auf die Einbeziehung von GVO, deren Verwendung als LMO-FFPs bezweckt wird, in das BP eine vermittelnde Position.[893] Eine besondere Behandlung gegenüber anderen GVO hielt sie aber, ebenso wie Dokumentationspflichten für alle GVO, für angezeigt.[894]

Das BP wurde trotz der beschriebenen Unstimmigkeiten zwischen den Verhandlungspartnern am 29. Januar 2000 von 103 Staaten unterzeichnet[895] und ist am 11. September 2003 nach Ratifizierung durch 50 Staaten in Kraft getreten.[896]

1. Wesentliche Elemente des BP

Im Wesentlichen konnten sich die Streitparteien darauf einigen, dass sich der *Vorsorgegedanke* („precautionary approach“) an mehreren Stellen im BP niederschlägt, nämlich in der Präambel (Absatz 4), in Art. 1, in Anhang II und in Artt. 10 und 11 des BP. Gem. Art. 1 BP ist Zweck des BP, im Einklang mit dem Vorsorgegedanken nach Grundsatz 15 der Deklaration von Rio[897] ein angemessenes Schutzniveau für den Transport, die sichere Nutzung sowie den sicheren Umgang mit lebenden gentechnisch veränderten Organismen sicherzustellen, die nachteilige Auswirkungen auf den Erhalt und die nachhaltige Nutzung der Biodiversität haben können, wobei auch Wirkungen für die menschliche Gesundheit in Rechnung zu stellen sind und besonderes Augenmerk auf grenzüberschreitende Bewegungen zu legen ist. Art. 4 BP beschreibt den Anwendungsbereich des BP. Danach sind alle lebenden gentechnisch veränderten Organismen (LMO) umfasst. Ein LMO ist definiert als jeder lebende Organismus, dem infolge Nutzung moderner Biotechnologie eine neuartige Kombination von geneti-

890 Heute EU.

891 Vgl. *Buck*, ZUR 2000, 319, 321.

892 Jetzt EU.

893 Würde man diese aus dem Anwendungsbereich des BP ausklammern, wäre der Anwendungsbereich des BP nur auf Ausnahmefälle beschränkt, da gerade sie, wie oben erwähnt, den Großteil des Welthandels mit GVO ausmachen; vgl. *Stökl*, Der welthandelsrechtliche Gentechnikkonflikt, S. 241.

894 Vgl. ebenda.

895 Vgl. ebenda, S. 242; *Augsten/Buntzel-Cano*, Die Bedeutung der aktuellen Gentechnik-Gesetzesdebatte in der Europäischen Union für den Süden, S. 33.

896 Die EU hat das BP mit der Verordnung (EG) Nr. 1946/2003 des Europäischen Parlaments und des Rates vom 15. Juli 2003 über grenzüberschreitende Verbringungen genetisch veränderter Organismen, ABl. L 287 v. 5.11.2003, 1-10, umgesetzt.

897 Vgl. etwa *Buck*, ZUR 2000, 315, 322.

schem Material innewohnt.[898] Dies ist neben genetisch veränderten lebenden Nutztieren auch bei gentechnisch verändertem Saatgut, wie beispielsweise Mais und Soja, der Fall.[899] Auch zur Verwendung als Lebens- oder Futtermittel oder zur Weiterverarbeitung bestimmte gentechnisch veränderte Pflanzen und Tiere, wie beispielsweise bestimmte gentechnisch veränderte Früchte (Äpfel, Pfirsiche etc.) oder zur Mehlherstellung bestimmte Getreidekörner, fallen als FFPs in den Anwendungsbereich des BP.[900]

In den Artt. 7 ff. BP ist das *Advance Informed Agreement Procedure (AIA)* geregelt. Es bezieht sich auf die grenzüberschreitende Verbringung von LMO, deren nachteilige Auswirkungen nicht unwahrscheinlich sind, zum Zweck ihrer absichtlichen Freisetzung im Importstaat.[901] Der exportierende Staat oder der Exporteur selbst müssen der zuständigen Behörde die beabsichtigte Verbringung des LMO schriftlich notifizieren.[902] Anhang I enthält Mindestangaben für die Notifizierung. Der Importstaat soll den Eingang und die Übereinstimmung der Notifizierung mit den im BP geregelten Anforderungen nach dem ersten Anschein innerhalb von 90 Tagen schriftlich bestätigen.[903] Zudem soll diese Bestätigung Angaben darüber enthalten, ob das Verfahren nach dem Recht des importierenden Mitglieds[904] oder, ob das in Art. 10 des BP geregelte Verfahren gelten soll[905] und darüber, ob der Import vom importierenden Mitglied innerhalb der oben genannten 90-Tages-Frist genehmigt werden oder ob er nach Ablauf dieser Frist als genehmigt gelten solle.[906] Die Entscheidung über die mit oder nicht mit Bedingungen versehene Genehmigung und über ihre Geltung für nachfolgende Importe der gleichen LMO[907] oder über die Ablehnung[908] des Imports muss das importierende Mitglied dem anzeigenden Mitglied und dem Biosafety Clearing House innerhalb von 270 Tagen nach Erhalt der Notifizierung schriftlich mitteilen,[909] ebenso Anfragen über weitere Informationen. Entscheidungen des Importstaates sollen den Anforderungen des Art. 15 BP genügen.[910] Darin und in Anhang III sind Mindestanforderungen an die *Risikobewertung* geregelt. Ein im Anhang III enthaltenes allgemeines Prinzip der Risikobewertung ist beispiels-

898 Vgl. *Stökl*, Der welthandelsrechtliche Gentechnikkonflikt, S. 239.
899 Vgl. *Buck*, ZUR 2000, 315, 322.
900 Vgl. ebenda; *Steinmann/Strack*, NuR 2000, 367, 369.
901 Vgl. ebenda.
902 Art. 8 I BP.
903 Art. 9 I BP.
904 Die Zulassungsvorschriften des importierenden Mitglieds müssen gem. Art. 9 Nr. 2 lit. c) BP vereinbar mit dem BP sein.
905 Art. 9 III BP.
906 Art. 10 II BP.
907 Art. 10 III lit. a) BP.
908 Art. 10 III lit. b) BP.
909 Art. 10 III BP.
910 Art. 10 Nr. 1 BP.

weise, dass aus dem Fehlen wissenschaftlicher Erkenntnisse nicht auf ein spezifisches Risikoniveau, einschließlich des Fehlens eines Risikos, geschlossen werden sollte.[911] Zudem sind im Anhang III Methodologie-Kriterien genannt. Ein Mangel an wissenschaftlicher Gewissheit wegen nicht hinreichender relevanter wissenschaftlicher Informationen und Kenntnisse über das Ausmaß potentieller nachteiliger Auswirkungen des LMO auf den Erhalt und die nachhaltige Nutzbarkeit der Biodiversität und insoweit auf die menschliche Gesundheit soll dieses Mitglied nicht davon abhalten, eine angemessene, solche nachteiligen Auswirkungen vermeidende oder reduzierende Entscheidung über den Import des LMO zu treffen.[912] Auch sind im Protokoll Vorgaben für ein Risikomanagement enthalten.[913] Auch sozioökonomische Faktoren (other legitimate factors, OLFs), d.h. Auswirkungen von LMO auf die Erhaltung und die nachhaltige Nutzbarkeit der biologischen Vielfalt, können die Entscheidung nach dem BP[914] beeinflussen.[915] Das BP enthält Sonderbestimmungen für LMO-FFPs. Ein Mitgliedstaat muss den anderen Parteien Maßnahmen, die den Import von LMO zur Verwendung als Lebens- oder Futtermittel oder zur Weiterverarbeitung, wie beispielsweise von Mais, Soja, Weizen, Tomaten, beeinträchtigt, innerhalb von 15 Tagen über das Biosafety Clearing House bekannt geben.[916] Der grenzüberschreitende Handel mit FFPs ist mithin im Vergleich zum Handel mit anderen LMOs erleichtert und nicht an eine vorherige Zustimmung des Importstaates gebunden. Er kann allerdings vom betroffenen Importstaat verhindert werden.[917]

Daneben regelt das Protokoll eine Reihe weiterer Punkte, wie etwa Aspekte der Kennzeichnungspflicht und der Produktbeobachtung.[918]

2. Mitgliedstaaten des BP und der CBD

Die USA sind nicht Mitglied der CBD, haben sie jedoch nach dem Amtsantritt vom ehemaligen US-Präsident Clinton, unterzeichnet[919] allerdings bis heute

911 Anhang III Nr. 4 BP.

912 Art.10 VI BP.

913 Art. 16 BP.

914 Art. 26 BP.

915 Umstritten ist insbesondere die Reichweite sozioökonomischer Faktoren. Die USA und die Global Industry Coalition (GIC) beispielsweise fordern eine Beschränkung der Berücksichtigung sozioökonomischer Faktoren auf Aspekte der *Nachhaltigkeit und der Biodiversität*; vgl. Assessing Socio-Economic Impacts of GMOs Issues to Consider for Policy Development Final Report, S. 50. So auch *Dederer*, Weiterentwicklung des Gentechnikrechts – GVO-freie Zonen und sozioökonomische Kriterien für die GVO-Zulassung, S. 247.

916 Art. 11 I BP.

917 Vgl. *Steinmann/Strack*, NuR 2000, 367, 369.

918 Vgl. *Buck*, ZUR 2000, 319 ff.; *Steinmeier/Strack*, NuR 2000, 267 ff.

nicht ratifiziert, weshalb sie schon gem. Art. 32 I CBD auch nicht Mitglied des BP sind.[920] Dass die USA gleichwohl als Teil der *Miami-Gruppe* an den Verhandlungen zum BP teilgenommen haben, wird auf das Interesse der USA zurückgeführt, die Verhandlungen im Interesse eines liberalen Handels zu beeinflussen.[921] Die USA nehmen am Clearing-House-Verfahren gem. Artt. 11, 20 des BP teil.[922] Kanada und Argentinien haben die CBD[923] unterzeichnet und ratifiziert und sogar das BP[924] unterzeichnet. Die EU ist Vertragspartei der WTO und auch der CBD und des BP.[925]

3. Das Verhältnis des BP zum WTO-Recht

Anders als nach den WTO-Abkommen[926] und bestimmten in diesem Zusammenhang geltenden internationalen Standards, wie die der Codex Alimentarius Kommission (CAK), bilden das VSP und die Beachtung von OLFs im Entscheidungsprozess wesentliche Grundsätze des BP.

Implikationen des *Biotech*-Berichts für die Anwendbarkeit des BP[927] und mithin des darin geregelten VSP und von OLFs im WTO-Recht lassen sich besser nachvollziehen, wenn zuvor die Relevanz des VSP und von OLFs im Rahmen des WTO-Rechts geklärt wird. Im Folgenden wird daher zunächst die Rolle des VSP und von OLFs im WTO-Recht dargestellt. Anschließend sollen das Verhältnis des BP zum WTO-Recht und dazu im *Biotech*-Bericht enthaltene Feststellungen dargestellt werden.

Die Einbeziehung des VSP und von OLFs in die Entscheidungsfindung wird vor allem von GVO-Hauptexporteuren, wie den drei beschwerdeführenden Ländern im *Biotech*-Verfahren, als WTO-rechtswidrig angegriffen. So ging die Ar-

---

919 Vgl. *Stökl*, Der welthandelsrechtliche Gentechnikkonflikt, S. 240 (m.w.N.).

920 Vgl. ebenda.

921 Vgl. ebenda.

922 Vgl. *Currie*, Genetic Engineering and the WTO: an Analysis of the Report in the `EC – Biotech` Case, S. 12.

923 Kanada hat die CBD am 11.6.1992 und das BP am 19. April 2001 unterzeichnet. Argentinien hat die CBD am 12.6.1992 und das BP am 24.5.2000 unterzeichnet. Beide genannten Staaten haben die CBD ratifiziert. Das BP haben Kanada und Argentinien allerdings nicht ratifiziert, http://www.cbd.int/information/parties.shtml.

924 Siehe auch *Currie*, Genetic Engineering and the WTO: an Analysis of the Report in the `EC – Biotech` Case, S. 13 (Fn. 50); vgl. Panel Report, WT/DS291/R; WT/DS292/R; WT/DS293/R *(EC – Biotech)* S. 335, Punkt 7.74.

925 http://www.biodiv.org/Biosafety/signinglist.asp.

926 Siehe zur WTO-rechtlichen Relevanz des VSP und von sozioökonomischen Faktoren unten, Punkte VII. 4, 6.

927 Siehe dazu im Einzelnen unten Punkt VII. 4.

gumentation der Beschwerdeführer im *Biotech*-Verfahren[928] zur WTO-Rechtswidrigkeit der angegriffenen Schutzmaßnahmen u.a. dahin, dass die mitgliedstaatlichen Entscheidungen nicht auf rein naturwissenschaftlichen Erwägungen beruhten.[929] Die umstrittene Frage der Vereinbarkeit des VSP mit WTO-Recht ließ das Panel in seinem Bericht ausdrücklich offen.[930] Aufschlussreich ist in diesem Zusammenhang der Bericht des WTO-Berufungsgerichts (*Appellate Body*, AB) im Fall *EC – Hormones*[931].

In diesem Bericht zur WTO-Konformität einer Einfuhrsperre der EG[932] für das Fleisch von mit Hormonen behandelten Rindern stellte der AB fest, dass das VSP zwar nicht ausdrücklich im SPSÜ geregelt, wohl aber in einzelnen Vorschriften enthalten sei. So sei es – und dies nicht abschließend – in Art. 5.7 SPSÜ enthalten. Es komme daneben auch im 6. Erwägungsgrund der SPSÜ-Präambel zum Ausdruck. Auch in 3.3 SPSÜ schlage sich das VSP nieder, da die Mitglieder des Abkommens hiernach ihr eigenes und mithin auch ein höheres als das ggf. in internationalen Standards enthaltene Schutzniveau festlegen könnten. Für die Festlegung eines eigenen Schutzniveaus sei aber erforderlich, dass die Abweichung den Anforderungen des SPSÜ, insbesondere den in Artt. 2.2, 5 SPSÜ festgelegten Vorgaben für eine naturwissenschaftliche Risikobewertung gerecht werde.[933] Es muss daher im Folgenden, vor dem Hintergrund des *EC – Hormones*-Berichts geklärt werden, ob in internationalen Standards im Sinne von Artt. 3.1 und 3.2 i.V.m. Anhang A Nr. 3 SPSÜ das VSP und OLFs geregelt sind. Im Anschluss soll der Frage nachgegangen werden, inwieweit der oben dargestellte geltende GVO-Rechtsrahmen der Europäischen Union, im Hinblick auf die Anwendung des VSP und die Beachtung von OLFs, mit WTO-Recht in Einklang zu bringen ist.

Als bestehende oder in Kürze zu erwartende internationale Standards im Sinne der Artt. 3.1, 3.2, Anhang A Nr. 3 SPSÜ sind im hier maßgeblichen Zusammenhang die Standards der Codex Alimentarius Kommission (CAK) und das BP zu nennen.

Die CAK ist eine gemeinsame Unterorganisation der Food and Agriculture Organization of the United Nation (FAO) und der World Health Organization (WHO). Die EU ist, als Rechtsnachfolgerin der EG, seit Ende 2003 Mitglied der

928 Panel-Report, WT/DS291/R, WT/DS292/R, WT/DS293/R *(EC – Biotech)*.

929 Vgl. *Eckerstorfer/Gaugitsch/Heissenberger/Spök*, Analysis of the final report of the WTO Panel in the dispute case „EC – Biotech", S. 7, 17 ff.

930 Panel-Report; WTO/DS291/ 292/ 293, S. 340, Punkt 7.89 *(EC – Biotech)*; vgl. *Krell Zbinden,* ZLR 2007, 125, 131.

931 AB-Bericht vom 16.1.1998 (EC – Measures Concerning Meat Products), WT/DS26/AB/R und WT/DS48/AB/R), Punkt 123, *(EC – Hormones),* http://www.wto.org/english/traptop_e/hormab.wp5.

932 Heute EU.

933 AB-Bericht vom 16.1.1998 WT/DS26/AB/R (EC – Measures Concerning Meat Products), WT/DS48/AB/R *(EC – Hormones),* Punkte 123, 170 ff.

CAK[934] und hatte bereits im Weißbuch zur Lebensmittelsicherheit ihr Interesse an einer Mitgliedschaft bekundet.[935] Auch sind die Mitgliedstaaten der EU Mitglieder der CAK. Ihre Aufgabe besteht im Wesentlichen darin, internationale Standards, Codes of Practice sowie Guidelines für die Lebensmittelsicherheit zu erarbeiten.[936] Sie werden im Anhang A Nr. 3 lit. a) SPSÜ explizit genannt. Im Hinblick auf die Relevanz von OLFs und des VSP sind die *Principles for the Risk Analysis of Foods Derived from Modern Biotechnology*[937] und die *Guideline for the Conduct of Food Safety Assessment of Foods Produced Using Recombinant-DNA Microorganisms*[938] zu nennen.

Dem VSP wird jedoch in diesen Dokumenten keine besondere Bedeutung beigemessen. Nach den *Principles for the Risk Analysis of Foods Derived from Modern Biotechnology in Verbindung mit Statements of Principle concerning the Role of Science in the Codex Decision-Making-Process and the Extent to which other Factors are taken into Account*[939] dürfen OLFs insoweit berücksichtigt werden, als sie für den Gesundheitsschutz der Verbraucher und für die Förderung fairer Praktiken im Lebensmittelhandel von Bedeutung sind.[940] OLFs vermögen die Zulassungsentscheidung allerdings nicht maßgeblich zu beeinflussen.

Wie oben gezeigt, enthalten bestimmte Vorschriften des GVO-Rechtsrahmens der Europäischen Union und der BasisVO ausdrückliche Regelungen zum VSP. So stellt Erwägungsgrund 8 der Richtlinie 2001/18/EG fest, dass der Grundsatz der Vorsorge bei Ausarbeitung der Richtlinie berücksichtigt worden ist und bei ihrer Umsetzung ebenfalls berücksichtigt werden muss. Art. 1 der Richtlinie legt als Ziele, im Sinne der Rechtsgrundlage Art. 114 AEUV,[941] die Angleichung der Rechtsvorschriften und den Schutz der menschlichen Gesundheit und der Umwelt entsprechend dem VSP fest. Gemäß Erwägungsgrund

---

934 Beschluss 2003/822/EG des Rates vom 17. November 2003 über den Beitritt der Europäischen Gemeinschaft zur Codex-Alimentarius-Kommission, ABl. L 309 v. 26.11.2003, 14-21; vgl. auch Beitritt der Europäischen Gemeinschaft zur Codex Alimentarius Kommission, http://europa.eu/legislation_summaries/food_safety/international_dimension_enlargement/f84006_de.htm.

935 KOM (1999) 719 endg., S. 43 (Rn. 111).

936 Vgl. *Stökl*, Der welthandelsrechtliche Gentechnikkonflikt, S. 151.

937 CAC/GL 44-2003, World Health Organization (WHO), Food and Agriculture Organization of the United Nations (FAO), erhältlich unter ftp://ftp.fao.org/docrep/fao/011/a1554e/a1554e00.pdf, S. 1 ff.

938 CAC/GL 45-2003, http//www.codexalimentarius.net/download/standards/10021/CXG_045e.pdf.

939 WHO/FAO, Corporate Document Repository, http://www.fao.org/docrep/meeting/005/y0682e/y0682e0e.htm.

940 Vgl. *Dederer*, ZLR 2005, 307, 327 (Fn. 135).

941 Ex-Art. 95 EGV.

13 der Richtlinie sollte sie die Anforderungen des Cartagena-Protokolls beachten.

In einem Mitgliedstaat anerkannte *ethische* Gesichtspunkte werden in der Richtlinie besonders hervorgehoben und ihre Berücksichtigung für absichtlich freigesetzte GVO oder als Produkte oder in Produkten in Verkehr gebrachte GVO für zulässig erklärt.[942] In der VO (EG) Nr. 1829/2003 wird die Berücksichtigung von OLFs für zulässig erklärt.[943] Da die CAK-Standards keine Regelungen zum VSP enthalten und auch OLFs hiernach nur den Gesundheitsschutz der Verbraucher und die Förderung fairer Praktiken im Lebensmittelhandel umfassen, legt die EU insoweit ihr eigenes Schutzniveau fest.[944] Insoweit enthalten die EU-Vorschriften ein höheres Schutzniveau. In *EC – Hormones* stellt der AB ausdrücklich fest, dass „based on" (Art. 3.3 SPSÜ) und „conform to" (Art. 3.2 SPSÜ) voneinander zu unterscheiden seien. Art. 3.2 SPSÜ betreffe Fälle, in denen eine Maßnahme ein höheres Schutzniveau festsetze, als es sich aus internationalen Standards oder dem Beruhen hierauf ergeben würde. Nur im Fall von Art. 3.3 SPSÜ ergebe sich die Vermutung der Konformität mit WTO-Recht. Durch das gemeinschaftsrechtliche Verständnis vom Begriff des VSP und von OLFs wird mithin ein höheres Schutzniveau festgelegt, das nicht auf internationalen Standards der CAK beruht.

Die WTO-Rechtskonformität von auf das im BP verankerten VSP gestützten GVO-Anbauverboten wäre zu vermuten, wenn sie gem. Art. 3.3. auf internationalen Standards beruhen. Letztlich ist dafür also maßgeblich, ob das BP internationale Standards enthält, auf die gesundheitspolizeiliche Maßnahmen gestützt werden oder, in anderen Worten, wie das Verhältnis von WTO-Recht und dem BP[945] rechtlich zu beurteilen ist. Das Verhältnis des BP zum WTO-Recht ist bisher noch nicht abschließend geklärt.[946] Im *Biotech*-Verfahren hat das Panel das BP ausdrücklich für nicht anwendbar erklärt, wobei es selbst eine Auslegung von WTO-Recht mithilfe des BP ablehnte.[947]

Die letzten drei Erwägungsgründe (IX bis XI) der Präambel des BP legen fest,[948]

---

942 Erwägungsgrund 9 der Richtlinie 2001/18/EG.

943 Vgl. Erwägungsgrund 32 und Art. 7 I der VO (EG) Nr. 1829/2003. Zudem sind das VSP in Art. 7 BasisVO und die Zulässigkeit der Berücksichtigung von OLFs in Artt. 6 III, 3 Nr. 12 und im 19. Erwägungsgrund anerkannt.

944 Vgl. *Dederer*, ZLR 2005, 307, 327 (Fn. 135).

945 Wie gezeigt, liegt dem BP das VSP zugrunde. Wäre es ein internationaler Standard im Sinne des SPSÜ, so könnten GVO-Anbauverbote hierauf basieren oder ihnen zumindest entsprechen, was für die WTO-Rechtskonformität sprechen würde.

946 Vgl. *Stökl*, Der welthandelsrechtliche Gentechnikkonflikt, S. 246 ff.

947 Vgl. *Suppan*, Institute for Agriculture and Trade Policy, The WTO`s EC – Biotech Products ruling and the Cartagena Protocol, S. 2; *Panizzon/Arnold/Cottier*, URP / DEP 3 | 2010, 199, 235.

948 Sinngemäß aus dem Englischen übersetzt; vgl. auch *Buck*, ZUR 2000, 321, 326.

...dass Handels- und Umweltschutzabkommen sich wechselseitig in ihrer Geltungskraft stärken sollten, um nachhaltige Entwicklung zu erreichen,

wobei betont wird, dass dieses Protokoll nicht im Sinne einer Veränderung der Rechte und Pflichten einer Vertragspartei nach anderen internationalen Übereinkommen interpretiert werden darf und

die vorstehende Aussage nicht beabsichtigt, dieses Protokoll anderen internationalen Übereinkommen unterzuordnen.

Die beiden letzten Absätze sind inhaltlich widersprüchlich.[949] So kann das BP, das dem VSP und OLFs einen hohen Stellenwert einräumt, nicht im Sinne des dritten Absatzes gleichrangig neben dem WTO-Recht stehen, ohne letzteres[950] – entgegen dem zweiten Absatz – zugunsten von VSP und von OLFs abzuändern.[951] Daher ist es mit Blick auf den ersten Absatz sinnvoll, in beiden Abkommen enthaltene Wertungen wechselseitig zu einem sachgerechten Ausgleich zu bringen. Da das SPSÜ dem VSP und, zusammen mit den Dokumenten der CAK, auch OLFs Rechnung trägt – wenn auch nicht in einem dem BP vergleichbaren Umfang –, könnte ein solcher Ausgleich bereits zu bejahen sein.

Die Anwendung der *lex-posterior- und lex-specialis-Prinzipien*[952] bei der Klärung des Rangverhältnisses zwischen WTO-Recht und BP ist problematisch, schon, weil die Präambel ausdrücklich regelt, dass keines der Abkommen das andere pauschal verdrängen soll, und weil WTO-Recht und das BP nachträglich Modifizierungen erfahren und die Frage, welches Abkommen jünger oder älter ist, deshalb nicht abschließend geklärt werden kann.[953] Die Spezialität eines Abkommens im Sinne des *lex specialis-Prinzips*[954] hängt stark von den Umständen des jeweiligen Einzelfalls ab, so dass auch insoweit keine klare und pauschale Aussage über konkurrierende Abkommen getroffen werden kann.[955]

Die Präambel ist daher so auszulegen, dass ein generelles Rangverhältnis gar nicht geregelt werden kann und soll, sondern stattdessen beiden Abkommen im jeweiligen Einzelfall so weit wie möglich Rechnung zu tragen ist. Dies muss praktisch durch die *Auslegung* von WTO-Vorschriften, etwa des SPSÜ, unter Berücksichtigung der Wertungen des BP erfolgen. So legte auch der AB in seinem *Shrimp – Turtle*-Bericht[956] das Merkmal „exhaustible natural resources“

949 Vgl. *Stökl*, Der welthandelsrechtliche Gentechnikkonflikt, S. 256 ff.; *Steinmann/Strack*, NuR 2000, 367, 372; *Buck*, ZUR 2003, 319, 326; *Burchardi*, ZLR 2000, 83, 96 (dort im Zusammenhang mit der GVO-Kennzeichnungspflicht).

950 Oben wurde gezeigt, dass das WTO-Recht im BP enthaltenen Kerninhalten (VSP, OLFs) keinen hohen Stellenwert beimisst.

951 Vgl. *Buck*, ZUR 2000, 319, 326.

952 Vgl. *Stökl*, Der welthandelsrechtliche Gentechnikkonflikt, S. 253, 257 (m.w.N.).

953 Vgl. ebenda; *Hundsdorfer*, Keine Sicherheit mehr für das Biosafety-Protokoll, S. 3.

954 Vgl. *Stökl*, Der welthandelsrechtliche Gentechnikkonflikt, S. 253, 257 (m.w.N.).

955 Vgl. ebenda; *Hundsdorfer*, Keine Sicherheit mehr für das Biosafety-Protokoll, S. 3.

956 AB Report, WT/DS58/AB/R, 12.10.1998 *(Shrimp – Turtle)*, Rn. 127-134.

gem. XX lit. g) GATT unter Zuhilfenahme des Washingtoner Artenschutzabkommens, einem anderen[957] *Multilateral Environmental Agreement (MEA),* aus. Dabei würde die *„mutually-supportive"*-Regel im Sinne des drittletzten Absatzes der Präambel als Auslegungsregel gelten.

Unproblematisch ist die Frage, *ob* das BP überhaupt gelten soll, wenn alle Beteiligten Mitglieder des MEA,[958] im hier maßgeblichen Zusammenhang also des BP, sind. In diesem Fall wäre die Eigenschaft des BP als internationaler Standard im Sinn von Art. 3.2 BP bzw. im Sinn von Art. 3.3 BP zu bejahen. Problematisch in dieser Fallkonstellation ist dann allein, *wie* das BP einfließen kann. In eben diesem Fall kommt das BP als Auslegungsregel im soeben dargestellten Sinn zur Anwendung.[959]

Problematisch ist demgegenüber schon die Geltung des BP an sich für *Nichtmitglieder,*[960] wie beispielsweise im *Biotech*-Fall für die USA, Kanada und Argentinien.[961] Dieses Problem ergibt sich allerdings nur dann, wenn zumindest eine Partei Mitglied des BP ist. Ist keine beteiligte Streitpartei Mitglied des BP, so gilt auch das BP nicht.[962]

Die EU ist, im Gegensatz zu den drei beschwerdeführenden Staaten im *Biotech*-Verfahren, Mitglied des BP. Bestehen zwischen Mitgliedern und Nichtmitgliedern des BP Handelsbeziehungen über GVO, hilft das BP und damit auch die in der Präambel enthaltene *„mutually-supportive"*-Regel im Hinblick auf die Frage der Anwendbarkeit des BP auf den ersten Blick nicht weiter, schon weil gerade die Geltung des BP und damit auch seiner Präambel fraglich sind, so dass sich anderenfalls ein Zirkelschluss[963] ergeben würde.[964] Die Konkurrenzregel kommt mithin in dieser Konstellation nicht zum Tragen, da das BP nicht *direkt* auf Nichtmitglieder angewendet werden kann. Somit gilt auch das in der Präambel enthaltene *„mutually-supportive"*-Prinzip nicht, und mithin kann das Protokoll grundsätzlich auch nicht gegenüber Nichtmitgliedern zum Tragen kommen.

---

957 Das BP ist ebenfalls ein MEA, siehe dazu schon oben und etwa *Hundsdorfer*, Keine Sicherheit mehr für das Biosafety-Protokoll, S. 2.

958 Das Problem des Rangverhältnisses zum WTO-Recht besteht für mehrere MEAs, nicht nur für das BP; siehe dazu ebenda.

959 Vgl. *Stökl*, Der welthandelsrechtliche Gentechnikkonflikt, S. 254 ff.

960 Vgl. ebenda, S. 260 ff.

961 Wobei die USA, wie schon oben dargestellt, die CBD unterzeichnet, jedoch nicht ratifiziert haben. Das BP haben die USA zwar ebenfalls nicht unterzeichnet, allerdings nehmen die USA am *Clearing-House-Mechanismus* des BP teil. Argentinien und Kanada haben die CBD unterzeichnet und ratifiziert, das BP jedoch nur unterzeichnet.

962 Vgl. *Steinmann/Strack*, NuR 2000, 367, 372.

963 Vgl. *Stökl*, Der welthandelsrechtliche Gentechnikkonflikt, S. 260.

964 Art. 24 BP erklärt das BP zwar grundsätzlich auch für Nichtmitglieder für anwendbar. Diese Regelung klärt aber nicht die hier maßgebliche Frage der Anwendbarkeit des BP im Anwendungsbereich des WTO-Rechts.

Dem BP könnte allerdings eine *faktische* bzw. *indirekte* Wirkung gegenüber Nichtmitgliedern zukommen, indem sich die Panels und der AB bei ihrer Auslegung mangels anderer Standards am BP orientieren. So hat selbst der AB beispielsweise im oben schon erwähnten *Shrimp – Turtle*-Bericht ein MEA (das Washingtoner Artenschutzabkommen) zur Auslegung von WTO-Recht (Art. XX lit. g) GATT) herangezogen, obwohl nicht alle Streitbeteiligten Mitglieder dieses MEA waren.[965] Zudem stellte der AB in diesem Bericht ausdrücklich fest, dass der Grundsatz der nachhaltigen Entwicklung und der Schutz der natürlichen Lebensgrundlagen bei der Verwirklichung des Welthandels allgemein zu berücksichtigende Ziele seien.[966]

Ob das im BP geregelte *VSP* einen völkergewohnheitsrechtlichen Grundsatz darstellt, ließ der AB im *EC – Hormones*-Bericht explizit offen.[967]

Es ist damit festzuhalten, dass die Prinzipien des BP im Verhältnis zu seinen Mitgliedern bei der Auslegung welthandelsrechtlicher Pflichten relevant sind, jedoch begrenzt durch einen wechselseitigen Ausgleich mit den im WTO-Recht enthaltenen Wertungen.[968] Insoweit sind darin enthaltene Grundsätze als internationale Standards im Sinne des SPSÜ zu berücksichtigen. Im Verhältnis zwischen Nichtmitgliedern und Mitgliedern ist die Anwendbarkeit des BP noch nicht abschließend geklärt. Der Biotech-Bericht lässt das BP in dieser Konstellation explizit unbeachtet, da die Anwendung des BP in dieser Konstellation nicht geboten sei.[969]

Das BP kann damit internationale Standards im Sinne des Art. 3.2 SPSÜ bzw. Art. 3.3 SPSÜ enthalten, wenn alle Beteiligten Mitglieder sind. Verbindliche Standards enthält das BP nur im Verhältnis zwischen den Mitgliedern.[970] Das BP kann als Auslegungsregel (mutual-supportive-Regel) im Wege praktischer Konkordanz in die Anwendung von WTO-Recht einfließen. In der umstrittenen Konstellation, in welcher Nichtmitglieder und Mitglieder Streitparteien waren, hat das Panel das BP im Biotech-Bericht weder direkt noch als Auslegungsregel angewendet.

---

965 Vgl. *Burchardi*, ZLR 2001, 83, 97.

966 Vgl. *Panizzon/Arnold/Cottier*, URP / DEP 3 | 2010, 199, 232.

967 Vgl. etwa *Winkler*, EuR 2007, 390, 392.

968 Vgl. *Stökl*, Der welthandelsrechtliche Gentechnikkonflikt, S. 250 f.

969 *"...We deduce from this that the Biosafety Protocol is not "applicable" in the relations between these WTO Members and all other WTO Members. As we have said above, in our view, the mere fact that WTO Members like Argentina and Canada have signed the Biosafety Protocol does not mean that the Protocol is applicable to them. In view of the fact that several WTO members, including the Complaining Parties to this dispute, are not Parties to the Biosafety Protocol, we do not agree with the European Communities that we are required to take into account the Biosafety Protocol in interpreting the multilateral WTO agreements at issue in this dispute..."*, WT/DS91/R; WT/DS92/R; WT/DS93/R *(EC – Biotech)*, S. 336, Punkt 7.75.

970 Vgl. etwa *Stökl*, Der welthandelsrechtliche Gentechnikkonflikt, S. 260.

4. Implikationen des *Biotech*-Berichts für die Anwendbarkeit des BP im WTO-rechtlichen Kontext

In seinem *Biotech*-Bericht, an dem auf der Seite der Beschwerdeführer Nichtmitglieder des BP und auf der Seite des Beschwerdegegners die EU als BP-Mitglied beteiligt waren, hat das Panel das BP und die CBD, wie gezeigt, ausdrücklich nicht in seine Erwägungen einfließen lassen.[971] Denn eine Heranziehung der CBD und des BP als Auslegungshilfe sei nicht notwendig gewesen.[972] Die EU hatte sich im Hinblick auf die Anwendbarkeit des VSP auf Art. 31 III lit. c) der Wiener Vertragsrechtskonvention berufen, wonach bei der Auslegung eines völkerrechtlichen Abkommens zwischen den Parteien geltendes Völkergewohnheitsrecht zu berücksichtigen ist *(„...applicable in the relationship between the parties...").*[973]

Die EU vertrat zudem die Position, dass das *VSP* als allgemeiner Grundsatz des Völkerrechts anerkannt und als solcher vom WTO-Panel zu berücksichtigen sei.[974] Zudem bezog sie sich auf verschiedene Vorschriften[975] der CBD und des BP und stellte fest, dass die CBD jedenfalls für Kanada und Argentinien verbindlich sei.[976] Da die USA am *Clearing House Mechanismus* gem. Artt. 11 bis 20 BP teilnehmen, dürften auch sie sich, so die EU, gem. Art. 18 der Wiener Vertragsrechtskonvention nicht gegen die Anwendbarkeit des BP richten.[977] Die EU bezog sich im Hinblick auf die BP-Vorschriften zur Risikobewertung und

971 Panel Reports, WT/DS91/R; WT/DS92/R; WT/DS93/R *(EC – Biotech)*, S. 336, Punkt 7.75.

972 Ebenda.

973 Panel Reports, WT/DS291/R, WT/DS292/R, WT/DS293/R, 29.9.2006 *(EC – Biotech)*, S. 333, Punkt 7.68; vgl. *Heissenberger/Eckerstorfer/Gaugitsch*, Analysis of the final report of the WTO Panel in the dispute case „EC – Biotech", S. 12, Punkt 3.4.2; *Winkler*, EuR 2007, 390, 392.

974 Panel Reports, WT/DS291/R, WT/DS292/R, WT/DS293/R, 29.9.2006 *(EC – Biotech)*, S. 336, Punkt 7.78.

975 Ebenda, S. 342, Punkt 7.95 (Fn. 274); Präambel und Art. 8 lit. g) CBD, Artt. 1, 8, 10, 11, 12, 15, 23, 26 und Anhang III BP; vgl. *Currie*, Genetic Engineering and the WTO: an Analysis of the Report in the `EC – Biotech` Case, S. 12 (Fn. 32).

976 Panel Reports, WT/DS291/R, WT/DS292/R, WT/DS293/R, 29.9.2006 *(EC – Biotech)*, S. 329, Punkt 7.53.

977 Vgl. *Currie*, Genetic Engineering and the WTO: an Analysis of the Report in the `EC – Biotech` Case, S. 12 (Fn. 37).

zum VSP zudem auf die im drittletzten Absatz der BP-Präambel enthaltene *„mutual-supportive“*-Regel.[978]

Die Beschwerdeführer beriefen sich dagegen auf die Unanwendbarkeit des BP, da sie nicht Mitglieder des BP seien. Zudem spiele das VSP im Rahmen des SPSÜ von vornherein keine Rolle.[979]

Das Panel stellte fest, dass es das BP und die CBD nicht im Sinne des Art. 31 III lit. c) der Wiener Vertragsrechtskonvention i.V.m. Art. 3.2 DSU bei der Auslegung von WTO-Recht heranziehen müsse, da Streitparteien und zugleich WTO-Mitglieder nicht Mitglied des BP und der CBD seien.[980] Zum BP führte es aus, dass allgemeine internationale Rechtsprinzipien, wie schon im *Shrimp – Turtle*-Bericht festgestellt, gem. Art. 31 III lit. c) Wiener Vertragsrechtskonvention bei der Auslegung der WTO-Vorschriften zu berücksichtigen seien.[981] Und sie seien, unabhängig davon, ob die Streitparteien Mitglieder seien oder nicht, prinzipiell, wenn auch nicht zwingend, anwendbar, wenn keine anderen internationalen Vorschriften existieren.[982] *Mitglied* („Party“) eines internationalen Abkommens sei ein Staat gem. Art. 2 I lit. g) der Wiener Vertragsrechtskonvention jedoch nur dann, wenn er diesem Abkommen beigetreten und es für ihn verbindlich und mit Wirkung für ihn in Kraft getreten sei.[983] Nur, weil die USA, die weder Mitglied des BP, noch der CBD seien, am *Clearing House Mechanismus* teilnehmen, müsse das Panel das BP nicht anwenden.[984] Das BP gelte zudem auch nicht für Argentinien und Kanada, etwa, weil sie es unterzeichnet haben. Auch sie seien nach dem Begriffs- und Rechtsverständnis des Panels nicht „Vertragspartei“ des BP.[985] Zudem gelte selbst die CBD nicht für die streitbeteiligten

978 Vgl. *Heissenberger/Eckerstorfer/Gaugitsch*, Analysis of the final report of the WTO Panel in the dispute case „EC – Biotech“, S. 12, Punkt 3.4.2.

979 Vgl. *Currie*, Genetic Engineering and the WTO: an Analysis of the Report in the `EC – Biotech` Case, S. 13.

980 WT/DS91/R; WT/DS92/R; WT/DS93/R *(EC – Biotech)*, S. 336, Punkt 7.75; vgl. *Panizzon/Arnold/Cottier*, S. 199, 202, 234f; *Hundsdorfer*, Keine Sicherheit mehr für das Biosafety-Protokoll, S. 5; so auch *Dederer*, Weiterentwicklung des Gentechnikrechts – GVO-freie Zonen und sozioökonomische Kriterien für die GVO-Zulassung, S. 249.

981 WT/DS91/R; WT/DS92/R; WT/DS93/R *(EC – Biotech)*, S. 332 f., Punkt 7.67.

982 Ebenda, S. 341 f., Punkt 7.93 f.

983 Ebenda, S. 333, Punkt 7.68; vgl. *Currie*, Genetic Engineering and the WTO: an Analysis of the Report in the `EC – Biotech` Case, S. 13.

984 Wörtlich heißt es: *“... We do not consider that the rules of the Biosafety Protocol can be deemed to be applicable to the United States merely because the United States participates in the Protocol's Clearing-House Mechanism...”*, WT/DS91/R; WT/DS92/R; WT/DS93/R *(EC – Biotech)*, S. 336, Punkt 7.75; vgl. *Currie*, Genetic Engineering and the WTO: an Analysis of the Report in the `EC – Biotech` Case, S. 12.

985 WT/DS91/R; WT/DS92/R; WT/DS93/R *(EC – Biotech)*, S. 333, Rn. 7.68; S. 335, Punkt 7.75; vgl. *Currie*, Genetic Engineering and the WTO: an Analysis of the Report in the `EC – Biotech` Case, S. 12.

Mitglieder der Konvention (EU, Argentinien, Kanada), da die USA diese nicht ratifiziert haben und mithin nicht alle Verfahrensbeteiligten Partei der CBD seien.[986]

Im Hinblick auf das *VSP* stellte das Panel fest, dass es ungeklärt sei, ob das VSP ein allgemeiner Grundsatz des Völkerrechts und mithin[987] eine Regel des internationalen Rechts im Sinne der vorstehenden Vorschriften des DSU und des Art. 31 III lit. c) Wiener Vertragsrechtskonvention sei. Der AB habe in seinem *EC – Hormones*-Bericht[988] ausdrücklich offen gelassen, ob das VSP ein solcher allgemeiner Grundsatz des Völkerrechts sei. Deshalb müsse das Panel ebenfalls keine Entscheidung über die komplexe Frage treffen.[989] Somit könne dies auch nicht in die Auslegung des WTO-Rechts einfließen.[990]

5. Stellungnahme

Die Feststellung des Panels, eine Entscheidung über den Einfluss des VSP sei nicht erforderlich gewesen, spiegelt sich auch in der Feststellung wider, dass mitgliedstaatliche Schutzmaßnahmen am Maßstab des Art. 5.1 SPSÜ zu prüfen und eine Bewertung der Wahrscheinlichkeit spezifischer Risiken erforderlich seien. Das VSP ist gerade durch die wissenschaftliche Ungewissheit über Risiken gekennzeichnet und schlägt sich in den Schutzklauseln der EU nieder. Auch wegen der divergierenden Anforderungen an die vorübergehenden Maßnahmen nach Art. 5.7 SPSÜ und nach Art. 23 der Richtlinie 2001/18/EG und Art. 34 der VO (EG) Nr. 1829/2003 war eine Auseinandersetzung mit dem VSP angezeigt. Zudem fehlt es an einer substantiierten Begründung seitens des Panels dafür, dass es eine Klärung der Rolle des VSP im maßgeblichen Verfahren für entbehrlich hielt.

Teilweise wird den Entscheidungsträgern der WTO die umweltfachliche Legitimation zur Entscheidung über das Verhältnis des WTO-Rechts zu MEAs abgesprochen und vorgeschlagen, diese Entscheidungskompetenz an externe Experten auszugliedern. Auch sollen verbindliche Kriterien für die Abgrenzung von MEAs zu WTO-Abkommen entwickelt werden und die Entscheidungsfindung transparent und offen für Eingaben Dritter sein.[991]

Die Nichtanwendung der CBD, jedenfalls auf die Mitglieder, die die Konvention ratifiziert haben, mit der Begründung, dass nicht alle Beteiligten Partei-

986 WT/DS91/R; WT/DS92/R; WT/DS93/R *(EC – Biotech)*, S. 335 f., Punkt 7.74.
987 Ebenda, S. 333, Punkt 7.67; vgl. auch etwa *Winkler*, EuR 2007, 390, 392.
988 WT/DS91/R; WT/DS92/R; WT/DS93/R *(EC – Biotech)*, S. 338 f., Punkt 7.87 ff.
989 Ebenda, S. 341 f., Rn. 7.89.
990 Ebenda.
991 Vgl. etwa *Hundsdorfer*, Keine Sicherheit mehr für das Biosafety-Protokoll, S. 9.

en seien, ist fragwürdig. Dass die Beschwerdeführer in der *Miami-Gruppe* maßgeblich an den Verhandlungen des Inhalts des BP mitgewirkt haben, müsste sich auch in den Wirkungen der ausgehandelten Inhalte auf die Beteiligten niederschlagen, auch wenn es am formalen Akt der Ratifizierung fehlt. Es ist widersprüchlich, einerseits intensiv an der Gestaltung des Inhalts eines Vertrages mitzuwirken und ihn dann andererseits für nicht anwendbar zu erklären mit der Begründung, es fehle an der Parteieigenschaft. Das muss umso mehr gelten, als die USA am *Clearing House Mechanismus* teilnehmen. Zudem sind Kanada und Argentinien Partei der CBD, auf der das BP basiert.[992] Diese differenzierten Umstände schlagen sich in der schematischen Feststellung, das BP gänzlich unbeachtet zu lassen, weil nicht alle Streit- oder sogar WTO-Parteien BP-Partei sind, nicht nieder.[993]

Nachfolgend soll das von der Europäischen Kommission u.a. zur Beschleunigung der Anbauzulassungsverfahren und zur Reduzierung der Anbauverbote aufgrund von Schutzklauseln und von Notfallmaßnahmen vorgeschlagene Paket detailliert dargestellt werden.

992 Vgl. dazu auch *Currie*, Genetic Engineering and the WTO: an Analysis of the Report in the `EC – Biotech` Case, S. 13.

993 Vgl. auch ebenda.

VIII. Das Paket im Einzelnen

Oben[994] wurden die Hintergründe für den Kommissionsvorschlag zur Ergänzung der Richtlinie 2001/18/EG um Art. 26b und für die neuen Koexistenzleitlinien zur Konkretisierung von Art. 26b dargestellt.

In ihrer Mitteilung bezieht sich die Kommission[995] in ihrer begründenden Einleitung zunächst auf die von den sieben Mitgliedstaaten nach dem EU-Zulassungsverfahren zur GVO-Maissorte MON810 nach Inkrafttreten des derzeit geltenden Rechtsrahmens bis Juli 2010 verhängten Anbauverbote sowie auf das polnische, auf der europäischen Schutzklausel beruhende, Gesetz über ein allgemeines Verbot der Vermarktung von genetisch verändertem Saatgut, das der EuGH mit Urteil vom 16.7.2009 für europarechtswidrig erklärt hat.[996] Die Kommission verweist weiter auf die Schlussfolgerungen des Rates von Dezember 2008.[997]

Nachfolgend sollen die möglichen Anwendungsbereiche von Artt. 26a und 26b der Richtlinie 2001/18/EG herausgearbeitet werden. Auch soll der Werdegang von Art. 26b der Richtlinie 2001/18/EG in den bisherigen[998] Stationen des EU-Rechtsetzungsverfahrens skizziert werden. Umstrittene Aspekte der Koexistenzleitlinien und des Renationalisierungsvorschlages der Kommission werden in diesem Rahmen dargestellt.

1. Art. 26a Richtlinie 2001/18/EG

Art. 26a der Richtlinie 2001/18/EG lautet:

> *"(1) Die Mitgliedstaaten können die geeigneten Maßnahmen ergreifen, um das unbeabsichtigte Vorhandensein von GVO in anderen Produkten zu verhindern.*
>
> *(2) Die Kommission sammelt und koordiniert Informationen auf der Grundlage von Untersuchungen auf gemeinschaftlicher und nationaler Ebene, beobachtet die Entwicklungen bei der Koexistenz in den Mitgliedstaaten und entwickelt auf der Grundlage dieser Informationen und Beobachtungen Leitlinien für die Koexistenz von genetisch veränderten, konventionellen und ökologischen Kulturen."*

---

994 Vgl. ebenda.
995 Vgl. auch EPEC, Final Report, S. 92 ff., Punkt B.2.1.
996 EuGH, Urteil v. 16.7.2009, Rs. C-165/08, Slg. 2009, I-6843.
997 Vgl. KOM (2010) 375 endg., S. 2 ff., Punkt 1.
998 Stand: September 2011.

Gem. Art. 26a der Richtlinie 2001/18/EG können die Mitgliedstaaten Maßnahmen ergreifen, um das unbeabsichtigte Vorhandensein von GVO in anderen Produkten zu vermeiden.

Ziel von Art. 26a der Richtlinie 2001/18/EG ist es, *wirtschaftliche*[999] Auswirkungen einer Vermischung von gentechnisch veränderten mit ökologischen oder konventionellen Kulturen zu verhindern. Demnach sind Koexistenzmaßnahmen aus nicht ökonomischen Gründen, wie des Umweltschutzes oder *ethischer* Aspekte, nicht von Art. 26a Richtlinie 2001/18/EG umfasst. Da GVO-Vermischungen von naturbelassenem Saatgut nicht nur wirtschaftliche, sondern auch umweltbezogene Folgen haben, und sie auch im Hinblick auf Verbraucherpräferenzen und *ethische* Gesichtspunkte relevant sind, müsste der Anwendungsbereich von Art. 26a der Richtlinie 2001/18/EG sinnvollerweise auf derartige Faktoren ausgedehnt werden.[1000]

Die Kommission hatte in ihrer ursprünglichen Empfehlung von 2003[1001] mit unverbindlichen Leitlinien Vorgaben für „angemessene" Maßnahmen der Mitgliedstaaten gemacht, die die Überschreitung des für die Kennzeichnungspflicht maßgeblichen Schwellenwerts von 0,9 % durch „zufällige, technisch unvermeidbare" Einträge von GVO in Nicht-GVO verhindern sollten.

Aufgrund neuer Erkenntnisse über Bedingungen für unbeabsichtigte Einträge gentechnisch veränderter Kulturen in konventionelle und ökologische Kulturpflanzen hat die Kommission, im Einklang mit Art. 26a der Richtlinie 2001/18/EG, mit Wirkung seit 13. Juli 2010 neue Leitlinien[1002] mit unverbindlichen[1003] Grundsätzen für die Entwicklung nationaler Maßnahmen erlassen,[1004]

---

999 Vgl. Empfehlung der Kommission vom 13. Juli 2010 mit Leitlinien für die Entwicklung nationaler Koexistenz-Maßnahmen zur Vermeidung des unbeabsichtigten Vorhandenseins von GVO in konventionellen und ökologischen Kulturpflanzen, ABl. C 200 v. 22.7.2010, 1-5, Erwägungsgrund 4.

1000 So auch *Dobbs*, RECIEL 20,2 (2011), 180, 184 f., 189, 191. Sie argumentiert überzeugend u.a. mit der Widersprüchlichkeit des Vorgehens, einerseits einen hohen Schutzstandard für verschiedene Faktoren festzulegen, andererseits aber Koexistenzmaßnahmen nur auf ökonomische Gesichtspunkte zu beschränken.

1001 Empfehlung 2003/556/EG der Kommission vom 23. Juli 2003 mit Leitlinien für die Erarbeitung einzelstaatlicher Strategien und geeigneter Verfahren für die Koexistenz gentechnisch veränderter, konventioneller und ökologischer Kulturen, ABl. L 189 v. 29.7.2003, 36-47.

1002 Empfehlung der Kommission vom 13. Juli 2010 mit Leitlinien für die Entwicklung nationaler Koexistenz-Maßnahmen zur Vermeidung des unbeabsichtigten Vorhandenseins von GVO in konventionellen und ökologischen Kulturpflanzen, ABl. C 200 v. 22.7.2010, 1-5.

1003 *Dobbs* beschreibt das Kriterium der Unverbindlichkeit hier mit der Wirkung von „soft law" als Instrument zur Auslegung unbestimmter Rechtsbegriffe, *Dobbs*, RECIEL 20,2 (2011), 180, 190. Da die EU-Organe die Leitlinien bei der Anwendung von Art. 26a der Richtlinie 2001/18/EG und sie und EU-Mitgliedstaaten bei der Ausfüllung der dadie es den Verbrauchern und Erzeugern erlauben, zwischen genetisch veränderten, konventionellen und ökologischen Kulturen („Koexistenz-Maßnahmen")[1005] zu unterscheiden.

Technische Beratung erfolgt durch das *Europäische Büro für Koexistenz (ECoB).*[1006] Die Kommission kündigt in ihren Leitlinien einen vom *ECoB* erstellten, indikativen Maßnahmenkatalog und ein Verzeichnis des *ECoB* über agronomische, natürliche und kulturspezifische Faktoren an, die bei der Entwicklung nationaler Koexistenz-Maßnahmen zu berücksichtigen sind.[1007]
Für die Koordinierung bedient sich die Kommission des *COEX-NET.*[1008]

Die Kommission hebt hervor, dass sich ihre Empfehlung mit neuen Leitlinien auf die "wichtigsten allgemeinen Grundsätze für die Entwicklung von Maßnahmen zur Vermeidung der Beimischung von GVO" beschränkt, und erkennt an, dass die Mitgliedstaaten "genügend Flexibilität" brauchen, um ihren "regionalen und nationalen Besonderheiten und den spezifischen örtlichen Bedürfnissen der ökologischen, konventionellen und sonstigen Kulturen" gerecht zu werden.[1009]

Die Kommission erkennt an, dass der GVO-Anbau Auswirkungen auf die Wahlfreiheit der *Erzeuger* von konventionellen, ökologischen oder gentechnisch veränderten Produkten sowie auf die diesbezügliche Wahlfreiheit der *Verbraucher* hat.[1010]

Die neuen unverbindlichen Leitlinien beschreiben Voraussetzungen für zulässige Unterschreitungen dieses Schwellenwerts und dehnen die Freiheit der Mitgliedstaaten im Hinblick auf Koexistenzmaßnahmen aus, [1011] da Erfahrungen aus der jüngeren Vergangenheit gezeigt haben, dass erhebliche wirtschaftliche Schäden für die Erzeuger konventioneller und insbesondere ökologischer Produkte schon durch minimale Vermischungen mit GVO, also auch durch solche

---

rin enthaltenen unbestimmten Rechtsbegriffe nutzen, ist dieser Ansicht zuzustimmen, so dass die Bezeichnung als „unverbindlich" ungenau ist.

1004 Ebenda, S. 6, Punkt 1.4.

1005 Ebenda, S. 2, Erwägungsgrund 3.

1006 Das ECoB setzt sich aus Arbeitsgruppen, in denen Fachvertreter einzelne Mitgliedstaaten repräsentieren, und aus einem Sekretariat zusammen. Dort werden kulturspezifische Dokumente über bewährte Praktiken für technische Koexistenz-Maßnahmen entwickelt.

1007 ABl. C 200 v. 22.7.2010, 1-5, Punkt 3.

1008 Das COEX-NET ist ein Netzwerk, das eigens für die Koordinierung von Informationen zur Koexistenz von GVO-Kulturen und konventionellen sowie ökologischen Pflanzen und zur Erleichterung des Informationsaustausches zwischen den einzelnen Mitgliedstaaten sowie zwischen der Kommission und den Mitgliedstaaten, eingerichtet wurde.

1009 KOM (2010) 380 endg., Punkt 2.1.

1010 ABl. C 200 v. 22.7.2010, 1-5, Punkt 1.1.

1011 Ebenda, S. 6, Punkt 1.4.

unterhalb des Schwellenwerts von 0,9 %, entstehen können.[1012] Die Kommission bezieht sich in diesem Zusammenhang beispielhaft auf den Wegfall des für ökologische Produkte anfallenden Preisaufschlages bei Vermengungen mit GVO.[1013] Aus solchen Vermengungen können sich einerseits striktere Trennungsanforderungen ergeben, und andererseits können mit diesen besonders hohe finanzielle Mehrbelastungen verbunden sein.[1014] Auch Anbietern von als "gentechnikfrei" deklarierten Produkten können hohe Umsatzeinbußen in einzelnen Mitgliedstaaten, in denen strengere Vorschriften bei GVO-Vermischungen gelten, entstehen.[1015]

Für GVO-Vermischungen, die den Schwellenwert von 0,9 % erreichen oder überschreiten, ist in der VO (EG) Nr. 1829/2003[1016] die Pflicht zur Kennzeichnung als GVO geregelt. Zum einen könnten hierdurch Mehrkosten etwa durch den Betrieb von Überwachungssystemen und die Durchführung anderer Maßnahmen zur Minimierung der Vermischungswahrscheinlichkeit entstehen. Zum anderen entstünden dadurch möglicherweise auch Umsatzeinbußen, da hierdurch der Marktpreis gemindert und/oder der Absatz erschwert werde.[1017]

Die Kommission hebt hervor, dass mitgliedstaatliche Maßnahmen zur Vermeidung von unbeabsichtigten GVO-Einträgen in konventionelle und ökologische Kulturpflanzen *transparent* sein sollten und in Kooperation mit allen davon betroffenen Akteuren entwickelt werden sollen.[1018] Auch sollten grenzüberschreitende Abstimmungen erfolgen.[1019]

Zudem sollten die Koexistenzmaßnahmen *verhältnismäßig* sein. Die Kommission unterstreicht insoweit die angemessene Abwägung der widerstreitenden Interessen sowie die Erforderlichkeit von Koexistenzmaßnahmen im Hinblick auf die Unternehmer, die Gebrauch machen von den verschiedenen Erzeugungsmethoden (Landwirte, Saatguterzeuger, Genossenschaften etc.).[1020] Regionale und lokale Aspekte, wie der Zuschnitt und die Größe der Felder in einer Region, die Stückelung und geographische Verteilung der zu den einzelnen Betrieben gehörenden Felder sowie die regionalen Praktiken der Betriebsführung sollten bei der Auswahl der jeweiligen Koexistenzmaßnahme berücksichtigt werden.[1021] Die Maßnahmen seien auf die spezifischen Anbaubedingungen, be-

1012 Ebenda, S. 4, Punkt 1.1.
1013 Ebenda, S. 5.
1014 Ebenda.
1015 Ebenda.
1016 Vgl. Artt. 12 und 24 VO (EG) Nr. 1829/2003.
1017 Empfehlung der Kommission vom 13. Juli 2010 mit Leitlinien für die Entwicklung nationaler Koexistenz-Maßnahmen, ABl. C 200 v. 22.7.2010, 1-5, Punkt 1.1.
1018 Ebenda, Punkt 2.1.
1019 Ebenda.
1020 Ebenda, Punkt 2.2.
1021 Ebenda.

sonders die Betriebsstrukturen, Anbauverfahren und -systeme sowie die natürlichen regionalen Gegebenheiten, abzustimmen.[1022]

Die *Grenzwerte* sollten sich nach dem jeweils verfügbaren Kenntnisstand über die Wahrscheinlichkeit und die Ursachen von Vermischungen von GVO mit Nicht-GVO richten.[1023] Der jeweils hinnehmbare Vermischungsgrad, nach dem sich die Koexistenzmaßnahme richten sollte, ergebe sich aus den regionalen und nationalen Besonderheiten sowie aus den spezifischen lokalen Bedürfnissen der konventionellen, ökologischen und sonstigen Kulturpflanzen und Erzeugungsformen.[1024]

Die Mitgliedstaaten sollten zudem unter bestimmten ökonomischen und natürlichen Bedingungen „GVO-freie Zonen" errichten können, dies aber nur, wenn sie nachweisen, dass alternative Maßnahmen, die ein ausreichendes Reinheitsniveau gewährleisten, nicht verfügbar sind.[1025] Die Auswirkungen der Koexistenzmaßnahme sollten mit dem damit anzustrebenden Ziel, die besonderen Bedürfnisse der Landwirte, die konventionellen und/oder ökologischen Landbau betreiben, zu fördern, im angemessenen Verhältnis stehen.[1026] Die Kommission verweist auf den bestehenden Rechtsrahmen, wonach GVO-Zulassungen für einzelne Regionen auf der Basis der Umweltverträglichkeitsprüfung und mithin aufgrund rein wissenschaftlicher Aspekte versagt oder zumindest mit Bedingungen oder anderen einschränkenden Risikomanagementmaßnahmen verbunden werden können.[1027]

Die Kommission hebt zudem die ausschließliche Zuständigkeit der Mitgliedstaaten für Haftungsfragen hervor.[1028]

Im Berichtsentwurf des Europäischen Parlaments vom 27. Januar 2011 und am 5. Juli 2011[1029] wird eine Änderung von Art. 26a der Freisetzungsrichtlinie vorgeschlagen. So soll die Entscheidung über die Durchführung von Koexistenzmaßnahmen nicht ins *Ermessen* der Mitgliedstaaten gestellt sein. Die

---

1022 Ebenda, Punkt 1.3.

1023 Ebenda, Punkt 2.3.

1024 Ebenda.

1025 Ebenda, Punkt 2.4; KOM (2010) 380 endg., Punkt 2.1. Die frühere Empfehlung der Kommission vom 23. Juli 2003 sah dagegen im Hinblick auf die Einrichtung gentechnikfreier Regionen nur die Möglichkeit entsprechender Vereinbarungen der Betroffenen vor.

1026 Empfehlung der Kommission vom 13. Juli 2010 mit Leitlinien für die Entwicklung nationaler Koexistenz-Maßnahmen zur Vermeidung des unbeabsichtigten Vorhandenseins von GVO in konventionellen und ökologischen Kulturpflanzen, Rn. 2.4.

1024 Ebenda, Punkt 1.2.; siehe Art. 19 III lit. c) und Anhang II der Richtlinie 2001/18/EG sowie Art. 6 und 18 der Verordnung (EG) Nr. 1829/2003.

1028 Empfehlung der Kommission vom 13. Juli 2010 mit Leitlinien für die Entwicklung nationaler Koexistenz Maßnahmen zur Vermeidung des unbeabsichtigten Vorhandenseins von GVO in konventionellen und ökologischen Kulturpflanzen, Punkt 2.5.

1029 Europäisches Parlament, Erste Lesung, 5. Juli 2011, Abänderung 14.

Verhinderung des unbeabsichtigten Vorhandenseins von GVO in anderen Produkten sollte den Mitgliedstaaten *verbindlich* vorgeschrieben werden, da der Anbau von GVO keine zusätzlichen Kosten für die konventionellen oder ökologischen landwirtschaftlichen Betriebe verursachen dürfe, wobei besonders auf grenzüberschreitende Kontaminierungen zu achten sei.[1030]

Wörtlich schlägt das Europäische Parlament folgende Abänderung des Art. 26a der Richtlinie 2001/18/EG vor:

> *„(-1b) Artikel 26a Absatz 1 erhält folgende Fassung:*
>
> *Die Mitgliedstaaten ergreifen die geeigneten Maßnahmen, um das unbeabsichtigte Vorhandensein von GVO in anderen Produkten auf ihrem eigenen Hoheitsgebiet und Grenzgebieten benachbarter Mitgliedstaaten zu verhindern.“*[1031]

1.1 Ist Koexistenz machbar?

Koexistenz, also das Nebeneinander von GVO und von naturbelassenen Kulturpflanzen, dient u.a. der Wahlfreiheit der Erzeuger und der Konsumenten.[1032]

Fraglich ist, ob dieses Nebeneinander überhaupt möglich ist. Ist Koexistenz nicht möglich, so gewinnen Schutzklauseln, Notfallmaßnahmen und auch Anbauverbote nach Art. 26b der Freisetzungsrichtlinie an Bedeutung.

Fälle unbeabsichtigter Vermischungen könnten Indizien sein, die gegen die Machbarkeit von Koexistenz, zumindest nach der bisherigen Koexistenzpolitik der EU und von Mitgliedstaaten, sprechen würden.

Nachfolgend soll deshalb näher auf das Problem unbeabsichtigter Vermischungen eingegangen werden.

1.1.1 DNA und das Bt-Toxin Cry1A(b) von MON810 im Honig

Am 6. September 2011 erging im Rahmen eines Vorabentscheidungsverfahrens[1033] ein Urteil des EuGH zur Frage der Verkehrsfähigkeit von deutschem Honig, der Spuren von MON810 aufweist. Der EuGH stellte in seinem Urteil u.a. fest, dass es sich bei von unbeabsichtigten Einträgen von GVO-Pollen betroffenem Honig um ein Lebensmittel handelt, das Zutaten (Pollen) enthält, die aus GVO (MON810) hergestellt sind, und das damit gem. Art. 4 II der VO (EG)

1030 *Lepage*, Entwurf eines Berichts vom 27.1.2011, Änderungsantrag 7.

1031 Europäisches Parlament, Erste Lesung, 5. Juli 2011, Abänderung 14.

1032 Empfehlung der Kommission vom 13. Juli 2010 mit Leitlinien für die Entwicklung nationaler Koexistenz-Maßnahmen, Erwägungsgründe 3 und 4.

1033 EuGH, Urteil v. 6. September 2011, Rs. C-442/09 (noch nicht in der Amtlichen Sammlung veröffentlicht).

Nr. 1829/2003 zulassungspflichtig ist.[1034] Wie schon oben dargelegt wurde, leitet Monsanto eine Zulassung zum Inverkehrbringen von MON810 in Form des Anbaus zum Zweck der Verwendung in Futtermitteln und in bestimmten von MON810 abstammenden Produkten, also in Lebensmitteln und Lebensmittelzutaten aus Maismehl, Maiskleber, Maisgries, Maisstärke, Maisglukose und Maisöl, im Wege des Bestandsschutzes nunmehr aus der VO (EG) Nr. 1829/2003 ab.[1035]

Monsanto besitzt keine Zulassung für andere Lebensmittel, die MON810 enthalten oder daraus hergestellt sind, wie eben Honig, der Spuren von MON810-Pollen enthält.[1036] Nach dem im europäischen Recht der Grünen Gentechnik geltenden *Verbotsprinzip* bzw. dem *Grundsatz des präventiven Verbots mit Erlaubnisvorbehalt*[1037] und nach dem *Nulltoleranzgebot*[1038] dürfen Lebensmittel mit GVO-Spuren nur mit Erlaubnis in den Verkehr gebracht werden. Der GVO-Transfer durch Bienen erfolgt, anders als der Transfer durch Wind, weitgehend unabhängig von Abstandsregelungen.[1039] Den Bienen dienen Mais-Pollen als Eiweißquelle für ihre Brut.[1040] Aus dem Transfer von GVO-Pollen ergibt sich somit ein Koexistenzproblem, das selbst durch größere Abstände benachbarter Felder und sogar gentechnikfreie Regionen, etwa nach den neuen Leitlinien der Kommission, nicht sicher beseitigt werden kann. Den Imkern drohen Schäden, da sie für den „verunreinigten" Honig eine Zulassung benötigen und sie überdies bei Erreichen des Kennzeichnungsschwellenwertes von 0,9 % entsprechende Maßnahmen einrichten und finanzieren müssen. Zudem drohen ihnen infolge der GVO-Einträge Umsatzeinbußen, die selbst durch Koexistenzmaßnahmen schwer oder gar nicht zu vermeiden sind.[1041]

1034 Ebenda, Rn. 92 (erster Spiegelstrich).

1035 Die Zulassung ist zwar im April 2007 nach Ablauf der Frist bislang noch nicht erneuert worden, doch besteht insoweit Bestandsschutz; siehe dazu im Einzelnen schon oben, Punkt III. 1.

1036 Vgl. *Willand*, GGSC, Rechtliche Hintergrundinformationen zu den juristischen Schritten der Imker gegen den MON810-Anbau, 21.2.2007, S. 2, Punkt 6, http://www.bienen-gentechnik.de/fix/docs/files/Hintergrundinformation%20Maisanbauer%20Imker.3.pdf.

1037 Siehe zum Begriff oben, Punkt III 2.1.

1038 Siehe zum Begriff oben, Punkt III. 4.1.

1039 Vgl. *Buchholz/Willand*, Genetisches Netzwerk (GeN), GVO-Pollen im Honig als Prüfstein der Koexistenz, Juni 2009, http://www.gen-ethisches-netzwerk.de/gid/194/willand/gvo-pollen-honig-pruefstein-koexistenz.

1040 Vgl. ebenda.

1041 Vgl. Schlussanträge des Generalanwalts Yves Bot vom 9. Februar 2011, Rs. C-442/09 (Bablok und weitere gegen Freistaat Bayern), Rnrn. 147, 154 sowie zum Zweck von Koexistenzmaßnahmen, u.a. gerade ökonomische Einbußen zu verhindern, Empfeh-

Verstärkt wird diese Koexistenzproblematik zwar durch die von der Kommission vertretene Position, dass der mit GVO-Pollen vermischte Honig als ein nur „mit Hilfe“ von GVO hergestelltes Lebensmittel im Sinn des 16. Erwägungsgrundes der VO (EG) Nr. 1829/2003 vom Anwendungsbereich der Verordnung und mithin auch vom Zulassungserfordernis ausgenommen sei.[1042] Eine solche Position widerspricht jedoch, wie schon oben ausgeführt, u.a. dem Sinn und Zweck des 16. Erwägungsgrundes (= Ausschluss von Lebens- und Futtermitteln, bei denen GVO-Spuren nicht feststellbar sind vom Zulassungs- und Kennzeichnungserfordernis), dem *Nulltoleranzgebot* und dem der Koexistenz zugrundeliegenden Leitgedanken der Wahlfreiheit der Konsumenten, da Lebensmittel mit GVO-Einträgen dann nicht zulassungspflichtig wären und, da sie auch nicht als GVO gekennzeichnet werden müssten.[1043] Allerdings hat der EuGH dieser Position nun eine klare Absage erteilt und das *Nulltoleranzgebot* mit seinem Urteil gestärkt, da er Honig mit Pollen von MON810-Mais nicht als ein Lebensmittel, das nur „mit Hilfe“ von GVO hergestellt wurde, qualifiziert hat, sondern als ein zulassungs- und, bei Erreichen des Schwellenwertes, auch kennzeichnungspflichtiges, Lebensmittel, das eine Zutat enthält, die aus GVO hergestellt ist.[1044] Auch stärkt die Feststellung des EuGH, dass die Anwendbarkeit der VO (EG) Nr. 1829/2003 unabhängig von der Frage zu beurteilen sei, ob ein GVO-Eintrag absichtlich oder zufällig erfolgt sei,[1045] das *Nulltoleranzgebot.*

Dennoch werfen die unbeabsichtigten Vermischungen von Honig mit Pollen von MON810 Zweifel an der Machbarkeit einer langfristigen Koexistenz auf.

1.1.2 Zulassung zufälliger und unvermeidbarer Einträge der *Amflora*-Kartoffel

Am 2. März 2010 ist nach der Freisetzungsrichtlinie der Anbau der, mit einem erhöhten Amylopektinanteil versehenen, *Amflora*-Kartoffel von BASF zur Verarbeitung in der Industrie zugelassen worden. Die Verwendung der „Pülpe“, einem Nebenprodukt bei der Stärkeherstellung, als Futtermittel wurde daneben nach der VO (EG) Nr. 1829/2003 zugelassen. Zugelassen wurden demnach, obwohl sich Kartoffeln nur vegetativ über Tochterknollen und nicht, wie bei-

---

lung der Kommission vom 13. Juli 2010 mit Leitlinien für die Entwicklung nationaler Koexistenz-Maßnahmen, Erwägungsgrund 4.

1042 Vgl. EuGH, Urteil vom 6. September 2011, Rs. C-442/09, (Karl Heinz Bablok u. a./ Freistaat Bayern), Rn. 80.

1043 Siehe zur mündlichen Verhandlung vor dem EuGH am 7. Dezember 2010 GGSC, Gentechnik Newsletter, Dezember 2010, S. 2 ff.

1044 EuGH, Urteil vom 6. September 2011, Rs. C-442/09, (Karl Heinz Bablok u. a./Freistaat Bayern), Rn. 92 (erster Spiegelstrich).

1045 Ebenda, Rn. 92 (zweiter Spiegelstrich); vgl. *Palme*, NVwZ 2011, 1434, 1437.

spielsweise Mais und Raps, durch Pollenflug verbreiten, auch zufällige und technisch unvermeidbare Vermischungen anderer Erzeugnisse bis zum Schwellenwert von 0,9 %.[1046] Die GVO-Kartoffel kann sich u.a. bei der Lagerung und beim Transport mit anderen Erzeugnissen vermischen. Ungarn, Österreich[1047] und Luxemburg haben Schutzmaßnahmen gegen die *Amflora*-Kartoffel verhängt. Die Möglichkeit für eine Zulassung zufälliger und unvermeidbarer GVO-Einträge in nicht gentechnisch veränderten Futter- und Lebensmitteln, wie sie für die *Amflora*-Kartoffel erteilt worden ist, ist im bestehenden Rechtsrahmen nicht vorgesehen.[1048] Mit dieser Zulassung unbeabsichtigter GVO-Einträge bis zum Schwellenwert von 0,9 % wird der Sinn des dem EU-Rechtsrahmen für GVO zugrunde liegende Verbotsprinzips ad absurdum geführt. Es soll so, wie in der Mitteilung der Kommission zum VSP ausgeführt, den a priori vermuteten Gefahren begegnet werden. Kann der Antragsteller diese Vermutung widerlegen, so wird ihm eine Erlaubnis erteilt. Da die Zulassung nach der Verordnung aber nicht für Vermischungen oberhalb des Schwellenwerts von 0,9 % erteilt worden ist, kann die *Amflora*-Kartoffel nicht, wie im Rechtsrahmen vorgesehen, als unbedenklich gelten.

Dass für die *Amflora*-Kartoffel eine solche Zulassung für zufällige, „unvermeidbare" Vermischungen bis zu einem Schwellenwert von 0,9 % erteilt wurde, wirft wiederum erhebliche Zweifel an der Machbarkeit einer Koexistenz auf. Denn damit werden GVO-Einträge bereits in der Zulassung für „unvermeidbar" und Koexistenz jedenfalls insoweit für unmöglich erklärt.

1.1.3. Die „technische Lösung" für Futtermittel – Der Anfang vom Ende des Nulltoleranzgebots?

Im Jahr 2010 hatte die Kommission einen Entwurf zur Aufweichung[1049] des für die Zulassung geltenden *Nulltoleranzgebotes* vorgestellt, dem am 22. Februar 2011 im Ständigen Ausschuss für die Lebensmittelkette und Tiergesundheit mehrheitlich zugestimmt wurde.[1050] Seit 15. Juli 2011[1051] gilt nun die sog. „tech-

1046 MEMO 10/325, S. 3.

1047 Bundesgesetzblatt für die Republik Österreich, BGBl. II Nr. 125/2010 vom 27. April 2010.

1048 Vgl. auch Klage, eingereicht am 27. Mai 2010 – Ungarn/Kommission (Rechtssache T-240/10), S. 1 f.

1049 Vgl. zu dieser und anderen Interpretationen *Palme*, NVwZ 2011, 1434, 1437.

1050 Vgl. Transgen, EU: Länder-Mehrheit will Gentechnik-Spuren in Futtermittelimporten tolerieren, http://www.transgen.de/aktuell/1275.doku.html.

1051 Verordnung (EU) Nr. 619/2011 der Kommission vom 24. Juni 2011 zur Festlegung der Probenahme- und Analyseverfahren für die amtliche Untersuchung von Futtermitteln im Hinblick auf genetisch veränderte Ausgangserzeugnisse, für die ein Zulassungsvernische Lösung", die durch einen einheitlichen Wert von 0,1 % dem Problem von EU-Importverboten, die bedingt sind durch die Asynchronität von GVO-Zulassungen in Drittstaaten und in der EU, begegnen soll.[1052]

Das Regelwerk enthält eine Abkehr vom prinzipiellen Zulassungserfordernis nach den im bisherigen GVO-Rechtsrahmen vorgesehenen Grundsätzen. So sind importierte *Futter*mittel mit GVO-Verunreinigungen unterhalb von 0,1 % nunmehr erlaubt, ohne dass sie dem Zulassungserfordernis unterliegen und mithin einer Risikobewertung unterzogen werden müssen.[1053]

Hintergrund dieser Initiative der Kommission sind insbesondere entsprechende Forderungen, beispielsweise der Futtermittelindustrie und der Fleischwirtschaft.[1054] Demnach stehen, bei Festhalten der EU am *Nulltoleranzgebot* langfristig ein Futtermittelnotstand und erhebliche Preissteigerungen für bestimmte Futtermittel, insbesondere Soja bevor.[1055] Im Zeitraum von 2004 bis Juli 2009 wurden durch das Europäische Schnellwarnsystem *(RASFF, Rapid Alert System for Food and Feed)* 42 Fälle verunreinigter Futtermittelimporte festgestellt.[1056] Rund 90 % dieser kontaminierten Futtermittel stammen laut *RASFF* aus den USA,[1057] während von den anderen beiden Hauptexporteuren von Futtermitteln (Brasilien und Argentinien) demnach keine Verunreinigungsfälle in diesem Zeitraum bekannt sind.[1058] Im Jahr 2009 etwa waren Spuren vom GVO-Mais MON88017 und von MIR604 in Sojalieferungen aus den USA festgestellt worden. Dieser Soja durfte deshalb nach dem *Nulltoleranzgebot* nicht in der EU vermarktet werden, da er nicht nach dem GVO-Rechtsrahmen zugelassen war.[1059] Die Importverbote stießen auf erhebliche Kritik vonseiten etwa der Futtermittelindustrie, die in erster Linie eine Beeinträchtigung der Wettbewerbsfähigkeit von Geflügel- und Schweinezüchtern durch steigende Sojapreise als Folge der Importverbote zum Gegenstand hatte.[1060] Zudem sei die EU abhängig

fahren anhängig ist oder deren Zulassung abläuft, ABl. L 166 v. 25.6.2011, 9-15; GGSC, Gentechnik Newsletter, Dezember 2010, S. 12 ff; siehe zum Begriff auch EPEC, Final Report, S. 113, Annex 1, Punkt e.

1052 Vgl. ebenda.

1053 Vgl. GGSC, Gentechnik Newsletter, Dezember 2010, S. 12.

1054 Vgl. Transgen, EU: Länder-Mehrheit will Gentechnik-Spuren in Futtermittelimporten tolerieren, http://www.transgen.de/aktuell/1275.doku.html.

1055 Vgl. BUND, Hintergrundpapier Nulltoleranz, http://www.bund.net/fileadmin/bundnet/pdfs/gentechnik/20091214_gentechnik_nulltoleranz_erklaerung_verbaende.pdf., S. 1.

1056 Vgl. ebenda, S. 3.

1057 Vgl. ebenda, S. 5.

1058 Vgl. ebenda, S. 5 ff.

1059 Vgl. Transgen, EU: Länder-Mehrheit will Gentechnik-Spuren in Futtermittelimporten tolerieren, http://www.transgen.de/aktuell/1275.doku.html.

1060 Vgl. ebenda.

vom Sojahandel mit den USA, da die anderen beiden Hauptimportländer Brasilien und Argentinien in den letzten Jahren Sojamissernten verbucht hätten.[1061]

In den USA herrscht bisher kein verbindliches Koexistenzregime für GVO. Allerdings gibt es aktuelle Bestrebungen für eine Reform.[1062] Auch in Brasilien und Argentinien werden in nicht unerheblichem Ausmaß GVO-Futtermittel angebaut.[1063] Da aber, wie beschrieben, weit überwiegend US-amerikanische Importe, nicht bzw. kaum aber brasilianische und argentinische Importe verunreinigt waren, werden die Verunreinigungen auf die Asynchronität von Zulassungen zurückgeführt.[1064] D.h., Argentinien und Brasilien beispielsweise exportieren grundsätzlich erst Futtermittel in die EU, nachdem darin enthaltene GVO dort zugelassen worden sind. Sojaimporte der USA etwa erfolgen mitunter vor einer Zulassung der betreffenden GVO in der EU.[1065]

Diese Abkehr vom *Nulltoleranzgebot* steht im Widerspruch zum Vorsorgeprinzip und zu den im Weißbuch der Kommission zur Lebensmittelsicherheit beschriebenen Grundsätzen der Lebensmittelsicherheit. Auch steht sie inhaltlich im Widerspruch zum Koexistenzgedanken, der, wie beschrieben,[1066] mit den neuen Leitlinien der Kommission eine Stärkung erfahren sollte. Zudem hat die Europäische Kommission, wie zu erwarten war, nun eine Ausdehnung der *technischen Lösung* auf *Lebens*mittel angekündigt.[1067] Diese Ausdehnung verdeutlicht den starken Trend hin zur allmählichen Aushöhlung des *Nulltoleranzgebots*. Sie könnte sich gegenläufig zum überaus begrüßenswerten „Honig-Urteil" des EuGH auswirken, so dass demnach Honig aus Drittstaaten mit Spuren von GVO-Pollen grundsätzlich doch von der Zulassungspflicht ausgenommen sein kann.

Diese Tendenzen und der beschriebene Hintergrund für die *technische Lösung*, also das Problem unbeabsichtigter Vermischungen mit GVO, zeigen wiederum Probleme der Machbarkeit von Koexistenz auf.

1061 Vgl. ebenda.

1062 Vgl. Biosicherheit, Anbau von gv-Alfalfa unter Koexistenzauflagen Gentechnikpolitik USA: Trendwende in Fragen der Koexistenz? (Meldung vom 7. Januar 2011), http://www.biosicherheit.de/aktuell/1273.usa-gentechnikpolitik-koexistenz-gv-alfalfa.html.

1063 Vgl. BUND, Hintergrundpapier Nulltoleranz, Seite 5.

1064 Vgl. ebenda.

1065 Vgl. GGSC, Gentechnik, Newsletter Dezember 2010, S. 13.

1066 Siehe etwa KOM (2010) 375 endg., Punkt 2.1.

1067 EU will GVO-Spuren in Lebensmitteln erlauben, Meldung vom 23.4.2012, http://www.topagrar.com/news/Home-top-News-EU-Kommission-will-GVO-Spuren-in-Lebensmitteln-erlauben-827539.html.

1.2 Koexistenzmaßnahmen in Österreich und anderen Mitgliedstaaten nach den alten Koexistenzleitlinien

Nachfolgend soll zunächst ein gescheiterter Versuch Oberösterreichs, den konventionellen und den biologischen Anbau vor Vermischungen mit GVO durch Einrichtung einer gentechnikfreien Zone zu schützen, nachgezeichnet werden. Im Anschluss soll kurz die aktuelle Koexistenzpolitik in Oberösterreich dargestellt werden. Die in Österreich praktizierte Koexistenzpolitik zeigt auf, dass die Einrichtung gentechnikfreier Zonen de facto bereits aufgrund der alten Koexistenzleitlinien möglich war.

Aufgrund der früheren Koexistenz-Leitlinien hatten im Jahr 2009 insgesamt 15 Mitgliedstaaten entsprechende Maßnahmen erlassen.[1068]
In Österreich und in Bulgarien verhinderten strikte Koexistenzvorgaben bisher de facto den GVO-Anbau.[1069] In Bulgarien gilt für GVO seit März 2010 ein Mindestabstandsgebot von 30 km zu Schutzgebieten, von 10 km zu Bienenfarmen und von 7 km zu biologischen Landwirtschaftsbetrieben.[1070]

In Österreich gelten in acht von neun Ländern Koexistenzmaßnahmen.[1071] Am 13. März 2003 zeigte die Ständige Vertretung Österreichs der Kommission den Entwurf des Landes *Oberösterreich* (Oö) für ein auf Art. 95 V EG[1072] a.F. gestütztes, für drei Jahre befristetes Gentechnik-Verbotsgesetz an, das flächendeckende Verbote der Aussaat und des Anbaus von GVO enthielt.[1073] Das im

1068 Die Kommission nennt folgende Länder: Österreich, Belgien, Tschechien, Deutschland, Dänemark, Frankreich, Ungarn, Lettland, Luxemburg, Litauen, Niederlande, Portugal, Rumänien, Schweden, Slowakei, siehe den Bericht der Kommission an den Rat und das Europäische Parlament über die Koexistenz gentechnisch veränderter, konventioneller und ökologischer Kulturen vom 2. April 2009, KOM (2009) 153 endg., S. 6, Punkt 7 (Fn. 12).

1069 Siehe zu den Koexistenzmaßnahmen in den jeweiligen Mitgliedstaaten beispielsweise Biosicherheit, Koexistenz in den EU-Ländern, Ein europäischer Flickenteppich, http://www.biosicherheit.de/koexistenz/449.europaeischer-flickenteppich.html.

1070 Vgl. Informationsdienst Gentechnik, Meldung vom 19.3.2010, http://www.keine-gentechnik.de/news-gentechnik/news/de/21683.html.

1071 Vgl. *Seifert*, Oberösterreichs Gentechnikverbot: Absehbares Scheitern, ungewöhnliche Allianzen, SWS-Rundschau (46. Jg.) Heft 4 / 2006, S. 409, 417, http://www.sws-rundschau.at/archiv/SWS_2006_4_seifert.pdf.

1072 Jetzt Art. 114 V AEU.

1073 Vgl. *Seifert*, Oberösterreichs Gentechnikverbot: Absehbares Scheitern, ungewöhnliche Allianzen, SWS-Rundschau (46. Jg.) Heft 4 / 2006, 409, 417 ff. Art. 26a der Richtlinie 2001/18/EG ist erst nach Notifizierung des oö. Gentechnik-Verbotsgesetzes am eingefügt worden, fand aber, ebenso, wie die Koexistenzleitlinien der Europäischen Kommission vom 23. Juli 2003 Berücksichtigung in der erwähnten Kommissionsentscheidung.

Folgenden nachzuzeichnende Schicksal dieser oö. Offensive gegen den GVO-Anbau zeigt anschaulich die Bedeutung einer Grundlage für *sozioökonomisch* motivierte Koexistenzmaßnahmen,[1074] insbesondere für die Einrichtung gentechnikfreier Zonen, auf.

Begründet hatte Oö. sein Gentechnik-Verbotsgesetz in erster Linie mit dem Schutz des biologischen Anbaus vor Vermischungen[1075] sowie der Natur, der Umwelt und der Biodiversität,[1076] wobei sich Oö. auf das VSP berief und auf eine im Auftrag des Landes Oö. und des Bundesministeriums für Soziale Sicherheit und Generationen erstellte Studie bezog.[1077] Dieser Studie zufolge seien bei einem großflächigen GVO-Anbau langfristige negative Folgen für die Umwelt von GVO nicht auszuschließen, u.a., da eine Koexistenz von gentechnisch veränderten und konventionellen Pflanzen bei einer kleinstrukturierten Landwirtschaft, wie in Österreich, ohne gentechnikfreie Zonen nicht möglich sei.[1078] Das GVO-Gremium der EFSA stellte fest, dass die von Oö. vorgetragenen wissenschaftlichen Informationen keine neuen wissenschaftlichen Erkenntnisse enthielten, die die in der alten Richtlinie 90/220/EWG und in der neuen Richtlinie 2001/18/EG festgeschriebenen Vorgaben für eine UVP entkräften könnten. Zudem habe der oö. Bericht keine neuen wissenschaftlichen Erkenntnisse über Risiken für die menschliche Gesundheit und die Umwelt enthalten, die ein generelles GVO-Anbauverbot rechtfertigen könnten.[1079]Auch enthalte die österreichische Studie “keinen Nachweis dafür, dass die Koexistenz ein Risiko für die Umwelt und die menschliche Gesundheit darstellt.“[1080] Mit Entscheidung vom 2. September 2003 lehnte die Kommission das oö. Verbotsgesetz aufgrund der EFSA-Bewertung ab, da sie die nach dieser primärrechtlichen Schutzklausel (Art. 95 V EG a.F.[1081]) erforderlichen landesspezifischen Probleme sowie neue wissenschaftliche Erkenntnisse für nicht nachgewiesen und das VSP, mangels von der EFSA festgestellter Risiken,[1082] für nicht anwendbar erachtete.

Zu Art. 26a der Richtlinie 2001/18/EG i.V.m. den Koexistenzleitlinien vom 23. Juli 2003 führte sie aus, dass regionale Koexistenzmaßnahmen im Verhältnis zum wirtschaftlichen Risiko stehen, sie insbesondere erforderlich sein sowie Art

1074 Gemeint sind Art. 26a der Richtlinie 2001/18/EG und die neuen Koexistenzleitlinien.

1075 Also mit Koexistenzerwägungen.

1076 Vgl. Entscheidung 2003/653/EG der Kommission vom 2. September 2003 über die einzelstaatlichen Bestimmungen zum Verbot des Einsatzes gentechnisch veränderter Organismen im Land Oberösterreich, die von der Republik Österreich gemäß Artikel 95 Absatz 5 EG-Vertrag mitgeteilt wurden, ABl. L 230 v. 16.9.2003, 34-43, Erwägungsgründe 18 ff.

1077 Vgl. ebenda, Erwägungsgrund 31.

1078 Vgl. ebenda, Erwägungsgründe 34 ff.

1079 Vgl. ebenda, Erwägungsgrund 64.

1080 Vgl. ebenda, Erwägungsgrund 67.

1081 Art. 114 V AEUV n.F.

1082 Vgl. Entscheidung 2003/653/EG der Kommission, Erwägungsgrund 73.

und Verwendungszweck der Kulturen berücksichtigen müssten.[1083] Die kleinstrukturierte Landwirtschaft sei zudem „gewiss keine Besonderheit dieser Region“, da sie „in allen Mitgliedstaaten“ vorkomme.[1084] Oö. erhob dagegen Nichtigkeitsklage beim EuG, das mit Urteil[1085] vom 5.10.2005 feststellte, dass das oö. Gentechnik-Verbotsgesetz gegen Art. 95 V EG a.F. verstieß, u.a., da kleinbetriebliche Strukturen der Landwirtschaft kein spezifisches Problem eines Mitgliedstaates im Sinne von Art. 95 V EGV a.F. seien. Der im Berufungsverfahren angerufene EuGH[1086] stellte ebenfalls fest, dass Oö. keine landesspezifischen Probleme, wie etwa ein ungewöhnliches Ökosystem, nachgewiesen habe.[1087]

Bemerkenswert an diesem beschriebenen Verfahren ist, dass die Auseinandersetzungen mit Art. 26a der Richtlinie 2001/18/EG und den damals geltenden, alten, Koexistenzleitlinien sehr knapp ausgefallen waren und dass der Schwerpunkt der Argumentationen der Kommission und der beiden Gerichte die Frage der Risiken im Rahmen des Art. 95 V EG a.F. betraf.[1088]

Die neuen Koexistenzleitlinien[1089] erlauben nun, wie oben gezeigt, im Gegensatz zu den alten Leitlinien, die Einrichtung gentechnikfreier Zonen, wenn auch nur als *ultima ratio*. Dennoch zeigen die neuen Leitlinien auf, dass Maßnahmen, wie die beschriebene Verfahrensweise mit dem oö. Gentechnik-Verbotsgesetz, den bisher typischerweise mit dem Anbau von GVO verbundenen Ungewissheiten über Auswirkungen möglicherweise nicht gerecht werden,[1090] da diese dem oberösterreichischen Verbotsgesetz möglicherweise nicht entgegen gestanden hätten.

Am 7. Juli 2006 trat in Oö. das Gentechnik-Vorsorgegesetz in Kraft, das den GVO-Anbau zwar nicht per se verbietet, ihn aber von strengen Abstandsregelungen abhängig macht.[1091]

Parallel zu der beschriebenen Verteidigung der Antigentechnikpolitik durch Österreich hatte sich das im November 2003 von Oö. und der Toskana ins Leben gerufene, zu diesem Zeitpunkt aus zehn Mitgliedern bestehende Netzwerk „gen-

1083 Ebenda, Erwägungsgrund 69.

1084 Ebenda, Erwägungsgrund 70.

1085 EuG, Urteil vom 5.10.2005, verb. Rs. T-366/03 und T-235/04, Slg. 2005, II-4005.

1086 EuGH, Urteil vom 13.7.2007 – Verb. Rs. C-439/05 und C 454/05, Slg. 2007, I-7141 (Land Oberösterreich und Österreich/Kommission)

1087 Ebenda, Rn. 65 ff.

1088 Zwar hatte Oberösterreich das Gentechnik-Verbotsgesetz auf Art. 114 V AEUV (ex-Art. 95 V EGV) gestützt. Allerdings bezog sich die Argumentation auch maßgeblich auf Aspekte der Koexistenz.

1089 Vgl. Empfehlung der Kommission vom 13. Juli 2010 mit Leitlinien für die Entwicklung nationaler Koexistenz-Maßnahmen, ABl. C 200 v. 22.7.2010, 1-5, Punkt 2.4.

1090 Vgl. *Seifert*, Oberösterreichs Gentechnikverbot: Absehbares Scheitern, ungewöhnliche Allianzen, SWS-Rundschau (46. Jg.) Heft 4 / 2006, 409, 420, http://www.sws-rundschau.at/archiv/SWS_2006_4_seifert.pdf.

1091 Ebenda, 409, 426.

technikfreie Regionen“ vorgestellt.[1092] Sein Anliegen war und ist es u.a., die Kommission durch Information und Lobbyarbeit für eine Verschärfung der Europäischen Koexistenzpolitik und die Öffentlichkeit sowie andere Regionen für das Thema zu sensibilisieren.[1093] So sollen demnach EU-weit restriktivere Haftungsregeln nach dem Verursacherprinzip etabliert werden.[1094] Auch setzt sich das Netzwerk dafür ein, dass den Regionen im Hinblick auf die Frage der Gentechnikfreiheit größere Handlungsspielräume zugestanden werden.[1095]

Von am Netzwerk beteiligten Regionen angegebene Gründe für ihre Gentechnikfreiheit sind ganz überwiegend ökonomischer Art – teilweise wird die kleinteilige landwirtschaftliche Struktur oder die Förderung des biologischen/ökologischen Anbaus sowie der biologischen Nachhaltigkeit angegeben.[1096]

Damit ist festzuhalten, dass einzelne Mitgliedstaaten bereits aufgrund der alten Koexistenzleitlinien faktisch gentechnikfreie Regionen etabliert haben, die, wenn auch als ultima ratio, nach den neuen, unverbindlichen, Leitlinien ausdrücklich möglich sein sollen. Damit soll auch dem Umstand Rechnung getragen werden, dass eine Koexistenz bei zu geringen Abständen zwischen Anbauflächen mit GVO- und Nicht-GVO-Pflanzen nicht möglich ist. Fälle unbeabsichtigter GVO-Einträge, wie oben beispielhaft beschrieben, werfen die Frage auf, ob eine Koexistenz von biologischem, konventionellem und gentechnisch verändertem Anbau langfristig überhaupt möglich ist. Die Möglichkeit flächendeckender Anbauverbote würde jedenfalls den biologischen und konventionellen Anbau stärken.

Nachfolgend wird die zweite neben den modifizierten Koexistenzleitlinien im Kommissionspaket enthaltene Neuerung dargestellt, nämlich der Kommissionsvorschlag für die Ergänzung der Freisetzungsrichtlinie um die *Opt-out*-Klausel.

1092 Ebenda, 409, 420.

1093 European GMO-Free Regions Network, http://www.gmofree-euregions.net:8080/servlet/ae5Ogm?&id_cms_doc=42 und http://www.land-oberoesterreich.gv.at/cps/rde/xchg/SID-3692F0FD-

1094 Vgl. *Seifert*, Oberösterreichs Gentechnikverbot: Absehbares Scheitern, ungewöhnliche Allianzen, SWS-Rundschau (46. Jg.) Heft 4 / 2006, 409, 420 ff., http://www.sws-rundschau.at/archiv/SWS_2006_4_seifert.pdf.

1095 Vgl. ebenda.

1096 Vgl. ebenda.

2. Art. 26b der Richtlinie 2001/18/EG

Der Kommissionsentwurf zu Art. 26b[1097, 1098] der Freisetzungsrichtlinie lautet:

„Artikel 1

Änderung der Richtlinie 2001/18/EG

In die Richtlinie 2001/18/EG wird mit Wirkung vom Datum des Inkrafttretens der vorliegenden Verordnung folgender Artikel eingefügt:

„Artikel 26b

Anbau

Die Mitgliedstaaten können Maßnahmen erlassen, um den Anbau aller oder bestimmter GVO, die gemäß Teil C der genannten Richtlinie oder der Verordnung (EG) Nr. 1829/2003 zugelassen werden und die aus gemäß den einschlägigen EU-Rechtsvorschriften über das Inverkehrbringen von Saatgut und Pflanzenvermehrungsmaterial auf den Markt gebrachten genetisch veränderten Sorten bestehen, auf ihrem Hoheitsgebiet oder in Teilen desselben zu beschränken oder zu untersagen, sofern

a) sich diese Maßnahmen auf andere Gründe stützen als diejenigen, die auf der Bewertung der schädlichen Auswirkungen auf Gesundheit und Umwelt beruhen, die sich aus der absichtlichen Freisetzung oder dem Inverkehrbringen von GVO ergeben können

und

b) sie im Einklang mit den Verträgen stehen.[1099]

Abweichend von der Richtlinie 98/34/EG setzen die Mitgliedstaaten, die beabsichtigen, nach diesem Artikel begründete Maßnahmen zu erlassen, die anderen Mitgliedstaaten und die Kommission einen Monat vor Erlass dieser Maßnahmen zu Informationszwecken hiervon in Kenntnis."

1097 Vgl. KOM (2010) 375 endg., S. 12 ff.

1098 Im Februar 2012 hat die dänische Ratspräsidentschaft einen sog. „Kompromiss-Vorschlag" veröffentlicht, über den in der Ratssitzung am 9.3.2012 abgestimmt wurde. Er enthält eine Kombination aus einer dem Kommissionsvorschlag ähnlichen *Opt-out*-Klausel und der zusätzlichen Möglichkeit der Antragsteller, die geographische Reichweite ihres Antrages im Zulassungsverfahren in Abstimmung mit den Mitgliedstaaten einzuschränken, siehe Proposal for a Directive of the European Parliament and of the Council amending Directive 2001/18/EC as regards the possibility for the Member States to restrict the cultivation of GMOs in their territory. In der Ratssitzung am 9.3.2012 scheiterte dieser Vorschlag am Fehlen einer qualifizierten Mehrheit (Die Umweltminister von Deutschland, Frankreich und Großbritannien lehnten diesen Vorschlag ab; s. Press Release, 3152nd Council meeting, Environment, 9 March 2012, S. 11).

1099 Siehe zu dieser Voraussetzung etwa die Ausführungen von *Winter*, NuR 2011, 396, 403f. und die Ausführungen unten unter Punkt VIII. 2.1.3.

Im Folgenden werden einzelne Kritikpunkte an der am 13.7.2010 von der Kommission vorgeschlagenen *Opt-out*-Klausel sowie aktuelle Entwicklungen im anhängigen Rechtsetzungsverfahren dargestellt.

2.1 Einzelne Kritikpunkte – Diskussion – aktuelle Entwicklungen

Noch im Jahr 2010 hat der Ausschuss der Ständigen Vertreter der Mitgliedstaaten der Europäischen Union (AStV) zum Zweck, ökonomische, ökologische, landwirtschaftliche und rechtliche Gesichtspunkte des gesamten Kommissionspakets zu prüfen, die Einsetzung einer Ad-hoc-Arbeitsgruppe beschlossen.[1100] Sie hat am 11. Februar, am 30. März, am 4. und am 18. Mai 2011 beraten. Dokumente zu konkreten Inhalten und Ergebnissen der Beratungen sind jedoch bisher nicht öffentlich zugänglich.[1101] Dem Sachstandsbericht des Rates ist jedoch zu entnehmen, dass Gegenstand der beiden zuletzt genannten Beratungen ein vom Rat ausgearbeiteter Kompromissvorschlag (Ratsdok. 8259/11) war.[1102] Inhaltlich soll dieser mehreren Delegationen zufolge Parallelen zum Vorschlag des *Ausschusses für Umweltfragen, Volksgesundheit und Lebensmittelsicherheit des Europäischen Parlaments* aufweisen.[1103] Auf dieser Basis werden problematische Aspekte des Vorschlages erörtert. Dazu gehören beispielsweise die Fragen, ob Art. 26b der Richtlinie 2001/18/EG oder ein Anhang die Liste mit möglichen *Opt-out*-Gründen enthalten sollen bzw. welche Gründe eine solche Liste enthalten soll und ob diese (un-)verbindlich bzw. abschließend/offen sein soll. Auch soll insoweit u.a. die WTO-Rechtmäßigkeit erörtert werden.[1104]

Nachfolgend sollen Hauptkritikpunkte dargestellt und wesentliche aktuelle Entwicklungen berücksichtigt werden.

2.1.1 Rechtsgrundlage, Art. 114 AEUV

2.1.1.1 Kritik und Diskussion: Unpassende Rechtsgrundlage

Die Richtlinie 2001/18/EG basiert auf Art. 114 AEUV und bezweckt gem. Art. 1 der Richtlinie entsprechend dem Vorsorgeprinzip die Angleichung der Rechts-

1100 Vgl. Sachstandsbericht des Rates vom 10. Juni 2011, Ratsdok. 11326111, Punkt I.
1101 Vgl. ebenda, Punkt II.
1102 Vgl. ebenda, Punkt II.
1103 Vgl. ebenda, Punkt III.
1104 Vgl. ebenda.

und Verwaltungsvorschriften der Mitgliedstaaten und den Schutz der menschlichen Gesundheit und der Umwelt bei der absichtlichen Freisetzung von GVO.

Art. 114 AEUV dient gemäß Absatz 1 der Vorschrift solchen Rechts- und Verwaltungsvorschriften des Europäischen Parlaments und des Rates als Rechtsgrundlage, die die Errichtung und das Funktionieren des Binnenmarktes zum Gegenstand haben.

Die Kommission bezieht sich in ihrem Dokument vom 19. November 2010[1105] auf die Feststellung im internen Gutachten des Juristischen Dienstes des Rates[1106] vom 5. November 2010, wonach Art. 114 AEUV keine passende Rechtsgrundlage für Art. 26b AEUV darstelle, da eine Abweichung von der Harmonisierungsmaßnahme nach der Rechtsprechung des EuGH[1107] nur zulässig sei, wenn sie die Funktionsfähigkeit des Binnenmarktes verbessere.[1108]

Die Kommission[1109] widerspricht der Rechtsansicht des Juristischen Dienstes des Rates und hält Art. 114 AEUV nicht nur für solche Abweichungen von Harmonisierungsmaßnahmen, die die Funktionsfähigkeit des Binnenmarktes verbessern, für einschlägig,[1110] schon deshalb, weil sich für diese Rechtsansicht keine Grundlage in den Verträgen finde.[1111] Die Kommission folgert auch aus Art. 2 II AEUV, wonach die Verbandskompetenz bei geteilter Zuständigkeit und Wahrnehmung durch die EU an die Mitgliedstaaten zurückübertragen werden kann, soweit die Union entschieden hat, diese nicht mehr wahrzunehmen, dass die Rechtsgrundlage für die Einführung dieser renationalisierten Kompetenz unverändert Art. 114 AEUV bleibe.[1112]

Es sei aber widersprüchlich, die Rückübertragung der Kompetenz von der EU an die Mitgliedstaaten vom Vorliegen der darin festgelegten Voraussetzungen, wie der Verbesserung der Funktionsfähigkeit des Binnenmarktes, abhängig zu machen.[1113]

1105 SEC (2010) 1454 final, 19.11.2010, S. 4, Punkt 2.1.

1106 Öffentlich zugänglich sind nur die Ziffern 1-4 des Gutachtens.
Mein Einsichtnahmeantrag vom 10. Dezember 2010 für das vollständige Dokument wurde mit Schreiben vom 21. Dezember 2010 aufgrund von Art. 4 II („protection of legal advice“) und von Art. 4 III („protection of the institution`s decision-making process“) der VO (EG) Nr. 1049/2001 abgelehnt.

1107 Der Rat zitiert das EuGH-Urteil v. 10.12.2002, Rs. C-491/01, Slg. 2002, I-11453 *(British American Tobacco)*, Rn. 75 und Rn. 64 bis 74; vgl. ebenda, Rn. 11, 13.

1108 Vgl. ebenda, S. 4 ff., Punkt 2.1., Rn. 10 ff.

1109 So wohl auch der Juristische Dienst des Europäischen Parlaments in seinem Gutachten vom 17. November 2010, vgl. *Lehne*, Stellungnahme des Rechtsausschusses vom 15.3.2011, S. 31.

1110 SEC (2010) 1454 final, 19.11.2010, S. 4 ff., Punkt 2.1., Rn. 10 ff.

1111 Ebenda, S. 7, Punkt 2.2.2, Rn. 27.

1112 Ebenda, Rn. 29.

1113 Ebenda, S. 8, Rn. 30 ff.; beispielhaft bezieht sich die Kommission auf Artt. 90 ff. AEUV, wonach die EU Maßnahmen zur Erreichung einer gemeinsamen Verkehrspolitik erlassen kann. Es sei ebenso widersinnig, eine hypothetische Rückübertragung der

Da eine Rückübertragung gem. Art. 2 II S. 3 AEUV an sich möglich sei, müsse es auch eine Rechtsgrundlage hierfür geben. Hilfsweise müsse auf die Kompetenzergänzungsklausel gem. Art. 352 AEUV zurückgegriffen werden,[1114] was die Rückübertragung jedoch erheblich erschweren und damit den in Art. 1 des Protokolls über die Anwendung der Grundsätze der Subsidiarität und der Verhältnismäßigkeit[1115] verankerten Grundsatz der ständigen Wahrung dieser Prinzipien gem. Art. 5 EUV gefährden und zudem das Europäische Parlament beim Entscheidungsprozess über die Renationalisierung gem. Art. 2 II S. 3 AEUV in seiner Funktion als Co-Gesetzgeber schwächen würde, da insoweit eben nur dessen Zustimmung einzuholen wäre.[1116]

Im Ergebnis folge die Ermächtigung für die Rückübertragung der Verbandskompetenz von der EU auf die Mitgliedstaaten nach der Argumentation der Kommission bei Vorliegen der Voraussetzungen gem. Art. 2 II S. 3 AEUV eo ipso aus der ursprünglichen Rechtsgrundlage für den Erlass von Maßnahmen durch die EU, hier also aus Art. 114 AEUV.

Zudem habe die Kommission in ihrem Paket ausführlich dargelegt, dass die *Opt-out*-Klausel des Art. 26b der Richtlinie das reibungslose Funktionieren des Binnenmarktes gerade sicherstellen solle.[1117] Zwar seien in vollharmonisierten Bereichen, wie dem GVO-Anbau, Abweichungen nur in den in Art. 114 IV, V AEUV und in der Harmonisierungsmaßnahme selbst[1118] vorgesehenen Ausnahmefällen zulässig.[1119] Dies stehe einer Einbeziehung von Art. 26b der Richtlinie aber nicht entgegen, da dieser den nach Art. 23 der Richtlinie 2001/18/EG bestehenden wissenschaftsbasierten Möglichkeiten nur weitere risikounabhängige Gründe, hinzufüge.[1120] Die Funktionsfähigkeit des Binnenmarktes werde so ge-

---

Kompetenz auf die Mitgliedstaaten gem. Art. 2 II S. 3 AEUV an die Bedingung zu knüpfen, dass dadurch das Ziel einer gemeinsamen Verkehrspolitik in der EU erreicht werden solle.

1114 Ebenda, S. 9, Punkt 32.

1115 Vgl. Art. 5 I, III, IV AEUV i.V.m. dem Protokoll über die Anwendung der Grundsätze der Subsidiarität und der Verhältnismäßigkeit.

1116 Im Gegensatz zum Verfahren nach Art. 114 AEUV, wonach das Mitentscheidungsverfahren gem. Artt. 289 I, 294 ff. AEUV einschlägig ist, das dem Europäischen Parlament und dem Rat gleichwertige Mitentscheidungsbefugnisse einräumt, gilt bei Gebrauch der Vertragslückenschließungskompetenz gem. Art. 352 AEUV das Zustimmungsverfahren. Zudem müssten die zuständigen Fachminister im Rat einstimmig für eine Renationalisierung votieren. Die Kommission begründet ihre Bezugnahme auf Art. 114 AEUV als Grundlage für die Renationalisierung auch damit, dass auch das Vereinfachen oder Aufheben von EU-Rechtsakten aus Gründen der Verhältnismäßigkeit nicht auf das komplizierte Verfahren gem. Art. 352 AEUV zu stützen sei, SEC (2010) 1454 final, Punkt 2.2.2., S. 7, Rn. 34 f.

1117 Ebenda, S. 4, Punkt 2.2., Rn. 14.

1118 Hier Art. 23 der Richtlinie 2001/18/EG.

1119 SEC (2010) 1454 final, 19.11.2010, S. 5, Punkt 2.2.1., Rn. 17.

1120 Ebenda, Rn. 18.

fördert, weil hierdurch die Durchführung der Risikobewertungen vereinfacht und das Risiko politischer Auseinandersetzungen infolge der von Mitgliedstaaten verhängten Anbauverbote begrenzt werde.[1121] Ihren Vorschlag[1122] vom 13. Juli 2010 hatte die Kommission auch mit der Vereinfachung der Entscheidungsfindung und damit begründet, dass die Mitgliedstaaten infolge dessen weniger Gebrauch von den wissenschaftsbasierten Schutzmaßnahmen nach dem bestehenden GVO-Rechtsrahmen und nach Art. 114 V AEUV machen. Gerade daraus ergebe sich der Zweck von Art. 26b der Richtlinie, die Funktionsfähigkeit des Binnenmarktes sicherzustellen.[1123] Zudem ergebe sich die Rechtsgrundlage für die Abweichung von der Harmonisierungsmaßnahme aus der dieser zugrundeliegenden Norm. Durch Art. 26b würden die harmonisierten Bedingungen für das GVO-Zulassungsverfahren nicht beeinträchtigt und das reibungslose Funktionieren des Binnenmarktes mithin sichergestellt.[1124] Hinzu komme, dass die Richtlinie 2001/18/EG ohnehin Abweichungen vorsehe.[1125] Zudem habe der EuGH[1126] festgestellt, dass auf Art. 114 AEUV gestützte Maßnahmen naturgemäß durchaus zu Unterschieden im Bereich der normativen Umsetzung oder auch der administrativen Durchführung zwischen Mitgliedstaaten führen dürfen.[1127]

Der gem. Art. 37 II der Geschäftsordnung des Europäischen Parlaments vom Ausschuss für Umweltfragen, Volksgesundheit und Lebensmittelsicherheit mit einer Stellungnahme zur Rechtsgrundlage beauftragte Rechtsausschuss[1128] kam im Hinblick auf Art. 114 AEUV als Rechtsgrundlage zum selben Ergebnis wie die Europäische Kommission und das Europäische Parlament. Der Rechtsausschuss begründet dies mit nach der Rechtsprechung des EuGH maßgeblichen *objektiven, gerichtlich nachprüfbaren Umständen,* aus denen sich *Ziel* und *Inhalt* des Rechtsaktes, der auf die jeweilige Rechtsgrundlage gestützt werden soll,

1121 Ebenda, Rn. 19. Dort heißt es wörtlich: *"...in order to facilitate the continued operation of the current assessment procedures which form the basis of the authorisation of GMOs at EU level and to limit the risk of political disputes caused by the use of safeguards in the course of their implementation..."*. Die Kommission bezieht sich in ihrer Mitteilung auf sechs mitgliedstaatliche Maßnahmen betreffend MON810 und teilweise auch T25 sowie auf die drei weiteren Maßnahmen betr. die *Amflora*-Kartoffel und auf die Entscheidungen des Rates betreffend MON810 und T25 gegen die Kommissionsvorschläge zur Aufhebung der Maßnahmen in Ungarn und Österreich mit qualifizierter Mehrheit, vgl. KOM (2010) 380, endg., S. 3, 7, Punkt 1. und 3.

1122 KOM (2010) 375 endg., S. 4, Punkt 2.1 B.

1123 SEC (2010) 1454 final, 19.11.2010, S. 6, Punkt 2.2.1., Rn. 21.

1124 Ebenda.

1125 Ebenda, Rn. 22.

1126 EuGH, Urteil vom 10.12.2002, Rs. C-491/01, Slg. 2002, I-11453 *(British American Tobacco)*, Rn. 64-74.

1127 SEC (2010) 1454 final, 19.11.2010, Punkt 2.2.1., Rn. 23.

1128 *Lehne*, Stellungnahme des Rechtsausschusses vom 15.3.2011, Punkt III.

ergibt.[1129] Maßgeblich für die Frage, welches Ziel der Rechtsakt verfolge, sei mithin nicht, dass die Kommission[1130] Art. 26b der Freisetzungsrichtlinie als eine den Binnenmarkt fördernde Maßnahme einordne.[1131] Der Rechtsausschuss untersucht zunächst den ursprünglichen Kommissionsvorschlag für die *Opt-out*-Klausel auf die damit verbundenen objektiven Ziele und Inhalte. Da Art. 26b der Freisetzungsrichtlinie in der von der Kommission vorgeschlagenen Fassung mitgliedstaatliche Anbauverbote aus anderen als umwelt- und gesundheitsbezogenen Gründen ermöglichen soll, fördere er den Zweck, den Mitgliedstaaten mehr Flexibilität in nicht harmonisierten Regelungsbereichen einzuräumen.[1132]

Der Rechtsausschuss hält diesen Zweck im Licht von Art. 114 AEUV für hinreichend. Eine echte oder auch nur eine unechte Rückübertragung von Kompetenzen gem. Artt. 114, 2 II S. 3 AEUV setze gerade nicht, wie vom Juristischen Dienst des Rates festgestellt, voraus, dass der Binnenmarkt gefördert werde. Dass nicht nur deregulierende, sondern auch die Verstärkung regulierender Maßnahmen durch die Renationalisierung bestimmter Regelungsmaterien wegen bestimmter Umstände oder neuer Erkenntnisse auf Art. 114 AEUV gestützt werden können, hätten auch der Generalanwalt Miguel Poiares Maduro[1133] und der EuGH[1134] in der Rechtssache *Vodafone* konstatiert. Im Ergebnis hält der Rechtsausschuss im Hinblick auf den ursprünglichen Kommissionsvorschlag mithin Art. 114 AEUV für die korrekte Rechtsgrundlage.[1135] Zum Vorschlag der Berichterstatterin Lepage vom 27. Januar 2011, die Gründe für Anbauverbote gem. Art. 26b der Freisetzungsrichtlinie auch auf Umweltaspekte auszudehnen, äußerte der Rechtsausschuss, dass insoweit, wie von der Berichterstatterin festgestellt, Art. 192 I AEUV die passende Rechtsgrundlage sei. Er hat mithin in seiner Sitzung vom 22. März 2011 mit 9 Stimmen bei 8 Gegenstimmen beschlossen, dem Ausschuss für Umweltfragen, Volksgesundheit und Lebensmittelsicherheit Art. 192 I AEUV als Rechtsgrundlage zu empfehlen.[1136]

1129 Ebenda.

1130 Vgl. etwa SEC (2010) 1454 final, 19.11.2010, S. 5 f., Punkt 2.2.1., Rn. 19 f.

1131 *Lehne*, Stellungnahme des Rechtsausschusses vom 15.3.2011, Punkt III.

1132 Ebenda.

1133 Schlussanträge des Generalanwalts Maduro vom 1.10.2009 in der Rs. C-58/08 (noch nicht in der Amtlichen Sammlung veröffentlicht), Rn. 9.

1134 Urteil, EuGH vom 8.6.2010, Rs. C-58/08 (noch nicht in der Amtlichen Sammlung veröffentlicht), Rn. 34.

1135 *Lehne*, Stellungnahme des Rechtsausschusses vom 15.3.2011, Punkt III

1136 Ebenda.

2.1.1.2 Bericht vom 20.4.2011, Entschließung vom 5.7.2011

In ihrem Entwurf[1137] eines Berichts für den Ausschuss für Umweltfragen, Volksgesundheit und Lebensmittelsicherheit des Europäischen Parlaments über den Kommissionsvorschlag zur Einfügung eines Art. 26b in die Richtlinie 2001/18/EG vom 27. Januar 2011[1138] schlug die Berichterstatterin Lepage, wie oben erwähnt, vor, den Kommissionsvorschlag nicht auf Art. 114 AEUV, sondern stattdessen auf Art. 192 AEUV zu stützen,[1139] da die von den Mitgliedstaaten zu berücksichtigenden Faktoren auch den Schutz der Tier- und Pflanzenwelt sowie der Bodennutzung und der Raumordnung betreffen solle und die Mitgliedstaaten in diesen Bereichen weitreichende Kompetenzen behalten haben.[1140] Am 5.7.2011 nahm das Europäische Parlament diesen sog. „Lepage-Bericht" mit 548 zu 84 Stimmen bei 31 Enthaltungen an.[1141] Die Mitgliedstaaten sollen demnach Anbauverbote gem. Art. 26b der Freisetzungsrichtlinie auch aus naturwissenschaftlichen sowie sozioökonomischen Gründen verhängen dürfen.[1142] Auch Umweltsauswirkungen sollten solche Anbauverbote begründen können. Als umweltbezogene Gründe nennt das Europäische Parlament in seiner Pressemitteilung beispielhaft „Pestizidresistenz, Erhaltung der lokalen biologischen Vielfalt und fehlende Daten über eventuelle negative Auswirkungen auf die Umwelt".[1143] Als sozioökonomische Gründe nennt es u.a. die Undurchführbarkeit oder hohe Kosten von Koexistenzmaßnahmen.[1144]

Weiter schlägt das Europäische Parlament vor, dass die Mitgliedstaaten ein allgemein verbindliches System der finanziellen Haftung und der finanziellen Garantien festlegen, um die Haftung des Verursachers für sich aus dem Freisetzen bzw. dem Inverkehrbringen von GVO ergebende ungewollte Auswirkungen bzw. Schäden sicherzustellen. Das Europäische Parlament schlägt dazu in der Entschließung vom 5. Juli 2011 die Ergänzung der Freisetzungsrichtlinie um einen Art. 26ba mit folgendem Inhalt vor:

1137 Vgl. zu den Anträgen im Einzelnen, *Lepage*, Entwurf eines Berichts v. 27.1.2011, 2010/0208(COD) und Entwurf eines Berichts v. 17.3.2011, Änderungsanträge 10-114. Der endgültige Bericht erging mit Datum vom 20.4.2011.

1138 Vgl. *Lepage*, Entwurf eines Berichts v. 27.1.2011, 2010/0208(COD).

1139 Vgl. ebenda, Änderungsantrag 1; Bericht v. 20.4.2011, S. 6, Änderungsantrag 1, Bezugsvermerk 1.

1140 Vgl. ebenda, S. 11 Änderungsantrag 7 (Erwägung 7).

1141 Vgl. Pressemitteilung des Europäischen Parlaments vom 5.7.2011, http://www.europarl.europa.eu/de/pressroom/content/20110705IPR23305/html/GVO-Mitgliedstaaten-sollen-Anbau-einschr%C3%A4nken-oder-verbieten-d%C3%BCrfen. Entschließung des Europäischen Parlaments, Erste Lesung v. 5 Juli 2011, Abänderung 8, Erwägung 8.

1143 Ebenda, Abänderung 47, Erwägung 8b.

1144 Ebenda.

„... Haftungsanforderungen

Die Mitgliedstaaten legen ein allgemeines verbindliches System der finanziellen Garantien, beispielsweise auf der Grundlage von Versicherungen, fest, das für alle Unternehmen gilt und sicherstellt, dass der Verursacher für ungewollte Auswirkungen oder Schäden haftet, die sich aus der absichtlichen Freisetzung oder dem Inverkehrbringen von GVO ergeben können."[1145]

Diskutiert wird auch über den möglichen Anwendungsbereich des ursprünglich von der Kommission vorgeschlagenen Art. 26b. Nachfolgend werden einzelne Kritikpunkte und Entwicklungen dazu dargestellt.

2.1.2 Möglicher Anwendungsbereich

Art. 26b der Freisetzungsrichtlinie erlaubt eine mitgliedstaatliche Beschränkung oder Untersagung des Anbaus aller oder bestimmter GVO, die gemäß Teil C der Richtlinie 2001/18/EG oder gem. VO (EG) Nr. 1829/2003 im mitgliedstaatlichen Hoheitsgebiet oder in Teilen davon aus anderen Gründen als denjenigen, die auf der Bewertung der schädlichen Auswirkungen auf Gesundheit und Umwelt beruhen und die im Einklang mit den Verträgen stehen.

Kritik bezieht sich u.a. auf den Aspekt der *mangelnden Rechtssicherheit wegen Unbestimmtheit* und auf die Möglichkeit, dass Art. 26b Richtlinie 2001/18/EG *nicht mit dem AEUV und dem WTO-Recht vereinbar* ist.

2.1.2.1 Zur mangelnden Rechtssicherheit wegen Unbestimmtheit

Da der Kommissionsvorschlag zu Art. 26b der Freisetzungsrichtlinie ursprünglich keine Liste von möglichen konkreten Gründen enthielt, wurde er in einem Gutachten des Juristischen Dienstes des Rates vom 5. November 2010,[1146] vom Europäischen Wirtschafts- und Sozialausschuss (EWSA)[1147] und von mehreren Mitgliedstaaten[1148] für *nicht hinreichend bestimmt* erachtet. Klar sei nach An-

1145 Ebenda, Abänderung 24, Art. 26 ba.

1146 Gutachten des Juristischen Dienstes des Rates vom 5.11.2010 (2010/0208(COD), Nr. 15696/10). Dieses Gutachten wurde vom Juristischen Dienst des Rates verfasst. Es ist nicht öffentlich zugänglich. Der EWSA (ABl. C 54 v. 19.2.2011, 51-57, Fn. 9) und auch die Kommission (vgl. SEC (2010) 1454 final) haben sich in ihren Stellungnahmen mit dem Gutachten des Juristischen Dienstes des Rates auseinandergesetzt.

1147 Vgl. Stellungnahme des EWSA vom 9. Dezember 2010, ABl. C 54 v. 19.2.2011, 51-57, Punkt 5.1.3.

1148 Vgl. Pressemitteilung des Rates vom 14. März 2011, http://europa.eu/rapid/pressReleasesAction.do?reference=PRES/11/61&format=HTML&aged=0&language=DE&guiLanguage=en.

sicht des EWSA nur gewesen, dass vom ursprünglichen Kommissionsentwurf zum Art. 26b jedenfalls solche Gründe, die schon Gegenstand der Risikobewertung sind, gerade nicht umfasst sein sollten. In ihrem Vorschlag hat die Kommission deshalb betont, dass weiterhin die EFSA die Bewertung von Risiken für die Gesundheit und die Umwelt auf EU-Ebene für jeden GVO durchführt, wobei sie aufgrund der ihr zur Verfügung gestellten Informationen insbesondere auch regionale Aspekte berücksichtige.[1149] Die eigentliche Entscheidungskompetenz über die Anbauzulassung an sich bleibe also unverändert bei der EU.[1150]

Der EWSA schlug zur Wahrung der Rechtssicherheit vor, dass der Entwurf des Art. 26b um eine beispielhafte, nicht abschließende Liste von möglichen Gründen ergänzt werden solle.[1151] Der EWSA nannte beispielhaft *ethische, moralische* und *religiöse* Motive sowie *bestimmte sozioökonomische* Belange.[1152] Das Europäische Parlament schlug bereits im Entwurf zu einem Bericht vom 27. Januar 2011 sowie in seiner Entschließung vom 5. Juli 2011[1153] in der Ersten Lesung vor, dass von den Mitgliedstaaten zusätzlich zu den bereits gem. Teil C der Richtlinie 2001/18/EG im Rahmen der Risikobewertung zu berücksichtigenden Gründen „zumindest teilweise wissenschaftliche Daten zu den nationalen, regionalen und lokalen Umweltauswirkungen auf die Aufnahmemilieus" berücksichtigt werden können sollten.[1154] Lepage äußert in ihrem Bericht, sie halte es nicht für möglich, dass Auswirkungen eines GVO in allen betroffenen Ökosystemen oder Aufnahmemilieus auf der Ebene der EU festgestellt werden können, zumal selbst die UVP der EFSA nicht die Prüfung aller Umwelt- und Agrarumweltaspekte umfasse,[1155] so dass Umweltfaktoren, entgegen dem Kommissionsvorschlag, auch von den Mitgliedstaaten zur Begründung von GVO-Anbauverboten vorgebracht werden können müssten.[1156] Im Ergebnis hat sich das Europäische Parlament dieser Ansicht in seiner Entschließung vom 5. Juli 2011 angeschlossen. Demnach soll den Mitgliedstaaten ermöglicht werden, *Opt-out*-Maßnahmen aufgrund von Art. 26b der Richtlinie 2001/18/EG auch aus *Gründen „im Zusammenhang mit lokalen oder regionalen Umweltauswirkungen, die sich aus der absichtlichen Freisetzung oder dem Inverkehrbringen ergeben könnten, die bei der gemäß Teil C dieser Richtlinie durchgeführten wis-*

1149 Vgl. KOM (2010) 375 endg., S. 6, Punkt 2.2.3.

1150 Vgl. ebenda, S. 4, Punkt 2.2.1.

1151 Vgl. Stellungnahme des EWSA vom 9. Dezember 2010, ABl. C 54 v. 19.2.2011, 51-57, Punkt 5.1.3.

1152 Vgl. ebenda.

1153 Siehe Europäisches Parlament, Erste Lesung, 5. Juli 2011, Abänderung 41; Europäisches Parlament, Pressemitteilung vom 5. Juli 2011, http://www.europarl.europa.eu/de/pressroom/content/20110705IPR23305/html/GVO-Mitgliedstaaten-sollen-Anbau-einschr%C3%A4nken-oder-verbieten-d%C3%BCrfen.

1154 Vgl. *Lepage*, Bericht v. 20.4.2011, S. 26, Begründung, Punkt 3.

1155 Vgl. ebenda.

1156 Vgl. ebenda, S. 11 f., Änderungsantrag 8, Erwägung 8.

senschaftlichen Bewertung der schädlichen Auswirkungen auf die Umwelt geprüft wurden, oder aus Gründen im Zusammenhang mit dem Risikomanagement", zu erlassen.[1157] Auch sozioökonomische Gründe seien zu berücksichtigen.[1158] Lepage nennt als mögliche Gründe u.a. die Durchführbarkeit sowie die Kosten einer Koexistenzmaßnahme nach Art. 26a der Freisetzungsrichtlinie, Änderungen der landwirtschaftlichen Verfahren aufgrund der Regelungen des geistigen Eigentums oder sozialpolitische Ziele, wie die Wahrung der Vielfalt oder der Besonderheiten von landwirtschaftlichen Verfahren,[1159] ebenso schädliche Auswirkungen von GVO auf besondere nationale Ökosysteme oder Aufnahmemilieus und andere Faktoren, die mit Auswirkungen auf die Umwelt zusammenhängen können.[1160] Sie hält die strikte Differenzierung der Kommission zwischen der „wissenschaftlichen" Risikobewertung und anderen Faktoren für der Komplexität der betroffenen Aspekte nicht angemessen.[1161]

Allerdings sollten mitgliedstaatliche Maßnahmen, die den GVO-Anbau aus den beschriebenen Gründen einschränken, nur *bestimmte* GVO oder gegebenenfalls eine *Gruppe* von GVO mit ähnlichen Merkmalen betreffen. Der Anbau *aller* GVO, wie optional im Kommissionsvorschlag, vorgesehen, sollte demnach nicht durch Maßnahmen aufgrund von Art. 26b der Freisetzungsrichtlinie verboten werden können.[1162]

Gegen die Zulässigkeit von Gründen, die mit Umwelterwägungen nichts zu tun haben, wie die öffentliche Sicherheit, das öffentliche Interesse oder *ethische* Gründe, äußert Lepage dagegen Bedenken.[1163]

Das Europäische Parlament schlug demgemäß die nachfolgende veränderte Fassung des Wortlauts von Art. 26b I lit. a), c), II der Freisetzungsrichtlinie vor:[1164]

> „Artikel 26b
>
> Anbau
>
> Die Mitgliedstaaten können im Anschluss an eine Einzelfallprüfung Maßnahmen erlassen, um den Anbau (aller oder) bestimmter GVO, von Gruppen von nach Kulturen oder Merkmalen festgelegten GVO oder aller GVO, die gemäß Teil C der genannten Richtlinie oder der Verordnung (EG) Nr. 1829/2003 zugelassen werden und die aus gemäß den einschlägigen EU-Rechtsvorschriften über das Inverkehrbringen

---

1157 Siehe ebenda und Europäisches Parlament, Erste Lesung , 5. Juli 2011, Abänderung 47, Erwägung 8 lit. b.

1158 Vgl. *Lepage*, Bericht v. 20.4.2011, Änderungsantrag 10, Erwägung 9.

1159 Ebenda, S. 18, Änderungsantrag 16.

1160 Vgl. ebenda.

1161 Ebenda, S. 26, Begründung, Punkt 3.

1162 Ebenda, S. 10, Änderungsantrag 7, Erwägung 7; S. 26, Begründung, Punkt 3 (letzter Absatz).

1163 Ebenda, S. 20.

1164 Anm.: Vorgeschlagene Streichungen sind mit Klammern versehen; sonstige Änderungen sind kursiv hervorgehoben.

von Saatgut und Pflanzenvermehrungsmaterial auf den Markt gebrachten genetisch veränderten Sorten bestehen, auf ihrem Hoheitsgebiet oder in Teilen desselben zu beschränken oder zu untersagen, sofern

a) sich diese Maßnahmen auf (andere Gründe stützen als diejenigen, die auf der Bewertung der schädlichen Auswirkungen auf Gesundheit und Umwelt beruhen, die sich aus der absichtlichen Freisetzung oder dem Inverkehrbringen von GVO ergeben können;) *Folgendes stützen:*

i) entsprechend gerechtfertigte Gründe im Zusammenhang mit lokalen und regionalen Umweltauswirkungen, die sich aus der absichtlichen Freisetzung oder dem Inverkehrbringen von GVO zusätzlich zu den Umweltauswirkungen ergeben können, die bei der gemäß Teil C dieser Richtlinie durchgeführten wissenschaftlichen Bewertung der schädlichen Auswirkungen auf die Umwelt geprüft wurden, oder Gründe im Zusammenhang mit dem Risikomanagement.

Diese Gründe können Folgendes umfassen:[1165]

- *die Verhinderung einer Resistenzbildung bei schädlichen Pflanzen und Tieren gegenüber Pestiziden;*
- *das Invasionspotenzial oder die Persistenz einer GVO-Art bzw. die Möglichkeit der Kreuzung mit heimischen Kultur- und Wildpflanzen;*
- *die Verhinderung schädlicher Auswirkungen auf die lokale Umwelt, die durch die Änderung der landwirtschaftlichen Verfahren im Zusammenhang mit dem Anbau von GVO verursacht werden;*
- *die Beibehaltung und die Entwicklung landwirtschaftlicher Verfahren mit einem größeren Potenzial dafür, die Erzeugung und die Nachhaltigkeit der Ökosysteme in Einklang zu bringen;*
- *die Erhaltung der lokalen biologischen Vielfalt, einschließlich bestimmter Lebensräume und Ökosysteme, sowie bestimmter Natur- und Landschaftselemente;*
- *fehlende oder unzureichende Daten zu den potenziellen schädlichen Auswirkungen der Freisetzung von GVO auf die lokale oder regionale Umwelt, einschließlich der biologischen Vielfalt, eines Mitgliedstaates;*

(ii) Gründe im Zusammenhang mit den sozioökonomischen Auswirkungen. Diese Gründe können Folgendes umfassen:

- *die Tatsache, dass Koexistenzmaßnahmen undurchführbar oder mit hohen Kosten verbunden sind oder aufgrund spezieller geografischer Bedingungen (z.B. kleine Inseln oder Berggebiete nicht umgesetzt werden können;*
- *die Notwendigkeit, die Vielfalt der landwirtschaftlichen Produktion zu schützen;*
- *die Notwendigkeit, die Reinheit des Saatguts zu gewährleisten;*

(iii) andere Gründe, die die Bodennutzung, Stadt- bzw. Raumplanung oder andere zulässige Faktoren umfassen können

und

b) (sie) *die Maßnahmen* im Einklang mit den Verträgen und insbesondere dem Grundsatz der Verhältnismäßigkeit stehen.[1166]

1165 Europäisches Parlament, Entschließung v. 5. Juli 2011, Abänderung 41.

Abweichend von der Richtlinie 98/34/EG setzen die Mitgliedstaaten, die beabsichtigen, nach diesem Artikel begründete Maßnahmen zu erlassen, die anderen Mitgliedstaaten und die Kommission einen Monat vor Erlass dieser Maßnahmen zu Informationszwecken hiervon in Kenntnis.

(1a) In gleicher Weise dürfen Regionen von Mitgliedstaaten Maßnahmen erlassen, um den Anbau von GVO auf ihrem Gebiet zu beschränken oder zu untersagen.[1167]

Die Mitgliedstaaten machen alle derartigen Maßnahmen spätestens sechs Monate vor Beginn der Vegetationsperiode allen betroffenen Wirtschaftsteilnehmern einschließlich der Landwirte öffentlich zugänglich. Sofern der betroffene GVO weniger als sechs Monate vor Beginn der Vegetationsperiode zugelassen wird, machen die Mitgliedstaaten diese Maßnahmen bei ihrem Erlass öffentlich zugänglich."

(1c) Die Mitgliedstaaten erlassen diese Maßnahmen für einen Zeitraum von höchstens fünf Jahren und überprüfen sie bei der Verlängerung der Zulassung der GVO.

(2) Abweichend von der Richtlinie 98/34/EG setzen die Mitgliedstaaten, die beabsichtigen, nach diesem Artikel (begründete) Maßnahmen zu erlassen, die anderen Mitgliedstaaten und die Kommission einen Monat vor Erlass dieser Maßnahmen zu Informationszwecken hiervon in Kenntnis.

..."[1168]

Im Folgenden sollen aktuelle Entwicklungen zum Kommissionsvorschlag dargestellt werden.

2.1.2.2 Aktuelle Entwicklungen – von der Kommission am 8. Februar 2011 veröffentlichte mögliche Gründe für ein Anbauverbot gem. Art. 26b der Richtlinie 2001/18/EG

Ein am 8. Februar 2011 veröffentlichtes Arbeitspapier[1169] der Generaldirektion Gesundheit und Verbraucherschutz der Kommission enthält eine schon zu Beginn der Ersten Lesung zum Paket aus Gründen der Bestimmtheit[1170] und somit der Rechtssicherheit beispielsweise vom EWSA[1171] geforderte Liste möglicher Gründe für mitgliedstaatliche Beschränkungen des GVO-Anbaus nach Art. 26b der Freisetzungsrichtlinie.

1166 Europäisches Parlament, Entschließung v. 5. Juli 2011, Abänderung 20.

1167 Ebenda, Abänderung 51.

1168 Ebenda, Abänderung 23.

1169 Commission staff working document, Complementary considerations on legal issues on GMO cultivation raised in the opinion of the legal service of the Council of the European Union of 5 November 2010 and of the legal service of the European Parliament of 17 November 2010 (indicative list of grounds for Member States to restrict or prohibit GMO cultivation), SEC (2011) 184 final.

1170 Vgl. Stellungnahme des EWSA vom 9. Dezember 2010, ABl. C 54 v. 19.2.2011, 51-57, Punkt 5.2.1.

1171 Vgl. ebenda, Punkt 5.3.1.

Diese Liste soll jedoch ausdrücklich unverbindlich und mithin keine formale Ergänzung des Art. 26b Freisetzungsrichtlinie sein.[1172] Zudem hebt die Kommission hervor, dass diese offene Liste von möglichen Gründen für ein Anbauverbot nach Art. 26b der Freisetzungsrichtlinie die Vereinbarkeit von Anbauverboten mit Art. 36 AEUV, insbesondere die Rechtfertigung mit dem „öffentlichen Interesse" („public interest"), fördern solle.[1173]

Zur Frage der WTO-Rechtskompatibilität äußert sich die Kommission in dem Papier dagegen nicht.

Die Kommission nennt sieben Kategorien möglicher Gründe, nämlich:

– Öffentliche Moral (einschließlich religiöser, philosophischer und ethischer Bedenken);

– Öffentliche Ordnung;

– Erhaltung der Diversität der landwirtschaftlichen Produktionsbedingungen in bestimmten Regionen durch Vermeidung von GVO in anderen Produkten, d.h., die Erhaltung biologischer und konventioneller Anbausysteme und die Vermeidung des Vorhandenseins von GVO in anderen Produkten, wie spezielle, als „ohne Gentechnik" deklarierte Nahrungsmittel;

– Sozialpolitische Ziele, wie etwa Entwicklungen des ländlichen Raums zur Aufrechterhaltung des derzeitigen Niveaus der Beschäftigung;

– Stadt- und Landplanung;

– Kulturpolitische Ziele (z.B. historisches Erbe in Bezug auf die traditionelle Landwirtschaft, Produktbesonderheiten aufgrund regionaler Produktionsprozesse, Erhaltung kultureller und gesellschaftlicher Traditionen, Naturregionen);

– Umweltpolitische Ziele, soweit sie nicht schädliche Umwelteinwirkungen darstellen, wie beispielsweise die Erhaltung eines charakteristischen Landschaftsbildes, bestimmter Lebensräume/Habitate und Ökosysteme oder auch des Nutzungs-, wie beispielsweise des Erholungswertes von Ökosystemen für den Einzelnen.

1172 Die Kommission hebt hervor, dass die Liste nur eine offene Liste („indicative list") darstellt und dass abschließend nur der EuGH über die Europarechtskonformität zu entscheiden vermag, siehe SEC (2011) 184 final, S. 3 f.

1173 Vgl. ebenda, S. 2.

Die Kommission weist darauf hin, dass diese möglichen Gründe für ein Anbauverbot allein oder in Kombination nur dann einer Prüfung des EuGH standhalten können, wenn sie auch *gerechtfertigt* („justified"), *verhältnismäßig* und *nicht diskriminierend* sind.[1174]

In der Ratssitzung vom 14. März 2011 äußerten Vertreter von Umweltministerien mehrerer Mitgliedstaaten ihre Zustimmung, andere nahmen Bezug auf die Bestimmtheit von Art. 26b der Freisetzungsrichtlinie und forderten im Interesse der Rechtssicherheit die Einbeziehung einer *verbindlichen*, offenen Liste mit Gründen in die genannte Vorschrift der Freisetzungsrichtlinie.[1175] Zudem wurde vorgeschlagen, die Liste möglicher Gründe für ein *Opt-out* um Aspekte des Schutzes der *biologischen Vielfalt* und von *Agrarstrukturen*, *sozioökonomischen Faktoren* und *neuen wissenschaftlichen Erkenntnissen* über die Risiken des GVO-Anbaus zu ergänzen.[1176]

Im Folgenden sollen Aspekte der Vereinbarkeit der *Opt-out*-Klausel mit dem AEUV und dem Welthandelsrecht beleuchtet werden.

2.1.3 (Un-)Vereinbarkeit mit dem AEUV

In seinem nicht veröffentlichten[1177] Gutachten hat der Juristische Dienst des Rates nach den Ausführungen der Kommission hierzu hervorgehoben, dass *rein ökonomische Gründe* ausscheiden, da sie nach der ständigen Rechtsprechung der Gerichte der EU nicht geeignet seien, Beeinträchtigungen des Binnenmarktes zu rechtfertigen. Es verblieben mithin nach Ansicht des Rates allenfalls *ethische* Faktoren als rechtlich zulässige Gründe.[1178] Aber selbst *ethische* Gründe halte der Juristische Dienst des Rates nur in sehr seltenen Ausnahmefällen für zulässige Gründe. Er begründe diese Position insbesondere damit, dass es schwer nachvollziehbar sei, dass einerseits ein GVO-Anbauverbot auf *ethische* Gründe gestützt, andererseits aber die Herstellung und Vermarktung von Fleisch von

---

1174 Vgl. ebenda, S. 3.

1175 Vgl. Pressemitteilung des Rates vom 14. März 2011 über die 3075. Tagung, http://europa.eu/rapid/pressReleasesAction.do?reference=PRES/11/61&format=HTML&aged=0&lg=de&guiLanguage=en.

1176 Vgl. ebenda.

1177 Es sei noch einmal darauf hingewiesen, dass Informationen und Dokumente zu aktuellen Entwicklungen für die Öffentlichkeit nur in begrenztem Umfang zugänglich sind und mithin nicht unbeschränkt berücksichtigt werden können.

1178 Vgl. Commission staff working document vom 19. November 2010, Considerations on legal issues on GMO cultivation raised in the opinion of the legal service of the council of the European Union of 5 November 2010, SEC (2010) 1454 final, 19.11.2010, S. 9, Punkt 3.1., Rn. 38 *(„...It therefore concludes that the obvious remaining candidate as a ground for restriction would be ethical concerns since these are referred in the legislation...")*.

Tieren, die mit GVO-Futter gefüttert worden seien, erlaubt sein solle.[1179] Der Juristische Dienst des Rates halte ein Anbauverbot aus *ethischen* Gründen theoretisch allenfalls dann für möglich, wenn die vom Anbauverbot betroffene Region im Verhältnis zur Gesamtfläche des jeweiligen Mitgliedstaates derart klein sei, dass sich ein Anbauverbot nicht als Hindernis für den Marktzugang zum Mitgliedstaat darstelle.[1180] Des Weiteren äußerten einige Mitgliedstaaten ihre Bedenken gegen die WTO-Rechtskonformität von Anbauverboten aufgrund der von der Kommission aufgeführten Gründe.[1181] Auch sahen einige Delegationen Abgrenzungsschwierigkeiten zwischen den Aspekten, die bereits Gegenstand der UVP sind, und solchen, die als „umweltpolitische" Gründe einem Anbauverbot nach der diskutierten *Opt-out*-Klausel zugrunde liegen dürfen.[1182]

Die Kommission hat das ursprüngliche[1183] Fehlen einer Liste von Gründen im Entwurf zu Art. 26b der Richtlinie 2001/18/EG damit begründet, dass sie das Ermessen der Mitgliedstaaten nicht unnötig habe einschränken wollen.[1184]

Mögliche Gründe können, auch bereits nach der ursprünglichen Auffassung der Kommission, nicht nur, wie vom Rat festgestellt, *ethische*, sondern eben auch eine Reihe anderer Gründe sein. Beispielsweise könne die *öffentliche Ordnung* ein Anbauverbot rechtfertigen, etwa, wenn öffentliche Proteste bis hin zur Zerstörung von GVO so vermieden werden.[1185] Ebenso könnten andere Gründe des Allgemeinwohls, etwa solche, die der Pflege *kultureller* oder *sozialer Traditionen* dienen, oder auch solche, die den ländlichen Bedingungen gerecht werden, Anbauverbote rechtfertigen.[1186]

Derartige mitgliedstaatliche Maßnahmen seien sorgfältig auszuarbeiten. Die Kommission greift den vom Rat angeführten Widerspruch[1187] auf und stellt dazu zu Recht fest, dass solche mitgliedstaatlichen Maßnahmen der Rechtskontrolle der Gerichte der EU standhalten, sie also substantiiert begründet, mithin nicht widersprüchlich sein dürfen, und sie auf überzeugenden Belegen beruhen müssen.[1188] Der vom Juristischen Dienst des Rates behauptete Widerspruch sei je-

1179 Vgl. ebenda.

1180 Vgl. ebenda, Rn. 39.

1181 Vgl. ebenda.

1182 Vgl. ebenda.

1183 Am 8. Februar 2011 hat die Kommission unter anderem auf Drängen einzelner Mitgliedstaaten, des EWSA und des Rates eine, wenn auch unverbindliche, Liste mit sieben Begründungskategorien vorgelegt, siehe dazu oben, Punkt VII, 2.1.2.2.

1184 SEC (2010) 1454 final, S. 9, Punkt 3.2., Rn. 40.

1185 Ebenda, Rn. 41.

1186 Ebenda, S. 10.

1187 Der Juristische Dienst des Rates habe in seinem Gutachten vom 5. November 2010 ausgeführt, dass ein GVO-Anbauverbot aus ethischen Gründen im Widerspruch zum gleichzeitig erlaubten Import und Vertrieb von Fleisch von Tieren, die mit GVO-Futter gefüttert worden seien, stünde.

1188 SEC (2010) 1454 final, S. 9, Punkt 3.1., Rn. 38.

doch nicht gegeben, da der Import und der Vertrieb von Fleisch von Tieren, welche mit GVO-Futter gefüttert worden seien, im Gegensatz zum GVO-Anbau, gar nicht vom Anwendungsbereich des GVO-Rechtsrahmens[1189] umfasst sei. Die Kommission setzt sich auch mit dem Umstand auseinander, dass Mitgliedstaaten ausdrücklich keine *Opt-out*-Möglichkeit für den Import eingeräumt wird. Auch hieraus ergebe sich kein Widerspruch.[1190] Die Mitgliedstaaten könnten Ausnahmen, wie das GVO-Anbauverbot, beispielsweise aus *ethischen* Gründen, in voll harmonisierten Bereichen eben nur vornehmen, soweit das EU-Recht dies vorsehe. Für den Import von GVO-Erzeugnissen existiere aber keine mit Art. 26b der Freisetzungsrichtlinie vergleichbare Vorschrift.[1191] Zudem stellt die Kommission zwar zu Recht fest, dass die vom Juristischen Dienst des Rates angeführte ausnahmsweise Möglichkeit der Rechtfertigung eines Anbauverbotes mit *ethischen* Gründen in Fällen, in denen das betreffende Gebiet im Verhältnis zur Gesamtfläche des Mitgliedstaates extrem klein sein müsse,[1192] gar keinen Bezug zu *ethischen* Gründen habe und mithin schon nicht schlüssig sei.[1193] Die Größe der vom *Opt-out* betroffenen Anbauflächen ist aber insoweit relevant, als es nur bei GVO-Anbauverboten für verhältnismäßig große Flächen überhaupt auf eine Rechtfertigung (aus *ethischen* oder sonstigen Gründen) ankommt, da sie allenfalls dann überhaupt einen Eingriff in den Schutzbereich einer Grundfreiheit (Art. 34 AEUV) bewirken könnten. Gem. Art. 26b lit. b Richtlinie 2001/18/EG müssen *Opt-out*-Maßnahmen trotz Harmonisierung ausdrücklich auch mit dem AEUV vereinbar sein. Ein Eingriff in den Schutzbereich von Art. 34 AEUV könnte allenfalls dann bejaht werden, wenn das Anbauverbot für GVO einem Importverbot gleichkommt. Auch die Kommission konzediert, dass eine mitgliedstaatliche Maßnahme, die die Nutzung eines Erzeugnisses beeinträchtigt, nicht (etwa mit dem *ordre public Vorbehalt*) gerechtfertigt werden müsse, wenn sie nicht einem Import- bzw. Vertriebsverbot gleichkomme.[1194] Sie bezieht sich auf Abstandsregelungen aufgrund von Art. 26a der Richtlinie 2001/18/EG, die zwar mögliche Anbauflächen für GVO begrenzen, aber gleichwohl grundsätzlich nicht als europarechtlich relevante Beeinträchtigungen des Binnenmarktes gelten.[1195] Eine solche an Import- bzw. Vertriebsverbote heranreichende Dimension von GVO-Anbauverboten wäre allenfalls denkbar in Fällen, in denen wegen des Anbauverbots vom Import von GVO-Saatgut abgesehen wird, wenn sich Mitgliedstaaten also insgesamt aufgrund von Art. 26b der Freisetzungsricht-

1189 Ebenda, S. 10, Punkt 3.2., Rn. 45.
1190 Ebenda, Rn. 46.
1191 Ebenda.
1192 Ebenda, S. 9, Punkt 3.1., Rn. 39.
1193 Ebenda, S. 11, Punkt 3.2., Rn. 47.
1194 Ebenda.
1195 Ebenda.

linie zur gentechnikfreien Zone erklären.[1196] Auf Teilflächen beschränkte Anbauverbote für GVO wären trotz des weiten Eingriffsbegriffs nach der *Dassonville-Formel* nicht zur Beeinträchtigung des innerunionalen Handels geeignet, da die Möglichkeit zum GVO-Anbau und der Anreiz zum Import von GVO-Saatgut damit weiterhin bestehen bleiben. Hinzu kommt, dass Mitgliedstaaten selbst umfassende *Opt-out*-Maßnahmen über Art. 36 AEUV (v.a. aus Gründen der öffentlichen Sittlichkeit, Ordnung und Sicherheit) und, soweit sie nicht direkt diskriminierend wirken, im Sinn der *Cassis*-Rechtsprechung des EuGH auch aus zwingenden Gründen des Allgemeinwohls notwendig sein können. Denkbar wäre insoweit beispielsweise die Einrichtung gentechnikfreier Zonen zum Schutz der ökologischen und konventionellen Landwirtschaft (vor Vermischungen mit GVO) und mithin zum Schutz der Wahlfreiheit von Konsumenten und von Landwirten.[1197] Schließlich gelten europarechtlich begründete Schutzpflichten für die Mitgliedstaaten nicht nur zugunsten der Ein- und Ausfuhr von GVO-Saatgut, sondern auch zugunsten von Nicht-GVO-Saatgut. Je mehr GVO angebaut werden, desto größer die Wahrscheinlichkeit, dass Betreiber des konventionellen und des ökologischen Anbaus GVO-Vermischungen in Kauf nehmen müssen und der Import von nicht gentechnisch verändertem Saatgut deshalb langfristig keinen ökonomischen Nutzen mehr für sie hat. Daraus folgt meines Erachtens nicht nur die Rechtfertigung für GVO-Anbauverbote, sondern auch eine europarechtlich begründete Pflicht der Mitgliedstaaten zur Einrichtung von weiträumigen gentechnikfreien Zonen. Problematisch wäre meiner Ansicht nach aber eine Rechtfertigung – ein Eingriff unterstellt – mit dem Merkmal der öffentlichen Ordnung, jedenfalls soweit die Abwehr eines drohenden Aufruhrs (beispielsweise eines Aufstandes von Gentechnikgegnern gegen einen geplanten GVO-Anbau) betroffen wäre, da der EuGH bislang eine gegenwärtige und nicht nur eine drohende Gefahr für Grundinteressen der Gesellschaft für erforderlich gehalten hat.[1198]

Die Europäische Kommission rekurriert im Hinblick auf den vom Juristischen Dienst des Rates festgestellten engen[1199] Anwendungsbereich *ethischer* Gründe e contrario auf eine schon vom Rat zitierte EuGH-Entscheidung im Vertragsverletzungsverfahren der Europäischen Kommission gegen Polen.[1200] In dieser Entscheidung habe der EuGH die von der Republik Polen für ein GVO-Anbauverbot angeführten *ethischen* Gründe nur deshalb nicht als tragfähige Grundlage für eine Rechtfertigung erachtet, da die Republik Polen das Vorliegen *ethischer* Gründe nicht substantiiert dargelegt und bewiesen habe. So sei das Anbauverbot im Vorverfahren in erster Linie mit Gefahren für die Umwelt und

1196 *Winter*, NuR 2011, 396, 403f.
1197 Vgl. *Winter*, NuR 2011, 396, 403.
1198 Siehe dazu auch Art. 27 II S. 3 Richtlinie 2004/38/EG analog.
1199 Vgl. ebenda, Punkt 3.1., Rn. 38.
1200 EuGH, Urteil v. 16.7.2009, Rs. C-165/08, Slg. 2009, I-6843.

für die Gesundheit und mithin mit dem Vorsorgeprinzip begründet worden. Erst im Verfahren vor dem EuGH seien *ethische* Aspekte in den Mittelpunkt der Begründung gerückt.[1201]

In seiner Entscheidung *Henn und Darby*[1202] habe der EuGH zudem festgestellt, dass den Mitgliedstaaten im Hinblick auf die Definition *öffentlicher Moralvorstellungen* ein gewisses *Ermessen* zukomme.[1203] Die Kommission begründet ihren Renationalisierungsvorschlag damit, dass einzelne Mitgliedstaaten ihre Voten in den Zulassungsverfahren zum GVO-Anbau auf „nichtwissenschaftliche Überlegungen"[1204] gestützt hätten. Dies wiederum führt die Kommission auf den mangelnden Ermessensspielraum der Mitgliedstaaten bei der Anbauzulassung[1205] zurück.

Im Ergebnis sieht die Kommission die rechtliche Möglichkeit, Anbaubeschränkungen auch auf ethische Gründe zu stützen. Eine so begründete Rechtfertigung von Beeinträchtigungen des Binnenmarktes könne demnach beispielsweise durch öffentliche Moralvorstellungen gerechtfertigt sein, wobei den Mitgliedstaaten bei der Definition der auf ihrem Gebiet geltenden Moralvorstellungen ein Ermessen zukomme. Zur vorgelagerten Frage eines Eingriffes in den Schutzbereich von Art. 34 AEUV durch GVO-Anbauverbote haben sich die beiden juristischen Dienste des Rates und der Kommission in diesen Dokumenten nicht konkret geäußert.

2.1.4 (Un-)Vereinbarkeit mit dem WTO-Recht

Die Kommissionsdienststellen der Ad-hoc-Gruppe „GVO" haben sich am 30. Mai 2011 intensiv mit der Vereinbarkeit einer *Opt-out*-Klausel mit dem GATT auseinandergesetzt und hervorgehoben, dass die Kommission mitgliedstaatliche Maßnahmen aufgrund der *Opt-out*-Klausel bei Verfahren vor den WTO-Streitbeilegungsgremien gem. Art. 207 AEUV verteidigen wird.[1206]

Die Europäische Kommission greift Feststellungen des Juristischen Dienstes des Rates zur Frage der Vereinbarkeit von Art. 26b der Freisetzungsrichtlinie mit dem Welthandelsrecht auf.[1207] Die Kommission bestätigt die Feststellung des

1201 SEC (2010) 1454 final, S. 10, Punkt 3.2., Rn. 44.
1202 EuGH, Urteil v. 14.12.1979, Rs. C-34/79, Slg. 1979, 3795.
1203 SEC (2010) 1454 final, S. 10, Punkt 3.2., Rn. 44.
1204 KOM (2010) 375 endg., Punkt 2. A.
1205 Vgl. ebenda.
1206 Vgl. Sachstandsbericht des Rates vom 10. Juni 2011, Ratsdok. 11326/11, Punkt II.
1207 SEC (2010) 1454 final, 19.11.2010, S. 11 ff., Punkt 4.1., Rn. 48 ff. und Commission Staff Working Paper, Complementary Considerations on legal issues on GMO Cultivation raised in the options of the legal service of the council of the European Union

Juristischen Dienstes des Rates, wonach Art. 26b der Richtlinie 2001/18/EG wahrscheinlich nicht in die Anwendungsbereiche des SPS-Übereinkommens und des TBT-Übereinkommens fallen.[1208] Vielmehr seien Artt. III (4) und XXIII lit. b) des GATT-Abkommens anwendbar. Auch bezieht sich die Kommission auf die Feststellung des Rates, dass eine Verletzung von Art. XI GATT zwar in Betracht zu ziehen sei, Maßnahmen aufgrund von Art. 26b der Freisetzungsrichtlinie aber nicht bereits beim Import, sondern erst beim Anbau zum Tragen kommen.[1209] Deshalb halte er es für notwendig, eine mögliche Rechtfertigung von Maßnahmen aufgrund von Art. 26b der Richtlinie gem. XX lit. a) GATT wegen *öffentlicher Moralvorstellungen* zu untersuchen.[1210] Aus den gleichen Gründen, wie schon im Rahmen der Rechtfertigung von Eingriffen nach dem AEUV durch solche GVO-Anbauverbote aus *ethischen* Gründen ausgeführt, halte der Juristische Dienst des Rates eine Rechtfertigung nach Art. XX lit. a) GATT für schwer durchsetzbar und verweist noch einmal auf den schon oben erwähnten Widerspruch zu dem nicht verbotenen Vertrieb von Fleisch von Tieren, die mit GVO-Futter gefüttert worden seien.[1211]

Die Kommission stellt dazu ihre Beobachtung fest, dass sich Bedenken des Juristischen Dienstes offenbar nicht gegen den Vorschlag zur Einfügung des Art. 26b in die Richtlinie 2001/18/EG an sich richten, sondern nur auf mögliche darauf beruhende mitgliedstaatliche Maßnahmen.[1212] Der Juristische Dienst des Rates habe die WTO-Rechtskonformität des Kommissions-Vorschlages als solchen bei einem Ratstreffen am 11. November 2010 noch einmal mündlich bestätigt.[1213]

Die Kommission betont in diesem Zusammenhang eines der von ihr mit dem *Paket* verfolgten Ziele, nämlich die Reduzierung der Anwendung von Anbauverboten nach den Schutzklauseln. Diese Zielsetzung sei gerade im Sinne des WTO-Rechts. So habe das WTO-Panel in seinem Bericht vom 29. September 2006[1214] gerade diese mitgliedstaatlichen Anbauverbote aufgrund der Schutzklauseln für unvereinbar mit dem SPS-Abkommen erklärt.[1215] Von den dort streitbefangenen WTO-rechtswidrigen Anbauverboten seien sogar noch

---

of 5 November 2010 and of the legal service of the European Parliament of 17 November 2010 – WTO Compatibility, SEC (2011) 551 final.

1208 Vgl. SEC (2010) 1454 final, 19.11.2010, S. 12, Punkt 4.2., Rn. 54; Punkt 4.1., Rn. 49. Im „Biotech-Bericht“ des WTO-Panels vom 29. September 2006 im Streitschlichtungsverfahren gegen die EU hat sich das Panel dagegen auf das SPS-Abkommen gestützt.

1209 Ebenda, S. 13, Punkt 4.2., Rn. 61.

1210 Vgl. ebenda, S. 11, Punkt 4.1., Rn. 49.

1211 Vgl. ebenda, Rn. 50.

1212 Ebenda, Punkt 4.2., Rn. 51.

1213 Ebenda.

1214 Panel Reports, WT/DS91/R, WT/DS92/R, WT/DS93/R *(EC – Biotech).*

1215 SEC(2010) 1454 final, S. 12, Punkt 4.2., Rn. 52.

mitgliedstaatliche Verbote in Kraft,[1216] und es seien noch weitere, die den GVO-Anbau und solche, die den Vertrieb von GVO-Saatgut beträfen, hinzugekommen.[1217] Die Risikobewertungen der EFSA hätten ergeben, dass diese Anbauverbote wissenschaftlich nicht gerechtfertigt seien.[1218] Der Rat selbst hätte der Kommission seine Unterstützung im Hinblick auf ihre Vorschläge für die Aufhebung dieser mitgliedstaatlichen Anbauverbote versagt. Zudem drohten die USA, ihre Rechte aus dem WTO-Panel-Bericht gegen die EU durchzusetzen.[1219] Die Kommission weist in dem Zusammenhang darauf hin, dass den Mitgliedstaaten ausdrücklich weiterhin Verbote des GVO-Imports und des Vertriebs von GVO-Saatgut, ebenso wie des zufälligen Vorkommens von GVO-Spuren in Erzeugnissen, nicht untersagt seien.[1220] Die WTO-Rechtskonformität einzelner Maßnahmen aufgrund von Art. 26b der Richtlinie 2001/18/EG hänge letztlich von den Umständen im jeweiligen Einzelfall ab.[1221] Der Juristische Dienst des Rates ziehe eine Verletzung von Art. III (4) GATT in Betracht, wonach gleichartige Erzeugnisse nicht unterschiedlich behandelt werden dürfen, und betone, dass ein Mitglied die Behauptung, GVO- und Nicht-GVO-Produkte seien nicht gleichartig, sehr sorgfältig zu beweisen habe.[1222] Falls dies aber schlimmstenfalls nicht gelänge und im Einzelfall mithin gleichartige Produkte vorlägen, sei das Vorliegen einer Benachteiligung des GVO und mithin eine Verletzung von Art. III (4) GATT wahrscheinlich.

Daraus folgert die Kommission zunächst, der Juristische Dienst des Rates halte es immerhin durchaus für möglich halte, dass ein Mitgliedstaat beweist, dass GVO und Nicht-GVO nicht gleichartig seien.[1223] Die Kommission stellt darüber hinaus unter Berufung auf das BP ausdrücklich fest, dass GVO und Nicht-GVO nicht gleichartig seien.[1224] Und selbst, wenn man gleichartige Produkte annehmen würde, wäre eine Verletzung von Art. III (4) GATT, anders als

---

1216 Vgl. ebenda. Österreich hat seine im EC – Biotech-Verfahren streitbefangenen Schutzmaßnahmen (T25, Bt-176 und MON810) aufrecht erhalten, vgl. *Eckerstorfer/Gaugitsch/Heissenberger/Spök*, Analysis of the final report of the WTO Panel in the dispute case “EC – Biotech”, S. 2, Punkt 1; S. 23, Punkt 3.5.2., http://www.bmg.gv.at/cms/home/attachments/7/1/2/CH1052/CMS1180521946679/cms1200659775588_wto-report_ec_biotech_uba&ifz_1006.pdf.

1217 Vgl. SEC (2010) 1454 final, S. 12, Punkt 4.2., Rn. 52. Siehe zu den seit Einrichtung des Panels am 29. August 2003 hinzugekommenen mitgliedstsaatlichen Schutzmaßnahmen oben, Punkt V.

1218 Ebenda.

1219 Ebenda.

1220 Ebenda, S. 12, Punkt 4.2., Rn. 53.

1221 Ebenda, Rn. 55.

1222 Ebenda, S. 13, Rn. 56.

1223 Ebenda, Rn. 57.

1224 Ebenda, Rn. 58; siehe aber oben zum EFSA-Konzept des vergleichenden Ansatzes (concept of comparative approach), Punkt III. 4.2.1, 4.2.1.2.

vom Juristischen Dienst des Rates ausgeführt, alles andere als sicher.[1225] Ein auf Art. 26b der Richtlinie beruhendes GVO-Anbauverbot würde gleichermaßen für heimische wie für importierte GVO gelten und wäre mithin de jure keine Diskriminierung. Das mit dem Anbauverbot verfolgte Ziel und seine Auswirkungen seien im Einzelfall sorgfältig zu prüfen.[1226] Eine Rechtfertigung gem. XX lit. a) GATT – der eine Rechtfertigung von handelsbeschränkenden Maßnahmen vorsieht, die notwendig sind zum Schutz *öffentlicher Moralvorstellungen* – würde voraussetzen, dass der Beschwerdeführer vorab eine Verletzung des GATT beweise.[1227] Die Kommission stellt fest, dass rechtliche Bewertungen der Rechtfertigung mitgliedstaatlicher Maßnahmen aufgrund der vorgeschlagenen *Opt-out*-Klausel gem. Art. XX lit. a) GATT mit Blick auf die bisher geringe Anzahl von diesbezüglichen WTO-Judikaten nur begrenzt möglich seien, und verweist insoweit auf einen AB-Bericht.[1228]

Die Kommission resümiert zur WTO-Kompatibilität ihres Vorschlages, dass diese letztlich von der Art der konkreten Maßnahme und den diese begleitenden Umständen im jeweiligen Einzelfall abhänge, und stellt abschließend ihre aus den EU-Verträgen folgende Pflicht zur Verteidigung von auf Art. 26b der Richtlinie 2001/18/EG beruhenden Anbauverboten fest.[1229]

2.1.4.1 Abgrenzung der Anwendungsbereiche der Abkommen: SPSÜ/GATT/TBTÜ

Die Kommission und auch der Juristische Dienst des Rates sehen die Anwendbarkeit des GATT auf Anbauverbote aufgrund der *Opt-out*-Klausel im Vordergrund,[1230] da diese dem Kommissionsvorschlag[1231] zufolge gerade nicht auf wissenschaftliche und umweltbezogene Gründe gestützt werden. Anbauverbote nach dem Kommissionsvorschlag von Juli 2010 zu einem Art. 26b der Freisetzungsrichtlinie stützen sich folglich nicht auf gesundheitspolizeiliche Gründe im Sinne des SPSÜ[1232] bzw. auf technische Aspekte im Sinne des TBTÜ.[1233] Im

1225 Ebenda, Rn. 60.
1226 Ebenda.
1227 Ebenda, S. 14, Rn. 63.
1228 AB-Report vom 20.4.2005, United States – Measures affecting the Cross-Border Supply of Gambling and Betting Services, WT/DS285/AB/R *(US – Gambling)*.
1229 SEC (2010) 1454 final, Punkt 4.2., Rn. 64.
1230 Ebenda, Punkt 54.
1231 KOM (2010) 375 endg., Punkt 1.
1232 Vgl. *Heissenberger/Eckerstorfer/Gaugitsch*, ExpertInnengutachten, Possibilities for justification of a ban on GMO cultivation regarding the proposal for a Regulation from the European Commission submitted in July 2010, S. 12.
1233 *Dederer*, Weiterentwicklung des Gentechnikrechts – GVO-freie Zonen und sozioökonomische Kriterien für die GVO-Zulassung, S. 130 ff.

Hinblick auf den Vorschlag des Europäischen Parlaments könnte sich auch die Anwendbarkeit des SPSÜ ergeben, v.a. soweit Anbauverbote auf umweltbezogene Gründe gestützt werden. Da der ursprüngliche Kommissionsvorschlag Gegenstand der vorliegenden Arbeit ist, soll im Folgenden auf die Vereinbarkeit von Anbauverboten im Sinne dieses ursprünglichen Kommissionsvorschlages mit dem GATT eingegangen werden.

2.1.4.2. Zur Vereinbarkeit von Anbauverboten gem. Art. 26b der Richtlinie 2001/18/EG mit dem GATT

2.1.4.2.1 Zur Abgrenzung von Artt. III (4) und von XI GATT

Wenn die handelsbeschränkende Maßnahme *beim Import* greift, dann ist zwar grundsätzlich Art. XI GATT, wenn sie erst *danach* greift, so ist demgegenüber Art. III GATT anwendbar.[1234] Die Abgrenzung von Art. III GATT und Art. XI GATT über die Kollisionsregelung in der Anmerkung zu Art. III im Anhang 1 zum GATT wäre hier bei GVO-Importverboten zur Durchsetzung der GVO-Anbauverbote relevant. Nach der vorstehenden Kollisionsregelung kann Art. III GATT auch für Importbeschränkungen gelten, nämlich dann, wenn die handelsbeschränkenden Maßnahmen *anlässlich* und *nicht wegen* des Imports verhängt werden, wenn sie also für in- wie ausländische Waren gelten.[1235] Das wäre bei Importverboten für GVO-Saatgut, die zur Durchsetzung von GVO-Anbauverboten verhängt werden, zu bejahen. Dazu haben die Kommission und wohl auch der Rat festgestellt, dass Art. III GATT auf Maßnahmen aufgrund von Art. 26b der Richtlinie 2001/18/EG Anwendung finden würde, weil diese den *Import* und den *Vertrieb* von GVO dem Kommissionsvorschlag[1236] zufolge ausdrücklich unberührt lassen und gerade nur den GVO-*Anbau* beschränken dürfen, die Maßnahmen also nicht bereits beim Import gelten würden.[1237] Die beiden Rechtsdienste gehen im genannten Dokument demnach nicht von Importverboten zur Durchsetzung von GVO-Anbauverboten aus, sondern nur von GVO-Anbauverboten.

Problematisch ist die Abgrenzung hier jedoch im Hinblick auf sog. *non-product-related process and productions methods (NPR-PPMs).* Ein Problem bei der Einordnung in das GATT-Gefüge unter Art. III (4) GATT bzw. Art. XI GATT ergibt sich bei PPMs u.a. mit Blick auf die Frage, ob sich die unterschiedlichen Herstellungsverfahren im Endprodukt manifestieren.[1238] Bei NPR-PPMs sind

---

1234 Vgl. *Cottier/Tuerk/Panizzon*, ZUR 2003, 155, 158.

1235 Vgl. *Krajewski*, Wirtschaftsvölkerrecht, S. 103.

1236 KOM (2010) 375 endg., S. 5, Punkt B.

1237 Vgl. SEC (2010) 1454 final, Punkt 4.2., Rn. 62.

1238 Vgl. *Sander/Sasdi*, Freihandel und Umweltschutz, S. 147.

Produkte betroffen, die im Wege unterschiedlicher Herstellungsverfahren erzeugt wurden, bei denen sich das Herstellungsverfahren jedoch nicht im Endprodukt niederschlägt, wie beispielsweise Tunfisch[1239] oder Shrimps[1240] aus Fangpraktiken, die mit dem vermeidbaren Beifang, etwa von Delfinen oder von Schildkröten, einhergehen. So könnten prinzipiell auch mitgliedstaatliche Einschränkungen des GVO-Anbaus auf solche PPMs bezogen sein, da das Herstellungsverfahren betroffen ist, das sich je nach Produkt, wie beispielsweise auch bei Erzeugnissen aus ökologischem Anbau oder bei der Behandlung von Rindern mit Hormonen, nicht zwingend im Endprodukt manifestiert.[1241] Fraglich ist, wie genau sich das Herstellungsverfahren im Endprodukt manifestieren muss. Im Fall von GVO beispielsweise dürfte die äußerliche Erscheinung i.d.R. unverändert bleiben. Andererseits weisen GVO und Nicht-GVO unterschiedliche Proteinanteile auf, die sich nicht selten im Wege einer DNA-Analyse feststellen lassen, so dass die physische Beschaffenheit dann jeweils voneinander abweicht.[1242] Soweit angenommen wird, dass sich die gentechnische Veränderung nicht im Produkt zeigt, wären Maßnahmen aufgrund von Art. 26b der Richtlinie 2001/18/EG an Art. XI GATT zu messen. In diesem Fall könnten Anbauverbote allgemeine Beschränkungen in diesem Sinn darstellen, deren Rechtmäßigkeit dann in erster Linie an möglichen Rechtfertigungsgründen zu messen wäre. Daher soll die Abgrenzungsproblematik nachfolgend genauer dargestellt werden.

Im Fall *Tuna Dolphin I 1991*[1243] beispielsweise lagen dem Streitbeilegungsverfahren ein Verbot des Schleppnetzfangs und entsprechende Importverbote für Tunfisch zugrunde, die verhängt wurden, nachdem unzählige Delfine immer wieder als Beifang in Netzen von Fischern verendet waren. Die USA hatten zunächst Auflagen und später darauf bezogene Importverbote zur Reduzierung der Menge des Delfin-Beifangs verhängt. Im Fall *Shrimp – Turtle*[1244] war ein US-amerikanisches Importverbot für Garnelen, deren Fang mit dem vermeidbaren Beifang von Schildkröten verbunden war, Streitgegenstand. In keinem der genannten Fälle basierten die Importverbote auf produktbezogenen Merkmalen, sondern einzig auf der umweltschädlichen Fangmethode. Die Panels erklärten Art. III (4) GATT in beiden Fällen für nicht anwendbar, da Art. III GATT eben

1239 Siehe Panel Report vom 3. September 1991, DS21/R-39S/155, United States – Restrictions on Imports of Tuna *(Tuna I)*; Panel Report vom 16. Juni 1994, United States – Restrictions on Import of Tuna, DS29/R *(Tuna II)*; vgl. *Sander/Sasdi*, Freihandel und Umweltschutz, S. 146.

1240 AB Report, US-Import Prohibition of Certain Shrimp and Shrimp Products, 12. Oktober 1998, WT/DS58/AB/R *(Shrimp – Turtle)*.

1241 So auch *Sander/Sasdi*, Freihandel und Umweltschutz, S. 147.

1242 Vgl. ebenda, S. 148; *Heissenberger/Eckerstorfer/Gaugitsch*, ExpertInnengutachten, S. 9.

1243 Panel Reports, DS21/R-39S/155 und DS29S/R *(Tuna I und II)*.

1244 AB Report, WT/DS58/AB/R *(Shrimp – Turtle)*.

nur für *produkt*bezogene Maßnahmen gelte, nicht aber für Handelsbeschränkungen, die auf der Verwendung bestimmter *Produktionsmethoden* beruhen.[1245]

Den WTO-Panels zufolge waren die beiden Handelsbeschränkungen somit auf Art. XI GATT zu stützen,[1246] in erster Linie, weil diese nicht produkt-, sondern rein verfahrensbezogen waren – unabhängig davon, ob die Maßnahme beim Import zur Durchsetzung einer inländischen Handelsbeschränkung galt.[1247] Art. XI GATT bietet für die Berücksichtigung des Umweltschutzes jedoch weniger Spielraum als Art. III GATT, da bereits die Beschränkung einen Eingriff darstellt, während ein Eingriff in den Schutzbereich von Art. III (4) GATT neben der Gleichartigkeit auch die Diskriminierung erfordert.[1248]

Einer Ansicht zufolge ist mit Verweis auf den *Wortlaut* des Art. III (4) GATT die Möglichkeit in Betracht zu ziehen, dass die Anwendbarkeit der genannten Vorschrift bei NPR-PPMs nicht per se auszuschließen sei. Dieser Ansicht ist zuzustimmen. Denn Art. III (4) GATT erfordert seinem Wortlaut nach nicht zwingend eine Produktbezogenheit.[1249] Außerdem ist die Abgrenzung von Artt. III und XI GATT über das Kriterium der Produktbezogenheit meiner Ansicht nach nicht zweckmäßig. Das zeigt sich auch in Schwierigkeiten bei der Abgrenzung zu produktionsbezogenen Maßnahmen über das unklare Merkmal der Manifestation im Endprodukt. Einige Autoren erwägen, dass Art. III GATT auf PPMs stets anzuwenden sei, mit der Folge, dass die in *AB – Asbestos* eingeräumte Möglichkeit, Verbraucherpräferenzen bzw. die Wettbewerbssituation zwischen von PPMs betroffenen und anderen Produkten in die Bewertung des Produkts als (un-) gleichartig einfließen zu lassen, selbst für NPR-PPMs bestehen würde.[1250] Andererseits stellen die Autoren fest, dass sich so leichter legitimierbare Handelshemmnisse auch zulasten exportierender Entwicklungsländer auswirken könnten.[1251] Vertreten wird auch, bei der Abgrenzung von Art. III und XI GATT auf physische Eigenschaften und auf alle einem Produkt inhärenten Faktoren, wozu auch Produktionsvorgänge gehören,[1252] bzw. auch insoweit auf die Verbraucherpräferenz abzustellen. Aus Sicht von Verbrauchern schlägt sich die gentechnische Veränderung im Produkt bzw. in der Produktqualität nieder,[1253] weshalb Art. III GATT demnach unabhängig von der Produkt- bzw. Produktionsbezogenheit auf Anbauverbote anwendbar wäre.

1245 Vgl. *Kluttig*, Arbeitspapiere aus dem Institut für Wirtschaftsrecht, S. 13 (Fn. 49 f.), http://www2.jura.uni-halle.de/INSTITUT/Heft12.pdf.

1246 Vgl. *Cottier/Tuerk/Panizzon*, ZUR 2003, 155, 158.

1247 Vgl. *Panizzon/Arnold/Cottier*, URP / DEP 3 | 2010, 199, 221.

1248 Vgl. *Cottier/Tuerk/Panizzon*, ZUR 2003, 155, 158.

1249 Vgl. auch *Sander/Sasdi*, Freihandel und Umweltschutz, S. 133, 146 ff. (m.w.N.); *Göttsche*, in Hilf/Oeter, WTO-Recht, § 25, Rn. 27.

1250 Vgl. *Panizzon/Arnold/Cottier*, URP/ DEP 3 | 2010, S. 199, 221.

1251 Vgl. ebenda, S. 222.

1252 Vgl. *Sander/Sasdi*, Freihandel und Umweltschutz, S. 148.

1253 Vgl. ebenda, S. 149.

Es bleibt mithin festzuhalten, dass Beschränkungen des GVO-Anbaus als nicht produktbezogene Produktionsverfahren eingeordnet werden könnten, die sich im Einzelfall nicht im Endprodukt manifestieren.[1254] *In diesen Fällen wäre möglicherweise nach Ansicht der Streitschlichtungsorgane der WTO, die Anwendbarkeit von Art. XI GATT in Betracht zu ziehen, der Handelshemmnisse strikter regelt als Art. III (4) GATT, da die Verletzung von Art. III GATT neben der Gleichartigkeit von Produkten auch ihre Ungleichbehandlung voraussetzt. In Fällen, in denen Handelsbeschränkungen gem. Art. XI GATT bejaht werden, würde es mithin noch maßgeblicher als bei einem Verstoß gegen Art. III GATT auf die Frage der Rechtfertigung gem. Art. XX GATT ankommen. In Panel-Berichten zu NPR-PPMs wurde die Anwendbarkeit von Art. III (4) GATT bisher abgelehnt.*[1255]

Weil die Fragen der künftigen Anwendbarkeit von Art. III GATT auf produktionsbezogene Maßnahmen und der Einordnung von GVO-Anbauverboten als solche produktionsbezogene Maßnahmen durch die Streitschlichtungsorgane der WTO hier nicht abschließend geklärt werden können, soll nachfolgend hilfsweise auf die Vereinbarkeit von *Opt-out*-Maßnahmen mit Art. III GATT – seine Anwendbarkeit unterstellt – eingegangen werden.

2.1.4.2.2 Die Vereinbarkeit einer *Opt-out*-Klausel mit Art. III (4) GATT

2.1.4.2.2.1 Zum Begriff der Gleichartigkeit ("like products")

Die Kommission und der Rat halten Art. III (4) GATT, wie erwähnt, für auf mögliche Maßnahmen nach Art. 26b der Freisetzungsrichtlinie anwendbar. Die Kommission hält GVO und ihre konventionellen Gegenstücke, anders als der Rat, für ungleichartig, was sich schon daraus ergebe, dass der GVO-Rechtsrahmen der EU leges speciales für GVO enthalte. Dafür spreche auch die Existenz von Sondervorschriften im BP.[1256]

Bevor sogleich auf verschiedene Ansätze zur Begriffsdefinition eingegangen wird, sei schon an dieser Stelle festgestellt, dass die Bezugnahme auf das BP problematisch ist. Das Panel hatte, wie oben gezeigt, in seinem *Biotech*-Bericht festgestellt, dass das BP nicht anwendbar ist, wenn nicht zumindest alle Streitparteien auch BP-Parteien sind.[1257] Als „Partei" definiert das Panel, wie oben

1254 Vgl. ebenda, S. 147 f.

1255 Vgl. *Cottier/Tuerk/Panizzon*, ZUR 2003, 155, 158.

1256 SEC (2010) 1454 final, Punkt 4.2., Rn. 58 ff; KOM (2011) 551 final, Punkt 5.

1257 Panel Reports (EC – Biotech), S. 336, Punkt 7.75: *"...We deduce from this that the Biosafety Protocol is not "applicable" in the relations between these WTO Members*

beschrieben, Vertragsunterzeichner, die das Abkommen auch ratifiziert haben. Beschwerdeführer gegen GVO-Anbauverbote könnten aber gerade solche sein, die das BP nicht ratifiziert haben, wie beispielsweise im *Biotech*-Verfahren die USA, Argentinien und Kanada. Das BP ist mithin nicht anwendbar, wenn WTO-Streitparteien, wie die USA, Argentinien oder auch Kanada, nicht BP-Mitglied sind.[1258] Somit scheint die Bezugnahme der Kommission auf die darin enthaltenen Sondervorschriften für GVO, jedenfalls im Licht des *Biotech*-Berichts, ein nicht ganz unproblematisches Argument für die Ungleichartigkeit von GVO zu sein.[1259]

Darüber hinaus ist diese Position der Kommission zur Ungleichartigkeit problematisch, weil sie im Widerspruch zu den umstrittenen, von der EFSA angewandten, Risikobewertungsprinzipien, nämlich dem *principle of comparative approach* und dem *principle of familiarity*[1260], steht. Denn hiernach wird gerade die Gleichartigkeit von GVO und ihren naturbelassenen Gegenstücken unterstellt. Die Frage der Gleichartigkeit von GVO und ihrem konventionellen Gegenstück könnte jedoch, mit Blick etwa auf das nach den EFSA-Leitlinien geltende Prinzip der *substantiellen Äquivalenz*, nach WTO-Recht anders zu beurteilen sein als nach den Risikobewertungskriterien der EFSA. Daher ist nachfolgend zu klären, welche Kriterien für die Frage der Gleichartigkeit nach dem GATT ausschlaggebend sind.

In einem Bericht einer GATT 1947 Working Group aus dem Jahr 1978[1261] wird zur Abgrenzung auf Kriterien wie physische Eigenschaften, die Natur und die Qualität der Produkte,[1262] auf den jeweiligen Endverwendungszweck der Produkte, ihren Geschmack, Gewohnheiten und Vorlieben der Konsumenten und auf die Austauschbarkeit aus Sicht der Konsumenten abgestellt.[1263] Hilfsweise soll auch die Zollklassifizierung ein Kriterium sein.[1264] Während demnach also Verbrauchergewohnheiten und -vorlieben, die sich in aktuellen, EU-weiten Um-

---

and all other WTO Members. ..."; vgl. *Panizzon/Arnold/Cottier*, URP / DEP 3 | 2010, 199, 221, 235.

1258 Vgl. ebenda, S. 199, 201 f., 235.

1259 Vgl. auch *Heissenberger/Eckerstorfer/Gaugitsch*, ExpertInnengutachten, S. 9.

1260 Siehe zu diesen Prinzipien im Einzelnen oben, Punkt III. 4.2.1, 4.2.1.2.

1261 Border Tax Adjustment Working Party Report, 2. December 1970 (Basic Instruments and Selected Documents BISD 185/97); vgl. *Kluttig*, S. 11, Arbeitspapiere aus dem Institut für Wirtschaftsrecht, S. 11 (Fn. 32), http://www2.jura.uni-halle.de/INSTITUT/Heft12.pdf.

Beispielsweise Aussehen, Farbe, Form und Gewicht von Erzeugnissen, vgl. *Sander/Sasdi*, Freihandel und Umweltschutz, S. 136.

1263 Border Tax Adjustments, Working Party Report, 2 December 1970 (Basic Instruments and Selected Documents 18S / 97); vgl. *Panizzon/Arnold/Cottier*, URP / DEP 3 | 2010, S. 199, 214.

1264 Vgl. *Sander/Sasdi*, S. 136; *Panizzon/Arnold/Cottier*, URP/DEP 3/2010, 199, 215; Panel Report vom 14. März 1978 (25S/40, *EEC – Animal Feed*), Punkt 4.2.

frageergebnissen zu GVO-Lebens- und -Futtermitteln[1265] widerspiegeln, eine maßgebliche Rolle spielen, fanden Umwelt- und Gesundheitserwägungen im erwähnten Bericht zum GATT 1947 keine ausdrückliche Erwähnung.[1266] Verbraucherpräferenzen waren auch in *United States – Measures Affecting Alcoholic and Malt Beverages*[1267] maßgeblich für die Bewertung von verschiedenen Bieren als nicht gleichartig. Für höherprozentige Biersorten waren in den 90er Jahren von mehreren US-Bundestaaten aus Gründen des Gesundheitsschutzes Absatzmöglichkeiten reduziert und teilweise Etikettierungspflichten eingeführt worden. Diese Regelungen galten für in- wie ausländische Bierhändler. Kanada sah in diesen Regelungen protektionistische Maßnahmen und mithin einen Verstoß gegen Art. III (4) GATT. Das Panel begründete seine Feststellung der Ungleichartigkeit der Biersorten je nach Alkoholgehalt wegen der unterschiedlichen Bewertungen der Verbraucher, mit dem Zweck des Art. III (4) GATT, andere Marktteilnehmer vor Protektionismus zu schützen,[1268] der bei ausschließlicher Beachtung gesundheits- und umweltbedingter Verbraucherpräferenzen nicht in Rede stehe. Auch die niedrigere Besteuerung von Fahrzeugen mit geringem Kraftstoffverbrauch als jener mit einem höheren Kraftstoffverbrauch aus Gründen des Umweltschutzes bewertete ein WTO-Panel als eine nicht protektionistische Maßnahme, die sich auf ungleichartige Produkte bezog.[1269] Auf ein solches Abstellen auf die Zielsetzung und die Auswirkungen *(sog. Aims and Effects-Test)*[1270] hat auch die Kommission in ihrer Erwiderung auf das Gutachten des Juristischen Dienstes des Rates zum GVO-Paket Bezug genommen, wobei sie offen ließ,[1271] inwieweit mögliche Ziele[1272] und Auswirkungen mitgliedstaatlicher Beschränkungen des Anbaus von GVO tatsächlich für die von ihr behauptete Ungleichartigkeit sprechen. Andererseits haben die Panels in den beiden genannten Berichten protektionistische Zielsetzungen und Auswirkungen ausgeschlossen und mithin auf die Ungleichartigkeit geschlossen. Demgemäß wäre im Hinblick auf GVO-Anbau-Verbote sicherzustellen, dass

---

1265 Vgl. etwa die Ausführungen zu Umfrageergebnissen in: *Lepage*, Entwurf eines Berichts, S. 18.

1266 Vgl. *Panizzon/Arnold/Cottier*, URP/DEP 3/2010, S. 1995, S. 199, 215.

1267 Panel Report vom 19.6.1992, BISD 39S/206 *(US – Malt Beverages);* vgl. *Sander/Sasdi*, Freihandel und Umweltschutz, S. 138.

1268 Panel Report vom 19.6.1992, BISD 39S/206 *(US – Malt Beverages),* Punkt 5.72; vgl. *Sander/Sasdi*, Freihandel und Umweltschutz, S. 139.

1269 Panel Report vom 29.9.1994, DS31/R *(US – Taxes on Automobiles),* Punkt 5.7; vgl. *Sander/Sasdi*, Freihandel und Umweltschutz, S. 140.

1270 Vgl. ebenda; *Panizzon/Arnold/Cottier*, URP/DEP 3/2010, 199, 217.

1271 Vgl. SEC (2010) 1454 final, S. 13, Punkt 4.2., Rn. 60.

1272 Mögliche Ziele von und mithin auch Gründe für Maßnahmen aufgrund von Art. 26b der Richtlinie 2001/18/EG hat die Kommission ausdrücklich nicht verbindlich eingegrenzt, um die Mitgliedstaaten nicht unnötig in ihrer Freiheit zu beschränken; siehe dazu SEC (2011) 184 final; S. 3 f.

ihnen keine protektionistischen Motivationen zugrundeliegen und dass sie keine protektionistischen Wirkungen entfalten, damit nach dem *Aims and Effects-Test* eine Ungleichartigkeit von GVO und ihren konventionellen Gegenstücken angenommen werden dürfte.

Problematisch am *Aims and Effects-Test* ist jedoch, dass die Motivationen der Urheber von Maßnahmen praktisch nur schwer feststellbar sind.[1273] Ob also beispielsweise ein Mitgliedstaat GVO-Anbau-Beschränkungen mit der Intention, den inländischen Handel zu bevorzugen, unter dem Vorwand bestimmter Verbraucherpräferenzen erlässt, kann daher nicht ohne Weiteres festgestellt werden. Zudem wird am *Aims and Effects-Test* kritisiert, dass eine maßgebliche Relevanz von Aspekten der Motivationen und der Wirkungen von Maßnahmen schon bei der Beurteilung von Produkten als (un-)gleichartig gem. Art. III (4) GATT die Vorwegnahme der Rechtfertigungskriterien gem. Art. XX GATT bedeuten würde und Art. XX GATT mithin nahezu leerlaufen ließe.[1274] In *Japan Alcoholic Beverages* und *EC – Asbestos* wurde der *Aims and Effects-Test* deshalb vom AB in Anlehnung an den Wortlaut von Art. III (1) GATT zum *sog. "so as to afford protection to domestic production", kurz: "SATAP-Test"* abgewandelt.[1275] Danach ist für die Frage der Gleichartigkeit nicht die Absicht, sondern die *objektive* und mithin prinzipiell feststellbare Wirkung der Maßnahme maßgeblich.[1276] In *Japan Alcoholic Beverages* ging die damalige EG wegen Verstoßes gegen Art. III (4) GATT rechtlich gegen Japan vor, da dieses für traditionell japanische Alkoholsorten niedrigere Steuersätze erhoben hatte als für typischerweise importierte Alkoholika. Darin sah der AB, wie auch die EG, eine protektionistische Maßnahme, obwohl sich eine entsprechende Intention des japanischen Gesetzgebers eben nicht nachweisen ließ. Der AB stellte aber auf die äußeren Umstände und mithin auf die Frage der protektionistischen Wirkung zulasten ausländischer Alkoholhändler ab und bejahte letztlich die Gleichartigkeit.[1277]

Da der beschwerdeführende WTO-Mitgliedstaat demnach die Gleichartigkeit und zusätzlich beweisen musste, dass im Hinblick auf Zielsetzungen und Auswirkungen der Maßnahme Protektionismus und nicht ein legitimer Schutzzweck (Umwelt, Gesundheit…) im Vordergrund stand, war auch dieser Ansatz für ihn hürdenreich. Auch dieser Ansatz konnte sich nicht nachhaltig etablieren. In *EC – Asbestos* ging Kanada gegen ein französisches Importverbot für karzinogene Asbestfasern und daraus hergestellte Produkte vor. Das Panel stellte in seinem Bericht zur Gleichartigkeit der Vergleichsfaser (PCG-Faser) maßgeblich

1273 Vgl. *Ginzky*, ZUR 1999, 216, 217.

1274 Vgl. ebenda.

1275 Vgl. *Sander/Sasdi*, Freihandel und Umweltschutz, S. 140.

1276 Vgl. *Panizzon/Arnold/Cottier*, URP/DEP 3/2010, 199, 217; *Sander/Sasdi*, Freihandel und Umweltschutz, S. 141.

1277 Vgl. *Sander/Sasdi*, Freihandel und Umweltschutz, S. 140 f.

auf die im Wesentlichen identische *Verwendung* ab. Die unterschiedliche physische Beschaffenheit, die Verbraucherpräferenz und die karzinogene Wirkung hielt das Panel dagegen nicht für maßgeblich.[1278] Im daraufhin eingeleiteten Berufungsverfahren vor dem WTO-AB befand dieser demgegenüber, dass die Asbest- und die PCG-Fasern nicht gleichartig seien, wobei sich der AB zur Begründung in erster Linie auf *Verbraucherpräferenzen* stützte,[1279] indem er auf das Wettbewerbsverhältnis zwischen den krebserregenden und den nicht krebserregenden Asbestfasern abstellte.[1280] Auch wurde in diesem Bericht klargestellt, dass protektionistische Wirkungen einer Maßnahme nicht das einzig maßgebliche Abgrenzungskriterium für die Frage der Gleichartigkeit oder der Ungleichartigkeit sein können.[1281]

Diese Erwägungen des AB scheinen sich auf Beschränkungen des Anbaus von GVO-Saatgut und das Verhältnis von GVO-Saatgut zu naturbelassenem Saatgut übertragen zu lassen. Hintergrund des Kommissionsvorschlags zu einer Erweiterung der mitgliedstaatlichen Spielräume für Beschränkungen des Anbaus von GVO ist, wie oben dargestellt,[1282] gerade auch der in weiten Teilen der EU-Bevölkerung vorherrschende nachhaltige Widerstand gegen die Agro-Gentechnik. Gesundheits- wie auch umweltbezogene Gründe sind zwar, wie gezeigt, ausdrücklich keine zulässigen Gründe für Beschränkungen nach dem ursprünglichen Kommissionsvorschlag zur Ergänzung der Freisetzungsrichtlinie um den Art. 26b, so dass auch derzeit noch bestehende wissenschaftliche Unsicherheiten über die Risiken, die von GVO ausgehen können, in diesem Zusammenhang unbeachtet bleiben müssen. Gerade aber mögliche *Verbraucherpräferenzen* gelten als ein möglicher Grund für Anbaubeschränkungen. Landwirtschaftliche GVO-Erzeugnisse stehen in einem Wettbewerbsverhältnis zu landwirtschaftlichen Erzeugnissen des konventionellen und des ökologischen Anbaus. Das österreichische Bundesministerium für Gesundheit stellt in seinem Expertengutachten vom Januar 2011 im Hinblick auf die Gleichartigkeit nach dem GATT u.a. auf physikalische und biologische Unterschiede[1283], wie beispielsweise die Unterschiede in der Zusammensetzung und die Eigenschaft, sich in anderen Pflanzenkulturen auszubreiten, ab.[1284]

1278 Vgl. ebenda, S. 144.

1279 Vgl. *Panizzon/Arnold/Cottier*, URP/DEP 3/2010, 199, 216; *Sander/Sasdi*, Freihandel und Umweltschutz, S. 144.

1280 Vgl. *Sander/Sasdi*, Freihandel und Umweltschutz, S. 145.

1281 Vgl. ebenda, S. 142.

1282 Vgl. dazu etwa Lepage, Bericht vom 20.4.2011, Begründung, S. 25, Punkt 2. (Ziele des Kommissionsvorschlags).

1283 Auch *Dederer* bejaht diese physische Ungleichartigkeit von GVO und Nicht-GVO, vgl. *Dederer*, Weiterentwicklung des Gentechnikrechts – GVO-freie Zonen und sozioökonomische Kriterien für die GVO-Zulassung, S. 173 (dort allerdings im Zusammenhang mit dem TBTÜ).

1284 *Heissenberger/Eckerstorfer/Gaugitsch*, ExpertInnengutachten, S. 9 f.

Es wäre demnach und auch vor dem Hintergrund des Berichtes des AB in *EC – Asbestos* folgerichtig, die Gleichartigkeit von GVO-Produkten und naturbelassenen Erzeugnissen abzulehnen, wobei GVO-Anbau-Beschränkungen, wie oben erwähnt, von den WTO-Panels und vom AB im Einzelfall auch als Maßnahmen, die NPR-PPMs betreffen, beurteilt werden könnten, für die Art. III (4) GATT nach dem derzeitigen Stand der WTO-Rechtsprechung nicht gelten kann. Für Beschränkungen des GVO-Anbaus käme Art. III (4) GATT demnach allenfalls dann in Betracht, wenn sich die gentechnische Veränderung im Endprodukt niederschlägt.[1285]

Im Ergebnis kann festgehalten werden, dass neben der physischen Beschaffenheit und dem Verwendungszweck auch andere Kriterien die Gleichartigkeit definieren. Insbesondere stellen Verbraucherpräferenzen und das Wettbewerbsverhältnis zwischen bestimmten Produkttypen wesentliche Abgrenzungskriterien dar. Protektionistische Wirkungen allein definieren die Gleichartigkeit nicht und wären vom Beschwerdeführer im Wege des SATAP-Tests nur in objektiver Hinsicht zu beweisen. Anbaubeschränkungen für GVO aufgrund von Art. 26b der Freisetzungsrichtlinie könnten u.a. im Licht des EC – Asbestos-Berichts des AB als gegen nicht gleichartige Produkte gerichtet bewertet werden, da viele Verbraucher zwischen Agrarprodukten aus GVO- und aus konventionellem oder ökologischem Anbau differenzieren. Allerdings würde sich diese Frage möglicherweise nur stellen, wenn sich GVO-Spuren im Endprodukt nachweisen lassen.[1286] Maßnahmen aufgrund von Non-Product-Related PPMs gelten nach bisheriger Rechtsprechung, wie oben gezeigt, nicht als Maßnahmen gem. Art. III (4) GATT, sondern als allgemeine Beschränkungen gem. Art. XI GATT, da sie nicht produktbezogen sind. Da Verbraucherpräferenzen im Rahmen der EFSA-Risikobewertung, die u.a. vom principle of familiarity ausgeht, keine Rolle spielen, liegt zwar ein gewisser Widerspruch insoweit vor, als die Kommission die Ungleichartigkeit von GVO und konventionellen Produkten nach dem GATT bejaht.[1287] Andererseits handelt es sich um zwei verschiedene Rechtssysteme (EU-Recht/ WTO-Recht) sowie auch um verschiedene Zusammenhänge und Zielsetzungen (Risikobewertung/Schutz vor Protektionismus). Die EFSA sollte diesen Widerspruch aber gleichwohl, schon aus Gründen der inhaltlichen Konsistenz und zur Stärkung ihrer und der Glaubwürdigkeit der Europäischen Kommission, auflösen, indem sie auch ihren Risikobewertungen die Ansicht der Kommission zur Ungleichartigkeit im Rahmen des Art. III (4) GATT konsequent zugrunde

---

1285 Vgl. *Sander/Sasdi*, Freihandel und Umweltschutz, S. 147 f.

1286 Vgl. ebenda, S. 148.

1287 SEC (2010) 1454 final, Punkt 4.2., Rn. 57 ff.

legt und die umstrittenen Grundsätze des vergleichenden Ansatzes und der substantiellen Äquivalenz folgerichtig verwirft.[1288]

2.1.4.2.2.2 Diskriminierung („less favourable treatment")

Fraglich ist, unter welchen Voraussetzungen GVO-Anbauverbote, die Anwendbarkeit von Art. III GATT einmal unterstellt,[1289] im Vergleich zu Maßnahmen gegenüber gleichartigen Erzeugnissen inländischen Ursprungs weniger günstige Maßnahmen darstellen. Der Juristische Dienst des Rates hält das „worst case"-Szenario der Annahme einer solchen Diskriminierung nach Bejahung der Gleichartigkeit in seinem Gutachten wohl durchaus für wahrscheinlich.[1290] Die Kommission führt dagegen aus, dass GVO-Anbauverbote aufgrund der von ihr vorgeschlagenen *Opt-out*-Klausel inländische und ausländische GVO gleichermaßen betreffen und ausländische GVO somit nicht diskriminieren würden. Eine Verletzung von Art. III (4) GATT sei daher, selbst, wenn man die Gleichartigkeit bejahen würde, alles andere als sicher.[1291] In ihrem Arbeitspapier vom 29. April 2011[1292] ergänzt sie diese Position um vertiefende Ausführungen zur Abgrenzung zwischen faktischen/indirekten („in fact") und rechtlichen/direkten („in law") Diskriminierungen. Während direkte Diskriminierungen offenkundig bzw. explizit erfolgen, können sich versteckte (indirekte) Diskriminierungen ergeben wegen bestimmter 1) *handelsbeschränkender Wirkungen einer Maßnahme*, 2) *eines unzulässigen Zweck der Maßnahme („aim or objective")* bzw. 3) *wegen anderer relevanter Faktoren.*[1293]

Eine direkte Diskriminierung von gleichartigen Produkten ausländischer Herkunft durch Maßnahmen aufgrund der *Opt-out*-Klausel schließt die Kommission aus. Sie hält es aber für möglich, dass insoweit faktische Diskriminierungen gem. Art. III (4) GATT behauptet werden.[1294] Sie hält es zwar für mög-

---

1288 Ein zumindest ähnlicher Ansatz wurde offenbar auch mehrheitlich im Europäischen Parlament vertreten, vgl. Europäisches Parlament, 5.7.2011, Abänderung 44, Erwägung 2a: *„...Diese Leitlinien sollten nicht ausschließlich auf dem Grundsatz der wesentlichen Gleichwertigkeit oder auf dem Konzept der vergleichenden Sicherheitsbewertung beruhen...".*

1289 Sofern sich die gentechnische Veränderung im Endprodukt niederschlägt, wäre Art. III GATT aus den oben dargelegten Gründen anwendbar.

1290 Vgl. SEC (2010) 1454 final, Punkt 4.1., Rn. 56.

1291 Vgl. ebenda, Rn. 60.

1292 Commission Staff Working Paper, Complementary Considerations on legal issues on GMO Cultivation raised in the options of the legal service of the council of the European Union of 5 November 2010 and of the legal service of the European Parliament of 17 November 2010- WTO Compatibility, SEC (2011) 551 final, S. 3 f., Punkte 7 f.

1293 Ebenda, Punkt 7.

1294 Ebenda, S. 3, Punkt 8.

lich, dass Beschwerdeführer die Gleichartigkeit von GVO und Nicht-GVO behaupten und Diskriminierungen durch Anbauverbote aufgrund der *Opt-out*-Klausel gem. Art. III (4) GATT geltend machen, mit der Begründung, dass die Regelungen für GVO im betreffenden EU-Mitgliedstaat restriktiver seien als für Nicht-GVO. Soweit aber gerade GVO importiert werden sollen, diese dort aber, anders als Nicht-GVO, nicht angebaut werden dürften, könne eine WTO-rechtlich relevante Diskriminierung zwar möglicherweise behauptet werden. Allerdings begründen, durch mitgliedstaatliche Maßnahmen erzeugte, nachteilige, Effekte für Importeure jedenfalls dann keine Diskriminierung gem. Art. III (4) GATT, wenn sie sich aus Faktoren oder Umständen ergeben, die, wie solche aufgrund von GVO-Anbauverboten, unabhängig sind von der ausländischen Herkunft des betreffenden Produkts.[1295]

Könne sich ein WTO-Mitglied dagegen mit Erfolg auf eine faktische Diskriminierung berufen, weil sich aus einem GVO-Anbauverbot für seine GVO-Exporteure, anders als für inländische (wie auch ausländische) Nicht-GVO, handelsbeschränkende Wirkungen ergeben, so könnte das exportierende WTO-Mitglied dem importierenden WTO-Mitglied damit sein liberaleres GVO-Regime aufzwingen. Die Kommission erklärt ihre Position gegen eine solche Anpassung an das liberalere Rechtssystem deshalb zu Recht u.a. mit einem damit einhergehenden „race to the bottom". Sie formuliert zudem Argumente zur Verteidigung gegen so begründete Beschwerden. Demnach seien für die Feststellung, ob eine Diskriminierung vorliege, alle maßgeblichen Umstände zu berücksichtigen, wie etwa die mit einer Maßnahme verfolgten Zwecke. So sei die Verteidigung sinngemäß auf folgende Aspekte[1296] zu stützen:

- die mit der Maßnahme (einem GVO-Anbauverbot) verfolgten Ziele, die gerade nicht auf Handelsbeschränkungen und Protektionismus gerichtet sind;
- die Legitimität der mit der Maßnahme (dem GVO-Anbauverbot) verfolgten Ziele;
- die Geeignetheit der Maßnahme (des GVO-Anbauverbots) zur Erreichung der legitimen Ziele;
- die Eigenschaft der behaupteten Handelsbeschränkung als eine nur vorübergehende Folge, die Rechtsänderungen typischerweise mit sich bringen;
- die Qualität der Maßnahme (GVO-Anbauverbot) als eine von allen verfügbaren Mitteln am wenigsten handelsbeschränkende Maßnahme.

1295 SEC (2011) 551 final, S. 4, Punkt 9 (In Fn. 6 zitiert die Kommission Passagen aus Berichten der WTO Streitschlichtungsgremien mit dementsprechendem Inhalt.); siehe dazu auch *Dederer*, Weiterentwicklung des Gentechnikrechts – GVO-freie Zonen und sozioökonomische Kriterien für die GVO-Zulassung, S. 175 (dort wird ein Abstellen auf den ausländischen Ursprung im Zusammenhang mit dem TBTÜ in Frage gestellt.)

1296 Vgl. SEC (2011) 551 final, S. 4, Punkt 10.

Die WTO-Judikatur ist allerdings auch im Hinblick auf dieses Merkmal der Diskriminierung bislang noch nicht gefestigt. So wurde die weniger günstige Behandlung in bestimmten Berichten teilweise schon aus der Bejahung der Gleichartigkeit geschlossen.[1297] Vor diesem Hintergrund könnte der Juristische Dienst des Rates mit seinem beschriebenen worst-case-Szenario möglicherweise richtig liegen, vorausgesetzt, die Anwendbarkeit von Art. III GATT und die Gleichartigkeit werden bejaht.

Andererseits wird aus dem schon angesprochenen und insoweit auch von der Kommission zitierten[1298] *EC – Asbestos*-Bericht des AB (Punkt 100) hergeleitet, dass allein aus der Gleichartigkeit nicht schon die weniger günstige Behandlung folgt.[1299] Wann genau aber nach diesem Ansatz eine weniger günstige Behandlung vorliegen soll, ist wiederum unklar. Mitunter wird der *Aims and Effects*-Test herangezogen, also auf die Wirkungen und Ziele der Maßnahme abgestellt. Teilweise wird eine Gesamtbetrachtung gleichartiger Erzeugnisse inländischen Ursprungs mit gleichartigen importierten Produkten vorgeschlagen.[1300] Jedenfalls aber müssen demnach importierte Produkte schlechter gestellt werden als inländische Erzeugnisse. Folgt man diesem Ansatz, so wäre eine weniger günstige Behandlung durch *Opt-out*-Maßnahmen, im Einklang mit der von der Kommission geäußerten Ansicht, dass eine Verletzung von Art. III (4) GATT, selbst bei Annahme der Gleichartigkeit, alles andere als sicher wäre, aufgrund besonderer Umstände im jeweiligen Einzelfall festzustellen.

Im Ergebnis ist damit festzuhalten, dass Diskriminierungen von GVO und Nicht-GVO zwar weder streitentscheidend sein dürften, da GVO und Nicht-GVO, aus den beschriebenen Gründen, nicht gleichartig sind. Allerdings würde ein Anbauverbot für GVO aufgrund einer Opt-out-Klausel nach richtiger Ansicht keine Diskriminierung gem. Art. III (4) GATT begründen, zum einen bereits, da Opt-out-Maßnahmen nur den GVO-Anbau, nicht aber den Import und den Vertrieb betreffen würden, nachteilige Auswirkungen von GVO-Anbauverboten auf GVO-Exporteure mithin nicht ohne weiteres bewiesen werden könnten. Zum anderen, weil selbst bewiesene nachteilige Auswirkungen nicht aus der ausländischen GVO-Herkunft,[1301] *sondern allein aus der Eigenschaft als „GVO" resultieren würden.*

1297 Vgl. *Sander/Sasdi*, Freihandel und Umweltschutz, S. 151 m.w.N. Dort wird insoweit beispielhaft auf die Berichte „Automobiles" und „Malt Beverages" der WTO-Streitschlichtungsorgane verwiesen.

1298 SEC (2011) 551 final, S. 4 (Fn. 6).

1299 Vgl. *Sander/Sasdi*, Freihandel und Umweltschutz, S. 151.

1300 Vgl. ebenda, S. 152 f. (m.w.N.).

1301 Vgl. SEC (2011) 551 final, S. 4 (Fn. 6).

Da aber auch andere Ansichten, wie etwa die Herleitung der Diskriminierung aus einer angenommenen Gleichartigkeit, vertreten werden, sollen nachfolgend Ausführungen zur Rechtfertigung erfolgen.

2.1.4.2.2.3 Rechtfertigung gem. Art. XX GATT

Maßnahmen zum Schutz des Lebens, der Gesundheit von Mensch, Tier und Pflanzen sowie zur Erhaltung begrenzt vorhandener natürlicher Ressourcen können gem. Art. XX lit. b) und lit. g) GATT gerechtfertigt sein. Diese Rechtfertigungsgründe sind zwar für gentechnisch veränderte Organismen und für die Frage der davon ausgehenden Risiken für Gesundheit und Umwelt relevant. Da aber die in dieser Arbeit maßgeblichen mitgliedstaatlichen Beschränkungen des Anbaus von GVO aufgrund von Art. 26b der Richtlinie 2001/18/EG in seiner Fassung vom Juli 2010 gerade nicht wegen Risiken für die Gesundheit und die Umwelt anwendbar wären, käme auch eine Rechtfertigung nach den genannten Vorschriften insoweit nicht in Betracht. Zudem hat der AB mitgliedstaatliche Anbauverbote aufgrund von Schutzklauseln im *Biotech*-Bericht dem Anwendungsbereich des SPSÜ zugeordnet,[1302] so dass das GATT auch im Hinblick auf umweltbezogene Maßnahmen, etwa auch nach dem Vorschlag des Europäischen Parlaments in der Entschließung vom 5.7.2011,[1303] möglicherweise nicht anwendbar wäre.

Nachfolgend sollen mögliche Rechtfertigungsgründe für GVO-Anbau-Verbote aufgrund von Art. 26b der Richtlinie 2001/18/EG untersucht werden. Diskutiert wird bisher insbesondere die Möglichkeit von GVO-Anbau-Verboten nach Art. 26b der Richtlinie 2001/18/EG aus *ethischen* Gründen.[1304] Im Folgenden werden deshalb die für eine Rechtfertigung gem. Art. XX lit. a) GATT maßgeblichen Aspekte dargestellt.

Die Kommission führt in ihrer Liste mit möglichen Gründen für Anbauverbote u.a. die *Öffentliche Moral (einschließlich religiöser, philosophischer und ethischer Bedenken*[1305]*)* auf.

1302 Vgl. *Eckerstorfer/Gaugitsch/Heissenberger/Spök*, Analysis of the final report of the WTO Panel in the dispute case "EC – Biotech", S. 7.

1303 Siehe etwa die Pressemitteilung des Europäischen Parlaments v. 5.7.2011, GVO: Mitgliedstaaten sollen Anbau einschränken oder verbieten dürfen, http://www.europarl.europa.eu/de/pressroom/content/20110705IPR23305/html/GVO-Mitgliedstaaten-sollen-Anbau-einschr%C3%A4nken-oder-verbieten-d%C3%BCrfen.

1304 SEC (2010) 1454 final, Punkt 4.2., Rn. 61 ff.

1305 Commission Staff Working Document, Complementary Considerations on Legal Issues on GMO Cultivation raised in the Opinions of the Legal Service of the Council of the European Union of 5 November 2010 and of the Legal Service of the European

Im Hinblick auf Handelsbeschränkungen aus solchen *ethischen* Gründen würde eine Rechtfertigung nach Art. XX lit. a) GATT in Betracht kommen, wenn die Diskriminierung gem. Art. III GATT oder, im Falle von NPR-PPMs, die Beschränkung gem. Art. XI GATT, wegen *öffentlicher Moralvorstellungen (public morals)* gem. Art. XX lit. a) GATT *notwendig* wäre.

Im Hinblick auf die konkreten Voraussetzungen dieser Vorschrift kann auf den von der Kommission in ihrer Erwiderung auf die Stellungnahme des Juristischen Dienstes des Rates erwähnten[1306] AB-Bericht *United States – Measures Affecting the Cross-Border Supply of Gambling and Betting Services*[1307] aus dem Jahre 2004 Bezug genommen werden.[1308] Darin geht es um die Vereinbarkeit bestimmter nationaler Vorschriften mit einer dem Art. XX lit. a) GATT vergleichbaren[1309] Vorschrift im GATS (Art. XIV lit. a)).

Die WTO-Streitschlichtungsorgane haben sich in diesem Verfahren erstmalig[1310] mit dem Begriff der *öffentlichen Sittlichkeit/Moral* befasst.

In diesem Streit erhoben Antigua und Barbuda beim WTO-DSB eine Beschwerde gegen die USA. Gegenstand dieses Verfahrens waren US-Vorschriften,[1311] die das grenzüberschreitende Glücksspiel über das Internet verboten.[1312] Die USA beriefen sich zur Rechtfertigung dieser Vorschriften auf die „*public morals*-clause" im GATS mit der Begründung, dass das Angebot von Glücksspielen über das Internet anfällig dafür sei, durch organisierte Kriminalität missbraucht zu werden, da gerade das virtuelle Glücksspiel nicht unbedingt kostenintensiv und vergleichsweise einfach und geographisch sehr flexibel einzurichten sei.[1313] Die amerikanische Gesellschaft müsse vor dem zerstörerischen Einfluss der organisierten Kriminalität geschützt werden. Dieses Ziel des amerikanischen Gesetzgebers sei von der „*public-morals*-clause" umfasst.[1314] Zudem erleichtere

Parliament of 17. November 2010 (Indicative List of Grounds for Member States to restrict or prohibit GMO Cultivation), SEC (2011) 184 final.

1306 SEC (2010) 1454 final, Punkt 4.2., Rn. 61 ff. (Fn. 17).

1307 AB-Report, United States – Measures Affecting the Cross-Border Supply of Gambling and Betting Services, WT/DS285/R *(US – Gambling)*.

1308 Vgl. auch *Heissenberger/Eckerstorfer/Gaugitsch*, ExpertInnengutachten, S. 11.

1309 Vgl. AB Report, WT/DS285/R *(US – Gambling)*, S. 291, Punkt 3; *Marwell*, Trade and Morality: The WTO Public Morals Exception After Gambling, 802, 804 (Fn. 5), http://www.ppl.nl/bibliographies/wto/files/6451a.pdf.

1310 Vgl. *Marwell*, 802, 804.

1311 Federal Wire Act; Travel Act; Illegal Gambling Business Act und Vorschriften der Bundesstaaten Colorado, Louisiana, Massachusetts, Minnesota, New Jersey, New York, South Dakota und Utah, vgl. *Marwell*, S. 801, 811.

1312 Vgl. *Marwell*, 802, 811 f.

1313 Vgl. ebenda, 802, 812 und Panel Report, WT/DS/285/R *(US – Gambling)*, S. 75 ff., Punkt 3.189 ff.; S. 109 ff., Punkt 3.279 ff.; S. 247 ff., Punkt 6.506 ff.

1314 Vgl. *Marwell*, 802, 812 (Fn. 45).

die Anwendung via Internet den unkontrollierten Zugriff, beispielsweise durch Kinder und suchtgefährdete Personen.[1315]

Nachfolgend werden die Konkretisierung des unbestimmten Begriffs der „public morals“ durch das Panel und durch den AB im *„Gambling“*-Streit nachgezeichnet sowie mögliche Implikationen für GVO-Anbauverbote aufgrund von Art. 26b Richtlinie 2001/18/EG aus *ethischen* Gründen dargestellt.

Das Panel definierte den Begriff der „public morals“ sinngemäß durch Richtlinien einer Gesellschaft oder Nation für rechtes oder unrechtes Verhalten.[1316] Bemerkenswert sind in diesem Zusammenhang die vom Panel bei der Beurteilung der streitbefangenen US-Glücksspielverbote herangezogenen Aspekte, insbesondere der Vergleich mit diesbezüglichen Vorschriften anderer Staaten[1317] und die Einbeziehung von einschlägigen Judikaten des EuGH zur Rechtfertigung entsprechender Glücksspielverbote in der EU[1318] durch den entsprechenden Vorbehalt in Art. 30 EGV a.F.[1319]

Das Panel bejahte die prinzipiell mögliche Einbeziehung des Glücksspiels in den Anwendungsbereich der *public-morals*-clause.[1320] Dieser Definition und auch der Heranziehung der für die Einbeziehung einer Maßnahme in den Begriff der öffentlichen Moral vom Panel herausgearbeiteten Kriterien stellte sich der AB im anschließenden Berufungsverfahren[1321] nicht entgegen.[1322]

Probleme ergeben sich beim rechtsvergleichenden Definitionsansatz des Panels zur *public-morals*-clause, aus der Vielzahl der WTO-Mitglieder[1323] und ihrer damit einhergehenden kulturellen, religiösen, ethnischen und sozialen Diversität,[1324] so dass die Definition dem unbestimmten Begriff der öffentlichen Moral keine abschließende und klare Kontur verleiht.

GVO-Anbauverbote aufgrund von Verbraucherpräferenzen für den konventionellen oder biologischen und gegen den GVO-Anbau aus religiösen, möglicherweise auch aus idealistischen Gründen, könnten demnach Gründe der öf-

1315 Vgl. ebenda.

1316 *"A condition in which the laws regulating the public conduct of members of a community are maintained and observed; the rule of law or constituted authority; absence of violence or violent crimes"*, siehe Panel Report, WT/DS285/R *(US – Gambling)*, S. 238, Punkt 6.466.

1317 Vgl. *Marwell*, 802, 812 (Fn. 49).

1318 Vgl. ebenda, 802, 812 (Fn. 50).

1319 Heute Art. 36 AEUV.

1320 Panel Report WT/DS285/R *(US – Gambling)*, S. 239, Punkt 6.474; vgl. *Marwell*, 802, 813.

1321 AB Report, 7.4.2005, WTDS/285/AB/R *(US – Gambling)*, http://www.wto.org/english/tratop_e/dispu_e/cases_e/.

1322 Vgl. *Marwell*, 802, 814.

1323 Siehe zu den derzeit (Stand: März 2012) 157 WTO-Mitgliedern im Einzelnen: Understanding the WTO, The Organization, Members and Observers, http://www.wto.org/english/thewto_e/whatis_e/tif_e/org6_e.htm.

1324 So etwa auch *Marwell*, 802, 808.

fentlichen Moral im oben beschriebenen Sinn darstellen. Dass weite Teile der EU-Bevölkerung der Grünen Gentechnik äußerst kritisch bis ablehnend gegenüberstehen, könnte für eine in einzelnen EU-Mitgliedstaaten „gesellschaftlich" angelegte Haltung und damit für eine Maßnahme aus Gründen der öffentlichen Moral sprechen. Auch sozialpolitische Ziele, wie die Entwicklungen des ländlichen Raums zur Aufrechterhaltung des derzeitigen Niveaus der Beschäftigung, oder kulturpolitische Ziele, wie die Erhaltung des historischen Erbes, der traditionellen Landwirtschaft, von Produktbesonderheiten aufgrund regionaler Produktionsprozesse und die Erhaltung kultureller und gesellschaftlicher Traditionen und Naturregionen[1325], könnten möglicherweise in den weit gefassten Anwendungsbereich der Vorschrift fallen. Können Verbote von Glücksspielen zum Schutz der Bevölkerung vor organisierter Kriminalität als Maßnahmen aus Gründen der öffentlichen Ordnung gelten, so könnten möglicherweise auch GVO-Anbau-Verbote aus Gründen der öffentlichen Ordnung als Maßnahmen gem. Art. XX lit. a) GATT gelten.

Im Hinblick auf die Frage, ob die *US – Gambling*-Vorschriften auch *notwendig*[1326] zum Schutz der öffentlich Moral waren, rekurrierte das Panel auf vom AB zu Art. XX GATT entwickelte, dem Verhältnismäßigkeitsprinzip sehr ähnliche, Grundsätze[1327], nämlich auf die Relevanz der mit den Vorschriften verfolgten Schutzzwecke und auf die Frage, inwieweit die Maßnahme geeignet und erforderlich war, diese angestrebten Ziele zu erreichen und den Handel zu beeinträchtigen.[1328]

Das Panel bewertete die Beeinträchtigungen des Handels durch die *US – Gambling*-Verbote als signifikant und befand sie mithin für nicht notwendig.[1329] Diese Begründung des Panels lässt jedoch die Umstände des Einzelfalls unbe-

1325 Siehe die offene und unverbindliche Liste mit möglichen Gründen SEC (2011) 184 final, Commission Staff Working Document Complementary Considerations on Legal Issues on GMO Cultivation raised in the Opinions of the Legal Service of the Council of the European Union of 5. November 2010 and of the Legal Service of the European Parliament of 17. November 2010 (Indicative List of Grounds for Member States to restrict or prohibit GMO Cultivation).

1326 Vgl. Zum Begriff etwa *Panizzon/Arnold/Cottier*, URP / DEP 3 | 2010, 199, 227 ff.; *Dederer*, Weiterentwicklung des Gentechnikrechts – GVO-freie Zonen und sozioökonomische Kriterien für die GVO-Zulassung, S. 159f. (dort in erster Linie im Zusammenhang mit Art. 5.6 SPSÜ).

1327 Vgl. *Marwell*, 802, 810, 813; AB-Report, Korea – Measures Affecting Imports of Fresh Chilled and Frozen Beef, WT/DS169/AB/R *(Korea – Beef)*, S. 50, Punkt 164.

1328 Panel Report, DS/285/R *(US – Gambling)*, S. 242, Punkt 6.488; S. 254, 6.535; vgl. *Marwell*, 802, 810, 813.

1329 Vgl. Panel Report, DS/285/R *(US – Gambling)*, S. 244, Punkt 6.495, *Marwell*, 802, 813f.

achtet. Gerade die mangelnde Verfügbarkeit milderer, gleich effektiver Mittel[1330] führt im konkreten Fall insoweit zum entgegengesetzten Ergebnis. Im anschließenden Berufungsverfahren bewertete der AB die *US – Gambling*-Verbote mithin zwar als geeignet und auch als notwendig,[1331] jedoch auch als diskriminierend,[1332] da der *Interstate Horseracing Act* Ausnahmen vom *Gambling*-Verbot für US-amerikanische, nicht aber für ausländische Unternehmen, enthielt.[1333]

Die Verbotsvorschriften im Fall US – Gambling verstießen somit im Ergebnis auch dem AB zufolge gegen das GATS, jedoch nicht, weil sie nicht notwendig, sondern nur, weil sie diskriminierend waren. Auch im ExpertInnengutachten des Österreichischen Bundesministeriums für Gesundheit wird hervorgehoben, dass ein Anbauverbot für GVO für in- wie ausländische GVO gelten muss, um GATT-konform sein zu können.[1334]

Wie soeben erwähnt, sah der AB in den US – Gambling-Verboten Diskriminierungen ausländischer Unternehmen und folgerte daraus, dass die handelshemmenden Maßnahmen nicht gerechtfertigt waren. Die Vorschriften zur Rechtfertigung im GATS und auch im GATT enthalten einen sog. „Chapeau", dem eine handelshemmende Maßnahme entsprechen muss, selbst, wenn die übrigen Voraussetzungen vorliegen, die Maßnahme also beispielsweise, wie in US – Gambling, notwendig zum Schutz der öffentlichen Moral ist. Entspricht sie nicht den Voraussetzungen des Chapeau, so ist sie nicht gerechtfertigt. Das Mitglied, dessen Maßnahme angegriffen wird, trägt demnach die Beweislast dafür, dass sie keine willkürliche Diskriminierung bewirkt und dass sie nicht zu einer versteckten Beschränkung des internationalen Handels führt.[1335]

Im Ergebnis ist damit festzuhalten, dass Opt-out-Maßnahmen zumindest aus ethischen Gründen aufgrund des ursprünglich von der Kommission vorgeschlagenen Art. 26b der Richtlinie 2001/18/EG, die Annahme der Gleichartigkeit von GVO und Nicht-GVO sowie eine Diskriminierung unterstellt, nach Art. XX lit. a) GATT gerechtfertigt sein können.

Allerdings gibt es zu Art. XX lit. a) GATT, wie gezeigt, bisher noch keine gefestigte Rechtsprechung.

Vgl. *Göttsche*, in Oeter/Hilf, WTO-Recht, § 25, Rn. 36 (dort wird der Begriff der „Notwendigkeit" noch weitergehend interpretiert. Es reicht demnach bereits die Eignung der Maßnahme zur objektiven Verwirklichung der verfolgten Schutzpolitik aus.)

1331 Vgl., AB Report, 7.4.2005, WTDS/285/AB/R *(US – Gambling)*, S. 15, Punkt 3.27; *Marwell*, S. 801, 814.

1332 Mithin verstießen die US-Vorschriften gegen die im GATS (und auch im Art. XX GATT) enthaltene sog. „Chapeau-Regel".

1333 Vgl. *Marwell*, 802, 814.

1334 Vgl. *Heissenberger/Eckerstorfer/Gaugitsch*, ExpertInnengutachten, S. 3.

1335 AB Report WT/DS58/AB/R vom 12. Oktober 1998, United States – Import Prohibition of Certain Shrimp and Shrimp Product *(US – Shrimp)*, Rn.119 ff.

2.2 Weitere Kritikpunkte

Kritisiert wird u.a., dass das *Paket* die eigentlichen Schwächen des derzeitigen Rechtsrahmens nicht hinreichend korrigiere.

Das Europäische Parlament schlägt im Bericht vom 20.4.2011 und in seiner Entschließung vom 5.7.2011 vor, dass für den Anbau bestimmte GVO nicht nur, wie im Kommissionspaket ausgeführt, „individuellen Risikobewertungen"[1336] unterzogen werden, sondern, dass sie einer „individuellen Bewertung der direkten und indirekten kurz- und langfristigen Risiken" unterzogen werden, bevor sie zum Inverkehrbringen auf dem Markt der EU zugelassen werden.[1337] Mit dem Hinweis auf die konkrete Begriffsverwendung möchte das Europäische Parlament die ordnungsgemäße Durchführung der UVP und der Umsetzung der Richtlinie insgesamt sicherstellen.[1338]

Das Europäische Parlament schlägt des Weiteren vor, dass die ordnungsgemäße Durchführung der Risikobewertungen durch die mit der Bewertung betrauten Agenturen[1339] ordnungsgemäß sicherzustellen ist. Insbesondere seien sie im Einklang mit den Schlussfolgerungen des Rates vom 4.12.2008[1340] und damit insbesondere mit der Richtlinie 2001/18/EG, also auch mit ihrem Anhang II, durchzuführen.[1341] Noch deutlicher weist der Ausschuss der Regionen in seiner Stellungnahme vom 27./28.1.2011 auf die an der Arbeitsweise sowie an Transparenz und Verständlichkeit der Risikobewertungen der EFSA geübte Kritik hin.[1342] Demnach sollten die Leitlinien zur Risikobewertung mit den Mitgliedstaaten abgestimmt werden und ihnen eine normative Qualität zukommen.[1343] und *nicht* in erster Linie den *Grundsätzen der wesentlichen Gleichwertigkeit* und des *Konzepts der vergleichenden Sicherheitsbewertung* folgen. Zudem seien direkte und indirekte langfristige Auswirkungen und Unsicherheiten in diesem Rahmen klar zu ermitteln.[1344]

1336 Entwurf Art. 26b lit. a) der Freisetzungsrichtlinie, siehe KOM (2010) 375 endg., S. 12.

1337 Vgl. *Lepage*, Bericht v. 20.4.2011, S. 6, Änderungsantrag 2.

1338 Ebenda.

1339 Das ist in erster Linie die EFSA.

1340 Vermerk des Generalsekretariats vom 5. Dezember 2008, Genetisch veränderte Organismen (GVO), Schlussfolgerungen des Rates vom 4. Dezember 2008, Ratsdok. 16882/08; vgl. Europäisches Parlament,
Entschließung v. 5. Juli 2011, Abänderung 44, Erwägung 2 lit. a).

1341 *Lepage*, Bericht v. 20.4.2011, S. 6, Änderungsantrag 2, Erwägung 2.

1342 Stellungnahme des Ausschusses der Regionen vom 27./28.2.2011, ABl. C 104 v. 2.4.2011, 62-66, Rn. 13 ff.

1343 Vgl. KOM (2010) 380 endg., S. 3.

1344 *Lepage*, Bericht v. 20.4.2011, S. 7, Änderungsantrag 3, Erwägung 2 lit. a); Europäisches Parlament, 5. Juli 2011, Abänderung 44, Erwägung 2 lit. a).

Auch solle die Kommission dem Europäischen Parlament zufolge sicherstellen, dass die Mitgliedstaaten, die zuständigen wissenschaftlichen Stellen und andere einschlägige Interessenträger umfassend in die Bewertungsverfahren einbezogen werden.[1345] Änderungen beim Einsatz von Herbiziden, die auf herbizidtolerante genetisch veränderte Pflanzen zurückzuführen sind, sollten demnach unter Beachtung der mitgliedstaatlichen politischen Maßnahmen zur Verringerung des Pestizideinsatzes bewertet werden.[1346] Überhaupt sollten die die Freisetzungsrichtlinie abändernde Verordnung und ihre Umsetzung dem Vorsorgeprinzip Rechnung tragen.[1347]

Der Ausschuss der Regionen hebt in seiner Stellungnahme zum Paket vom 27./28. Februar 2011 die Verbesserungsbedürftigkeit des GVO-Kennzeichnungssystems hervor, da bestimmte Lebensmittel, wie beispielsweise die Milch, die Eier und das Fleisch der von mit GVO-Futter gefütterten Tiere gegenwärtig einen beachtlichen Teil der auf dem Markt befindlichen Lebensmittel ausmache.[1348] Gerade diese nur „mit" GVO hergestellten Lebensmittel seien aber nach dem derzeitigen GVO-Rechtsrahmen von der Kennzeichnungspflicht[1349] ausgenommen.[1350] Hierdurch werde die Wahlfreiheit der Konsumenten beeinträchtigt. Auch würden hierdurch Wettbewerbsverzerrungen entstehen, da die Verwendung von GVO-Futtermitteln vermutlich preiswerter sei als jene naturbelassener Futtermittel durch Erzeuger, die GVO-freie Lebensmittel anbieten möchten.[1351] Gerade Lebensmittel aus Tieren, die mit GVO gefüttert wurden, seien ausdrücklich als solche zu kennzeichnen.[1352]

Die EFSA hat bei der Ausübung ihrer Tätigkeit ein hohes Maß an Transparenz zu gewährleisten.[1353] Sie veröffentlicht alle von ihr abgegebenen Stellungnahmen[1354] und sie muss weitgehenden Zugang zu den in ihrem Besitz befindlichen Unterlagen gewähren.[1355] Sie soll dazu u.a. unverzüglich die ihren Gutachten zugrundeliegenden Informationen veröffentlichen,[1356] soweit nicht Grund-

1345 Ebenda.

1346 Ebenda.

1347 Europäisches Parlament, 5. Juli 2011, Abänderung 46, Erwägung 2 lit. b).

1348 Stellungnahme des Ausschusses der Regionen vom 27./28.2.2011, ABl. C 104 v. 2.4.2011, 62-66, Rn. 10.

1349 Lebens- und Futtermittel, die „mit" oder „mit Hilfe" von GVO hergestellt wurden, sind, wie gezeigt, nach dem bisher bestehenden Rechtsrahmen weder kennzeichnungs- noch zulassungspflichtig.

1350 Siehe dazu oben, Punkt III 2.2.1.

1351 Stellungnahme des Ausschusses der Regionen vom 27./28.02.2011, ABl. C 104 v. 2.4.2011, 62-66, Rn. 12.

1352 Ebenda, Rn. 10, 11 und 27.

1353 Art. 38 I der BasisVO.

1354 Art. 40 III BaisVO.

1355 Art. 41 I BasisVO.

1356 Art. 38 I lit. c) BasisVO.

sätze der Vertraulichkeit[1357] und des Zugangs zu Unterlagen[1358] entgegenstehen. Auch soll die Öffentlichkeit rasch objektive, zuverlässige und leicht zugängliche Informationen, v.a. über die Ergebnisse der EFSA-Arbeit, erhalten.[1359] Gleichwohl werden EFSA-Bewertungen teilweise als intransparent kritisiert. Zum einen ist der EFSA-Risikobewertungsprozess nicht öffentlich.[1360] Zum anderen werden bisher nur Dossiers der Antragsteller, nicht aber die vollständigen Unterlagen zugänglich gemacht.[1361] Dass Meetings von EFSA-Wissenschaftlern nicht öffentlich stattfinden, wird u.a. mit der Gewährleistung ihrer Unabhängigkeit begründet.[1362] Im Hinblick auf den Zugang unabhängiger Forscher[1363] zu Informationen schlägt das Europäische Parlament die Einfügung eines Absatzes V lit. a) in Art. 25 Richtlinie 2001/18/EG mit folgendem Inhalt vor:

> *„5a. Ohne den Schutz der Rechte des geistigen Eigentums zu beeinträchtigen, darf der Zugang zu den erforderlichen Materialien für eine unabhängige Erforschung der potenziellen Risiken von GVO wie etwa Saatgut nicht eingeschränkt oder verhindert werden.“*[1364]

Zudem schlägt das Europäische Parlament in seiner Entschließung vom 5. Juli 2011 vor, dass die EFSA und die Mitgliedstaaten im Interesse einer unabhängigen Forschung ein alle Disziplinen umfassendes Netz von Wissenschaftsorganisationen etablieren und alle dafür erforderlichen Ressourcen verfügbar machen sollen.[1365]

Im Folgenden sollen die dargestellten Probleme im Zulassungsverfahren über den GVO-Anbau und die beschriebenen Verbesserungsvorschläge und Lösungsansätze einer Schlussbetrachtung unterzogen werden.

1357 Art. 39 BasisVO.

1358 Art. 41 BasisVO.

1359 Art. 40 II BasisVO.

1360 Vgl. etwa *Vos*, in: Everson/Vos, Uncertain Risks Regulated, S. 257.

1361 Vgl. Stellungnahme des Ausschusses der Regionen vom 27./28. Januar 2011, ABl. C 104 v. 2.4.2011, 62-66, Rn. 13.

1362 Vgl. etwa *Vos*, in: Everson/Vos, Uncertain Risks Regulated, S. 257. Wäre der Risikobewertungsprozess öffentlich, so könnten, bestimmten Autoren zufolge, Interessenverbände die Bewertungen durch die Ausübung von politischem Druck manipulieren.

1363 Der Rat hatte in seinen Schlussfolgerungen vom 4. Dezember 2008 betont, dass die EFSA ihre Beobachtungsfunktion gem. Art. 30 BasisVO und eine systematische und unabhängige Forschung nur durch die Zusammenarbeit der EFSA mit den Mitgliedstaaten erfüllen könne und dass für die Erforschung der Risiken von GVO alle verfügbaren Ressourcen zu nutzen seien, Schlussfolgerungen des Rates vom 4. Dezember 2008, Ratsdok. 16882/08, Punkt 10 f.

1364 Europäisches Parlament, 5. Juli 2011, Änderungsantrag 13.

1365 Ebenda, Abänderung 44, Erwägung 2 lit. a. Bereits in seinen Schlussfolgerungen vom 4. Dezember 2008 hatte der Rat dazu aufgefordert, den Aufbau eines solchen Netzes gem. Art. 36 BasisVO zu fördern, siehe Schlussfolgerungen des Rates vom 4. Dezember 2008, Ratsdok. 16882/08, Punkt 10.

IX. Schlussbetrachtung

Ob die Möglichkeit der Mitgliedstaaten zu einem *Opt-out* nach der Zulassung des Anbaus gentechnisch veränderter Organismen auf EU-Ebene das beschriebene Abstimmungsproblem im Rat beheben und die Entscheidungsfindung im Zulassungsverfahren vereinfachen[1366] kann, ist zweifelhaft. Zwar ist es vorstellbar, dass v.a. auch gentechnikkritische Mitgliedstaaten Umweltverträglichkeitsprüfungen der EFSA im Zulassungsverfahren weniger kritisch bewerten und wegen der Option auf ein mitgliedstaatliches Verbot im Zweifel eher für eine Anbauzulassung votieren würden. Zu Recht weist aber beispielsweise der Deutsche Bundesrat darauf hin, dass eine *Opt-out*-Klausel keine beschleunigte Zulassung und auch keine Aufweichung der Anforderungen an die Risikobewertungen und an die Umweltverträglichkeitsprüfung bewirken darf,[1367] da ansonsten eine Koexistenz von GVO und naturbelassenen Pflanzen nicht gewährleistet wäre.[1368]

Die Evaluationsberichte der *EPEC* enthält auch Ausführungen zu den im Jahr 2009 von Österreich und zwölf weiteren Mitgliedstaaten sowie von den Niederlanden artikulierten Vorschlägen zu *Opt-out*-Klauseln.[1369] Bedenken gegen *Opt-out*-Klauseln werden u.a. im Hinblick auf die Unvorhersehbarkeit von einem Nutzen und von möglichen Auswirkungen, wie etwa einer Regionalisierung von Anbaugebieten, geäußert.[1370] Auch könne die Logistik der Umsetzung erschwert sein. Zudem seien rechtliche Anbaugrenzen nicht identisch mit natürlichen Grenzen der GVO-Ausbreitung. Die weit überwiegende Mehrzahl der befragten Antragsteller sah in einer *Opt-out*-Klausel eine Verfehlung der eigentlich vom Rat in seinen Schlussfolgerungen vom 4. Dezember 2008 für erforderlich erklärten Verbesserung der Umsetzung des bestehenden Rechtsrahmens.[1371] Befragte Vertreter mitgliedstaatlicher Zulassungsbehörden hoben hervor, dass die Möglichkeiten für die Berücksichtigung spezifischer Umstände im jeweiligen Mitgliedstaat nach dem bestehenden Rechtsrahmen im Einklang mit den

1366 KOM (2010) 375 endg., S. 4, Punkt 2.1., B.

1367 Bundesrat, Empfehlungen, Drucksache 440/1/10 vom 13.9.2010, S. 2, Punkt 3.

1368 Ebenda, Punkt 4.

1369 Vgl. EPEC, Interim Report (Evaluation of the EU legislative Framework in the Field of Cultivation of GMOs under Directive 2001/18/EC and Regulation (EC) No 1829/2003), S. 79 ff., Punkt 6.2.3; EPEC, Final Report (Evaluation of the EU legislative Framework in the Field of Cultivation of GMOs under Directive 2001/18/EC and Regulation (EC) No 1829/2003, and the placing on the market of GMOs as or in products under Directive 2001/18/EC), S. 93 ff.

1370 Vgl. ebenda, S. 81, Punkt 6.2.3; EPEC, Final Report, S. 95, Punkt B2.3.

1371 Vgl. EPEC, Interim Report, S. 80, Punkt 6.2.3.

Schlussfolgerungen des Rates besser eruiert werden müssten, bevor der Rechtsrahmen entsprechend verändert werden könne.[1372]

Eine Reihe von Fachministern, etwa von Deutschland, Spanien, Frankreich und Polen, äußerte im Rat der Europäischen Union Bedenken gegen die Eignung einer *Opt-out*-Klausel zur Förderung des Binnenmarkts. Die Niederlande, Ungarn und Österreich haben das Selbstbestimmungsrecht der Mitgliedstaaten begrüßt, wobei es den Niederlanden wohl um eine beschleunigte Zulassung des GVO-Anbaus geht.

Einzelne Abgeordnete des Europäischen Parlaments aus den Mitgliedstaaten Schweden, Frankreich, Deutschland, Zypern und sogar der Niederlande, aber auch von Portugal und vom Vereinigten Königreich, schlugen die Ablehnung des Kommissionsvorschlages vor. Ein schwedischer Abgeordneter begründete seinen Ablehnungsvorschlag mit dem Mangel an Rechtssicherheit, mit Zweifeln an der Vereinbarkeit mit WTO-Recht und damit, dass der Kommissionsvorschlag das Ziel, die Blockaden im Rat aufzulösen, wahrscheinlich nicht erreichen könne.[1373] Andere Abgeordnete hoben Mängel des Kommissionsvorschlages hervor und bezogen sich daneben zur Begründung ihrer ablehnenden Haltung darauf, dass die Schlussfolgerungen des Rates vom Dezember 2008 mit dem Vorschlag nicht umgesetzt würden.[1374]

Zu einzelnen Mängeln der vorgeschlagenen *Opt-out*-Klausel: Die gleichzeitige Kompetenz der EFSA könnte, aus Gründen der Subsidiarität infrage gestellt sein, soweit die Mitgliedstaaten spezifische Umstände des GVO-Anbaus besser beurteilen können als die EFSA. Welche Kriterien in diesem Sinne besser auf mitgliedstaatlicher Ebene beurteilt werden können, ist umstritten. Während die Kommission eine strikte Trennung wissenschaftlicher von nicht wissenschaftlichen Gründen bisher für möglich hält und eine bessere Zielerreichung auf EU-Ebene am Kriterium der Naturwissenschaftlichkeit festmacht, halten es mehrere Mitgliedstaaten, u.a. Österreich und auch das Europäische Parlament für angezeigt, den Mitgliedstaaten ein *Opt-out* auch aus naturwissenschaftlichen Gründen zu ermöglichen. Bei der Ratssitzung am 14. März 2011 wurde eine Erweiterung der Liste möglicher Gründe für ein Anbauverbot um den Schutz der biologischen Vielfalt, der Agrarstrukturen, sozioökonomischer Faktoren sowie neuer wissenschaftlicher Erkenntnisse über die Risiken des GVO-Anbaus gefordert.

Eine Ergänzung der Liste möglicher Gründe für ein *Opt-out* der Mitgliedstaaten um in der Risikobewertung bzw. der UVP der EFSA berücksichtigte Aspekte des Gesundheits- und des Umweltschutzes, könnte Zweifel an der Handlungsbefugnis der EFSA begründen, da eine bessere Erreichung der Ziele des Umwelt- und Gesundheitsschutzes auf EU-Ebene durch die gleichzeitige Risi-

1372 Vgl. ebenda.

1373 Vgl. *Lepage*, Entwurf eines Berichts, 17.3.2011, Änderungsanträge 10-114, S. 3, Änderungsantrag 10.

1374 Vgl. ebenda, S. 4, Änderungsanträge 11 f.

kobewertung durch die Mitgliedstaaten zumindest infrage gestellt werden würde.

Hinzu kommt, dass sich in der von der Kommission nachgereichten Liste enthaltene Gründe, wie etwa umweltpolitische Aspekte, möglicherweise nicht ohne Weiteres von Aspekten, die Gegenstand der UVP sind, abgrenzen lassen.

Ein *Opt-out* an sich würde mithin nicht per se eine bessere Zielerreichung im Sinne des Subsidiaritätsprinzips bewirken. Dürfen die Mitgliedstaaten Anbauverbote aus Gründen des Umweltschutzes verhängen, so könnte der EFSA damit insoweit die Legitimation für die Durchführung entscheidungsrelevanter Risikobewertungen entzogen werden. Je größer das Spektrum möglicher Gründe für mitgliedstaatliche *Opt-out*-Entscheidungen, desto instabiler wird die Grundlage für eine diesbezügliche Verbandskompetenz der EU, jedenfalls, soweit die Frage der besseren Zielerreichung im Sinne des Subsidiaritätsprinzips betroffen ist.

Es spricht vieles dafür, Art. 114 AEUV als Rechtsgrundlage für eine Rückübertragung gelten zu lassen, ohne diese an die engen Voraussetzungen, wie die Förderung der Funktionsfähigkeit des Binnenmarktes, zu knüpfen. Diese Eignung der *Opt-out*-Klausel zur Förderung des Binnenmarktes wird aber beispielsweise vom Deutschen Bundesrat[1375] angezweifelt. Die Kommission und der Rechtsausschuss des Europäischen Parlaments halten diese zu Recht und mit zutreffender Begründung (insbesondere mit Verweis auf Art. 2 II AEUV und teilweise auch mit der Rechtsprechung der europäischen Gerichte) nicht für erforderlich. Überdies führt die Kommission gerade die ausdrücklich bezweckte Vereinfachung des Zulassungsverfahrens und das weitere Ziel der Reduzierung von mitgliedstaatlichen Schutzmaßnahmen als Belege dafür an, dass die *Opt-out*-Klausel den Binnenmarkt fördern würde.

Soweit also die Voraussetzungen des Art. 114 I AEUV, insbesondere die Förderung des Binnenmarktes, für erforderlich gehalten werden, müsste die erwähnte Begründung der Kommission einer möglichen Prüfung des EuGH standhalten. Aber schon der Plausibilität des Vorbringens, die *Opt-out*-Klausel würde den Binnenmarkt fördern, da so das Zulassungsverfahren vereinfacht bzw. beschleunigt und weniger mitgliedstaatliche Schutzmaßnahmen geltend gemacht würden, würde u.a. die von der Kommission mit ihren neuen Leitlinien erklärte Intention zur Stärkung der Koexistenz entgegenstehen. Eine Beschleunigung der Zulassungsverfahren und ein von der Kommission intendiertes Absehen der Mitgliedstaaten von Schutzmaßnahmen, allein wegen der Option auf ein Anbauverbot nach einer Zulassung, würde sich unmittelbar zulasten des Umwelt- und Gesundheitsschutzes auswirken, soweit eben begründete Kritik an den ohnehin überaus umstrittenen Risikobewertungen der EFSA ausbleiben

---

1375 Bundesrat, Empfehlungen, Drucksache 440/1/10 vom 13.9.2010, S. 2, Punkt 2.

würde. Anbauzulassungen aufgrund von unzulänglichen Risikobewertungen würden eine Koexistenz unmöglich machen.

Die Kommission würde sich also mit der Begründung der Förderung des Binnenmarktes durch das Ausbleiben von Beanstandungen im Zulassungsverfahren und die Reduzierung der Anzahl von Schutzmaßnahmen zum einen in Widerspruch zu mit der *Opt-out*-Klausel verfolgten Zielen des Umwelt- und Gesundheitsschutzes setzen und damit letztlich wiederum die Frage der Subsidiarität aufwerfen, da sich die Zweifel an der besseren Erreichung dieser Ziele auf EU-Ebene somit verstärken könnten. Zum anderen würde die Kommission auch ihr Koexistenzkonzept gefährden bzw. infrage stellen. Gerade mit Blick darauf, dass die Risikobewertungen der EFSA höchst umstritten sind und teilweise nachweislich auf unzulänglichen Unterlagen beruhen, wirkt sich die von der Kommission sinngemäß erklärte Intention, Kritik an den Risikobewertungen zu verhindern und die Begründung von *Opt-out*-Maßnahmen gerade mit Aspekten des Umwelt- und Gesundheitsschutzes zugleich explizit auszuschließen, klar zulasten des Umwelt- und Gesundheitsschutzes und zugunsten der EFSA-Risikobewertungen und letztlich der Antragsteller aus.

Die genannten Begründungsansätze der Kommission für eine Binnenmarktförderung wären somit nicht tragfähig.

Allerdings führt die Kommission, wie erwähnt, zu Recht aus, dass es keiner Binnenmarktförderung bedarf. Es ergibt keinen Sinn, dieselben Anforderungen an die Übertragung der Kompetenz auf die EU zu stellen, wie an die Rückübertragung von der EU auf die Mitgliedstaaten. Selbst mit der Ausübung von Kompetenzen durch die EU verbundene Ziele beschränken sich schließlich nicht nur auf den Binnenmarkt, sondern haben auch Aspekte des Umwelt- und Gesundheitsschutzes zum Gegenstand. Erweist sich die Kompetenzausübung durch die EU im Hinblick auf diese weiteren Ziele, etwa des Umwelt- und Gesundheitsschutzes, als nicht förderlich oder sogar kontraproduktiv und können die Mitgliedstaaten die Zielerreichung besser fördern, so muss die Rückübertragung der Kompetenz von der EU auf die Mitgliedstaaten naturgemäß gerade nicht zum Zweck der Förderung des Binnenmarktes, wohl aber zur Förderung anderer Zwecke möglich sein. Dafür spricht auch der Wortlaut des Art. 2 II S. 3 AEUV, wonach eine Rückübertragung möglich ist, *„sofern und soweit die Union entschieden hat, ihre Zuständigkeit nicht mehr auszuüben“*. Die Knüpfung der Rückübertragung von Kompetenzen an bestimmte materiell-rechtliche Voraussetzungen ergibt sich somit weder aus dem Wortlaut der zitierten Vorschrift noch aus dem Sinn und Zweck einer Rückübertragung.

Der vom Europäischen Parlament vorgeschlagene Art. 192 AEUV könnte als Rechtsgrundlage zum Schutz der Tier- und Pflanzenwelt sowie der Bodennutzung und der Raumordnung herangezogen werden, wäre aber nur auf die in Art. 191 AEUV genannten Ziele anwendbar, die mitunter Teil der EFSA-

Risikobewertungen und einem *Opt-out* deshalb nach dem ursprünglichen Kommissionsvorschlag nicht zugänglich sind.

Hilfsweise müsste auf die Vertragslückenschließungskompetenz gem. Art. 352 I AEUV rekurriert werden.

Neben der problematischen Frage der passenden Rechtsgrundlage für die vorgeschlagene *Opt-out*-Klausel ist auch das Problem der Rechtsunsicherheit nicht behoben. Zwar hat die Kommission eine Liste von Gründen erstellt. Allerdings erklärt sie diese ausdrücklich für unverbindlich. Und sie weist zudem darauf hin, dass nur der EuGH über die EU-Rechtskonformität von Anbauverboten im jeweiligen Einzelfall entscheiden könne. Zudem lassen sich einzelne Gründe, wie beschrieben, nur schwer von Aspekten des Umweltschutzes abgrenzen. Auch sind sie teilweise sehr unbestimmt. Sinnvoll und zielführend wäre, wie zu Recht beispielsweise von Österreich betont, eine *verbindliche* Liste mit Gründen, die die Kommission für EU- und WTO-rechtskonform hält. Nur so kann Rechtssicherheit geschaffen werden. Eine verbindliche Liste würde auch die von der Kommission erklärte Intention untermauern, den Mitgliedstaaten mehr Flexibilität und mehr Entscheidungsfreiheit einzuräumen. Zudem könnten so kritische Äußerungen, die Kommission wolle in erster Linie die welthandelsrechtliche Verantwortlichkeit für Verzögerungen im Zulassungsverfahren und für WTO-rechtswidrige Schutzmaßnahmen der Mitgliedstaaten an die Mitgliedstaaten delegieren, widerlegt werden.

Zwar ergibt sich die Ungleichartigkeit von gentechnisch veränderten und nicht gentechnisch veränderten Produkten u.a. bereits aus den physischen Unterschieden und aus den Verbraucherpräferenzen. Ob die WTO-Streitschlichtungsorgane diese Ansicht teilen und inwieweit sie Verbraucherpräferenzen und bestimmte physische Besonderheiten in ihre Erwägungen zur Frage der Gleichartigkeit einbeziehen werden, ist jedoch fraglich. Zudem besteht die Möglichkeit, dass einzelne Anbauverbote von vornherein als Maßnahmen, die „NPR-PPMs" betreffen, eingeordnet werden und es insoweit für Eingriffe gar nicht auf die Ungleichartigkeit, sondern nur auf allgemeine Handelsbeschränkungen gem. Art. XI GATT ankommt. *Opt-out*-Maßnahmen im Sinne des von der Kommission vorgeschlagenen Art. 26b der Freisetzungsrichtlinie könnten, wenn sich die gentechnische Veränderung aus Sicht der WTO-Streitschlichtungsorgane nicht im Endprodukt manifestiert, Eingriffe in Art. XI GATT begründen.[1376] Gerade dann, aber auch bei Annahme einer Gleichartigkeit im Rahmen des Art. III (4) GATT, würde es für die WTO-Rechtskonformität maßgeblich auf die Rechtfertigung ankommen. Zumindest aus *ethischen* Gründen motivierte *Opt-out*-Maßnahmen könnten, wie gezeigt, gem. Art. XX lit. a) GATT gerechtfertigt sein, wobei wiederum offen ist, wie die WTO-Streitschlichtungsgremien diese Frage letztlich beantworten würden.

1376 Siehe Punkt VIII, 2.1.4.2.

Auf der vorgeschlagenen *Opt-out*-Klausel beruhende *Opt-out*-Maßnahmen könnten somit möglicherweise vor dem EuGH für EU-rechtswidrig und/oder vor den WTO-Streitschlichtungsorganen für WTO-rechtswidrig erklärt werden. Die Europäische Kommission würde *Opt-out*-Maßnahmen von Mitgliedstaaten zwar gem. Art. 207 AEUV vor der WTO verteidigen. Im Hinblick auf Anbauverbote aufgrund von Art. 26b der Richtlinie 2001/18/EG im Sinne des Vorschlages des Europäischen Parlaments wäre es denkbar, dass ein Mitgliedstaat ein Anbauverbot aus umweltbezogenen Gründen verhängt, nachdem die Risikobewertung der EFSA im Zulassungsverfahren jedoch ergeben hat, dass der GVO-Anbau nicht mit Risiken für die Umwelt bzw. für die Gesundheit verbunden ist. In diesem Fall wäre eine welthandelsrechtliche Verteidigung eines Anbauverbotes wegen umweltbezogener Aspekte durch die Europäische Kommission problematisch, da sich die Europäische Kommission so im Hinblick auf die Risikobewertung in eine widersprüchliche Position begeben könnte. Vor diesem Hintergrund ist die im Parlamentsvorschlag hervorgehobene Relevanz der Überarbeitung des GVO-Zulassungsverfahrens im Sinne der Schlussfolgerungen des Rates vom 4. Dezember 2008 besonders bedeutsam.[1377]

Allein eine Renationalisierung würde der an der EFSA und an ihren Risikobewertungen geübten Kritik nicht Rechnung tragen.

Möglicherweise kann den Besonderheiten der Mitgliedstaaten im Rahmen von Anbauentscheidungen und von darauf bezogenen Schutzmaßnahmen aufgrund des bereits bestehenden Rechtsrahmens hinreichend Rechnung getragen werden, den auch der Rat in seinen Schlussfolgerungen vom Dezember 2008 für im Wesentlichen umfassend erklärt hat. So machen die in einzelnen Mitgliedstaaten aufgrund von Art. 26a der Richtlinie 2001/18/EG verhängten Koexistenzmaßnahmen deutlich, dass gentechnikfreie Zonen bereits nach dem bestehenden Rechtsahmen eingerichtet werden können. Deshalb sind auch die neuen, wenn auch nur unverbindlichen, Koexistenzleitlinien insoweit zu begrüßen, wenngleich ein *verbindlicher* Rechtscharakter wiederum für mehr Rechtssicherheit sorgen würde. Allerdings muss der Anwendungsbereich von Art. 26a der Richtlinie 2001/18/EG auf andere als ökonomische Gründe ausgedehnt werden, um den Mitgliedstaaten, wie von der Kommission intendiert, ein hohes Maß an Flexibilität im Rahmen von GVO-Anbau-Entscheidungen einzuräumen.[1378] Derart veränderte Koexistenzvorschriften würden den vorgeschlagenen Art. 26b Richtlinie 2001/18/EG entbehrlich machen. Allerdings hat eine verbesserte Umsetzung des bestehenden Rechtsrahmens Priorität.

Hinzu kommt etwa die nach Art. 7 I der VO (EG) Nr. 1829/2003 bestehende Möglichkeit, andere legitime Faktoren und das Vorsorgeprinzip im Rahmen des Risikomanagements zu berücksichtigen. Im Erwägungsgrund 9 der Freiset-

1377 Europäisches Parlament, 5.7.2011, Abänderung 44, Erwägung 2 lit. a).

1378 Vgl. *Dobbs*, RECIEL 20,2 (2011), 180, 184 f., 189, 191; siehe dazu VIII. 1.

zungsrichtlinie wird die Relevanz *ethischer* Besonderheiten der einzelnen Mitgliedstaaten hervorgehoben.

Mängel des Rechtsrahmens selbst ergeben sich allerdings u.a. aus dem Regel-Ausnahme-Verhältnis gem. Art. 7 der VO I (EG) Nr. 1829/2003 und aus dem *One door, one key-Prinzip*. So ist die Kommission bisher, wie gezeigt, in der weit überwiegenden Mehrzahl der Fälle den Vorschlägen der EFSA gefolgt.[1379] Zwei Versuche des EU-Kommissars Dimas, GVO-Anträge für Anbauzulassungen, im Einklang mit dem Vorsorgeprinzip, aber im Widerspruch zur EFSA-Risikobewertung, abzulehnen, scheiterten. Konstruktive, glaubhafte Zulassungsentscheidungen setzen jedoch eine kritische Auseinandersetzung, auch mit der EFSA-Risikobewertung, dem Vorsorgeprinzip und mit anderen legitimen Faktoren, voraus. Art. 7 VO (EG) Nr. 1829/2003 statuiert eine Begründungspflicht nur im Falle von Abweichungen der Kommission von den EFSA-Empfehlungen. Im Umkehrschluss ergibt sich, dass eine Begründung nicht erforderlich ist bei einem Konsens der Europäischen Kommission mit der EFSA-Empfehlung. Der Evaluationsbericht der Europäischen Kommission (bzw. der von ihr beauftragten EPEC) hat anschaulich gezeigt, dass andere legitime Faktoren gem. Art. 7 VO (EG) Nr. 1829/2003, wie auch schon zuvor etwa vom Rat in seinen Schlussfolgerungen festgestellt, bisher kaum eine Rolle gespielt haben. Bei Einführung einer Pflicht zur Begründung, die Aspekte des VSP und anderer legitimer Faktoren umfasst – auch in Fällen einer Bestätigung der EFSA-Empfehlungen – könnten andere legitime Faktoren und das Vorsorgeprinzip möglicherweise in hinreichendem Maß berücksichtigt werden. Allerdings sollten Zulassungen von GVO zur Verwendung als Lebens- oder Futtermittel, aus den oben dargestellten Gründen, nicht, wie nach dem *One door, one key-Prinzip* vorgesehen, bereits mit der Anbauzulassung erfolgen dürfen. Dadurch, dass das *One door, one key-Prinzip* Zulassungen zur Verwendung als Lebens- bzw. als Futtermittel aufgrund von Risikobewertungen, denen ein erst noch herzustellendes Produkt zugrunde liegt, erlaubt, gewinnt auch das Fehlen einer Auseinandersetzung mit anderen legitimen Faktoren und mit dem Vorsorgeprinzip umso mehr an Bedeutung.

Die EuGH-Rechtsprechung, wonach ein „nur hypothetisches Risiko" für Schutzmaßnahmen nicht ausreiche, kann Konflikte mit dem Vorsorgeprinzip begünstigen, da bereits die Frage, ob ein GVO-Anbauverbot auf ein nur „hypothetisches" Risiko gestützt wird, mit Blick auf den derzeitigen Stand der Wissenschaft, ungeklärt ist.

Auch die Abkehr vom *Nulltoleranzgebot* widerspricht dem Vorsorgeprinzip und der mit den Leitlinien der Kommission zur Koexistenz zum Ausdruck ge-

---

1379 Der Rat hatte wohl gerade wegen der in Zulassungsentscheidungen bisher geringen Relevanz anderer legitimer Faktoren in seinen Schlussfolgerungen im Jahre 2008 besonders auf diese Möglichkeit hingewiesen, vgl. Schlussfolgerungen des Rates vom Dezember 2008, Ratsdok. 16882/08, Punkt 7.

brachten Intention, die Koexistenz und somit die Wahlfreiheit der Konsumenten zu stärken. Auch dürften für das Monitoring, unabhängig davon, ob fallspezifisch oder allgemein, keine Ausnahmen vorgesehen sein, da gerade das Monitoring eine wertvolle Erkenntnisquelle darstellt, deren hohe Relevanz auch die Europäische Kommission bereits in ihrem Weißbuch zur Lebensmittelsicherheit und auch der Rat in seinen Schlussfolgerungen[1380] besonders hervorgehoben haben.

Wie oben[1381] gezeigt, versteht auch die EFSA das Monitoring neben der UVP als ein „Schlüsselelement des Rechtsrahmens für GVO, für dessen Umsetzung die Mitgliedstaaten verantwortlich sind.[1382] Allerdings erlauben die Leitlinien 2002/811/EG des Rates zum Monitoring Ausnahmen von der *fallspezifischen* Beobachtung für Fälle eines fehlenden oder zu vernachlässigenden Risikos.[1383] Oben wurde gezeigt, dass die Antragsteller und mithin auch die EFSA von GVO ausgehende Risiken grundsätzlich als minimal bzw. vernachlässigbar qualifizieren. Die grundsätzliche Pflicht zum fallspezifischen Monitoring läuft damit leer. Das Monitoring ist eine Haupterkenntnisquelle für Auswirkungen von GVO, weshalb GVO auch bei vermuteten minimalen Risiken beobachtet werden sollten, zumal die von GVO ausgehenden Risiken wissenschaftlich noch weitgehend unerforscht sind.[1384] Kosten-Nutzen-Gesichtspunkte[1385] dürften daher ebenfalls keine Relevanz für die Durchführung des Monitorings haben.

1380 Ebenda, Punkt 6. Der Rat hat die Relevanz der mitgliedstaatlichen Überwachung zur Feststellung potentieller Gefahren, die von GVO ausgehen, besonders hervorgehoben und auch betont, dass die Ergebnisse der Überwachung der Öffentlichkeit zugänglich zu machen seien.

1381 Siehe Punkt IV. 4.1.2.

1382 EFSA, Themen A-Z, Genetisch veränderte Organismen, Umweltverträglichkeitsprüfung und Umweltüberwachung nach dem Inverkehrbringen, erhältlich unter: http://www.efsa.europa.eu/de/gmotopics/topic/gmo.htm.

1383 Entscheidung 2002/811/EG des Rates vom 3. Oktober 2002 über Leitlinien zur Ergänzung des Anhangs VII der Richtlinie 2001/18/EG des Europäischen Parlaments und des Rates über die absichtliche Freisetzung genetisch veränderter Organismen in die Umwelt und zur Aufhebung der Richtlinie 90/220/EWG des Rates, ABl. L 280 v. 18.10.2002, 27-36 , S. 32, Punkt 1.2.1

1384 Vgl. etwa BfN, Hintergrundpapier zum Pressegespräch am 12.1.2009 am Bundesamt für Naturschutz (BfN) in Bonn, Agro-Gentechnik in der Kontroverse, Anforderungen und Risiken beim Anbau von GVP, S. 1 ff.

1385 Siehe die Entscheidung des Rates vom 3. Oktober 2002 über Leitlinien zur Ergänzung des Anhangs VII der Richtlinie 2001/18/EG des Europäischen Parlaments und des Rates über die absichtliche Freisetzung genetisch veränderter Organismen in die Umwelt und zur Aufhebung der Richtlinie 90/220/EWG des Rates, ABl. L 280 v. 18.10.2002, 27-36, S. 29, Punkt B.

Wie vom Ausschuss der Regionen zu Recht gefordert,[1386] sollten auch „mit“ bzw. „mit Hilfe“ von GVO hergestellte Erzeugnisse zumindest der Kennzeichnungspflicht unterfallen. Nur so können die Wahlfreiheit der Verbraucher gefördert und Wettbewerbsverzerrungen zwischen Erzeugern, die GVO verwenden, und jenen, die auf den GVO-Einsatz verzichten, verhindert werden.

Auch die *Umsetzung* des bestehenden Rechtsrahmens muss überdacht und korrigiert werden. Insbesondere müssen dazu die Durchführung der Risikobewertungen der EFSA, aber auch die EFSA selbst reformiert werden. So sollten bestimmte, den Bewertungen zugrunde liegende, Prinzipien, wie etwa das Prinzip der *substantiellen Äquivalenz*, nicht bzw. nicht in erster Linie maßgeblich sein. Die Kommission selbst artikuliert eine Abkehr von diesem Ansatz, indem sie, wenn auch im welthandelsrechtlichen Zusammenhang, die Ungleichartigkeit von gentechnisch und nicht gentechnisch veränderten Organismen feststellt. Das Unabhängigkeitsmanagement der EFSA sollte u.a. stärker an neutrale Außenstehende gekoppelt werden.

Eine welthandelsrechtliche Verteidigung von mitgliedstaatlichen Schutzmaßnahmen durch eine Berufung vor dem WTO-AB im *EC-Biotech*-Verfahren und eine zu bevorzugende vollständige Rückübertragung der Kompetenz zur Durchführung der Anbauzulassungsverfahren für GVO an die Mitgliedstaaten hätten möglicherweise die Plausibilität der von der Kommission erklärten Intention zur intensiveren Berücksichtigung mitgliedstaatlicher Belange sowie des Vorsorgeprinzips im Zusammenhang mit dem GVO-Anbau gestärkt. Eine vollständige Rückübertragung der Verbandskompetenz zur Entscheidung über die Anbauzulassung für GVO an die Mitgliedstaaten und eine zusätzliche Erweiterung der Begründungsmöglichkeiten für Koexistenzmaßnahmen auch auf nicht ökonomische Gründe könnte aus den oben dargestellten Gründen eine Reihe der beschriebenen Probleme effektiv lösen.

Im Ergebnis steht den mit der vorgeschlagenen Opt-out-Klausel verbundenen, zum Teil bestehenden und zum Teil auch nur möglichen Risiken, ein ungewisser Nutzen gegenüber. Der bestehende Rechtsrahmen dagegen ist, einschließlich der darin enthaltenen Rechtsgrundlagen für Anbauverbote, im Biotech-Bericht ausdrücklich nicht beanstandet worden, sollte aber effektiv umgesetzt werden. Auch nicht-ökonomische mitgliedstaatliche Belange sollten im Rahmen von Art. 26a Richtlinie 2001/18/EG berücksichtigt werden können. Anstelle einer Opt-out-Klausel im Sinne von Art. 26b Richtlinie 2001/18/EG sollte die Verbandskompetenz für Zulassungsentscheidungen über den Anbau gentechnisch veränderter Organismen komplett auf die Mitgliedstaaten zurückübertragen werden.

1386 Stellungnahme des Ausschusses der Regionen vom 27./28. Januar 2011, ABl. C. 104 v. 2.4.2011, 62-66, Rn.10 ff.

X. Literaturverzeichnis Bücher, Artikel und sonstige gedruckte Dokumente:

Barroso, Jose Manuel, Politische Leitlinien für die nächste Kommission, Brüssel 2009.

Buck, Matthias, Das Cartagena-Protokoll über Biologische Sicherheit in seiner Bedeutung für das Verhältnis zwischen Umweltvölkerrecht und Welthandelsrecht, ZUR 2000, 319-330.

Burchardi, Jan-Erik, Labelling of Genetically Modified Organisms: A Possible Conflict with the WTO?, ZLR 2001, 83-103.

Chotjewitz, Iwan, Agro-Gentechnik, Bienen und Honig. Rechtliche Implikationen der Verunreinigung von Honig durch Blütensaft und Pollen von gentechnisch veränderten Kulturpflanzen, NuR 2008, 137-142.

Cottier, Thomas; Tuerk, Elisabeth; Panizzon, Marion, Handel und Umwelt im Recht der WTO: Auf dem Weg zur praktischen Konkordanz, ZUR 2003, 155-166.

Cremer, Wolfram, Freihandel versus Gesundheits- und Verbraucherschutz. Zur Vereinbarkeit der EG-Kennzeichnungspflichten für genetisch veränderte Lebens- und Futtermittel mit dem WTO-Recht, ZEuS 2004, 579-604.

Dederer, Hans-Georg, Neues von der Gentechnik, ZLR 2005, 307-330.

Dederer, Hans-Georg, Weiterentwicklung des Gentechnikrechts – GVO-freie Zonen und sozioökonomische Kriterien für die GVO-Zulassung, Berlin 2010.

Di Fabio, Udo, Risikovorsorge – uferlos?, ZLR 2003, 163-173.

Dobbs, Mary, Excluding Coexistence of GMOs? The Impact of the EU Commission`s 2010 Recommendation on Coexistence, Review of European Community and International Environmental Law (RECIEL), 20, 2 (2011), 180-193.

Europäische Kommission, Weißbuch zur Lebensmittelsicherheit, KOM (1999) 719 endg. v. 12.1.2000.

Europäische Kommission, Mitteilung der Kommission über die Anwendbarkeit des Vorsorgeprinzips, KOM (2000) 1 endg. v. 2.2.2000.

Europäische Kommission, Weißbuch der Kommission der Europäischen Gemeinschaften „Europäisches Regieren", KOM (2001) 428 endg. v. 25.7.2001.

Europäische Kommission, Mitteilung der Kommission, Rahmenbedingungen für die europäischen Regulierungsagenturen, KOM (2002) 718 endg. v. 11.12.2002.

Europäische Kommission, Für die Europäische Union: Frieden, Freiheit, Solidarität, Mitteilung der Kommission zur institutionellen Architektur, KOM (2002) 728 endg. v. 11.12.2002.

Europäische Kommission, Europäische Kommission bedauert Antrag auf Einsetzung eines WTO-Panels über GVO, Pressemitteilung IP/03/1165 v. 18.8.2003.
Europäische Kommission, Gentechnisch veränderte Organismen (GVO): EU-Kommission macht konkrete Verbesserungsvorschläge zur Umsetzung des europäischen Rechtsrahmens, Pressemitteilung IP/06/498 v. 12.4.2006.
Europäische Kommission, Mitteilung der Kommission an das Europäische Parlament und den Rat, Europäische Agenturen – Mögliche Perspektiven, KOM (2008) 135 endg. v. 11.3.2008.
Europäische Kommission, Bericht an das Europäische Parlament und an den Rat über die sozioökonomischen Auswirkungen des Anbaus von GVO auf der Grundlage der Beiträge der Mitgliedstaaten gemäß den Schlussfolgerungen des Rates „Umwelt" vom Dezember 2008, KOM (2011) 214 endg. v. 15.4.2011.
Europäische Kommission, GVO: Kommission veröffentlicht Bericht über die sozioökonomischen Auswirkungen des GVO-Anbaus in Europa, Pressemitteilung IP/11/477 der EU v. 15.4.2011.
Europäische Kommission, Verordnung (EU) Nr. 619/2011 der Kommission vom 24. Juni 2011 zur Festlegung der Probenahme- und Analyseverfahren für die amtliche Untersuchung von Futtermitteln im Hinblick auf genetisch veränderte Ausgangserzeugnisse, für die ein Zulassungsverfahren anhängig ist oder deren Zulassung abläuft, ABl. L 166 v. 25.6.2011, 9-15.
Europäische Kommission, Draft Commission Decision of [...] concerning the provisional prohibition in France of the cultivation of seeds of genetically modified maize *(Zea mays L.* line MON810) expressing the Bt *cry1Ab* gene, pursuant to Article 54 of Regulation (EC) No 178/2002 of the European Parliament and of the Council.
Europäische Kommission, Entscheidung 2008/495/EG vom 7. Mai 2008 über das vorübergehende Verbot der Verwendung und des Verkaufs von genetisch verändertem Mais (*Zea mays* L., Linie MON810) gemäß der Richtlinie 2001/18/EG des Europäischen Parlaments und des Rates in Österreich, ABl. L 172 v. 2.7.2008, 25-27.
Europäische Union, Fragen und Antworten zu den GVO-Bestimmungen in der Europäischen Union, MEMO/07/117 v. 26.3.2007.
Europäische Union, Fragen und Antworten zu den GVO-Bestimmungen in der Europäischen Union, MEMO/10/58 v. 2.3.2010.
Europäische Union, Fragen und Antworten zu den GVO-Bestimmungen in der Europäischen Union, MEMO/10/325 v. 13.7.2010.
Europäischer Konvent, Das Sekretariat, Bericht des Vorsitzenden der Gruppe V „Ergänzende Zuständigkeiten" für die Mitglieder des Konvents vom 4.11.2002. Schlussbericht der Gruppe V, Brüssel 2003, (CONV 375/1/02).

Everson, Michelle; Vos, Ellen, The scientification of politics and the politisation of science, in : Everson, Michelle; Vos, Ellen (eds.), Uncertain Risks Regulated (S. 1-17), Abingdon, Oxon 2009.

Falke, Josef, Neue Entwicklungen im Europäischen Umweltrecht, ZUR 2010, 441-443.

Ginzky, Harald, Garnelen und Schildkröten – Zu den umweltpolitischen Handlungsspielräumen der WTO-Mitgliedstaaten, ZUR 1999, 216-222.

Gorny, Dietrich; Meier, Christian X., Anmerkung zu EuGH – „Honig mit Pollen aus GVO-Pflanzen". Die Rechte des EuGH sind nicht süßer als Honig, ZLR 2011, 747-755.

Göttsche, Götz J. in Hilf, Meinhard; Oeter, Stefan, WTO-Recht, Baden-Baden 2010.

Gross, Dominique, Das gemeinschaftsrechtliche Genehmigungsverfahren bei der Freisetzung und dem Inverkehrbringen gentechnisch veränderter Organismen, Genf 2006.

Groß, Thomas, Die Kooperation zwischen europäischen Agenturen und nationalen Behörden, EuR 2005, 54-68.

Huber, Peter M., Meldepflichten, Information und Warnung – zwischen Art. 19 BasisVO, § 40a LMBG, § 8 ProdSG und dem Glykol-Beschluss des Bundesverfassungsgerichts, ZLR 2004, 241-264.

Ittershagen, Martin; Runge, Tobias, Die europäischen Vorschriften zur Zulassung und Kennzeichnung genetisch veränderter Produkte und die Vorschläge zu ihrer Reform, NVwZ 2003, 549-557.

Joerges, Christian, Sound science in the European and global market: Karl Polanyi in Geneva, in: Everson, Michelle/Vos, Ellen (eds.), Uncertain Risks Regulated (S. 415-425), Abingdon, Oxon 2009.

Keich, Thomas, Die gentechnisch veränderte Stärkekartoffel – Eine endlose Geschichte, NuR 2011, 183-189.

Koch, Michael H., Mittelbare Gemeinschaftsverwaltung in der Praxis, EuZW 2005, 455-458.

Krajewski, Markus, Wirtschaftsvölkerrecht, 2. Aufl., Heidelberg 2009.

Krell Zbinden, Karola, Freie Fahrt für den internationalen Handel mit GVO – Die WTO hat entschieden, ZLR 2007, 125-134.

Mensching, Christian, Der neue Komitologie-Beschluss des Rates, EuZW 2000, 268-271.

Meyer, Alfred Hagen; Streinz, Rudolf, LFBG BasisVO, Lebensmittel- und Futtermittelgesetzbuch, Verordnung (EG) Nr. 178/2002 – Auszüge. Kommentar, München 2007.

Palme, Christoph, Das Honig-Urteil des EuGH, NVwZ 2011, 1434-1437.

Palme, Christoph; Schlee, Matthias, Gentechnikrecht, Wiesbaden 2009.

Rat der Europäischen Union, Entscheidung des Rates vom 3. Oktober 2002 über Leitlinien zur Ergänzung des Anhangs VII der Richtlinie 2001/18/EG des Europäischen Parlaments und des Rates über die absichtliche Freisetzung genetisch veränderter Organismen in die Umwelt und zur Aufhebung der Richtlinie 90/220/EWG des Rates, ABl. L 280 v. 18.10.2002, 27-36.

Rat der Europäischen Union, Proposal for a Directive of the European Parliament and of the Council amending Directive 2001/18/EC as regards the possibility for the Member States to restrict the cultivation of GMOs in their territory.

Remmert, Barbara, Die Gründung von Einrichtungen der mittelbaren Gemeinschaftsverwaltung, EuR 2003, 134-145.

Roller, Gerhard, Die Genehmigung zum Inverkehrbringen gentechnisch veränderter Produkte und ihre Anpassung an Änderungen des Standes der Wissenschaft, ZUR 2005, 113-118.

Sander,Gerald; Sasdi, Andreas, Freihandel und Umweltschutz. Legitimation und Grenzen grüner Handelsbeschränkungen in der EU und WTO, Frankfurt am Main 2005.

Sander, Gerald; Sasdi, Andreas, Welthandelsrecht und „grüne" Gentechnik – Eine transatlantische Auseinandersetzung vor den Streitbeilegungsorganen der WTO, EuZW 2006, 140-144.

Shaffer, Gregory C.; Pollack, Mark, in: Everson/Vos, The EU regulatory system for GMOs, in: Everson, Michelle; Vos, Ellen (eds.), Uncertain Risks Regulated (S. 269-294, Abingdon, Oxon 2009

Scherzberg, Arno, Risikomanagement vor der WTO. Zum jüngsten Handelsstreit zwischen der Europäischen Union und den Vereinigten Staaten über den Umgang mit gentechnisch veränderten Organismen, ZUR 2005, 1-8.

Schlacke, Sabine, Der Gesetzesentwurf zur Durchführung von EG-Verordnungen zu gentechnisch veränderten Lebens- und Futtermitteln, ZLR 2004, 161-178.

Spök, Armin, Bundesministerium für Gesundheit (Österreich), Studie: Assessing Socio-Economic Impacts of GMOs. Issues to Consider for Policy Development. Final Report, Wien 2010.

Stallberg, Christian, Anmerkung zum EuGH-Urteil v. 8.9.2011 – C-58 bis 68/10 (Monsanto SAS u.a./Ministre de l`Agriculture et de la Peche), EuZW 2011, 795-797.

Steinmann, Arthur; Strack, Andreas, Die Verabschiedung des „Biosafety-Protokolls" – Handelsregelungen im Umweltgewand?, NuR 2000, 367-373.

Stökl, Lorenz, Der welthandelrechtliche Gentechnikkonflikt, Berlin 2003.

Streinz, Rudolf, Europäisierte Lebensmittelaufsicht: Aufgaben, Instrumente und Rechtschutzprobleme, EuR (Beiheft 2) 2005, 7-26.

Streinz, Rudolf; Fuchs, Lars, Lebensmittelsicherheit: Die Europäische Ebene – Behörden, Kompetenzen, Kontrollen, ZLR 2002, 169-206.

Struß, Jantje, Die großflächige Ausbringung von GVO in die Umwelt – Das Recht der Grünen Gentechnik auf gemeinschaftlicher und nationaler Ebene, Baden-Baden 2010.

Sydow, Gernot, Externalisierung und institutionelle Ausdifferenzierung. Kritik der Organisationsreformen in der EU-Eigenadministration, VerwArch 2006, 1-22.

Transfeld, Carsten, Das Vorsorgeprinzip im Lichte der Ökonomischen Analyse des Rechts, Bayreuth 2006.

Uerpmann, Robert, Mittelbare Gemeinschaftsverwaltung durch gemeinschaftsgeschaffene juristische Personen des öffentlichen Rechts, AöR 2000, 551-586.

Van Asselt, Marjolein B.A.; Vos, Ellen; Rooijackers, Bram, Science, knowledge and uncertainty in EU risk regulation, in: Everson, Michelle; Vos, Ellen (eds.), Uncertain Risks Regulated (S. 389-398), Abingdon, Oxon 2009.

Vos, Ellen, The EU regulatory system on food safety: between trust and safety, in: Everson, Michelle; Vos, Ellen (eds.), Uncertain Risks Regulated (S. 249-267), Abingdon, Oxon 2009.

Wetzig, Wolfram, Einfluss der EG und der WTO auf das Lebensmittelrecht. Bindung an internationale und ausländische Standards, Frankfurt am Main 2000.

Winkler, Daniela, Implikationen des „Biotech“-Verfahrens für den Europäischen Koexistenzschutz, EuR 2007, 390-405.

Winter, Gerd, Naturschutz bei der Ausbringung von gentechnisch veränderten Organismen, NuR 2007, 571-587, 635-641.

Winter, Gerd; Stoppe-Ramadan, Sarah, Koexistenz gentechnikfreier und gentechniknutzender Landwirtschaft: Von individueller zu systematischer Konfliktlösung, NuR 2011, 396-405.

XI. Anhang

Internetquellen

Ammann, Daniel, Schweizerische Arbeitsgruppe Gentechnologie SAG, Fact Sheet: Moratorien und Verbote weltweit, September 2003, http://www.gentechnologie.ch/cms/images/stories/pdfs/papiere/fs_moratorien.pdf (zuletzt aufgerufen im August 2011).

Augsten, Frank; Buntzel-Cano, Rudolph, eed, Die Bedeutung der aktuellen Gentechnik-Gesetzesdebatte in der Europäischen Union für den Süden, EED und Forum Umwelt und Entwicklung, Bonn 2004, http://www.eed.de/dyn/download?entry=page.de.pub.de.100 (zuletzt aufgerufen im August 2011).

Baden Württembergisches Ministerium für Ländlichen Raum, Ernährung und Verbraucherschutz, Informationen zur Grünen Gentechnik (Stand: April 2010), http://www.verbraucherportal-bw.de/servlet/PB/show/2876969/Informationen%20zur%20Grnen.pdf (zuletzt aufgerufen im August 2011).

Baumüller, Heike, International Centre for Trade and Sustainable Development (ICTSD), tkn paper, Trade Knowledge Network, Domestic Import Regulations for Genetically Modified Organisms and their Compatibility with WTO Rules, Some key Issues, 2003, http://www.ecolomics-international.org/biosan_baumueller_h03_ictsd_tkn_gmo_import_reg_wto_compatib.pdf (zuletzt aufgerufen im August 2011).

Biosicherheit, Anbau von gv-Alfalfa unter Koexistenzauflagen Gentechnikpolitik USA: Trendwende in Fragen der Koexistenz?, Meldung vom 7. Januar 2011, http://www.biosicherheit.de/aktuell/1273.usa-gentechnikpolitik-koexistenz-gv-alfalfa.html (zuletzt aufgerufen im August 2011).

Biosicherheit, Streit um die Anbau-Zulassung zweier Bt-Maislinien – EU-Kommissar Dimas stellt sich gegen seine wissenschaftliche Fachbehörde, Meldung vom 27.11.2007, http://www.biosicherheit.de/aktuell/532.kommissar-dimas-stellt-wissenschaftliche-fachbehoerde.html (zuletzt aufgerufen im Mai 2011).

Brockmann, Katrin; Kremer, Peter, Grüne Gentechnik – Handlungsbedarf zum Schutz von Natur und Umwelt vor den Risiken bei Inverkehrbringen und Einsatz von gentechnisch veränderten Organismen, Dezember 2005, http://cgi.katrin-brockmann.de/user-cgi-bin/gentechnik.php (zuletzt aufgerufen im Mai 2011).

Buchholz, Gregor; Willand, Achim, GVO-Pollen im Honig als Prüfstein der Koexistenz, Juni 2009, http://www.gen-ethisches-netzwerk.de/gid/194/willand/gvo-pollen-honig-pruefstein-koexistenz (zuletzt aufgerufen im August 2011).

BUND, Hintergrundpapier Nulltoleranz, http://www.bund.net/fileadmin/bundnet/pdfs/gentechnik/20091214_gentechnik_nultoleranz_erklaerung_verbaende.pdf (zuletzt aufgerufen im Mai 2011).

Bund für Lebensmittelrecht und Lebensmittelkunde e.V. (BLL), Stellungnahme zur Anwendbarkeit der VO (EG) Nr. 1829/2003 auf Honig, ZLR 2011, 512-516.

Bundesamt für Naturschutz, BfN, Naturschutz/Landwirtschaft/Agro-Gentechnik, Hintergrundpapier zum Pressegespräch am 12.01. am Bundesamt für Naturschutz (BfN) in Bonn. Agro-Gentechnik in der Kontroverse: Anforderungen und Risiken beim Anbau von GVP, Wissenschaftliche Kontroversen und Anwendung des Vorsorgeprinzips, Pressehintergrundinfo, http://www.bfn.de/fileadmin/MDB/documents/presse/Agro-Gentechnik-Hintergrund.pdf (zuletzt aufgerufen im Mai 2011).

Bundesamt für Verbraucherschutz und Lebensmittelsicherheit, Die Grüne Gentechnik, Ein Überblick, http://www.bvl.bund.de/DE/08_PresseInfothek/04_Publikationen/01_Broschueren/01BVL_Broschueren/BVL_gentechnik.pdf?__blob=publicationFile (zuletzt aufgerufen im Mai 2011).

Bundesministerium für Bildung und Forschung, Biotechnologie, Die Unabhängigkeit der Experten, http://www.biosicherheit.de/aktuell/1309.efsa-experten.html (zuletzt aufgerufen im Mai 2011).

Bundesministerium für Bildung und Forschung, Biotechnologie, Streit über Zulassungsverfahren gentechnisch veränderter Pflanzen entbrannt, Meldung vom 30.11.2007, http://www.biotechnologie.de/BIO/Navigation/DE/root,did=70596.html?view=render (zuletzt aufgerufen im Mai 2011).

Bundesministerium für Ernährung, Landwirtschaft und Verbraucherschutz (BMELV), Grüne Gentechnik, http://www.bmelv.de/DE/Landwirtschaft/Pflanze/Gentechnik/gentechnik_node.html (zuletzt aufgerufen im Mai 2011).

Bundesministerium für Wirtschaft und Technologie (BMI), Außenwirtschaft, Handelspolitik, WTO, Was ist die WTO?, http://www.bmwi.de/BMWi/Navigation/Aussenwirtschaft/Handelspolitik-EU-/wto,did=193028.html (zuletzt besucht im August 2011).

Buntzel, Rudolf, Biotech Trade Watch, Die Agro-Gentechnik als Teil des internationalen Handelsregimes, EED – Evangelischer Entwicklungsdienst, http://www.biotech-trade-watch.org/text.php?clipId=28 (zuletzt aufgerufen im Mai 2011).

Codex Alimentarius Commission (CAK), World Health Organization (WHO) and Food and Agriculture Organization of the United Nations (FAO), CAC/GL 44-2003, Foods derived from modern biotechnology, 2nd ed., Rom 2009, ftp://ftp.fao.org/docrep/fao/011/a1554e/a1554e00.pdf (zuletzt aufgerufen im August 2011).

Codex Alimentarius Commission (CAK), World Health Organization (WHO) and Food and Agriculture Organization of the United Nations (FAO), CAC/GL 45-2003, Guideline for the Conduct of Food Safety Assessment of Foods Derived from Recombination-DNA Plants, http://www.who.int/foodsafety/biotech/en/codex_guidelines_plants.pdf, (zuletzt aufgerufen im August 2011).

Contiero, Marco, Greenpeace European Unit, GMO Risk assessment and management Applications for GMO authorizations: studies reliability and transparency, Brüssel 2011, http://ec.europa.eu/food/food/biotechnology/docs/debate_gmo_MC_presentation_en.pdf (zuletzt aufgerufen im August 2011).

Convention on Biological Diversity, http://www.biodiv.org/Biosafety/signinglist.asp (zuletzt aufgerufen im Mai 2011).

Council of the European Union, Note from the General Secretariat to Delegations, Genetically Modified Organisms – A Way Forward – Information from the Austrian delegation, 11226/2/09 REV 2, 24.6.2009, http://register.consilium.europa.eu/pdf/en/09/st11/st11226-re02.en09.pdf (zuletzt aufgerufen im September 2011).

Currie, Duncan EJ, Greenpeace, A step backwards for international environmental law but not the end of GE restrictions: Genetic Engineering and the WTO: an Analysis of the Report in the 'EC – Biotech' Case, http://www.wto.org/english/forums_e/ngo_e/posp66_greenpeace_engi_e.pdf (zuletzt aufgerufen im Mai 2011).

Deutsche Presse Agentur (DPA), Strengere EU-Zulassung für genmanipulierte Nahrungsmittel, Pressemitteilung vom 25.6.1999, www.netlink.de/gen/Zeitung/1999/990625c.htm (zuletzt aufgerufen im Mai 2011).

Du Marchie Sarvaas, Carel, EuropaBio Applications for GMO Authorisations: Risk assessment and beyond " *Policy decisions must be based on evidence and sound science.*" President Barroso statement on biotechnology, 9 December 2010 Director, Green Biotechnology Europe (GBE), DG SANCO Debate – GMO Risk Assessment and Management, Brüssel 2011, http://ec.europa.eu/food/food/biotechnology/docs/debate_17032011_3_carel_du_marchie_sarvaas_en.pdf (zuletzt aufgerufen im 2011).

Eckerstorfer, Michael; Gaugitsch, Helmut; Heissenberger, Andreas; Spök, Armin, Umweltbundesamt (Österreich), Analysis of the final report of the WTO Panel in the dispute case "EC – Biotech", Wien 2006, http://www.bmg.gv.at/cms/home/attachments/7/1/2/CH1052/CMS1180521946679/cms1200659775588_wto-report_ec_biotech_uba&ifz_1006.pdf (zuletzt aufgerufen im Mai 2011).

Emmerich-Fritsche, Angelika, Das Streitbeilegungsverfahren der WTO, www.oer-alt.wiso.uni-erlangen.de/WTOStreitbeil.pdf (zuletzt aufgerufen im August 2011).

Europäische Union, Agenturen der EU, http://europa.eu/agencies/community_agencies/history/index_de.htm (zuletzt aufgerufen im August 2011).

Europäische Union, Beitritt der Europäischen Gemeinschaft zur Codex Alimentarius Kommission, http://europa.eu/legislation_summaries/food_safety/international_dimension_enlargement/f84006_de.htm (zuletzt aufgerufen im August 2011).

Europäische Union, Zusammenfassungen der Gesetzgebung. Ständiger Ausschuss für die Lebensmittelkette und Tiergesundheit, http://europa.eu/legislation_summaries/food_safety/general_provisions/f80502_de.htm (zuletzt aufgerufen im Mai 2011).

European Commission, Report and Studies, Evaluation of the EU legislation Framework in the Field of Cultivation, http://ec.europa.eu/environment/archives/biotechnology/reports_culti.htm (zuletzt aufgerufen im Oktober 2011).

European Commission, Draft, Commission Decision of […] concerning the placing on the market, in accordance with Directive 2001/18/EC of the European Parliament and of the Council, of a maize product (Zea mays L., line 1507) genetically modified for resistance to certain lepidopteran pests and for tolerance to the herbicide glufosinate-ammonium, http://www.saveourseeds.org/fileadmin/files/SOS/Dossiers/Stop_the_Crop/draft_ban_1507_DG_Environment_21_Nov_2007.pdf (zuletzt aufgerufen im Oktober 2011).

European Commission, Draft Commission Decision of [...] concerning the placing on the market, in accordance with Directive 2001/18/EC of the European Parliament and of the Council, of a maize product (*Zea mays* L., line Bt11) genetically modified for resistance to certain lepidopteran pests and for tolerance to the herbicide glufosinate-ammonium, http://www.saveourseeds.org/fileadmin/files/SOS/Dossiers/Stop_the_Crop/draft_ban_Bt11_DG_Environment_21_Nov_2007.pdf (zuletzt aufgerufen im Oktober 2011).

European Commission, DG Health & Consumer Protection, Evaluation of the EU legislative framework in the field of GM Food and Feed, http://ec.europa.eu/food/food/biotechnology/evaluation/docs/terms_reference_en.pdf (zuletzt aufgerufen im Mai 2011).

European Commission, DG Health and Consumer Protection, List of GMOs authorized in the EU, http//:ec.europa.eu/food/dyna/gm_register/index_en.cfm (zuletzt aufgerufen im Mai 2011).

European Commission, Roadmap commission – New policy for genetically modified organisms (GMO) cultivation, http://ec.europa.eu/governance/impact/planned_ia/docs/147_sanco_gmo_cultivation_en.pdf (zuletzt aufgerufen im Mai 2011).

European Policy Evaluation Consortium (EPEC), GHK, Interim Report. Evaluation of the EU legislative Framework in the Field of Cultivation of GMOs under Directive 2001/18/EC and Regulation (EC) No 1829/2003, November 2009, http://ec.europa.eu/environment/archives/biotechnology/pdf/gmo_interim_report.pdf (zuletzt aufgerufen im September 2011).

European Policy Evaluation Consortium (EPEC), GHK, Evaluation of the EU legislative Framework in the Field of Cultivation of GMOs under Directive 2001/18/EC and Regulation (EC) No 1829/2003 and the Placing on the Market of GMOs as or in Products under Directive 2001/18/EC, Final Report, März 2011, http://ec.europa.eu/food/food/biotechnology/evaluation/docs/gmo_cultivation_report_en.pdf (zuletzt aufgerufen im Februar 2012).

Falke, Josef; Plett, Konstanze, Institutionen zur Risikobewertung und zum Risikomanagement im In- und Ausland: Analyse der vorhandenen Konzepte, Umsetzung und Erfahrungen über den Aufbau solcher Institutionen sowie daraus zu ziehende Schlussfolgerungen, Typoskript, Bremen 2002, http://www.bmu.de/files/rk_studie.pdf (zuletzt aufgerufen im August 2011).

Food and Agriculture Organization of the United Nations (FAO), Appendix III: Statements of Principle on the Role of Science in the Codex Decision-Making Process and the Extent to which other Factors are taken into account. Proposed Criteria for the Consideration of other Factors, Corporate Document Repository, http://www.fao.org/docrep/meeting/005/y0682e/y0682e0e.htm (zuletzt aufgerufen im August 2011).

Friends of the Earth, Throwing Caution through the Wind. A review of the European Food Safety Authority and its work on genetically modified foods and crops, November 2004, http://www.foeeurope.org/GMOs/publications/EFSAreport.pdf (zuletzt aufgerufen im Mai 2011).

Gaßner, Groth, Siederer & Coll. (GGSC), Newsletter Dezember 2010, http://www.ggsc.de/service/downloads/417_GentechnikNL_201012.pdf (zuletzt aufgerufen im Mai 2011).

Gaßner, Groth, Siederer & Coll. (GGSC), Sortenzulassung für gentechnisch veränderten Mais der Linie MON810: Vorliegen der gentechnikrechtlichen Voraussetzungen, Rechtsgutachten – Zusammenfassung der Ergebnisse – im Auftrag des Bundesministeriums für Verbraucherschutz, Ernährung und Landwirtschaft, Berlin 2005, http://www.keine-gentechnik.de/bibliothek/zulassungen/studien/gassner_ra_gutachten_zl_mon810_0500901.pdf (zuletzt aufgerufen im Oktober 2011).

Gentechnikfreie Regionen in Deutschland, http://www.gentechnikfreie-regionen.de/hintergruende/risiko-agro-gentechnik/nutzniesser-der-agro-gentechnik.html (zuletzt aufgerufen im Mai 2011).

Goux, Sébastien, European Commission, DG Health and Consumer Protection, Draft Commission Regulation on applications for GM food and feed, 17.3.2011, http://ec.europa.eu/food/food/biotechnology/docs/debate_gmo_SG_presentation_en.pdf (zuletzt aufgerufen im September 2011).

Greenpeace and Friends of The Earth (FoE), A critique of the European Food Safety Authority's opinion on genetically modified maize MON 810, commissioned by Greenpeace and Friends of the Earth Europe, environmental safety review prepared by Dr. Janet Cotter (Greenpeace Science Unit), human safety review prepared by Werner Mueller (eco-risk), Brussels 2009, http://www.saveourseeds.org/fileadmin/files/SOS/GP_FoEE_%282009_07%29_A_critique_of_the_EFSA_opinion_on_MON810.pdf (zuletzt aufgesucht im September 2011.)

Greenpeace, Bayer AG – der neue Gentechnik-Riese, http://www.greenpeace.de/themen/gentechnik/konzerne/artikel/bayer_ag_der_neuer_gentechnik_riese/ (zuletzt aufgerufen im Mai 2011).

Greenpeace, Facts Gentechnik: 10 Jahre Widerstand. Eine Chronologie: Gentechnik in Europa, erhältlich unter www.greenpeace.at/uploads/media/FS_Chronologie_10_Jahre.pdf (zuletzt aufgerufen im August 2011).

Greenpeace, WTO-Klage: Zwangsverordnung Gentechnik? USA verklagen EU vor der Welthandelsorganisation (WTO), http://www.greenpeace.de/themen/gentechnik/politik_recht/artikel/wto_klage_zwangsver-ordnung_gentechnik/ (zuletzt aufgerufen im Mai 2011).

Heine, Nicole; Heyer,Martin; Pickardt, Thomas, Basisreader der Moderation zum Diskurs Grüne Gentechnik des Bundesministeriums für Verbraucherschutz, Ernährung und Landwirtschaft – BMVEL, Osnabrück 2002, http://www.transgen.de/pdf/diskurs/reader.pdf (zuletzt aufgerufen im Mai 2011).

Heissenberger, Andreas; Eckerstorfer, Michael; Gaugitsch, Helmut, ExpertInnengutachten Possibilities for justification of a ban on GMO cultivation regarding the proposal for a Re-gulation from the European Commission submitted in July 2010, Bericht zum For-schungsauftrag GZ 70420/0223-II/B/15/2010, Wien 2011, http://www.bmgfj.gv.at/cms/home/attachments/8/0/6/CH1052/CMS1295961980841/expertinnengutachten_band_1_2011.pdf (zuletzt aufgerufen im Mai 2011).

Hundsdorfer, Stefanie, Die Umsetzung des Vorsorgeprinzips in der Politik der Europäischen Union zum Umgang mit gentechnisch veränderten Organismen vor dem Hintergrund des Gentechnikstreitfalls in der WTO, Hamburg 2005, http://www.forum-ue.de/fileadmin/userupload/publikationen/aghan_2005_vorsorgeprinzip_gmo.pdf (zuletzt aufgerufen im Mai 2011).

Hundsdorfer, Stefanie, Keine Sicherheit mehr für das *Biosafety*-Protokoll, http://www.forum-ue.de/fileadmin/userupload/positionspapiere/aghandel_2006_ecbiotech.pdf (zuletzt aufgerufen im Mai 2011).

Informationsdienst Gentechnik, EU-Kommission will Nulltoleranz kippen, Meldung vom 3.11.2010, http://www.keine-gentechnik.de/news-gentechnik/news/de/22788.html (zuletzt aufgerufen im Mai 2011).

Informationsdienst Gentechnik, Auch Bulgarien verbietet Anbau von Gentechnik-Mais, Meldung vom Februar 2011, http://www.keine-gentechnik.de/bibliothek/zulassungen/dossier-mon-810-mais.html (zuletzt aufgerufen im Mai 2011).

Informationsdienst Gentechnik, Luxemburg verbietet Gentechnikmais MON 810, Meldung vom 23.3.2009, http://www.keine-gentechnik.de/news-gentechnik/news/de/19477.html (zuletzt aufgerufen im Mai 2011).

Informationsdienst Gentechnik, Bulgarien verhindert Gentechnikanbau, Meldung vom 19.3.2010, http://www.keine-gentechnik.de/news-gentechnik/news/de/21683.html (zuletzt aufgerufen im Mai 2011).

International Centre for Trade and Sustainable Development (ICTSD), GMO Update: Sri Lanka, China, EU-US, http://ictsd.org/i/news/bridgesweekly/96213/ (zuletzt aufgerufen im Oktober 2011).

Kluttig, Berhhard, Arbeitspapiere aus dem Institut für Wirtschaftsrecht, Welthandelsrecht und Umweltschutz – Kohärenz statt Konkurrenz, Halle 2003, http://www2.jura.uni-halle.de/INSTITUT/Heft12.pdf (zuletzt aufgerufen im Mai 2011).

Maijala, Riitta, Director of Risk Assessment, EFSA, GMO Risk Assessment and Management, How EFSA ensures the independence of its scientific advice, Brüssel 2011, http://ec.europa.eu/food/food/biotechnology/docs/debate_gmo_RM_presentation_en.pdf (zuletzt aufgerufen im Mai 2011).

Marwell, Jeremy, C., 13.49, Trade and Morality: The WTO Public Morals Exception after Gambling, New York University Law Review 81 (2006), 13-49, http://www.ppl.nl/bibliographies/wto/files/6451a.pdf (zuletzt aufgerufen im Mai 2011).

Mitteldeutscher Rundfunk (MDR), Skandal bei EU-Behörde: Verbraucherschützer im Auftrag der Konzerne, Nachrichten (aktualisiert am 18. November 2010), http://www.mdr.de/nachrichten/7890788.html (zuletzt aufgerufen im Mai 2011).

Moldenhauer, Heike, DNR, Deutscher Naturschutzring, Ein krummer Deal, http://www.dnr.de/publikationen/umwelt-aktuell/122010-012011/ein-krummer-deal.html (zuletzt aufgerufen im Mai 2011).

Monsanto, Who we are, Monsanto Facilities Round the World, http://www.monsanto.com/whoweare/Pages/our-locations.aspx (zuletzt aufgerufen im Mai 2011).

Ngin? Norfolk Genetic Information Network, Ill Effects from smuggled GMOs force Pakistan to lift Ban (14. November 2002), http://ngin.tripod.com/141102g.htm (zuletzt aufgerufen im Mai 2011).

Panizzon, Marion; Arnold, Luca; Cottier, Thomas, Handel und Umwelt in der WTO: Entwicklungen und Perspektiven, URP / DEP 3 | 2010, S. 199 ff., http://www.wti.org/fileadmin/user_upload/nccrtrade.ch/wp5/5.10/URP3%20Leitartikel%20Panizzon.pdf (zuletzt aufgerufen im Mai 2011).

Rat der Europäischen Union, Pressemitteilung über die 2912. Tagung des Rates für Umwelt vom 2. Dezember 2008, http://www.consilium.europa.eu/uedocs/cms_data/docs/pressdata/de/envir/105245.pdf (zuletzt aufgerufen im Mai 2011).

Rat der Europäischen Union, Pressemitteilung über die 2928. Tagung des Rates für Umwelt vom 2. März 2009, http://www.consilium.europa.eu/uedocs/cms_data/docs/pressdata/de/envir/120952.pdf (zuletzt aufgerufen im Mai 2011).

Rat der Europäischen Union, Press Release, 3152nd Council meeting, Environment, 9 March 2012, http://www.consilium.europa.eu/uedocs/cms_Data/docs/pressdata/en/envir/128883.pdf (zuletzt aufgerufen im April 2012).

Republik Österreich, Beratungen des Ständigen Ausschusses des Hauptausschusses in Angelegenheiten der Europäischen Union vom 14. Dezember 2010, http://www.parlament.gv.at/PAKT/VHG/XXIV/V/V_00015/fname_202811.pdf (zuletzt aufgerufen im Mai 2011).

Seifert, Franz, Oberösterreichs Gentechnikverbot: Absehbares Scheitern, ungewöhnliche Allianzen, Wien, SWS-Rundschau (46. Jg.) Heft 4 / 2006, http://www.sws-rundschau.at/archiv/SWS_2006_4_seifert.pdf (zuletzt aufgerufen im Mai 2011).

Standing Committee on the Food Chain and Animal Health (SCFCAH), SCFCAH-Protokoll, Summary record of the 2nd meeting – 23 June 2004, http://ec.europa.eu/food/committees/regulatory//scfcah/modif_genet/summary02_en.pdf (zuletzt aufgerufen im Mai 2011).

Suppan, Steve, Institute for Agriculture and Trade Policy. Trade and Global Governance Program, The WTO's EC – Biotech Products Ruling and the Cartagena Protocol, Minneapolis, Minnesota 2006, http://www.saveourseeds.org/downloads/wto_ruling_cartagena.pdf (zuletzt aufgerufen im Oktober 2011).

Then, Christoph; Brockmann, Katrin, Lässt sich der Anbau von Gen-Mais MON810 in Deutschland verbieten?, Berlin 2009, http://www.bund.net/fileadmin/bundnet/pdfs/gentechnik/20090402_genetchnik_studie_verbot_mon810.pdf (zuletzt aufgerufen im Mai 2011).

Then, Christoph; Potthof, Christof, Folgenabschätzung in der Biotechnologie. Risk Reloaded. Bericht zum Umgang mit den Risiken gentechnisch veränderter Pflanzen in der EU, München 2008, http://*testbiotech*.iskra.net/sites/default/files/risk-reloaded.pdf (zuletzt aufgerufen im Mai 2011).

Then, Christoph, Opinion on EFSA's draft guidance on the environmental risk assessment of genetically modified plants, München, 2010, http://www.*testbiotech*.de/sites/default/files/Opinion%20*Testbiotech*%20EFSA%20GMO%20draft%20guidance_2_1.pdf (zuletzt aufgerufen im Mai 2011).

Then, Christoph, Some elements of risk assessment for genetically engineered plants and derived food and feed, Brüssel 2011, http://ec.europa.eu/food/food/biotechnology/docs/debate_gmo_CT_presentation_en.pdf (zuletzt aufgerufen im Mai 2011).

Then, Christoph, Bauer-Panskus, Andreas, Europäische Lebensmittelbehörde EFSA: Spielwiese der Gen-Industrie. Die Industrie beeinflusst die Standards für die Risikoprüfung gentechnisch veränderter Pflanzen, Hintergrund EFSA & ILSI, http://www.ufosrauchhaus.de/2011-04-07_EFSA_ILSI_Spielwiese.pdf (zuletzt aufgerufen im Mai 2011) .

Toepfer, Toepfer International, Broschüre Statistische Informationen zum Getreide- und Futtermittelmarkt, 2010, http://www.acti.de/media/Statistikbroschuere_Juni_2010.pdf (zuletzt aufgerufen im Mai 2011).

topagrarONLINE, Meldung vom 27.3.2012 , Frankreich verbietet MON810-Anbau, http://www.topagrar.com/news/Home-top-News-Frankreich-verbietet-MON810-Anbau-806399.html (zuletzt aufgerufen im April 2012).

topagrarONLINE, EU will GVO-Spuren in Lebensmitteln erlauben, Meldung vom 23.4.2012, http://www.topagrar.com/news/Home-top-News-EU-Kommission-will-GVO-Spuren-in-Lebensmitteln-erlauben-827539.html (zuletzt aufgerufen im April 2012).

Transgen, Anbau von gv-Pflanzen in der EU 2010, Leichter Rückgang bei Bt-Mais, erstmals Amflora-Kartoffel, http://www.transgen.de/anbau/eu_international/643.doku.html (zuletzt aufgerufen im Mai 2011).

Transgen, Anbauflächen 2010 – Gentechnisch veränderte Pflanzen: Anbau weltweit auf 148 Millionen Hektar, http://www.transgen.de/anbau/eu_international/531.doku.html (zuletzt aufgerufen im Mai 2011).

Transgen, Bt-Mais, Ein Risiko für die Umwelt.Wirklich?, http://www.transgen.de/pdf/kompakt/mais.pdf (zuletzt aufgerufen im Mai 2011).
Transgen, WTO-Streit um GVO-Produkte, Der EU drohen hohe Strafzölle, Meldung vom 11. Januar 2008, http://www.transgen.de/aktuell/878.doku.html (zuletzt aufgerufen im Mai 2011).
Transgen, EU: Länder-Mehrheit will Gentechnik-Spuren in Futtermittelimporten tolerieren, http://www.transgen.de/aktuell/1275.doku.html (zuletzt aufgerufen im Mai 2011).
Transgen, Gentechnik: EU-Kommission für 0,1 Prozent Toleranz bei Futtermittel-Importen, http://www.transgen.de/aktuell/1231.doku.html (zuletzt aufgerufen im Mai 2011).
Transgen, Stellungnahmen der EFSA, Eingeschränkt verwendbar, aber kein pauschales Verbot, http://www.transgen.de/sicherheit/markergene/335.doku.html (zuletzt aufgerufen im Mai 2011).
Transgen, Frankreich: Oberstes Gericht annulliert Anbauverbot für Gentechnik-Mais MON810, http://www.transgen.de/aktuell/1650.doku.html (zuletzt aufgerufen im März 2012).
Transgen, Gutachten zu gv-Mais Bt11 soll neue wissenschaftliche Zweifel rechtfertigen. Gentechnik-Mais MON810: Frankreich strebt neues Anbauverbot an, http://www.biosicherheit.de/aktuell/1407.gentechnik-mais-mon810-frankreich-anbauverbot.html (zuletzt aufgerufen im März 2012).
Willand, Achim, Gaßner, Groth, Siederer & Coll, GGSC, Rechtliche Hintergrundinformationen zu den juristischen Schritten der Imker gegen den MON810-Anbau, Berlin 2007, http://www.bienen-gentechnik.de/fix/docs/files/Hintergrundinformation%20Maisanbauer%20Imker.3.pdf (zuletzt aufgerufen im August 2011).
World Trade Organization (WTO), Was ist die WTO?, http://www.bmwi.de/BMWi/Navigation/Aussenwirtschaft/Handelspolitik-EU-WTO/wto,did=193028.html (zuletzt aufgerufen im August 2011).
World Trade Organization (WTO), Understanding the WTO: Settling Disputes. A unique contribution, The case has been decided: What next?, http://www.wto.org/english/thewto_e/whatis_e/tif_e/disp1_e.htm (zuletzt aufgerufen im August 2011).
World Trade Organization (WTO), Understanding the WTO: The Agreements, http://www.wto.org/english/thewto_e/whatis_e/tif_e/agrm7_e.htm (zuletzt aufgerufen im August 2011).

World Trade Organization (WTO), Understanding the WTO, The Organization, Members and Observers, http://www.wto.org/english/thewto_e/whatis_e/tif_e/org6_e.htm (zuletzt aufgerufen im August 2011).
World Trade Organization (WTO), Understanding the WTO: What we do, http://www.wto.org/english/thewto_e/whatis_e/what_we_do_e.htm (zuletzt aufgerufen im August 2011).
World Trade Organization (WTO), What is the WTO? The WTO in brief: part 1, The multilateral trading system – past, present, future, http://www.wto.org/english/thewto_e/whatis_e/inbrief_e/inbr01_e.htm (zuletzt aufgerufen im August 2011).
Zarzer, Brigitte, Telepolis, Total verbandelt?, http://www.heise.de/tp/r4/artikel/19/19518/1.html (zuletzt aufgerufen im August 2011).

Dokumente der European Food Safety Authority (EFSA)

Actions on Council of the European Union Conclusions on genetically modified Organisms, 11.2.2009, http://www.efsa.europa.eu/en/gmotopics/docs/gmoefsaactions.pdf (zuletzt aufgerufen im Mai 2011).
Decision of the Executive Director concerning the selection of members of the Scientific Committee, Scientific Panels and External Experts to assist EFSA with its scientific work, http://www.efsa.europa.eu/en/keydocs/docs/expertselection.pdf (zuletzt aufgerufen im Mai 2011).
Decision of the Executive Director of the European Food Safety Authority implementing EFSA's Policy on Independence and Scientific Decision Making Processes regarding Declarations of interests, http://www.efsa.europa.eu/en/keydocs/docs/independencerules.pdf (zuletzt aufgerufen im März 2012).
Die Struktur der EFSA, http://www.efsa.eu/de/about_efsa/structure.html (zuletzt aufgerufen im Mai 2011).
Guidance document of the Scientific Panel on Genetically Modified Organisms for renewal of authorisations of existing GMO products lawfully placed on the market, notified according to Articles 8 and 20 of Regulation (EC) No 1829/2003, The EFSA Journal (2006) 435, 1-4, http://www.efsa.europa.eu/de/scdocs/doc/435.pdf (zuletzt aufgerufen im September 2011).

Guidance document for the risk assessment of genetically modified plants and derived food and feed by the Scientific Panel on Genetically Modified Organisms (GMO) – including draft document updated in 2008, The EFSA Journal (2006) 99, 1-100, http://www.efsa.europa.eu/en/efsajournal/pub/99.htm (zuletzt aufgerufen im September 2011).

Häufig gestellte Fragen zu genetisch veränderten Organismen, http://www.efsa.europa.eu/de/faqs/faqgmo.htm (zuletzt aufgerufen im Mai 2011).

Implementing act to the policy on declaration of interests. Guidance document on declarations of interest, http://www.efsa.europa.eu/en/keydocs/docs/doiguidance.pdf (zuletzt aufgerufen im Mai 2011).

Implementing act to the policy on declaration of interests. Procedure for identifying and handling potential conflicts of interest, http://www.efsa.europa.eu/en/keydocs/docs/doiconflicts.pdf (zuletzt aufgerufen im Mai 2011).

MB 11.09.07 – 5.2 Annex Policy on declarations of interest, EFSA Policy on declaration of interests, http://www.efsa.europa.eu/en/keydocs/docs/doipolicy.pdf (zuletzt aufgerufen im Mai 2011).

Opinion of the Scientific Panel on Genetically Modified Organisms on a request from the Commission related to the Austrian invoke of Article 23 of Directive 2001/18/EC, (Question No EFSA-Q-2004-062), The EFSA Journal (2004) 78, 1-13, http://www.efsa.europa.eu/de/scdocs/doc/78.pdf (zuletzt aufgerufen im September 2011).

Opinion of the Scientific Panel on Genetically Modified Organisms on an application reference EFSA GMO-NL-2004-02) for the placing on the market of insect-tolerant genetically modified maize 1507, for food use, under Regulation (EC) No 1829/2003 from Pioneer Hi-Bred International/Mycogen Seeds, The EFSA Journal (2005), 182, 1-22, http://www.efsa.europa.eu/en/efsajournal/doc/182.pdf (zuletzt aufgerufen im September 2011).

Opinion of the Scientific Panel on genetically modified organisms [GMO] related to ge-netically modified crops (Bt176 maize, MON810 maize, T25 maize, Topas 19/2 oilseed rape and Ms1xRf1 oilseed rape) subject to safeguard clauses invoked according to Article 16 of Directive 90/220/EEC, The EFSA Journal (2006) 338, 1-15, http://www.efsa.europa.eu/en/efsajournal/doc/338.pdf (zuletzt aufgerufen im September 2011).

Opinion of the Scientific Panel on Genetically Modified Organisms on a request from the Commission related to the safeguard clause invoked by Greece according to Article 23 of Directive 2001/18/EC and to Art. 18 of Directive 2002/53/EG, The EFSA Journal (2006) 411, 1-26, http://www.efsa.europa.eu/de/efsajournal/doc/411.pdf (zuletzt aufgerufen im März 2012).

Policy on Independence and Scientific Decision-Making Processes of the European Food Safety Authority Executive Summary, http://www.efsa.europa.eu/de/keydocs/docs/independencepolicy.pdf (zuletzt aufgerufen im März 2012).

Press release EFSA, 12.11.2010, EFSA updates guidance on environmental impact of GM plants, http://www.efsa.europa.eu/en/press/news/gmo101112.htm (zuletzt aufgerufen im Mai 2011).

Register of questions, http://registerofquestions.efsa.europa.eu/roqFrontend/questionLoader?question =EFSA-Q-2008-262 (zuletzt aufgerufen im Mai 2011).

Request from the European Commission related to the safeguard clause invoked by Greece on maize MON810 according to Article 23 of Directive 2001/18/EC1 Scientific Opinion of the Panel on Genetically Modified Organisms (Question No EFSA-Q- 2008-313), The EFSA Journal (2008) 757, 1-12, http://www.efsa.europa.eu/de/efsajournal/doc/757.pdf (zuletzt aufgerufen im März 2012).

Request from the European Commission related to the safeguard clause invoked by France on maize MON810 according to Article 23 of Directive 2001/18/EC and the emergency measure according to Article 34 of Regulation (EC) No 1829/20031. Scientific Opinion of the Panel on Genetically Modified Organisms (Question No EFSA-Q-2008-077), http://www.efsa.europa.eu/de/efsajournal/doc/850.pdf (zuletzt aufgerufen im März 2012)

Scientific Opinion Request from the European Commission to review scientific studies related to the impact on the environment of the cultivation of maize Bt11 and 1507, Scientific Opinion of the Panel on Genetically Modified Organisms (Question No EFSA-Q-2008-679), adopted on 29 October 2008, The EFSA Journal (2008) 85, 1-27, http://www.efsa.europa.eu/en/efsajournal/doc/851.pdf (zuletzt aufgerufen im September 2011).

Scientific Opinion, Applications (EFSA-GMO-RX-MON810) for renewal of authorization for the continued marketing of (1) of existing food and food ingredients produced from ge-netically modified insect resistant maize MON810; (2) feed consisting of and/or containing maize MON810, including the use of seed for cultivation; and of (3) food and feed additives, and feed

materials produced from maize MON810, all under Regulation (EC) No 1829/2003 from Monsanto, The EFSA Journal (2009) 1149, 1-85, http://www.efsa.europa.eu/de/scdocs/doc/1149.pdf (zuletzt aufgerufen im Mai 2011).
Scientific Opinion, Guidance on the environmental risk assessment of genetically modified Plants, EFSA Panel on Genetically Modified Organisms (GMO), The EFSA Journal 2010; 8 (11): 1879, http://pure.au.dk/portal/files/22492002/ERA_Guidance_EFSA_Journal__2010__8_11___1879.pdf (zuletzt aufgerufen im September 2011).
Scientific Opinion, Guidance on the Pots-Market Environmental Monitoring (PMEM) of genetically modified plants, EFSA Journal (2011); 9 (8): 2316, http://www.efsa.europa.eu/de/efsajournal/doc/2316.pdf (zuletzt aufgerufen im März 2012).
Themen von A-Z, Genetisch veränderte Organismen, Umweltverträglichkeitsprüfung und Umweltüberwachung nach dem Inverkehrbringen, http://www.efsa.europa.eu/de/gmotopics/topic/gmo.htm (zuletzt aufgerufen im Mai 2011).
Unabhängigkeit, Interessenerklärungen, http://www.efsa.europa.eu/de/values/independence.htm (zuletzt aufgerufen im Mai 2011).

Dokumente zum Legislativvorschlag der Kommission vom Juli 2010 *(zeitlich geordnet)*

Europäische Kommission, Vorschlag für eine Verordnung des Europäischen Parlaments und des Rates zur Änderung der Richtlinie 2001/18/EG betreffend die den Mitgliedstaaten eingeräumte Möglichkeit, den Anbau von GVO auf ihrem Hoheitsgebiet zu beschränken oder zu untersagen, Brüssel, 2010, KOM (2010) 375 endg. v. 13.7.2010.
Europäische Kommission, Mitteilung der Kommission an das Europäische Parlament, den Rat, den Wirtschafts- und Sozialausschuss und den Ausschuss der Regionen zur Freiheit der Mitgliedstaaten, über den Anbau von genetisch veränderten Kulturen zu entscheiden, KOM (2010) 380 endg. v. 13.7.2010.
Europäischer Wirtschafts- und Sozialausschuss (EWSA), Stellungnahme des EWSA vom 9. Dezember 2010, ABl. C 54 v. 19.2.2011, 51-57.
European Commission, Commission staff working document, Consideration on legal issues on GMO cultivation raised in the opinion of the legal service of the Council of the European Union of 5 November 2010, SEC (2010) 1454 final, 19.11.2010.
Ausschuss der Regionen, Stellungnahme des Ausschusses der Regionen,

"Freiheit der Mitgliedstaaten, über den Anbau von genetisch veränderten Kulturen auf ihrem Hoheitsgebiet zu entscheiden", 88. Plenartagung, 27./28. Januar 2011, ABl. C 104 v. 2.4.2011, 62-66.

Europäisches Parlament, Ausschuss für Umweltfragen, Volksgesundheit und Lebensmittelsicherheit, Entwurf eines Berichts vom 27.1.2011 über den Vorschlag für eine Verordnung des Europäischen Parlaments und des Rates zur Änderung der Richtlinie 2001/18/EG betreffend die den Mitgliedstaaten eingeräumte Möglichkeit, den Anbau von GVO auf ihrem Hoheitsgebiet zu beschränken oder zu untersagen, Berichterstatterin: Corinne Lepage.

European Commission, Commission staff working document, Complementary considerations on legal issues on GMO cultivation raised in the opinion of the legal service of the Council of the European Union of 5 November 2010 and of the legal service of the European Parliament of 17 November 2010 (indicative list of grounds for Member States to restrict or prohibit GMO cultivation), SEC (2011) 184 final, 8.2.2011.

Europäisches Parlament, Rechtsausschuss

Stellungnahme zu der Rechtsgrundlage des Vorschlags für eine Verordnung des Europäischen Parlaments und des Rates zur Änderung der Richtlinie 2001/18/EG betreffend die den Mitgliedstaaten eingeräumte Möglichkeit, den Anbau von GVO auf ihrem Hoheitsgebiet zu beschränken oder zu untersagen (KOM (2010) 375 endg.), Verfasser: Klaus-Heiner Lehne, Brüssel 2011.

Europäisches Parlament, Ausschuss für Umweltfragen, Volksgesundheit und Lebensmittelsicherheit, Entwurf eines Berichts vom 13.3.2011, Änderungsanträge 10 - 114 (PE456.911v01-00): Vorschlag für eine Verordnung des Europäischen Parlaments und des Rates zur Änderung der Richtlinie 2001/18/EG betreffend die den Mitgliedstaaten eingeräumte Möglichkeit, den Anbau von GVO auf ihrem Hoheitsgebiet zu beschränken oder zu untersagen Vorschlag für eine Verordnung – Änderungsrechtsakt (KOM(2010)0375 – C7-0178/2010 – 2010/0208(COD)), Berichterstatterin: Corinne Lepage.

Rat der Europäischen Union, Pressemitteilung über die 3075. Tagung des Rates für Umwelt vom 14. März 2011.

Ausschuss für Umweltfragen, Volksgesundheit und Lebensmittelsicherheit, Bericht vom 20.4.2011 über den Vorschlag für eine Verordnung des Europäischen Parlaments und des Rates zur Änderung der Richtlinie 2001/18/EG betreffend die Mitgliedstaaten eingeräumte Möglichkeit, den Anbau von GVO auf ihrem Hoheitsgebiet zu beschränken oder zu untersagen (KOM (2010) 375 – C7-0178/2010 – 2010/0208(COD)), Berichterstatterin: Corinne Lepage.

Rat der Europäischen Union, Sachstandsbericht, Ratsdokument 11326/11 des Vorsitzes für den AStV/Rat, 10. Juni 2011, Nr. Komm.dok.: 12371/10 ADD 1 ENV 499 AGRILEG 100 AGRI 271 MI 254 DENLEG 71CODEC 714 – KOM (2010) 375 endg. Betr.: Vorschlag für eine Verordnung des Europäischen Parlaments und des Rates zur Änderung der Richtlinie 2001/18/EG betreffend die den Mitgliedstaaten eingeräumte Möglichkeit, den Anbau von GVO in ihrem Hoheitsgebiet zu beschränken oder zu untersagen.

Europäisches Parlament, Legislative Entschließung des Europäischen Parlaments vom 5.7.2011 zu dem Vorschlag für eine Verordnung des Europäischen Parlaments und des Rates zur Änderung der Richtlinie 2001/18/EG betreffend die den Mitgliedstaaten eingeräumte Möglichkeit, den Anbau von GVO auf ihrem Hoheitsgebiet zu beschränken oder zu untersagen (KOM(2010)0375 – C7-0178/2010 – 2010/0208(COD)).

Europäisches Parlament, Pressemitteilung vom 5.7.2011, GVO: Mitgliedstaaten sollen Anbau einschränken oder verbieten dürfen.

Rat der Europäischen Union, Press Release, 3152nd Council meeting, Environment, 9 March 2012, S. 11.

Schriften zum internationalen und zum öffentlichen Recht

Herausgegeben von Gilbert Gornig

Band 1 Michael Waldstein: Das Asylgrundrecht im europäischen Kontext. Wege einer europäischen Harmonisierung des Asyl- und Flüchtlingsrechts. 1993.

Band 2 Axel Linneweber: Einführung in das US-amerikanische Verwaltungsrecht. Kompetenzen, Funktionen und Strukturen der „Agencies" im US-amerikanischen Verwaltungsrecht. 1994.

Band 3 Tai-Nam Chi: Das Herrschaftssystem Nordkoreas unter besonderer Berücksichtigung der Wiedervereinigungsproblematik. 1994.

Band 4 Jörg Rösing: Beamtenstatut und Europäische Gemeinschaften. Eine Untersuchung zu den gemeinschaftsrechtlichen Anforderungen an die Freizügigkeit der Arbeitnehmer im Bereich des öffentlichen Dienstes. 1994.

Band 5 Wolfgang Wegel: Presse und Rundfunk im Datenschutzrecht. Zur Regelung des journalistischen Umgangs mit personenbezogenen Daten. 1994.

Band 6 Sven Brandt: Eigentumsschutz in europäischen Völkerrechtsvereinbarungen. EMRK, Europäisches Gemeinschaftsrecht, KSZE – unter Berücksichtigung der historischen Entwicklung. 1995.

Band 7 Alejandro Alvarez: Die verfassunggebende Gewalt des Volkes unter besonderer Berücksichtigung des deutschen und chilenischen Grundgesetzes. 1995.

Band 8 Martin Thies: Zur Situation der gemeindlichen Selbstverwaltung im europäischen Einigungsprozeß. Unter besonderer Berücksichtigung der Vorschriften des EG-Vertrages über staatliche Beihilfen und der EG-Umweltpolitik. 1995.

Band 9 Rolf-Oliver Schwemer: Die Bindung des Gemeinschaftsgesetzgebers an die Grundfreiheiten. 1995.

Band 10 Holger Kremser: „Soft Law" der UNESCO und Grundgesetz. Dargestellt am Beispiel der Mediendeklaration. 1996.

Band 11 Michael Silagi: Staatsuntergang und Staatennachfolge: mit besonderer Berücksichtigung des Endes der DDR. 1996.

Band 12 Reinhard Franke: Der gerichtliche Vergleich im Verwaltungsprozeß. Auch ein Beitrag zum verwaltungsrechtlichen Vertrag. 1996.

Band 13 Christoph Eichhorn: Altlasten im Konkurs. 1996.

Band 14 Dietrich Ostertun: Gewohnheitsrecht in der Europäischen Union. Eine Untersuchung der normativen Geltung und der Funktion von Gewohnheitsrecht im Recht der Europäischen Union. 1996.

Band 15 Ulrike Pieper: Neutralität von Staaten. 1997.

Band 16 Harald Endemann: Kollektive Zwangsmaßnahmen zur Durchsetzung humanitärer Normen. Ein Beitrag zum Recht der humanitären Intervention. 1997.

Band 17 Jochen Anweiler: Die Auslegungsmethoden des Gerichtshofs der Europäischen Gemeinschaften. 1997.

Band 18 Henrik Ahlers: Grenzbereich zwischen Gefahrenabwehr und Strafverfolgung. 1998.

Band 19 Heinrich Hahn: Der italienische Verwaltungsakt im Lichte des Verwaltungsverfahrensgesetzes vom 7. August 1990 (Nr. 241/90). Eine rechtsvergleichende Darstellung. 1998.

Band 20 Christoph Deutsch: Elektromagnetische Strahlung und Öffentliches Recht. 1998.

Band 21 Cordula Fitzpatrick: Künstliche Inseln und Anlagen auf See. Der völkerrechtliche Rahmen für die Errichtung und den Betrieb künstlicher Inseln und Anlagen. 1998.

Band 22 Hans-Tjabert Conring: Korporative Religionsfreiheit in Europa. Eine rechtsvergleichende Betrachtung. Zugleich ein Beitrag zu Art. 9 EMRK. 1998.

Band 23 Jörg Karenfort: Die Hilfsorganisation im bewaffneten Konflikt. Rolle und Status unparteiischer humanitärer Organisationen im humanitären Völkerrecht. 1999.

Band 24 Matthias Schote: Die Rundfunkkompetenz des Bundes als Beispiel bundesstaatlicher Kulturkompetenz in der Bundesrepublik Deutschland. Eine Untersuchung unter besonderer Berücksichtigung natürlicher Kompetenzen und der neueren Entwicklung im Recht der Europäischen Union. 1999.

Band 25 Hermann Rothfuchs: Die traditionellen Personenverkehrsfreiheiten des EG-Vertrages und das Aufenthaltsrecht der Unionsbürger. Eine Gegenüberstellung der vertraglichen Gewährleistungen. 1999.

Band 26 Frank Alpert: Zur Beteiligung am Verwaltungsverfahren nach dem Verwaltungsverfahrensgesetz des Bundes. Die Beteiligtenstellung des § 13 Abs. 1 VwVfG. 1999.

Band 27 Matthias Reichart: Umweltschutz durch völkerrechtliches Strafrecht. 1999.

Band 28 Nikolas von Wrangell: Globalisierungstendenzen im internationalen Luftverkehr. Entwicklung der Regulierung und Liberalisierung unter Berücksichtigung strategischer Allianzen und des Code-Sharing. 1999.

Band 29 Marietta Hovehne: Ein demokratisches Verfahren für die Wahlen zum Europäischen Parlament. Legitimation gemeinschaftlicher Entscheidungsstrukturen im europäischen Integrationsprozeß. 1999.

Band 30 Nina Kaden: Der amerikanische Clean Air Act und das deutsche Luftreinhalterecht. Eine rechtsvergleichende Untersuchung. 1999.

Band 31 Brigitte Daum: Grenzverletzungen und Völkerrecht. Eine Untersuchung der Rechtsfolgen von Grenzverletzungen in der Staatenpraxis und Folgerungen für das Projekt der International Law Commission zur Kodifizierung des Rechts der Staatenverantwortlichkeit. 1999.

Band 32 Andreas Fürst: Die bildungspolitischen Kompetenzen der Europäischen Gemeinschaft. Umfang und Entwicklungsmöglichkeiten. 1999.

Band 33 Gilles Despeux: Die Anwendung des völkerrechtlichen Minderheitenrechts in Frankreich. 1999.

Band 34 Michael Reckhard: Die rechtlichen Rahmenbedingungen der Sanktionierung von Beitragsverweigerung im System der Vereinten Nationen. 1999.

Band 35 Carsten Pagels: Schutz- und förderpflichtrechtliche Aspekte der Religionsfreiheit. Zugleich ein Beitrag zur Auslegung eines speziellen Freiheitsrechts. 1999.

Band 36 Bernhard Mehner: Die grenzüberschreitende Wirkung direktempfangbaren Satellitenfernsehens aus völkerrechtlicher Sicht. 2000.

Band 37 Karl-Josef Ulmen: Pharmakologische Manipulationen (Doping) im Leistungssport der DDR. Eine juristische Untersuchung. 2000.

Band 38 Jochen Starke: Die verfassungsgerichtliche Normenkontrolle durch den Conseil constitutionnel. Zum Kompetenztitel des Art. 61 der französischen Verfassung. 2000.

Band 39 Marco Herzog: Rechtliche Probleme einer Inhaltsbeschränkung im Internet. 2000.

Band 40 Gilles Despeux: Droit de la délimitation maritime. Commentaire de quelques décisions plutoniennes. 2000.

Band 41 Christina Hackel: Der Untergang des Landes Braunschweig und der Anspruch auf Restitution nach der Wiedervereinigung Deutschlands. 2000.

Band 42 Peter Aertker: Europäisches Zulassungsrecht für Industrieanlagen. Die Richtlinie über die integrierte Vermeidung und Verminderung der Umweltverschmutzung und ihre Auswirkungen auf das Anlagenzulassungsrecht der Bundesrepublik Deutschland. 2000.

Band 43 Karsten Bertram: Die Gesetzgebung zur Neuregelung des Grundeigentums in der ersten Phase der Französischen Revolution (bis 1793) und deren Bedeutung für die deutsche Eigentumsdogmatik der Gegenwart. 2000.

Band 44 Ulrike Hartmann: Die Entwicklung im internationalen Umwelthaftungsrecht unter besonderer Berücksichtigung von *erga omnes*-Normen. 2000.

Band 45 Thomas Jesch: Die Wirtschaftsverfassung der Sonderverwaltungsregion Hongkong. Eine Darstellung vor dem Hintergrund der Wiedereingliederung in die Souveränität der Volksrepublik China. 2001.

Band 46 Sven Gottschalkson: Der Ausschluß des Zivilrechtsweges bei Eigentumsverlusten an Immobilien in der ehemaligen DDR. 2002.

Band 47 Gilbert Hanno Gornig / Gilles Despeux: Seeabgrenzungsrecht in der Ostsee. Eine Darstellung des völkerrechtlichen Seeabgrenzungsrechts unter besonderer Berücksichtigung der Praxis der Ostseestaaten. 2002.

Band 48 Andreas Zühlsdorff: Rechtsverordnungsersetzende Verträge unter besonderer Berücksichtigung des Umweltrechts. 2003.

Band 49 Katja Schmitz: Durchgriffswirkung von Maßnahmen der UN und ihrer Sonderorganisationen unter besonderer Berücksichtigung von Resolutionen des UN-Sicherheitsrates – Die Entwicklung supranationaler Strukturen. 2003.

Band 50 Stefanie Rothenberger: Die angemessene Nutzung gemeinschaftlicher Ressourcen am Beispiel von Flüssen und speziellen Ökosystemen. Eine vergleichende Betrachtung zum modernen Verständnis eines klassischen völkerrechtlichen Nutzungsprinzips. 2003.

Band 51 Christoph von Burgsdorff: Die Umsetzung der EG-Datenschutzrichtlinie im nicht-öffentlichen Bereich. Möglichkeit einer zukunftsorientierten Konzeption des Datenschutzes in der Privatwirtschaft unter besonderer Berücksichtigung des BDSG. 2003.

Band 52 Frank Reinhardt: Powerline. Verfassungs-, verwaltungs- und telekommunikationsrechtliche Probleme. 2003.

Band 53 Chie Sato: Immunität Internationaler Organisationen. 2004.

Band 54 Johannes Thoma: EU-Recht und Schranken hoheitlicher Staatstätigkeit. 2004.

Band 55 Wolf Peterhoff: Rechtsansprüche enteigneter Volksgruppen und ihre Durchsetzbarkeit. 2004.

Band 56 Do-Hyub Kim: Das deutsche parlamentarische Regierungssystem als mögliches Modell für Korea. 2004.

Band 57 Alexander Koberg: Die Exilregierung im Völkerrecht. Eine Untersuchung ihrer rechtlichen Klassifikation. 2005.

Band 58 Nils Christian Carstensen: Das Verhältnis des Seerechtsübereinkommens der Vereinten Nationen von 1982 zu fischereirechtlichen Übereinkommen und deren Streitbeilegungsvorschriften. 2005.

Band 59 Oliver Franz: Osttimor und das Recht auf Selbstbestimmung. Eine Untersuchung zur Anwendung des Selbstbestimmungsrechts der Völker am Beispiel Osttimors. 2005.

Band 60 Michael Kadgien: Das Habsburgergesetz. 2005.

Band 61 Felix Wolf: Terrorversicherungen und europäisches Wettbewerbsrecht. Verschiedene Modelle staatlicher Beteiligung an einer Terrorversicherung für Wirtschaftsbetriebe und ihre Vereinbarkeit mit dem europäischen Wettbewerbsrecht. 2005.

Band 62 Heiko Bertelmann: Die Europäisierung des Staatshaftungsrechts. Eine Untersuchung zum Einfluss des Europäischen Gemeinschaftsrechts auf das deutsche Staatshaftungsrecht unter besonderer Berücksichtigung der Haftung für judikatives Unrecht. 2005.

Band 63 Cedric Christian Meyer: Konkretisierung unbestimmter Rechtsbegriffe im deutschen und französischen Anlagenzulassungsrecht. 2005.

Band 64 Philippe Gréciano: Die Gerichtsbarkeit der Europäischen Gemeinschaften. Rechtsprechung und Rechtssprache Europas aus französischer Perspektive. Mit einem Vorwort von Theodor Öhlinger. 2007.

Band 65 Anne-Louise Schümer: Die Stellung des Ministerpräsidenten in den Bundesländern im Vergleich. 2006.

Band 66 Helen Ghebrewebet: Identifying Units of Statehood and Determining International Boundaries. A Revised Look at the Doctrine of *Uti Possidetis* and the Principle of Self-Determination. 2006.

Band 67 Arne Hertel: Beihilfen an kleine und mittlere Unternehmen. 2006.

Band 68 Markus Günther: Europol. Rechtsschutzmöglichkeiten und deren Vereinbarkeit mit nationalen und internationalen Anforderungen. 2006.

Band 69 Christian Wicker: The Concepts of Proportionality and State Crimes in International Law. An Analysis of the Scope of Proportionality in the Right of Self-Defence and in the Regime of International Countermeasures and an Evaluation of the Concept of State Crimes. 2006.

Band 70 Hauke Stöwsand: Zyperns Beitritt zur Europäischen Union. Vom Antrag auf Mitgliedschaft bis zum Protokoll der Beitrittsakte. 2007.

Band 71 Natalie Rowohl: Weltbank und Internationaler Währungsfonds: Ihre Mandate und deren Abgrenzung. Stand und Reformvorschläge. 2007.

Band 72 Ru-Huei Liu: Europäisierung des deutschen Umweltrechts. 2008.

Band 73 Katja Lange: Der Status der Aufständischen im modernen humanitären Völkerrecht. 2007.

Band 74 Tarik El-Shabassy: Die Durchsetzung finanzieller Sanktionen der Europäischen Gemeinschaften gegen ihre Mitgliedstaaten. 2008.

Band 75 Karsten Seifert: Das interamerikanische System zum Schutz der Menschenrechte und seine Reformierung. 2008.

Band 76 Nora Graaff: Staatenverantwortlichkeit. Vom „völkerrechtlichen Verbrechen“ zur „schwerwiegenden Verletzung einer zwingenden Völkerrechtsnorm“ anhand der ILC-Kodifikationsarbeit. 2008.

Band 77 Aldona Szczeponek: Die Umsetzung des Völkerrechts und des europäischen Gemeinschaftsrechts in Polen. Unter Berücksichtigung verfassungsrechtlicher Lösungen anderer europäischer Staaten. 2008.

Band 78 Christian Friedrich Fonk: Europäische Luftqualitätsziele und nationale Erfüllungsverantwortung. 2009.

Band 79 Christina Prinzhorn: Der Grundsatz des öffentlichen Zugangs zu amtlichen Dokumenten aus der Perspektive des internationalen Rechts. Materiell-rechtliche Vorgaben durch das internationale Recht für Informationszugangsrechte in den nationalen Rechtsordnungen Europas. 2009.

Band 80 Steffen Eicker: Der Deutsch-Herero-Krieg und das Völkerrecht. Die völkerrechtliche Haftung der Bundesrepublik Deutschland für das Vorgehen des Deutschen Reiches gegen die Herero in Deutsch-Südwestafrika im Jahre 1904 und ihre Durchsetzung vor einem nationalen Gericht. 2009.

Band 81 Niels Beisinghoff: Corporations and Human Rights. An Analysis of ATCA Litigation against Corporations. 2009.

Band 82 Gesine Wolf-Zimper: Zielgerichtete Sanktionen des Sicherheitsrates der Vereinten Nationen und effektiver Rechtsschutz. 2009.

Band 83 David Bergius: Die offene Frage des Privateigentums der Vertriebenen im deutsch-polnischen Verhältnis. 2009.

Band 84 Axel Rolf Schneider: Petitionen zum Europäischen Parlament mit Berücksichtigung des Bürgerbeauftragten. 2009.

Band 85 Tobias Nord: Rechtsnachfolge bei zwischenstaatlichen Organisationen. 2010.

Band 86 Marcel Bongard: Emissionshandel und effektiver Rechtsschutz: Ein unvereinbarer Gegensatz? Eine Untersuchung zu den Auswirkungen marktwirtschaftlicher Umweltschutzinstrumente auf den Individualrechtsschutz am Beispiel des Emissionshandelssystems. 2010.

Band 87 Armin Huhn: Amtshaftung im bewaffneten Auslandseinsatz. Anwendbarkeit und Leistungsfähigkeit des Amtshaftungsrechts bei Verletzung des *ius in bello*. 2010.

Band 88 Johannes Mosters: Ethische Beschaffung. Sekundärzwecke im Zeitalter der Globalisierung. 2010.

Band 89 Thomas Herntrich: Thüringen. Von den thüringischen Kleinstaaten nach Zerfall des Alten Reiches bis zum Freistaat Thüringen. Eine völkerrechtliche und verfassungsrechtliche Betrachtung. 2010.

Band 90 Marcelo Antonio Villagrán Abarzúa: Verfassungsrechtliche Grundlagen der Gemeindeverwaltung in Chile. Auch ein Beitrag zur Dezentralisierung und Dekonzentration. 2010.

Band 91 Manfred Hechtl: Die offensive Defensive: Das Recht der präventiven Selbstverteidigung? Lösungsansätze für (scheinbare) Bedrohungen durch einzelne Staaten und internationale Terrornetzwerke. 2011.

Band 92 Christian Grüner: Quantität und Qualität der europäischen Rechtsetzung. 2011.

Band 93 Anna Keller: Der neue Rechtsrahmen für den öffentlichen Rundfunk in Frankreich. 2011.

Band 94 Jörn Eschment: Musterprozesse vor dem Europäischen Gerichtshof für Menschenrechte. Probleme und Perspektiven des Piloturteilsverfahrens. 2011.

Band 95 Marija Dietrich: Staatliches Souveränitätsverständnis im Wandel der gesellschaftspolitischen Strukturen. Eine Perspektive der Europäischen Union nach Inkrafttreten des Vertrags von Lissabon. 2011.

Band 96 Philipp Austermann: Die Anrechnungsbestimmungen im Abgeordnetenrecht des Bundes und der Länder. Eine verfassungsrechtliche und verfassungspolitische Untersuchung unter besonderer Berücksichtigung des Abgeordnetenstatus. 2011.

Band 97 Gilbert Gornig (Hrsg.): Krisengebiete der Welt. Völkerrechtliche und politische Aspekte. 2011.

Band 98 Jörg Brackmann: Genehmigung, Anmeldung und Anzeige gentechnischer Arbeiten und Anlagen. Nach den Änderungen des Gentechnikrechts 2002, 2005 und 2008. 2011.

Band 99 Giuseppe de Vergottini / Valeria Piergigli (eds.): Topographical Names and Protection of Linguistic Minorities. 2011.

Band 100 Nevzat Kirkagac: Verdachtsausweisungen im deutschen Rechtsstaat. 2011.

Band 101 Karlheinz Rode: Verfassungsidentität und Ewigkeitsgarantie. Anmerkungen zu einem Mythos der Deutschen Staatsrechtslehre. 2012.

Band 102 Markus Kühnl: Enteignung und Mediation. Ansätze mediativer Konfliktlösung hinsichtlich einer Enteignung zur Realisierung planfeststellungsbedürftiger Großvorhaben. 2012.

Band 103 Max Fischer: Das System konsistenter Entgeltregulierung im deutschen Telekommunikationsrecht. 2012.

Band 104 Jennifer Satish: Nationale Handlungsspielräume beim Anbau von gentechnisch veränderten Organismen (GVO). Europa- und welthandelsrechtliche Implikationen. 2012.

www.peterlang.de

Peter Lang · Internationaler Verlag der Wissenschaften

Wiebke Gebhardt

Gentechnik und Koexistenz nach der Gesetzesnovelle von 2008: Zivilrechtliche Haftung im Vergleich Deutschland und USA

Auch als eBook

Frankfurt am Main, Berlin, Bern, Bruxelles, New York, Oxford, Wien, 2010.
251 S., zahlr. Tab.
Veröffentlichungen des Instituts für deutsches und europäisches Wirtschafts-, Wettbewerbs- und Regulierungsrecht der Freien Universität Berlin. Herausgegeben von Franz Jürgen Säcker. Bd. 20
ISBN 978-3-631-61303-0 · geb. € 59,95*

Diese Arbeit befasst sich mit der 6. Novelle des Gentechnikgesetzes im Jahre 2008. Zielsetzung ist die Klärung der Frage, ob die Novelle sinnvolle Regelungen im Hinblick auf Haftungsfragen für Landwirte beinhaltet und verschiedene Anbauformen dadurch ausreichend schützt. Des Weiteren wird ein Vergleich mit den vereinigten Staaten von Amerika unternommen, wofür die beiden Haftungssysteme gegenüber gestellt werden. Hierfür wurde die einschlägige Literatur sowie Rechtsprechung untersucht sowie Grundzüge der Gentechnik erläutert. Im Ergebnis ist nach Auffassung der Autorin das deutsche System dem US-amerikanischen zwar überlegen. Das ändert aber nichts an der Tatsache, dass auch das deutsche Gentechnikgesetz aus Sicht der Autorin noch erheblichen Verbesserungsbedarf hat.

Aus dem Inhalt: Gentechnik – Chancen und Risiken · Der derzeitige Stand der Gesetzgebung und Rechtsprechung im Gentechnikrecht in Deutschland und den USA · Abschließende Stellungnahme zur zivilrechtlichen Haftungsregelung zum Schutz der Koexistenz

*inklusive der in Deutschland gültigen Mehrwertsteuer. Preisänderungen vorbehalten

Frankfurt am Main · Berlin · Bern · Bruxelles · New York · Oxford · Wien
Auslieferung: Verlag Peter Lang AG
Moosstr. 1, CH-2542 Pieterlen
Telefax 0041 (0) 32 / 376 17 27
E-Mail info@peterlang.com

Seit 40 Jahren Ihr Partner für die Wissenschaft
Homepage http://www.peterlang.de

For the avoidance of doubt, input of the whole or any part of this publication into any generative artificial intelligence model, chatbot, program, software or technology is expressly prohibited without the prior written consent of the publisher.